# Karl Kraus und der Sozialismus

Alfred Pfabigan

# Karl Kraus
# und der Sozialismus

Eine politische Biographie

Europaverlag

327289

c c

Umschlag und Einband von Georg Schmid

Lektorat Peter Aschner

© 1976 by Europa Verlags-AG Wien
Printed in Austria
Satz und Druck Elbemühl Wien
ISBN 3-203-50593-2

# Inhalt

MEINER MUTTER

# Vorwort

Die Arbeit von Alfred Pfabigan fällt in die Kraus-Renaissance, die nicht erst seit dem hundertsten Geburtstag des viel Interpretierten eingesetzt hat und mit diesem historischen Datum keineswegs abgeschlossen ist. Der Umstand, daß Pfabigans Studie sich in eine breite und entwickelte Literatur über Karl Kraus einreihen kann, ist zugleich ein Nachteil und ein Vorteil. Ein Nachteil insofern, als auf dem Gebiet der Kraus-Forschung keine Pionierarbeit im eigentlichen Sinne mehr geleistet werden kann und jeder Beitrag an den schon publizierten Werken gemessen und nicht selten auch in die Schranken gewiesen beziehungsweise relativiert wird. Doch der Vorteil ist trotzdem höher zu veranschlagen: jede Kraus-Interpretation, die dem Bild von Karl Kraus auch nur eine neue Nuance zusetzt, ist des Interesses eines großen Kreises von Menschen sicher, der sich nicht auf die sogenannte Fachwelt im engeren Sinne beschränkt. Denn welches Fach wäre universal genug, um Karl Kraus in seiner Fülle gerecht zu werden, ihn mit seinen Mitteln einfangen zu können? Und auch die interdisziplinäre Forschung, die Kombination der Disziplinen und Methoden allein ist nicht imstande, Karl Kraus zu jenem Leben zu erwecken, das er selbst als das einzig lebenswerte angesehen hat. Karl Kraus also nicht bloß für Kenner, sondern für vergangenheits- und gegenwartsaufgeschlossene Zeitgenossen, die die Welt durch den Spiegel der Persönlichkeit und im Wege des spezifischen Zuganges von Karl Kraus erfahren und ihren Geheimnissen und Abgründen einen Schritt näherkommen wollen. Alfred Pfabigan hat es verstanden, die Kraus-Forschung im akademischen Verständnis, im literarhistorischen und kulturkritischen Kontext zu bereichern und an das Materialobjekt der Kraus-Forschung unter einem spezifischen Formalaspekt heranzugehen. Doch er hat mehr geleistet als noch eine Arbeit auf einem schon stark zerpflügten Feld: er untersucht Karl Kraus wohl im Hinblick auf eine spezifische, zunächst durchaus speziell anmutende Problematik, aber bei näherem Zusehen stellt sich heraus, daß die Darstellung des Verhältnisses von Karl Kraus zum Sozialismus unversehens zu einem viel vollständigeren Bild seiner Persönlichkeit und seines Wirkens gerät, als es der Titel vermuten läßt. Gerade im Falle von Karl Kraus, der sich trotz der von Pfabigan skizzierten apolitischen Haltung als eminent gesellschaftlich verantwortungsbewußter Zeitkritiker verstand, ist die Stellung zum Sozialismus, der sich in seiner Lebenszeit als heraufziehende Kraft und als Alternative zur bestehenden Gesellschaft entwickelte, der Prüfstein des eigenen Anspruches und die eigentliche Herausforderung an ihn.

Alfred Pfabigan dringt also ins Innerste der Krausschen Persönlichkeit, in die von Kraus beabsichtigte und die von ihm tatsächlich erzielte Wirkung vor und verfährt hiebei in äußerst differenzierter Weise. Er schöpft aus dem vollen und bringt eine jahrelange Beschäftigung mit allen Details der Krausschen Lebens- und Wirkungsgeschichte ein, ohne sich deshalb in Kleinigkeiten und Beliebigkeiten zu verlieren. Der Autor behält die großen, verbindenden Linien und Konstanten inmitten aller Wandlungen, die er nachzeichnet und nachempfinden läßt, im Auge und zeigt, daß manche scheinbare Widersprüche zwischen den Stellungnahmen von Karl Kraus in verschiedenen Perioden sich auflösen, wenn man auf die Grundgesinnung und die charakterliche Eigentümlichkeit von Karl Kraus zurückgeht und abstellt. Bei dem Versuch, die Identität des Krausschen Zuganges ungeachtet aller Brüche und Inkonsequenzen nachzuweisen, erliegt Pfabigan nicht der naheliegenden Versuchung, die Ursprungs- und Geltungsproblematik in unzulässiger Weise zu vermischen. Er bedient sich wohl der biographischen Methode und der Kenntnisse, die ihm über Leben und Wirken von Karl Kraus zur Verfügung stehen, hütet sich jedoch, die Stellung zu den Zeitfragen selbst in die Persönlichkeit von Karl Kraus aufzulösen und die Widersprüche bloß aus den Widersprüchen der Persönlichkeit zu erklären.

Pfabigan ist Ideologiekritiker und wendet die Erklärungsmethode des historischen Materialismus an, wenn er die Wurzeln der Krausschen Stellungnahmen in den gesellschaftlichen Grundlagen seiner Existenz, in seiner trotz aller Antibürgerlichkeit durchgehenden Anhänglichkeit an die bürgerliche Klasse erblickt. Er macht Kraus den Vorwurf, oft nur die Person gesehen und getroffen, die dahinter stehende Institution aber vernachlässigt zu haben. Freilich sind auch Marxisten, die es an sich besser wissen müßten, nicht vor der Gefahr gefeit, den institutionellen Aspekt aus dem Auge zu verlieren und in einen Moralismus zu verfallen, der übersieht, daß es sich bei der moralisch disqualifizierten Person um eine bloße »Charaktermaske« handelt.

Die weitere Frage, die sich in diesem Zusammenhang stellt, ist die, ob der bei Kraus nachweisbare Widerspruch zwischen seiner Kampfstellung gegen bestimmte Erscheinungsformen der bürgerlichen Gesellschaft und seiner Weigerung, diese Gesellschaft selbst in Frage zu stellen, nur die Inkonsequenz eines unheilbaren Bürgers oder nicht auch eine im Lichte der historischen Entwicklung haltbare Position darstellt. Die Tatsache, daß die Sozialdemokratie zur Zeit von Karl Kraus ähnlich inkonsequent verfuhr wie der Mann, der mit ihr in Fehde lag, ist noch keine Bestätigung für die Richtigkeit seiner Position, denn bei aller Unterschiedlichkeit des Zuganges könnten doch beide einem gemeinsamen Irrtum erlegen sein. War Karl Kraus konsequenter oder inkonsequenter als die zeitgenössische Sozialdemokratie, wenn er der *Arbeiter-Zeitung* ihre Doppelmoral von Redaktionspolitik und Inseratenteil, ihren nichtgeführten Kampf gegen Imre Bekessy, ihre Unfähigkeit, den traditionellen Kulturbetrieb zu überwinden, vorwarf? Und wäre der Moralist Karl Kraus heute weniger oder mehr im Recht, wenn er der Sozialdemokratie ihre Passivität gegenüber bedenklichen Praktiken vorhielte? Zieht die Tatsache, daß man die ökonomischen Grundlagen der Gesellschaft nicht fundamental ändert, mit Notwendigkeit die Konsequenz nach sich, daß damit der Kampf gegen die Auswüchse einer Gesellschaft, die für den Gesellschaftskritiker ihre logischen Folgen und Ergebnisse sind, sich erübrigt? Und wäre ein Moralist wie Karl Kraus nicht auch, ja gerade heute der Wahrheit näher als jene, die geneigt sind, alles unter dem Titel des Anpassungszwanges zu subsumieren und mit dem Hinweis auf diesen Zwang alles für entschuldigt zu halten? Die historische Erfahrung lädt uns nicht zu dem Schluß ein, daß die Veränderung der ökonomischen Grundlagen automatisch auch eine Wendung zum Besseren in allen übrigen Bereichen mit sich bringt. Doch auch der Umkehrschluß, daß man es sich bis zu dieser radikalen Veränderung ersparen kann, in dem der eigenen Individualität oder der eigenen Gruppe zugeordneten Bereich für Sauberkeit zu sorgen, erscheint dann nicht mehr haltbar.

Der Vorwurf, den Alfred Pfabigan gegen Karl Kraus erhebt, mag zu Recht bestehen, zugleich aber ist zu sagen, daß er — ernstgenommen und aufrechterhalten — nicht minder schwerwiegende Vorwürfe an die Adresse anderer erforderlich macht, um Karl Kraus gegenüber nicht ungerecht zu werden. Alfred Pfabigan ist bereit, diese Ausdehnung der Mitverantwortung vorzunehmen und auch den Austromarxismus nicht davon auszunehmen. Ja, Pfabigan bestätigt durch seine Kritik am Verhalten der Sozialdemokratie gegenüber Karl Kraus nicht nur, daß diese an dem Konflikt mindestens ebenso schuldtragend war wie Karl Kraus selbst, sondern er stellt sich auch hinsichtlich der Gesamteinschätzung der Rolle und Strategie der Sozialdemokratie auf den Boden der in meinem Werk *Zwischen Reformismus und Bolschewismus. Der Austromarxismus als Theorie und Praxis* entwickelten Auffassungen, wenn er beispielsweise ausführt, daß die Parteiführung aus den Ereignissen des 15. Juli 1927 nichts lernte und ihre verhängnisvolle Taktik fortsetzte.

Die von Pfabigan angeschnittene Frage, ob Karl Kraus bei beiderseitigem guten Willen in die Sozialdemokratie integrierbar gewesen wäre, ist wiederum nur ein Spezialfall der Problematik des Schriftstellers, der zugleich Außenseiter und Einzelgänger ist, in einer auf kollektives Zusammenwirken eingestellten Bewegung. Kann der Zeit- und Ideologiekritiker von den Zeitgenossen und von denen, gegen die der Ideologieverdacht sich richtet, voll akzeptiert werden, ohne seiner eigentlichen Funktion verlustig zu gehen? Hat er nicht gerade in der Isolation die größere Chance, einen bleibenden Beitrag zu leisten und als kritisches Korrektiv zu wirken? Doch auch als solches unterliegt er seinerseits einer kritischen Relativierung durch die Mit- und Nachwelt, die in der Konfrontation mit dem Schicksal der fortgeschrittensten und im Sinne von Kraus »reinsten« Geister der Vergangenheit zur Einsicht der Unmöglichkeit der gleichzeitigen adäquaten Erfassung der Probleme der jeweiligen Gegenwart gelangen kann und aus dieser Einsicht den Antrieb empfängt, auch den eigenen Bemühungen mit Skepsis gegenüberzustehen und zu erkennen, daß der Prozeß der Aneignung des Wahren und Richtigen ein verzögerter, sich nur auf Umwegen und in Annäherungswerten vollziehender ist. Ohne in den absoluten Ideologieverdacht abzugleiten, den Karl Mannheim in seiner Wissenssoziologie artikuliert hat, muß doch klar sein, daß die Verpflichtung zu allseitiger und umfassender Kritik auch für den Kritiker selbst gilt, damit aber auch schon wieder einen neuen Kritiker auf den Plan ruft, ohne daß ein Ende dieses infiniten Regresses abzusehen wäre. Diese Einsicht macht den relativen Beitrag des einzelnen nicht überflüssig und entbindet diesen keineswegs von der Verantwortung, die er nach dem Maß seiner Einsicht für das Ganze, dem er sich zuordnet, trägt.

Das Schicksal von Karl Kraus ist das eines genialen Einzelgängers und Außenseiters mit einmaligen sprachlichen, ja sprachbildnerischen und sprachmystischen Fähigkeiten, der wohl auch in jedem anderen Lande zur Ungleichzeitigkeit mit dem Erkenntnisstand seines Bezugssystems verurteilt gewesen wäre. Es kommen jedoch noch spezifische, von Pfabigan gewissenhaft rekonstruierte Umstände und Umweltbedingungen hinzu, die das Leben und Wirken von Karl Kraus zu einem echt österreichischen Schicksal machen. Wenn es auch unmöglich ist, den Anteil, den die österreichischen und speziell die Wiener Verhältnisse an der Vereinzelung Karl Kraus' hatten, genau zu bestimmen und vom Idealtypischen der Diskrepanz zwischen exponiertem Individuum und etablierter Gemeinschaft zu sondern, so besteht doch kein Zweifel, daß Österreich und vor allem seine offiziellen Vertreter ihren gerüttelten Schuldanteil an der mangelnden Anerkennung für Karl

Kraus, die sich scharf von dem Enthusiasmus seiner Anhänger abhob, trugen.

Wäre es um Karl Kraus heute besser bestellt als damals oder gäbe es für ihn heute weniger Anlaß, die mahnende Stimme zu erheben? Dies sind Fragen, die sich vor allem viele junge Menschen, für die Karl Kraus nicht bloß ein akademisch-philosophisches Studienobjekt ist, gerne stellen. Die Beantwortung dieser Frage wäre zugleich die Einladung zu einer kritischen Bestandsaufnahme unserer gegenwärtigen Zustände und zur Stellung der weiteren Frage, ob diese Zustände Gnade vor den Augen des großen Moralisten fänden. Alfred Pfabigan setzt Karl Kraus nicht in die Gegenwart um, ja er spricht so gut wie allen Gruppen damals und heute das Recht ab, Karl Kraus ihr eigen zu nennen, aber er liefert Anhaltspunkte für eine Durchdringung der Probleme der Gegenwart im Geiste von Karl Kraus, wenn eine solche Durchdringung auch an eben die wunden Punkte heranführt, angesichts derer Karl Kraus in seine »Ersatzwelt am Schreibtisch« flüchten mußte.

Aus der Darstellung Pfabigans wird auch deutlich, daß Karl Kraus ein Pionier und Vorläufer der Strafrechtsreform, im besonderen der Reform des Sexualstrafrechts, war, obwohl oder gerade weil Karl Kraus kein den Normalitätskriterien genügendes Verhältnis zur Sexualität hatte. Doch diese persönlichen Deformationen berauben seine Prinzipien, an denen sich das Sexualstrafrecht von heute orientiert, ebensowenig ihrer Gültigkeit und wegweisenden Funktion wie die persönliche Ausweglosigkeit des genialen Otto Weininger, den Pfabigan zu Unrecht abtut, etwas an der bahnbrechenden Natur seiner in *Geschlecht und Charakter* dargelegten Auffassungen ändert.

Man muß, wie das Beispiel Weininger zeigt, nicht mit allen Einzelurteilen, die Pfabigan in seinem Buch fällt, einverstanden sein, aber man kann der Anlage und Durchführung des Werkes dessenungeachtet höchste Qualitäten zuerkennen. Unser Wissen über Karl Kraus ist durch die Studie von Alfred Pfabigan in einem Maße vertieft worden, daß wir auch in bezug auf andere Personen und Strömungen von ihm klärende Beiträge erwarten dürfen. Es ist für einen akademischen Lehrer immer eine Freude, wenn er ein Werk eines Schülers und Mitarbeiters der Öffentlichkeit vorstellen kann. Besonders groß aber ist diese Freude dann, wenn sich Thematik und Art der Verarbeitung des Themas existentiell und methodisch mit der des Lehrers und älteren Freundes in so hohem Maße berühren, wie es hier der Fall ist.

*Norbert Leser*

# Einleitung

»Wem gehört Karl Kraus?« — Unter diesem Titel berichtete eine Wiener kommunistische Zeitung über eine turbulente Diskussion, die aus Anlaß des hundertsten Geburtstags des großen Satirikers stattgefunden hatte. Die Diskussion lieferte dem Blatt auch gleich »einen Grund mehr« für seine Antwort auf die gestellte Frage: Der *Fackel*-Träger Kraus, der Autor der bourgeoisieprangernden *Letzten Tage der Menschheit*, gehöre »an die Seite einer Arbeiterklasse, die Kraus zu gebrauchen weiß[1]«. Das ist nur eine von vielen einander widersprechenden Antworten auf diese Frage, von denen wir im Verlauf dieser Untersuchung einige kennenlernen werden. Der Anlaß — nämlich die erregte Diskussion anläßlich des hundertsten Geburtstags — und die entschiedene Antwort des kommunistischen Blattes liefern aber den Beweis, daß die Frage, wem Kraus »gehört« — wie naiv auch immer diese Formulierung sein mag —, auch heute noch aktuell ist, vor allem dort, wo es um das Verhältnis des großen Satirikers zur Politik geht.

Die zitierte Fragestellung umreißt auch das Thema dieser Arbeit, die das Verhältnis des Satirikers und seines Werkes zum Sozialismus untersuchen will. Wem »gehört« er, auf wessen Seite stand er als Person, auf wessen Seite steht sein Werk? Wer kann sich zu Recht auf Kraus berufen? Zeugt sein Werk für eine andere Gesellschaftsordnung als die bestehende, für eine, in der der »aufrechte Gang« realisiert ist, ist sein Werk dieser Frage gegenüber neutral, zeugt es vielleicht nur gegen das Bestehende? All das sind Konkretisierungen der Frage, wem Kraus »gehört«.

Im Zentrum der Arbeit stehen also die Inhalte des Krausschen Werkes; eine ästhetische Wertung ist in dieser Arbeit, deren Verfasser der Literaturwissenschaft fern steht, nicht intendiert. Auch eine komplette Darstellung der Krausschen Biographie ist nicht beabsichtigt, obwohl die

Arbeit aus noch darzustellenden Gründen in ihrem Aufbau dem Krausschen Lebenslauf folgt[2].

»Wem gehört Karl Kraus?« — Diese Frage erhitzt nicht erst seit dem hundertsten Geburtstag die Gemüter der Anhänger und Gegner Karl Kraus', sie war schon zu seinen Lebzeiten umstritten. Kraus selbst hat seine Antwort auf den Versuch, ihn unter dem Motto »Denn er war unser« für ein bestimmtes Bezugssystem zu reklamieren, »testamentarisch« vorbereitet. Es war ein mehrfach wiederholtes »Kusch«, denn: »... weiß Gott, ich war ihrer nicht ...« Aber die Aussagen, die Kraus über sich selbst und seine Entwicklung machte, sind häufig unzulänglich. Die behauptete absolute Unabhängigkeit, das Ignorieren der eigenen sozialen, politischen, psychischen und geistesgeschichtlichen Voraussetzungen gehören zu den wichtigsten Bestandteilen der speziellen *Fackel*-Ideologie. Vorläufer und Bezugspersonen sah Kraus fast nur im ästhetischen Bereich, der für ihn allerdings mit dem ethischen zusammenfiel, sowie — wobei er eklektisch vorging — in gewissen Einzelfragen, wie etwa in seiner Pressegegnerschaft. Ansonsten hielt er sein Werk für nicht aus dem Zusammenhang heraus interpretierbar. Ihn an seinen Inhalten zu fassen, die verpönte und für ihn wertlose »Meinung« ins Zentrum der Interpretation zu stellen, hat er ausdrücklich verboten. Auch der Stoff der Satire, der Anlaß, war seiner Auffassung nach unerheblich. Daß die Satire immer in eine bestimmte Richtung zielt, die mit der Person des Satirikers in einem gewissen Zusammenhang steht, daß sie eine Selektionsproblematik hat, die in der Frage, wer ihr Objekt ist und nach welchen Kriterien dieses gemessen wird, ausgedrückt werden kann — die Existenz solcher Fragen leugnete Kraus ausdrücklich. Der Kampf des Satirikers gegen Phänomene wie Dummheit oder Bösartigkeit ist seiner Auffassung nach ein absoluter, die behaupteten Phänomene sind sozial und politisch neutral, daher muß es auch ihr Gegner, der Satiriker, sein. In Wahrheit verbirgt sich hinter diesem Standpunkt ein übersteigerter Subjektivismus, der es verstanden hat, eine eigene Welt zu schaffen und diese Welt dem Leser als die einzig wahre zu suggerieren.

Ein wesentliches Phänomen, dessen Kenntnis zum Verständnis der Wirkungsgeschichte der *Fackel* viel beiträgt, ist die Macht, die ihr Herausgeber mittels seiner Sprachgewalt über seine Leser ausübte. Elias Canetti, den seine langjährige Beschäftigung mit dem Phänomen Macht für eine solche Beobachtung besonders qualifiziert, schildert die Zeit, als er dem Einfluß von Karl Kraus unterworfen war, so: »Das erste, was nach dem Anhören von zehn oder zwölf Vorlesungen von Karl Kraus, nach ein oder zwei Jahren Lektüre der *Fackel*, geschah, war eine allgemeine Einschrumpfung des Willens, *selbst* zu urteilen. Es fand eine Invasion von starken, unerbittlichen Entscheidungen statt, an denen nicht der leiseste Zweifel bestand. Was dort, in dieser höheren Instanz, einmal beschlossen war, galt als ausgemacht, es wäre einem vermessen erschienen, selber an eine Nachprüfung zu gehen. (. . .) Eine Art von Reduktion trat ein[3] (. . .).« Jene Unterworfenheit, die Canetti, der sich später von Kraus emanzipierte, an sich selbst beobachtete, tritt bei den meisten Kraus-Biographen weitaus stärker auf als in dem schon von Sigmund Freud beobachteten »Normalfall«. Freud spricht davon, »daß Biographen in ganz eigentümlicher Weise an ihren Helden fixiert sind. Sie haben ihn häufig zum Objekt ihrer Studien gewählt, weil sie ihm aus Gründen ihres persönlichen Gefühlslebens von vornherein eine besondere Affektion entgegenbrachten. Sie geben sich dann einer Idealisierungsarbeit hin, die bestrebt ist, den großen Mann in die Reihe ihrer infantilen Vorbilder einzutragen, etwa die kindliche Vorstellung des Vaters in ihm neu zu beleben[4].«

Die Autoren, die über Kraus schrieben, taten zum großen Teil noch mehr: sie unterwarfen sich und leisteten Kraus gegenüber vollkommenen Verzicht auf ihre Identität. Als gar nicht unrepräsentatives Beispiel für eine solche Unterwerfung soll im folgenden in extenso ein tragikomisches Zitat aus der Dissertation eines Schweizer Germanisten gebracht werden, der furchtbar darunter leidet, daß Kraus gerade die Literaturwissenschaftler nicht mochte: »Karl Kraus — das Wagnis, zu ihm das Wort zu ergreifen, darf nur mit dem Ausdruck des Zögerns einsetzen. Denn der Zweifel, der ihn hemmt, ist das einzige, was für einen Vorsatz zeugt, der gegen alles verstößt, was Verantwortung und Ernst im Bereich dieses Namens auferlegen: gegen das Maß des Schreibens, das Kraus (...) errichtete, sowohl wie gegen den Anspruch ehrlicher Lektüre, indem man doch wissen muß, daß Kraus sich gegen jede schreibende Annäherung ausdrücklich verwahrte. Daß er sich erst recht gegen eine wie diese, die aus der Region einer Wissenschaft kommt, zu der er sich zeitlebens in allen Formen der Verabscheuung stellte, verwahren würde; daß er ihr nicht mehr — und nicht weniger — als seinen ›Fluch als Vorwort‹ geben würde: das dürfte in der Problematik dieses Unterfangens vorläufig das einzige sein, was keinen Zweifel erträgt; und man müßte schon aller Energie der Selbstkritik entbehren und vor allem nicht erfahren haben, was es heißt, mit Kraus ins Treffen zu geraten, um diese Fatalität nicht schmerzlichst zu empfinden und nicht immer wieder in den Bann der Mutlosigkeit zu geraten, die von dieser Konstellation und der Vorstellung ausgeht, daß man von dem, vor dessen Urteil man doch vor allem bestehen möchte, höchstens als Merkziel der satirischen Betrachtung für tauglich befunden würde[5].« Abgesehen von der hypnotischen Wirkung, die Karl Kraus auf seine Leser und Biographen ausübte, wird eine kritische Haltung ihm gegenüber dadurch erschwert, daß er sich verschiedener »Immunisierungsstrategien« bediente, wie etwa der satirischen Vorwegnahme einer möglichen Kritik.

In Kenntnis dieser Phänomene ist es daher nicht verwunderlich, daß Kraus von seinen Biographen bis vor wenigen Jahren in der Regel so interpretiert wurde, wie er es selbst wünschte. Angefangen von der ersten großen Arbeit über ihn, dem Werk von Leopold Liegler, wird darin das Bild eines zeitlosen, nur aus den angeblich autonomen Bereichen der Sprache, des Witzes, des Eros und der Kunst zu verstehenden Autors gezeichnet. Der soziale Kontext, der Entstehungs- und Wirkungszusammenhang von Leben und Werk, wurde in der Regel ignoriert. Karl Kraus war ja immer der Meinung, daß gerade die Kenntnis des sozialen Kontexts das künstlerische Verständnis seines Werkes nicht erleichtere, sondern erschwere. Heinrich Fischer hat in der von ihm betreuten Gesamtausgabe dieses Prinzip getreulich weiterverfolgt: er verzichtete auf Anmerkungen und Erläuterungen. Daß dadurch ein Großteil des Werkes, das voll von Anspielungen auf die soziale Umgebung des Autors ist, proportional zur zeitlichen Entfernung vom Anlaß immer unverständlicher wird, wird dabei geleugnet. Dieses närrische Prinzip muß allerdings nicht weiter kritisiert werden. Heinrich Fischer hat es inkonsequenterweise gerade in jenem Fall, der es ad absurdum führen würde, selbst durchbrochen: In den Anmerkungen zu den *Worten in Versen* weist er darauf hin, daß sich ein Gedicht, betitelt *Der Führer*, nicht auf Hitler bezieht, sondern auf einen Parteiführer der österreichischen Sozialdemokratie[6].

Doch Kraus' Autorität und sein Befehl sind nicht der einzige Grund für die »unpolitische« Interpretation seines Werkes. Ein Betrachter dieses Werkes, der einen festen politischen Standpunkt hat, wird — sofern er versucht, sich mit Kraus zu identifizieren — auf jeden Fall in ein persönliches Dilemma geraten. Ist er Konservativer oder Liberaler, dann wird ihn das gelegentlich radikale Vokabular sowie die gelegentliche Verurteilung seiner eigenen Lebensform schrecken. Ist er Sozialist, wird er über die Stellungnahme des Schriftstellers zu den Ereignissen von 1934 und zum Austrofaschismus betroffen sein. Gerade 1936, als eben diese Haltung des Satirikers dem Austrofaschismus gegenüber einen Teil seiner Anhänger verunsicherte, fand Ernst Křenek die Zauberformel zur Lösung dieses Dilemmas: In einer Zeitschrift, die allerdings schon in ihrem Namen *(Der Österreichische Ständestaat)* eine gewisse Affinität zum Austrofaschismus zeigte, postulierte er, daß »eine Erscheinung wie Kraus mit den niedrigen Kategorien *rechts* und *links* überhaupt nicht erfaßt werden« könne[7]. Die deutschsprachige Literaturwissenschaft nach 1945 hat diesen Standpunkt übernommen. In einer Zeit der scheinbaren Klassenharmonie, des scheinbar alle gleich beteilenden Wirtschaftswunders, in der das »Ende der Ideologien« verkündet wurde, brauchte man einen derart »ideologiefreien« Kraus als Kronzeugen dafür, daß man eben doch in der besten aller möglichen Welten lebe. Kraus mußte »unpolitisch« sein — schon weil eine affirmative Literaturwissenschaft sich als unpolitisch verstand. Was dagegen sprach — die schwankende politische Parteilichkeit dieses Mannes, sein häufiges politisches Engagement, sein zeitweiliger Antikapitalismus, ja überhaupt seine gelegentliche Radikalität —, mußte weggeleugnet werden. Die hier nicht zu schreibende Rezeptionsgeschichte des Krausschen Werkes ist so zugleich ein Bestandteil der Sozialgeschichte der Jahre nach 1945. Den Standpunkt der deutschsprachigen Literaturwissenschaft und Publizistik jener Zeit zu Karl Kraus hat Elisabeth Brock-Sulzer repräsentativ formuliert: »Den Meinungen von Karl Kraus nachgehen (. . .), hieße seine historische Bedingtheit in den Vordergrund stellen (. . .), hieße jene trügerische Art der Einordnung vollziehen, die unter dem Vorwand der Objektivität Einebnung der Werte ist[8].«

Die an ein Wunder grenzende Renaissance des fast vergessenen Kraus nach 1945 war also nur durch eine Verkürzung seines Werks möglich: Der »radikale« Kraus mußte wegfallen. Dokument dieser Verkürzung ist die von Heinrich Fischer betreute Ausgabe der Werke, die einen vornehmlich unpolitischen Kraus präsentiert und, abgesehen von Einzelfällen, wie etwa dem *Brief von Rosa Luxemburg* und der *Antwort an Rosa Luxemburg von einer Unsentimentalen,* den »linken« Kraus der zwanziger Jahre ignoriert. Antipode dieser Ausgabe ist die von Dietrich Simon und Kurt Krolop betreute, ursprünglich in der DDR erschienene dreibändige Werkauswahl, deren Textauswahl Kraus vor allem als progressiven bürgerlichen Schriftsteller präsentiert.

Allerdings muß den Vertretern der Auffassung vom »zeitlosen« Kraus eingeräumt werden, daß es in seinem Werk viele Züge gibt, die ihre Auffassung zu bestätigen scheinen. Kraus hat diese Züge häufig selbst herausgearbeitet. An erster Stelle steht wohl seine Behauptung, es bestehe eine Kontinuität der satirischen Argumentation zwischen ihm und Autoren, mit denen er sich identifizierte, die aber in ganz anderen sozialen Umgebungen lebten, wie etwa Gogol und Nestroy. Dazu kommt der von Hans Mayer herausgearbeitete Umstand, daß »in der Metaphysik von Karl Kraus die Kausalität aufgehoben (ist), ebenso wie die Subjekt-Objekt-Relation. Kraus glaubt in seinen Visionen am nächtlichen Schreibtisch alle Ereignisse, alle Einzelheiten einer Weltdekomposition schon vorweggenommen zu haben, so daß er die Ereignisse, die ihn ausnahmslos zu bestätigen scheinen, als Nachlieferung durch die Wirklichkeit betrachtet[9].« Diese erkenntnistheoretische Auffassung bestärkte Kraus in seinem Glauben an die Eigendynamik der Satire. Als wichtigstes Dokument für diese Einschätzung, die die Wirklichkeit als etwas der Kunst Untergeordnetes auffaßte, kann wohl gewertet werden, daß Kraus sich weigerte, eine in einer Glosse vorgetragene falsche Kritik an der Rettungsgesellschaft richtigzustellen: »Ist die Beschwerde Kunst geworden, so gibt's keinen Widerruf. Die Satire kennt keine Besserung der Welt[10].«

Es wäre jedoch ein Fehler, alle diese Positionen als absolut zu betrachten; sie sind genauso im Kontext einer bestimmten Kunstauffassung zu sehen wie etwa formale Probleme. Das gilt vor allem für die wichtigste der theoretischen Konzeptionen von Kraus, die den Gedanken einer zeitlosen Interpretation begünstigen könnten: seine Sprachauffassung, für die Leopold Liegler den zutreffenden Ausdruck »Sprachmystik« gefunden hat. Kraus glaubte an die absolute Eigengesetzlichkeit des sprachlichen Bereichs, der für ihn eine Welt war, in der magische Gesetze herrschten, die er meisterte, indem er sich ihnen unterwarf. Wer einmal liest, wie Kraus selbst eines seiner Gedichte interpretierte, wird verstehen, daß von dieser Interpretation kein Weg zu einer sozialbezogenen Deutung führt[11].

Sprachmystik und Aufhebung der Kausalität bewirken bei gläubigen Krausianern eine völlige Neudefinition der Rolle der Sprache. Ihrer kommunikativen Funktion kann sie nicht mehr nachkommen, Evidenzen gibt es nicht mehr, im Umgang mit ihr herrscht lustvolle Verwirrung. Erich Heller hat diese dialektische Verwirrung anhand eines fiktiven Gespräches mit Kraus treffend dargestellt: »Hätte man die Frage ›Was meinen Sie damit?‹ an Karl Kraus gerichtet, so hätte er geantwortet: ›Ich meine, was ich sage, aber was ich sage, bedeutet vielleicht das Gegenteil von dem, was Sie zu verstehen meinen, deshalb meine ich, was ich sage, und dessen Gegenteil. Dennoch aber meine ich etwas, das präziser ist, als Ihr gedanklicher Ordnungssinn zu erfassen vermag. Denn die Welt des Wortes ist rund, und die Sprache ist Delphi[12].‹«

Kraus' Weigerung, seine Arbeit in einem sozialen Kontext zu sehen und sie so in einen bestimmten vorgegebenen Rahmen einzuordnen, sein ästhetischer Agnostizismus, der die Bereiche der Kunst und der Erkenntnis voneinander trennt, kann auch von einem anderen Standpunkt aus betrachtet werden. Der Politologe Martin Greiffenhagen, dem wir eine gründliche Analyse des »Dilemmas des Konservativismus in Deutschland« verdanken, betrachtet es als ein grundlegendes Merkmal des Konservativismus, daß dieser es für unmöglich hält, eine Theorie seiner selbst zu geben: »Der Konservativismus meint, es sei nicht möglich, über ihn, den erklärten Gegner des Rationalismus, theoretisch Auskunft zu geben oder ihn gar in ein System einzufangen[13].« Da wir es, wie noch zu zeigen sein wird, bei Kraus mit einem Autor zu tun haben, in dessen Werk über weite Strecken hin konservative Denkstrukturen dominieren, liefert uns diese Annahme einen befriedigenden Ansatz zur Erklärung der Krausschen Selbstinterpretationen.

Neben diesen Interpretationen hat es immer wieder Sozialisten gegeben, die für sich die Frage »Wem gehört Karl Kraus?« zu beantworten suchten und deren Ergebnisse im Rahmen des gestellten Themas besondere Aufmerksamkeit verdienen. Auch hier reicht das Spektrum von leidenschaftlicher Anerkennung des »Revolutionärs Kraus«, der — so Friedrich Austerlitz — »alles haßt, was wir hassen«, bis zu ebenso leidenschaftlicher Ablehnung, wie sie etwa Franz Leschnitzer artikuliert, wenn er Kraus als »kleinbürgerlichen Scheinrevolutionär mit sozialreformatorischen Tendenzen, aber auch mit latenten reaktionären Merkmalen« darstellt[14]. Der Fall Leschnitzer ist auch deswegen besonders interessant, weil er eigentlich beide skizzierten Positionen in sich vereinigt: Stichtag seiner Bekehrung war Kraus' Verhalten im Jahre 1934.

Die Frage, wem Kraus »gehört«, läßt sich wohl nicht so einfach mit einer kurzen Formel beantworten. Zu groß ist die Versuchung, ein Teilstück aus dem Werk des Satirikers herauszugreifen, es aus dem Kontext seiner Entstehung und seiner Folgen zu lösen und damit das Material zur Beantwortung der Frage zu gewinnen. Kraus hat sich im Lauf seines Lebens geändert. Diese Veränderungen dürfen weder über- noch unterschätzt werden. Er hat sicherlich sein Bezugssystem — das sei vorweggenommen — nie radikal gewechselt, dennoch ist zwischen dem Kraus von 1899, dem von 1914 und dem von 1934 ein nicht zu übersehender Unterschied. Die politische Entwicklung des Satirikers war ein komplexer, widersprüchlicher sozialer Prozeß. Eine ähnlich klare Antwort auf die gestellt Frage zu geben wie die bisher zitierten Autoren, ist daher nicht möglich. Auf jeden Fall aber muß bei der Beantwortung der Frage historisch differenziert werden.

Aus diesem Grund folgt die vorliegende Untersuchung der Krausschen Biographie. Neben dieser historischen Differenzierung ist noch eine solche nach verschiedenen Bereichen notwendig. Die Frage, wem Kraus gehört, ist nicht allein damit beantwortet, daß man die politische Haltung des Satirikers, etwa seine Einstellung zu bestimmten politischen Parteien, zur Arbeiterbewegung usw., analysiert. Ausgehend vom Politikbegriff einer sich als kritisch verstehenden Politikwissenschaft, die alles als »politisch« bezeichnet, was die Emanzipation des Menschen fördert oder ihr hinderlich im Wege steht[15], müssen wir in unsere Untersuchung eine Fülle von zusätzlichen Fragen aufnehmen. Die Überprüfung des emanzipatorischen Gehalts des Krausschen Werkes kann sich daher nicht nur auf das Verhältnis des großen Satirikers zum unmittelbar politischen Bereich beschränken, sondern erfordert auch eine Neuinterpretation aller Bereiche von Karl Kraus' Leben, Wirken und Denken.

# ANMERKUNGEN

1 F. Eugen und F. H. Wendl, *Von den Grenzen des Beredten,* in: *Volksstimme,* 28. April 1974.

2 Zur Biographie siehe die umfangreiche Sekundärliteratur, dokumentiert in Otto Kerrys 1970 in München erschienener Bibliographie sowie in der 1975 in München erschienenen, von Sigurd Paul Scheichl zusammengestellten und kommentierten Bibliographie. Wegen dieser vorbildlichen Erfassung der Sekundärliteratur wurde in der Regel auf Verweise auf sie verzichtet.

3 Elias Canetti: *Karl Kraus, Schule des Widerstands,* in: Elias Canetti, *Macht und Überleben, Drei Essays,* Berlin 1972, 34.

4 Sigmund Freud, *Schriften zur bildenden Kunst und Literatur,* Studienausgabe, Band X, 152.

5 *Das gestaltete Wort. Die Idee der Dichtung im Werk von Karl Kraus,* Phil. Diss. von Andreas Disch, Basel 1965, erschienen Zürich 1969, 5.

6 Karl Kraus, *Worte in Versen,* München 1959, 534.

7 Ernst Křenek, in: *Der Österreichische Ständestaat,* III 1936, 593 f.

8 Elisabeth Brock-Sulzer, *Spruch und Widerspruch. Über Karl Kraus als Aphoristiker,* in: *Hochland,* 48. Jahrgang 1955/1956, 563 f.

9 Hans Mayer, *Karl Kraus und die Nachwelt,* in: *Ansichten. Zur Literatur der Zeit,* Reinbek 1962, 74 f.

10 Zitiert und kommentiert bei Kurt Krolop, *Dichtung und Satire bei Karl Kraus,* in: K. Krolop/D. Simon, *Kommentare zu Karl Kraus,* Beiheft zur dreibändigen Karl-Kraus-Auswahl, Berlin, DDR, o. J., 123.

11 Siehe dazu *Worte in Versen,* a. a. O. 533.

12 Erich Heller, *Enterbter Geist,* Ff/M, 1954, 339.

13 Martin Greiffenhagen, *Das Dilemma des Konservativismus in Deutschland,* München 1971, 22.

14 Zitiert bei S. P. Scheichl, *Karl Kraus und die Politik (1892—1919),* phil. Diss. Innsbruck 1971, 2.

15 Siehe dazu Kurt Tudyka, *Kritische Politikwissenschaft.*

# Flegeljahre

Der größte deutschsprachige Satiriker des zwanzigsten Jahrhunderts, Karl Kraus, kam am 28. April 1874 in Jičin, einer kleinen Stadt in Böhmen, als Sohn eines jüdischen Großkaufmanns zur Welt. Sein Geburtsland wird er im Alter von drei Jahren verlassen, Österreich und vor allem Wien werden seine Heimat sein.

Die Umstände seiner Geburt vermitteln drei wesentliche Faktoren seiner Identität: Er war Österreicher, Jude und Bürger. Kraus stand nicht nur mit seiner Umwelt auf permanentem Kriegsfuß, sondern auch mit sich selbst; er wird diese drei seinem Willen entzogenen Einflüsse nie voll akzeptieren, sondern lebenslang ihnen gegenüber eine ambivalente Haltung einnehmen. Sein Werk ist für uns daher im Kontext dieser Ambivalenz, vor allem der dem eigenen Bürger-Sein gegenüber, interpretierbar.

Österreich und vor allem Wien bildeten seine Heimat, deren selbsternannter »treuer Hasser« er sein Leben lang war. Die angekündigte Emigration hat er nie vollzogen. Die spezielle »österreichische Misere«, die zu Lebzeiten des Satirikers das Land in zwei große Katastrophen, Weltkrieg und Faschismus, stürzte, war auch die seine. Sein Lebenswerk, die mehr als 20.000 Seiten der *Fackel*, die mehr als fünfzig Bücher, Broschüren und Bearbeitungen sowie die etwa 700 Vorlesungen, ist auf vielfache Weise mit dieser Misere verknüpft: als Kommentar, als Versuch, sie schreibend zu bewältigen, und letztlich auch als eine der Kräfte, die sie mitverursachten.

Sein Judentum wird Kraus früh ablegen, seiner voluntaristischen Konzeption zufolge wird er damit dieses Problem für sich als erledigt ansehen. Dennoch wird er, wie wir im Verlauf unserer Untersuchung zeigen werden, seiner eigenen Dynamik oder der seiner Umgebung folgend, mit der jüdischen Frage als einer persönlichen immer wieder konfrontiert werden.

Und schließlich war Kraus seiner Abstammung nach ein

Angehöriger jener Klasse, der nach vielfacher Bekundung in bestimmten Lebensperioden sein ganzer Haß galt: der Bourgeoisie. In Wirklichkeit waren seine Beziehungen zu seiner Klasse äußerst widersprüchlich. Aufgabe unserer Darstellung ist es daher, diese seine widersprüchlichen Beziehungen zum bürgerlichen Denken, zur bürgerlichen Kultur und vor allem zur bürgerlichen Herrschaft in Österreich in ihrer Bedingtheit herauszuarbeiten. Kraus hat seine Klasse wohl zeitweise gehaßt, aber er hat sie — das sei vorweggenommen — ähnlich wie seine Heimat Österreich nie verlassen, keinen »Klassenverrat« begangen, vielleicht, weil er sie — wie sein Judentum — nicht verlassen *konnte*. Bürger sein, in der Zeit von 1874 bis 1936, vom Jahr nach der ersten großen Katastrophe bürgerlicher Herrschaftsformen, dem Krach von 1873, bis zum Faschismus, das hieß auch Zeitgenosse des Ersten Weltkrieges, der Russischen Revolution und der Weltwirtschaftskrise sein. Kraus stand damit in einer sich ständig wandelnden Umgebung unter dem permanenten Zwang, sein eigenes Bürgertum immer wieder neu zu definieren. Das Bürgertum von Karl Kraus, den Walter Benjamin zu Recht den »letzten Bürger« nannte, ist daher nur als widersprüchlicher Prozeß auffaßbar. Das Spektrum der Bürgerlichkeit reichte zu Lebzeiten des Satirikers von Adolf Eichmann bis Heinrich Mann. Kraus hat dieses Spektrum existentiell ausgeschöpft; im Lauf seiner politischen Odyssee stand er nacheinander zu allen relevanten politischen Ideen — mit Ausnahme des Nationalsozialismus — zeitweilig in einem Nahverhältnis. Sein Leben ist daher auch faßbar als Versuch, unter Ignorierung objektiv wirksamer Strukturen als positiver Bürger, als *Citoyen,* zu wirken.

Doch die kollektiv wirkenden Einflüsse erschließen uns nur einen Teilbereich von Werk und Existenz des großen Satirikers. Über die wichtigste formende Periode im Leben eines jeden Menschen, die Jugend, verfügen wir im Fall Karl Kraus nur über wenig brauchbares Material. Die Kräfte, die diesen eigenartigen Charakter mit seiner Mischung aus Weichheit, Mitgefühl und Menschenliebe einerseits, Aggressivität, Grausamkeit und extremem Egozentrismus andererseits formten, sind nur zum Teil feststellbar. Am wesentlichsten ist das Material, das Margarete Mitscherlich in ihrem Versuch einer Psychoanalyse des Satirikers aufarbeitet. Sie geht zu Recht davon aus, daß die in den meisten Kraus-Biographien enthaltenen Angaben über seine menschliche Wärme, Kontaktfähigkeit, Virilität und seelische Gesundheit nicht stimmen. Demgegenüber zeichnet sie das Bild eines Mannes, der sein Leben lang mit Melancholie, signalisiert durch eine schon früh einsetzende Schlaflosigkeit, zu kämpfen hatte. Margarete Mitscherlich interpretiert die gewaltige Aggression, die der Satiriker gegen Dritte richtete, als einen Mechanismus, der ihn davon abhielt, diese Aggression gegen sich selbst zu richten und Hand an sich zu legen. Auch die immer wieder kolportierte Behauptung von Kraus' glücklicher Kindheit ist nach Mitscherlichs Darstellung unhaltbar. Vor allem die Beziehung zum autoritären, vielbeschäftigten und cholerischen Vater dürfte das Kind belastet haben. Laut Mitscherlich konnte Kraus sich in der ödipalen Periode nicht gegen den robust anmutenden Vater zur Wehr setzen und wählte ihn sich in Abwehr seiner Aggression zum Beschützer. Diese Haltung des Schwächeren, der seine Aggressionen unterdrücken mußte, habe tatsächlich die Aggressivität des Kindes verstärkt. Den seelischen Ausgleich habe das Kind in der geheimen Verachtung der väterlichen Autorität gefunden. Mitscherlich meint diese Haltung des Satirikers der Autorität gegenüber in seinem Leben noch öfter gefunden zu haben. Die typische Lösung seines Ödipuskomplexes sieht sie in seinem Ausspruch, daß es zwei schöne Dinge auf der Welt gäbe, nämlich der *Neuen Freien Presse* (deren Herausgeber Moriz Benedikt im Leben des jungen Publizisten zweifellos eine Art Vaterrolle spielte) anzugehören, oder sie zu verachten. Auch die Beziehung zur Mutter, die der durch eine Rückgratverkrümmung behinderte Knabe mit mehreren Geschwistern, darunter einem knapp nach ihm zur Welt gekommenen, teilen mußte, war nach Mitscherlich problematisch[1].

Der Ursprung der Legende von Kraus' glücklicher Kindheit liegt in seinen eigenen Mitteilungen, die er vor allem zwischen seinem dreißigsten und seinem fünfzigsten Lebensjahr häufig in Form von Gedichten und Aphorismen machte. Seine Biographen haben diese Mitteilungen getreulich übernommen. Dabei wird jedoch übersehen, daß Kraus für seine satirische Kritik einen Fixpunkt brauchte, der ihm einerseits die Maßstäbe liefern und andererseits den Beweis erbringen sollte, daß es realisierte positive Alternativen zum bekämpften Bestehenden gebe. Im Denken des Satirikers gab es viele solcher Fixpunkte, sowohl Personen wie Bismarck oder die Schauspieler des alten Burgtheaters, als auch Zeitabschnitte, etwa die Goethe-Zeit oder aber die eigene Jugend. Doch wenn Kraus von diesen positiven Fixpunkten sprach, dann entstellte er sie in seiner subjektiven, liebevollen Darstellung genauso, wie er das Bild seiner Gegner in seiner ebenso subjektiven, aber haßerfüllten entstellte.

Aber selbst wenn man nur die anerkannt fragwürdigen Selbstdarstellungen dieser Kindheit zur Verfügung hat, findet man in ihnen genügend Material, um ihre Einschätzung als eine glückliche zu relativieren. Der wichtigste Ansatz ist die Beobachtung, daß Kraus' Kindheit ungeheuer angsterfüllt gewesen sein muß. Die Erinnerung an diese Kindheitsängste — Angst vor dem Straßenverkehr, vor dem Einschlafen, vor der Schule, oder auch irrationale Angst, der allzu lebhaften Phantasie des Kindes entsprungen — taucht in seinem Werk immer wieder auf. Doch Kraus hat bestimmten negativen Erfahrungen gegenüber, deren Ursachen er nicht mehr eliminieren konnte oder wollte, einen eigenen Bewältigungsmechanismus entwickelt: Dinge, unter denen er früher offensichtlich gelitten hat, interpretiert er in der Erinnerung als positive Erfahrung. So dürfte Kraus unter der autoritären Schule gelitten haben. Interessant sind seine Reaktionen auf dieses Leid. In der Schule war er überangepaßt, ein streberischer Stubenhocker, der fast bis zum Ende der Schulzeit Klassenbester war. Zweifellos brauchte das schwächliche, ängstliche, kränkelnde, unsportliche und durch dicke Brillen behinderte Kind den Erfolg in der Schule, der nur durch ein hohes Maß an Anpassung erreichbar war, als Ausgleich. Der reife Polemiker allerdings, einer also, der dem Schulzwang entronnen war und nun die Möglichkeit gehabt hätte, die leidvollen Erfahrungen seiner Jugendzeit in eine Praxis umzusetzen, die wenigstens späteren Generationen dieses Leid hätte ersparen können, war ein Gegner jeder Linderung des Druckes, der auf den Schülern lastete. Die Ängste vor der Schule wurden von ihm auf einmal als positive Erlebnisse gewertet, schulreformerische Bestrebungen wurden durch Sätze wie den folgenden denunziert: »Die Schule ohne Noten muß einer ausgeheckt haben, der von alkoholfreiem Wein betrunken war[2].« Ausgehend von dem Krausschen Satz: »Nicht der Stock war abzuschaffen, sondern der Lehrer, der ihn schlecht anwendet«, hat Walter Benjamin das grundsätzliche Verhältnis des Satirikers zur Autorität und zur menschlichen Freiheit treffend charakterisiert: »Kraus will nichts sein als der, der ihn besser anwendet. Seine Menschenfreundlichkeit, sein Mitleid haben an dem Stock ihre Grenze[3] (. . .).«

Die folgenreichste Angst aber war die Sprachangst. Für den kleinen Böhmen Kraus war Deutsch ja nicht die alleinige Muttersprache, er wuchs zweisprachig auf. Er dürfte in Deutsch in der Schule auch gewisse Schwierigkeiten, vor allem bei der Abfassung von Aufsätzen, gehabt haben. Die Grunderlebnisse der Sprachangst, des Sprachzweifels sowie das quälende Gefühl, daß seine Sprache den eigenen Ansprüchen nicht genüge, werden ihn sein Leben lang nicht verlassen. Wie so vieles, das er als Defekt empfand — es sei nur an sein Judentum und an seine körperliche Behinderung erinnert —, wird er auch diesen überkompensieren. Die negativ empfundene Situation wird wieder in eine positive uminterpretiert werden, aus der Sprachangst und dem Sprachzweifel des Kindes wird die masochistische Sprachlust des Meisters der deutschen Sprache werden. Heinrich Heine war in einer ähnlichen Situation, auch er war zweisprachig aufgewachsen. Er löste das daraus resultierende Dilemma, indem er die deutsche Sprache seinen Möglichkeiten adaptierte, sie verflachte und für sich leicht machte. Kraus hingegen — nicht zufällig der selbsternannte Antipode Heines — nahm alle verborgenen Schwierigkeiten der deutschen Sprache auf sich und schuf sich noch neue.

Im Frühjahr 1892 maturierte Kraus, mittlerweile Stammgast im Café Griensteidl, dem Treffpunkt der

Jungwiener Dichter, der späteren Opfer seiner ersten größeren Satire. Auf Wunsch des Vaters begann er — allerdings ohne Vorlesungen zu hören — ein unverbindliches rechtswissenschaftliches Studium. Der tatsächliche Inhalt seiner von ihm selbst als »Flegeljahre« apostrophierten nächsten Lebensperiode allerdings war der gezielte Versuch einer journalistischen Karriere.

Eine Analyse der Jugendarbeiten erübrigt sich, der junge Kraus war seinem eigenen Eingeständnis zufolge genau das, was er später vehement bekämpfen sollte: ein Journalist. Die lebenslange Auseinandersetzung mit dem Journalismus war also zugleich eine solche mit seinen eigenen journalistischen Neigungen, die sich in einer bestimmten Lebensperiode aktualisiert hatten.

Die erste Publikation des Achtzehnjährigen war eine Rezension von Hauptmanns *Webern*. Das hat für die erste Schaffensperiode eine richtungweisende Funktion: Der junge Kraus maß Wien, wo der Naturalismus »überwunden« worden war, bevor er sich überhaupt durchsetzen konnte, und dessen Kulturleben, das von den dekadenten Jungwiener Ästheten dominiert wurde, mit den Maßstäben des vom Naturalismus beherrschten Berlin. Im Mittelpunkt stand für ihn, im Gegensatz zu seinen Altersgenossen, die — in der damaligen Orthographie — »sociale Frage«. Dementsprechend arbeitete er in seiner Frühzeit an zahlreichen sozialreformerischen (nicht sozialdemokratischen, die Arbeiterbewegung spielte in seinem Denken einstweilen noch keine Rolle) Organen mit.

Dieses soziale Engagement gibt auch den Grundton von Kraus' erster größerer Arbeit, der *Demolirten Literatur*, die Hermann Bahr, dem lebenslangen Gegner, und den früheren Freunden aus dem Café Griensteidl gilt. Auch das ist symptomatisch für Kraus: Wenn er geliebt und entweder er oder der andere sich geändert hatte, dann vollzog er den »Abfall« in der Regel mit geradezu ritualisierter Grausamkeit. Das ist wohl auch einer der Gründe dafür, daß Kraus nie Mitglied einer Gruppe war. Er hat wohl manchmal einen informellen Kreis um sich geschart, doch haben sich häufig gerade aus diesem Kreis seine späteren Hauptgegner rekrutiert. Von Ausnahmen, wie etwa Herwath Walden, abgesehen, haben seine Freundschaften mit Literaten fast immer ein spektakuläres Ende genommen; ja man könnte fast sagen, daß es eine spezielle Eigenart dieses Satirikers war, daß er nur in seinem eigenen Bezugsfeld satirisch tätig sein konnte. Bestätigt werden würde diese Auffassung durch die zahlreichen »Lücken«, die die *Fackel,* vorgeblich der satirische Spiegel einer ganzen Epoche, aufweist. Eine Unzahl von politischen und kulturellen Phänomenen sind in ihr nicht behandelt, ganz einfach, weil ihr Herausgeber zu ihnen nicht das sozial oder persönlich bedingte und offensichtlich nötige Nahverhältnis hatte, sozusagen die Reibung, aus der er seine polemische Energie bezog. So hat es etwa trotz seiner bekannten Zeitungsfeindschaft gewisse Zeitungen gegeben — darunter etwa die berüchtigte *Kronenzeitung* —, die er aus Mangel an Nahverhältnis in seinem Lebenswerk fast überhaupt nicht erwähnte. Auch das lange Schweigen zu Hitler kann aus dem Fehlen eines solchen Nahverhältnisses erklärt werden. Margarete Mitscherlich sieht wohl zu Recht in Kraus' Anklagen den »Ausdruck einer unbewußten Selbstanklage. Zu viele seiner Feinde« — so fährt sie fort — »sind früher seine Freunde gewesen oder drückten aus, was er bei sich selber verdrängen mußte[4].« Sein Schweigen zu bestimmten sozialen Phänomenen läßt sich also damit erklären, daß es an diesen nichts gab, was er an sich selbst ablehnte. Auch der in seinem Leben immer wieder auftretende Umstand, daß er bei der Auseinandersetzung zwischen einem negativen und einem nicht ganz positiven Phänomen, wie etwa den Nazis und der Sozialdemokratie, jenes eher ignorierte, dieses aber wegen vergleichsweise geringfügiger Mängel angriff, sowie seine in diesem Zusammenhang häufig artikulierte Weigerung, das »kleinere Übel« zu wählen, sind so zu erklären.

Die Demolierung des Café Griensteidl also bot ihm einen herrlichen Anlaß, dessen ehemalige Insassen satirisch zu demolieren. Alles, was geradezu das Markenzeichen jener Literatur war — Dekadenz, Manieriertheit, Affektiertheit, gewählte Lebensfremdheit, soziale Abstinenz und Kulturpessimismus —, wurde ihnen hier von dem sozial engagierten Kraus vorgeworfen. Unter den Angegriffenen befanden sich, abgesehen von dem »Herrn aus Linz«, Hermann Bahr, der auch das Titelblatt zierte, Hugo von Hofmannsthal, Leopold von Andrian-Werburg, Arthur Schnitzler, Richard Beer-Hofmann, Felix Salten und Felix Dörmann.

In seiner nächsten größeren Arbeit, der 1898 erschienenen *Krone für Zion*, kritisierte Kraus die eben entstandene zionistische Bewegung und deren Begründer, seinen zeitweiligen Vorgesetzten bei der *Neuen Freien Presse,* Theodor Herzl. Die biographische Bedeutung dieser Schrift liegt wohl darin, daß sie das erste publizistische Dokument seiner nahezu lebenslangen Auseinandersetzung mit seiner jüdischen Abstammung war. Begonnen hatte diese schon früher: Im Oktober 1897 war Kraus aus der israelitischen Kultusgemeinde ausgetreten, bis 1911 blieb er glaubenslos. Kraus hat unter seinem Judentum zweifelsohne gelitten. Heute, wo jüdisches Leid untrennbar mit den furchtbaren Ereignissen im sogenannten Dritten Reich verbunden ist, denkt kaum noch jemand daran, daß auch der im Vergleich zu später relativ harmlose Antisemitismus der Donaumonarchie auf die Betroffenen — und zumal auf einen so sensiblen Charakter wie Karl Kraus — seine Auswirkungen hatte. Jude zu sein, das bedeutete damals immerhin die Möglichkeit, auf der Straße angepöbelt zu werden, das bedeutete gesellschaftliche und berufliche Nachteile und im hier untersuchten Falle auch antisemitische Angriffe in deutschnationalen Zeitungen. Wie sehr Kraus wegen seines Judentums zu leiden hatte, zeigt sich besonders deutlich in seiner Beziehung zu Sidonie Nádherný: Die von ihm angestrebte Ehe mit ihr scheiterte unter anderem wegen seiner jüdischen Abstammung. Es ist übrigens interessant, daß Kraus sich eine Frau mit offensichtlich stark antisemitischen Neigungen als Gefährtin erwählte. Als Kind schon hatte Sidonie Nádherný in das Stammbuch ihres Bruders in die vorgedruckte Rubrik »Deine unüberwindliche Abneigung« die Antwort »Gegen Juden« geschrieben[5]. Rilke überlieferte uns das kurze Urteil Sidonie Nádhernýs über Franz Werfel: »...›ein Judenbub‹, sagte Sidie Nádherný ... ganz erschrocken[6].« In den zwanziger Jahren kam es wegen antisemitischer

Anspielungen Sidonie Nádhernýs auf Kraus' Klavier-
begleiter sogar zu einer brieflichen Auseinandersetzung.

Das Leiden, das Kraus durch seine jüdische Abstammung erfuhr, hat ihn wohl veranlaßt, ein unbedingter
Anhänger der Assimilation des jüdischen Volkes zu werden. Diese Anhängerschaft teilte er mit einem Großteil
der damaligen jüdischen liberalen Wiener Bourgeoisie und
auch mit seiner zukünftigen Brotgeberin, der *Neuen
Freien Presse*. Die Assimilation nivelliert, sie erscheint als
ein Weg, die jüdischen Besonderheiten völlig aus der Welt
zu schaffen. Aber diese Konzeption hatte zwei Gegner:
einerseits die Antisemiten, die versuchten, den Juden die
Assimilation zu verweigern, und anderseits die jüdischen
Nationalisten, die den assimilierten Juden Kraus immer
wieder durch Herausstreichen ihrer Eigenarten an seinen
eigenen Ursprung erinnerten. Gerade eine Erscheinung
wie Karl Kraus wäre ja ohne eine lange jüdische Tradition undenkbar, so daß man Berthold Viertel, der Kraus
einen »Erzjuden« nannte, wohl zustimmen muß. Gerade
jene jüdischen Merkmale, die Kraus an sich selbst unterdrückte, projizierte er in seinen Polemiken auf andere
Juden. Diese Projektionen haben bewirkt, daß in Auseinandersetzungen um seine Stellung zum Judentum zwei
Begriffe immer wieder auftauchten: Antisemitismus und
jüdischer Selbsthaß.

Die Kraus-Anhänger haben es sich in diesem Punkt bei
der Reinwaschung des Meisters in der Regel leicht gemacht:
Kraus bekämpfe nicht die Juden im allgemeinen, sondern
jene einzelnen Vertreter des Judentums, die das Gesamtbild verunstalteten. Eine jüdische Wiener Zeitung hat sich
in den zwanziger Jahren zu dieser Frage folgendermaßen
geäußert: »Karl Krois is geboiren als Jud, sich später
geschmad't un dann ausgetreten aus der katholischen
Kirche. Sein Kampf hot sich oich gericht kegen Juden ober
nur kegen der Schädlichkeit vun einzelne Perschoinen,
welche sennen zufällig gewen Juden. Dos Judentum als
Einheit hot Krois allein nit bekämpft, leheipuch (= im
Gegenteil) a sach mol rufen ihm seine Anhänger un er ruft
sich allein ›echter Jud‹. 's is nit kein Sofek ( = Zufall), a
asa (= so) ›Strofprediger‹ wos redt zu der daitscher Welt,

wolt (= hätte) es a sach leichter gehat, wenn m' kenn vorwarfen als er is ›doch nur a Jud‹. Krois lost sich ober nit obschrecken un tut weiter, wos sein Gewissen diktirt ihm[7].«

Aber damit macht man es sich wohl zu einfach. Tatsächlich bezeichnete — zumindest bis in die zwanziger Jahre, als der braune Antisemitismus zu einer bedrohlichen Realität wurde und Kraus bei Vorlesungen in Berlin jüdische Namen aus seinen Satiren eliminierte und auch seine Einstellung zum Zionismus revidierte — das Adjektiv »jüdisch« bei ihm zumeist etwas Negatives. Das ging so weit, daß in seiner verbal antikapitalistischen Periode während des Ersten Weltkriegs weniger von kapitalistischer als vielmehr von »jüdisch-kapitalistischer« Weltzerstörung die Rede ist. Daß etwas »jüdisch« sei, wurde von Kraus häufig, ohne daß er es im konkreten Fall auswies, als negatives Argument gebraucht. Dieser Umstand, verbunden mit der Tatsache, daß Kraus mit seinen Witzen den Antisemiten viel Material lieferte, verlockt natürlich dazu, ihn selbst als Antisemiten anzusehen. Doch gab es bei Kraus nie ein rassisch festgelegtes positives Pendant zum Judentum. Bloßes »Arier-Sein« war für Kraus keineswegs ein Wert. Ja, er fand einen Kunstgriff, um auch den Arier mit den Kriterien seines vorgeblichen Antisemitismus zu messen: den Ausdruck von den »Juden aller Rassen«. Das ließ die Möglichkeit offen, einerseits Juden aus der antisemitischen Argumentation auszuklammern, und anderseits Arier, die sich sozusagen »jüdisch« verhielten, einzubeziehen. Dieser Antisemitismus erinnert an den des etwa gleichzeitig wirkenden Wiener Bürgermeisters Karl Lueger, dem der Ausspruch zugeschrieben wird: »Wer ein Jude ist, bestimme ich.« Interessanterweise hat der Rassen-Antisemit Jörg Lanz von Liebenfels, der sogar gesagt haben soll, aus seiner Rasse könne man nicht austreten, Kraus in diesem Punkt verstanden und akzeptiert. Folgerichtig hat er ihn zum »Retter des Ario-Germanentums« ernannt.

Die Kraussche Kritik am Judentum muß also als ein integraler Bestandteil seiner allgemeinen personalistisch orientierten Gesellschaftskritik aufgefaßt werden. Der Kraussche Antisemitismus enthält — so paradox es klingt

— ein humanistisches Element. Daß dieser Humanismus sich in einer Form artikuliert, die eine starke Affinität zur entsetzlichsten Bestialität im zwanzigsten Jahrhundert zeigt, ist ein Ausdruck der ganz speziellen Dialektik von Karl Kraus. Ursache dieses Phänomens ist ein allgemeiner Strukturmangel der Krausschen Gesellschaftskritik. Die Unfähigkeit, jene Kräfte zu erfassen, die für das von ihm erkannte Weltelend verantwortlich sind, glich er immer wieder sozusagen durch Krücken aus. Aus Mangel an realer Einsicht in gesellschaftliche Zusammenhänge versuchte er, die Schuld am Weltelend einzelnen Personen oder Personengruppen zuzuschieben; solche »Krücken« sind die Vorwürfe an die Juden, die Journalisten, die Sozialdemokratie usw.

Jedenfalls muß man Sigurd Paul Scheichl zustimmen, der im Zuge der bisher wohl gründlichsten Analyse des Verhältnisses von Kraus zum Judentum zu dem Ergebnis kommt, »daß Kraus' Kritik am Judentum zu differenziert ist, um mit dem Schlagwort ›Antisemitismus‹ zureichend gekennzeichnet zu sein...[8]«. Problematisch bleibt, daß Kraus für das von ihm Bekämpfte, das unabhängig von der »Rasse« ist, gerade die Bezeichnung »jüdisch« gewählt hat. Hier setzt die Diskussion um seinen sogenannten »jüdischen Selbsthaß« ein. Jüdischer Selbsthaß ist in gewissem Sinn ein Modewort; die Aussagekraft dieser Kategorie ist gering. Es wird wohl niemand annehmen, daß die Juden sozusagen gesetzmäßig dazu neigen, sich selbst zu hassen. Was bleibt, ist eine Fülle von heterogenen Elementen, die allesamt in der Kategorie des jüdischen Selbsthasses zusammengefaßt werden. Im Lichte der zitierten Überlegungen Margarete Mitscherlichs kann man Kraus zweifellos eine gewisse Tendenz zum Selbsthaß zuschreiben, doch halte ich es für wichtiger, diesen Selbsthaß konkret im Entstehungs- und Wirkungszusammenhang zu analysieren, anstatt ihn mit dem Etikett »jüdisch« zu belegen und zu glauben, man hätte ihn damit bereits erforscht.

Das Bekenntnis des jungen Polemikers zur Assimilationstheorie liefert uns also den Schlüssel zum Verständnis seiner Arbeit *Eine Krone für Zion:* »Weil sich der jüdische Typus durch gewisse körperliche Stigmata den Spott der Ganzdummen zugezogen hat, setzen unsere strammen Um-jeden-Preis-Juden ihren Stolz darein, diese Stigmata besonders zu betonen[9]...«, heißt es hier vorwurfsvoll. Jedoch: »Der widerhaarigste Zionist müßte sich in wenigen Jahren unschwer zum Europäer zivilisieren lassen. Der unumstößliche Glaube an die Anpassungsfähigkeit des jüdischen Charakters ist die beste Orthodoxie[10].« Dementsprechend definierte Kraus den Herzlschen Zionismus, der ja als Reaktion auf die Dreyfus-Affäre entstanden war, paradoxerweise als Wegbereiter und nicht als Folge des Antisemitismus. »Nicht der Mörder, sondern der Ermordete ist schuldig« — wir werden diese paradoxe Denkfigur noch häufig in seinem Leben finden. Zutreffend allerdings ist seine historisch bestätigte Warnung, daß der Zionismus der Wegbereiter eines engstirnigen jüdischen Nationalismus werden könnte.

Das Bekenntnis zur Assimilation teilte Kraus mit seiner zukünftigen Brotgeberin; doch etwas unterscheidet seine Assimilationsidee von jener der *Neuen Freien Presse*: Kraus hat eine Macht entdeckt, die »alles, auch die Nasen, gleich macht«. Diese Macht war die Sozialdemokratie. Das eigentliche jüdische Problem waren für Kraus nicht die von Herzl repräsentierten, größtenteils der Mittel- und Oberschicht angehörenden Westjuden, sondern das in ungeheurem Elend lebende ostjüdische Proletariat. Und dieses Problem konnte nur die Arbeiterbewegung lösen, denn: »Das Weltelend erfordert keine Spezialisten« — wie es die zionistische Bewegung war. Dementsprechend wertete Kraus den Versuch, eine Interessenidentität zwischen den armen Ostjuden und den reichen Westjuden herzustellen, nur als ein Mittel zur Beschwichtigung revolutionärer Energien. Aber im Gegensatz zum Endziel des Sozialismus hielt er das des Zionismus für unerreichbar, und es sei daher »kaum anzunehmen, daß die Juden diesmal trockenen Fußes in das gelobte Land einziehen; ein anderes rotes Meer, die Sozialdemokratie, wird ihnen den Weg dahin versperren[11]«. In diesem Zitat zeigt sich, daß Kraus der Arbeiterbewegung bereits eine historische Rolle zuwies. Er selbst blieb ihr gegenüber einstweilen neutral.

Karl Kraus stand nun am Scheideweg: Eine journalistische Karriere bei der *Neuen Freien Presse* war ihm sicher. Doch mittlerweile hatte er als Zeitungsmitarbeiter abschreckende Erfahrungen gemacht. Die bedeutendste Erfahrung war die, daß er das, was er als seine Mission ansah, nämlich als sozial engagierter Journalist Mißstände anzugreifen, einfach nicht tun durfte. Die Außenzensur war unerheblich, dafür stieß er ständig mit der »intimeren (Zensur) eines Chefredakteurs« zusammen. Kraus durchschaute schon früh, daß der vom Presseliberalismus hochgehaltene Freiheitsbegriff in Wirklichkeit wegen der vielfältigen Bindungen der Zeitungen an Kapitalinteressen und der ebenso vielfältigen Bindungen ihrer Redakteure an diverse Cliquen eine Phrase ist. Sooft Kraus in das »schändliche Hausierertreiben« der liberalen kulturellen, politischen und wirtschaftlichen Szene hineinfahren wollte, hielt ihm der Chefredakteur die Stilschnitzer des konservativen Ackerbauministers entgegen, die zu bekämpfen angeblich sein heiliges Amt sei. Das sollte einerseits den aggressiven jungen Journalisten beschäftigen und andererseits der Zeitung den Ruf verschaffen, ein kämpferisches Blatt zu sein, ohne letztlich jemandem weh zu tun. Kraus hingegen durchschaute, daß Angriffe auf einen Schwachen und Fernstehenden eine billige Methode sind, sich das Image einer unabhängigen oder kämpferischen Zeitung zu erwerben. Den Prüfstein für wahre Unabhängigkeit und wahren Mut sah Kraus zeit seines Lebens darin, ob man im eigenen Bereich Korruptionsfälle genauso bekämpfte wie außerhalb und ob man auch stärkere Gegner angriff. Seine Forderung nach Unnachsichtigkeit dem Feind in den eigenen Reihen gegenüber ist — so richtig sie auch sein mag — zugleich ein Produkt seiner schon dargestellten seelischen Notwendigkeiten. Ein Großteil des Spottes, den Kraus zeit seines Lebens über die vorgeblich unabhängige Presse gegossen hat, resultiert aus den Erfahrungen, die er selbst in seinen Lehrjahren gemacht hat.

In einem Gespräch mit dem aufbegehrenden Anfänger erklärte diesem sein Protektor Moriz Benedikt, daß diese Unfreiheit des Schreibenden, unter der Kraus so litt, untrennbar mit den Besitzverhältnissen der Zeitungen verbunden sei. Das ist eigentlich eine absurde Argumentation: Ein Liberaler, der in seiner Zeitung ständig auf die Barrikaden stieg, wenn er die »Freiheit« etwa durch den »Klerikalismus« oder die »Reaktion« bedroht sah, Anhänger einer Ideologie, die diese Freiheit durch das Privateigentum an den Produktionsmitteln sichern will, erklärte bei Unfreiheiten, die sich im eigenen Bereich ergaben, diese seien ganz einfach eine Folge des Sicherungsmittels, also des Privateigentums. Noch absurder aber ist eigentlich die Reaktion Kraus'. Er hatte sich ja mittlerweile von dem als Phrase durchschauten Liberalismus distanziert. Um aber seine eigene Freiheit als Schreiber zu erhalten, wird er wiederum auf das Privateigentum als Sicherungsmittel setzen und eine eigene Zeitung gründen. Darin kann man einen für Kraus ganz typischen Versuch sehen: Ein Auswuchs bürgerlicher Konzeptionen soll durch Rückführung zum Ausgangspunkt korrigiert werden. Nicht neue Formen werden gesucht, wenn die gegenwärtigen als historisch überlebt erkannt werden, sondern Kraus greift auf den Ausgangspunkt zurück und versucht, noch einmal anzufangen. Dem entwickelten Wiener Zeitungskapitalismus mit seinen Ansätzen zur Monopolbildung und der damit verbundenen Unfreiheit setzte Kraus neuerlich die — in der klassischen liberalen Theorie als freiheitssichernd angenommene — Konkurrenz von Kleinunternehmern entgegen.

In der Forderung nach publizistischer Freiheit steckt zweifelsohne ein fortschrittliches Element. Die Art hingegen, wie der finanziell begünstigte Kraus diese Freiheit institutionell abzusichern suchte, war rückschrittlich. Es handelte sich dabei nicht um den Versuch, einen als unbefriedigend erkannten Zustand grundlegend zu verändern, sondern ein privilegierter Einzelner schuf sich selbst eine Gegenwelt. Die Welt erscheint in diesem Denkmodell als durch die Einzelaktion eines ethisch Einwandfreien sanierbar — ein Widerspruch übrigens zu der Erkenntnis, daß das Weltelend keine Spezialisten erfordere. Der negative Einfluß der Presse wird hier wohl durchschaut, aber dadurch, daß Kraus diesen Einfluß nicht im Kontext sah, suchte er die Lösung des Problems »Presse«

in einem naiven Gegenmodell: Publizistik bedeutet Einfluß, also bedeutet »gute« Publizistik Einfluß des Guten. Und auch dieses Modell wird nicht durch organisierte kollektive Praxis durchgesetzt, sondern durch das positive Vorbild des Einzelnen, an dessen Funktion Kraus sein Leben lang glaubte.

## ANMERKUNGEN

1 Margarete Mitscherlich, *Sittlichkeit und Kriminalität. Karl Kraus, Versuch einer Psychoanalyse,* abgedruckt in drei Teilen in den *Baseler Nachrichten* Nr. 103, 4. Mai 1974, Nr. 109, 11. Mai 1974, Nr. 115, 18. Mai 1974. In Hinkunft zitiert mit: *Mitscherlich,* unter Hinzufügung des Datums.
2 Karl Kraus, *Nachts,* Wien — Leipzig 1924, 72.
3 Walter Benjamin, *Lesezeichen,* Leipzig 1970, 156.
4 *Mitscherlich,* a. a. O. 4., Mai 1974.
5 Siehe dazu Karl Kraus, *Briefe an Sidonie Nádherny von Borutin,* 2. Band, München 1974, 51.
6 Briefe Rilkes an die Fürstin Marie von Thurn und Taxis, zitiert in Lore B. Foltin, *Franz Werfel,* Stuttgart 1972, 30.
7 Zitiert nach F 649—656, 141 f.
8 Scheichl, Innsbruck 1971, 923.
9 Karl Kraus, *Eine Krone für Zion,* 2. Auflage, Wien 1898, 17.
10 *Eine Krone für Zion,* a. a. O., 23.
11 *Eine Krone für Zion,* a. a. O., 30.

# Kein parteimäßig Verschnittener

»Und es kam — eines Tages, soweit das Auge reicht, alles — rot. Einen solchen Tag hat Wien nicht wieder erlebt. War das ein Geraune, ein Geflüster, ein Hautrieseln! Auf den Straßen, auf der Tramway, im Stadtpark, alle Menschen lesend aus einem roten Heft... Es war narrenhaft. Das Broschürchen, ursprünglich bestimmt, in einigen hundert Exemplaren in die Provinz zu flattern, mußte in wenigen Tagen in Zehntausenden von Exemplaren nachgedruckt werden[1].« Ein Augenzeuge, der Sozialist Robert Scheu, ein zeitweiliger Freund und Mitarbeiter des Herausgebers der *Fackel*, hat uns diesen heute schon klassischen Bericht über deren sensationelles erstes Erscheinen im April 1899 hinterlassen. Die *Fackel* konnte ihren anfänglichen Erfolg halten: die Prophezeiung Moriz Benedikts, daß ein neues Blatt sich in Wien nicht halten könnte, wurde durch die Realität glänzend widerlegt. Das Blatt erreichte manchmal eine Auflage von 38.000 Stück und war zeitweise eine der meistgelesenen Zeitschriften des deutschen Sprachraums. Der frische, witzige und ein wenig »bürgerschreckliche« Ton, dazu die angekündigte Gegeninformation, der gute Name und die aggressive Schreibweise des jungen Herausgebers machten es rasch zu einem einflußreichen und gern gelesenen Organ. Bald nach ihrem ersten Erscheinen entwickelte sich die spezifische Haltung, die die Wiener der *Fackel* gegenüber, so lange sie einflußreich war, einnahmen: Ihre Kritik wurde binnen kurzem institutionalisiert. Sie war unterhaltsam zu lesen, der jeweils von ihr nicht Betroffene gönnte sie dem Betroffenen, aber ansonsten war sowohl ihr Anspruch als auch ihre Möglichkeit, realisiert zu werden, gering. Speziell in jenen Perioden der *Fackel*, da Kraus sich bereits zum Satiriker gewandelt hatte, gewinnt man den Eindruck, als ob der Verzicht auf Einlösung der Kritik durch Änderung des kritisierten Zustandes ein wesentliches Gestaltungsgesetz der bürgerlichen Satire wäre. Die Krausche Satire will höchstens die Einstellung ihrer Leser zum Kritisierten ändern, nicht aber dieses selbst. Das ist wohl einer der Gründe, warum ihr Radikalismus häufig im Verbalen stecken bleibt.

Bei aller Einsicht in die Fragwürdigkeit von Periodisierungen eines so komplexen Werkes, wie es das Kraussche ist, kann die erste Periode der *Fackel,* deren Ende durch den Tod Annie Kalmars, durch die erste zeitweilige Einstellung des Blattes, Änderung der Titelseite und Trennung von der sozialdemokratischen Druckerei und Verlagsanstalt Moriz Frisch markiert ist, in Übereinstimmung mit einem Großteil der Sekundärliteratur als eine Einheit angesehen werden, die sich von der späteren Schaffenszeit deutlich abhebt.

Die *Fackel* hatte in jener Zeit noch feste Mitarbeiter, deren Beiträge häufig unsigniert erschienen. Die Urheberschaft an einzelnen unsignierten Artikeln kann in vielen Fällen nur mit dem fragwürdigen Mittel des Stilvergleichs festgestellt werden. Da Kraus die allein entscheidende Instanz in der Redaktion der *Fackel* war und jene Diktatur der Chefredakteure, über die er ehedem geklagt hatte, selbst fortsetzte, kann man jedoch annehmen, daß er sich auch mit den nicht von ihm selbst verfaßten Beiträgen weitgehend identifizierte.

Die publizistische Absichtserklärung, die Kraus in der ersten Nummer der *Fackel* gab, unterschied sich wohl nur durch ihren sprachlichen Wert von den üblichen Eröffnungsartikeln neuer Blätter. Unter dem Motto »Was wir umbringen« stellte sich ihr Verfasser als unabhängigen, parteimäßig nicht verschnittenen Publizisten dar, der »freudig das Odium der politischen ›Gesinnungslosigkeit‹ auf der Stirn trägt«. Das Ziel des Blattes sollte eine »Trockenlegung des weiten Phrasensumpfes sein«, ein Vorhaben, zu dem Kraus »Mißvergnügte und Bedrängte aus allen Lagern sammeln« wollte[2]. Dazwischen ist wohl von der »Erkenntnis sozialer Notwendigkeiten«, von den »ökonomischen Bedürfnissen des Volkes« und vom »Capitalismus« die Rede, aber diese Begriffe sind nicht präzisiert und haben, sooft sie im Krausschen Lebenswerk auftauchen, regelmäßig Leerformelcharakter. Karl Kraus hat sich in seinem ganzen Leben nie mit politischer Theorie auseinandergesetzt, nicht einmal oberflächlich. Die Sozialwissenschaften, die ihm hätten helfen können, Begriffen wie den oben zitierten einen Inhalt zu geben, hat er zeitlebens verachtet und verspottet. Seine Denkweise war jener der Sozialwissenschaften auch genau entgegengesetzt. Gesellschaftliche Wandlungen und Interdependenzen berücksichtigte er nie; die Gesellschaft zerfiel in seiner Betrachtungsweise in unabhängige Teilbereiche, welche vom Willen einzelner, die außerhalb aller Sachzwänge standen, bestimmt wurden. Das einzige Phänomen, dem er gesamtgesellschaftliche Relevanz zuerkannte, war die Presse. Mit dieser ahistorischen Denkweise von Karl Kraus haben sich viele Autoren beschäftigt. Walter Benjamin hat versucht, sie in der Formulierung zu fassen, daß für Kraus »der soziologische Bereich nie transparent« werde[3].

Angesichts der Unverbindlichkeit der zitierten Absichtserklärung muß man zur Analyse der *Fackel* in ihrer ersten Periode ihre publizistische Praxis heranziehen. Das kennzeichnende Etikett, das die *Fackel* in jener Zeit trug, war das eines »antikorruptionistischen« Blattes. Antikorruptionismus als Programm — das war damals gar nichts Ungewönliches. Abgesehen davon, daß sich wohl kaum jemals eine Zeitung zur Korruption bekannt hat — die Bekessy-Presse bildet hierin eine rühmliche Ausnahme —, war Antikorruptionismus zu jener Zeit ein beliebtes Schlagwort. Die von Kraus bekämpfte Zeitung *Die Zeit* war antikorruptionistisch, der spätere Wiener Bürgermeister Karl Lueger begann seine politische Karriere als Antikorruptionist und so weiter. Die *Fackel* verstand unter Korruption eine Fülle von recht heterogenen gesellschaftlichen Mißständen, wie etwa Gründungsschwindel bei Aktiengesellschaften und deren Unterstützung durch die Presse; die gegenseitige Hilfe, die gewisse Cliquen einander im kulturellen Bereich durch Manipulation des Publikums gaben; den skandalösen Nepotismus an der Wiener medizinischen Fakultät; das Verschweigen der lebensgefährlichen Zustände auf der Südbahn und ähnliches mehr.

Ein Großteil dieser Fälle spielte sich in jenen Bereichen

des politischen, ökonomischen und kulturellen Lebens ab, die von — im weitesten Sinne — als liberal zu bezeichnenden Personen kontrolliert wurden. Mißstände in der christlichsozialen Wiener Gemeindeverwaltung hingegen wurden in der *Fackel* in der Regel nicht behandelt. Der Zeitkritiker hat gegenüber der Fülle von kritisierbaren Erscheinungen ein Selektionsproblem. Ihm selbst nicht bewußte Auswahlkriterien bewirken, daß seine »absolute« Kritik bei Betrachtung von außen relativiert werden und man in ihr eine Linie finden kann, die den Unabhängigkeitsanspruch in Frage stellt. Gerade beim Krausschen Lebenswerk darf man nie außer acht lassen, daß die Maßstäbe seiner Kritik verhältnismäßig vieldeutig sind. Aufklärung über die publizistische Linie der *Fackel* erhält man daher nicht, indem man den diesen Maßstäben immanenten Anspruch mit der Praxis der *Fackel* gleichsetzt. Mit einer solchen Gleichsetzung würde man nur die von vielen Autoren kolportierte Kraus-Legende reproduzieren. Viel wichtiger ist die Frage, wer mit diesem Maßstab gemessen wurde und wer eventuell von der Kritik verschont blieb. Verwenden wir dieses Verfahren, dann werden wir im Werk von Karl Kraus eine Fülle von Inkonsequenzen feststellen, die in der einseitigen Anwendung seiner Maßstäbe bestehen.

Im Lichte solcher Beobachtungen wird der Absolutheitsanspruch des Satirikers fragwürdig; es stellt sich heraus, daß sein Werk genauso von seiner individuellen Parteilichkeit determiniert ist wie das jedes Schreibenden. In diesem Sinne kann man über die Frühzeit der *Fackel* sagen, daß sie ursprünglich eine stark antiliberale Stoßrichtung hatte, zu der später noch die Aggressionen gegen die Sozialdemokratie kamen. Im Vergleich zu dem Ausmaß, in dem Kraus gegen diese beiden Richtungen polemisierte, hat er die Christlichsozialen bis zum Ersten Weltkrieg geschont.

Ein Antikorruptionist steht vor der grundsätzlichen Frage, ob er die Korruption als Auswuchs der bürgerlichen Gesellschaft im Zusammenhang mit dieser bekämpfen oder sie als ein autonomes Phänomen behandeln soll. Der erste Weg war für Kraus durch die Praxis der bekämpften

Wiener Presse diskreditiert. Diese füllte wohl — von verschiedenen ideologischen Standpunkten her argumentierend — Seite um Seite mit Pauschalanklagen gegen die Gesellschaftsordnung, verhielt sich aber in konkreten Fällen, außer wenn diese beim politischen oder wirtschaftlichen Gegner festgestellt werden konnten, eher zurückhaltend. Dieser Praxis gegenüber bekannte sich Kraus ironisch dazu, daß »er noch nicht prinzipiell, sondern nur in jedem einzelnen Fall ein Gegner öffentlicher Korruption[4]« sei. Getreu seiner Konzeption, sein Blatt »zum Zwecke der öffentlichen, schriftlichen Popularklage[5]« zu benützen, tat er etwas im bürgerlichen Wiener Milieu Ungewöhnliches: Er nannte Namen. Das Verfahren der anderen Blätter führte er auf deren Feigheit zurück, der er stolz seinen eigenen Mut entgegensetzte: »Ich weiß, daß es bequemer wäre, die Seiten der *Fackel* mit Pauschalanklagen gegen die ›Gesellschaftsordnung‹ zu füllen, die, wie mir erfahrene Kenner versichern, für Bankenraub, Aktienschwindel und Defraudation des Zeitungsstempels allein verantwortlich ist. Bequemer und vor allem ungefährlicher[6].« Zweifellos bestand dieser Vorwurf den bürgerlichen Zeitungen gegenüber zu Recht. Doch die Rückführung eines Mißstandes auf dessen gesamtgesellschaftliche Wurzeln ist auch ein Bestandteil der sozialistischen Gesellschaftskritik, die sich in der Regel nicht daran hindern läßt, konkret zu werden. Die *Arbeiter-Zeitung* etwa, das Zentralorgan der österreichischen Sozialdemokratie, nannte in jener Zeit durchaus die Namen der von ihr als korrupt Bezeichneten und wies zugleich auf die Systembedingtheit der Korruption hin. Kraus hingegen wollte nur die Alternative »Angriff auf die Gesellschaftsordnung per saldo« *oder* »Angriff auf den einzelnen Korrupten« sehen. In dieser Alternative entschied er sich seiner Veranlagung gemäß für die mutigere zweite Variante. Doch diese Alternative ist künstlich, ihr Zweck ist eine Verteidigung der Krausschen Praxis; eine andere Art und Weise, ein mutiger Publizist zu sein, als er sie vorexerzierte, durfte es nicht geben, weil er zu keiner anderen imstande war.

Der Kraussche Antikorruptionismus blieb daher letztlich an der Oberfläche haften, war ein Kampf gegen Einzelphänomene und damit zwangsläufig eine Sisyphusarbeit, weil nach der Beseitigung des Übels, zu der es sowieso nur in wenigen Fällen kam, infolge der gleichbleibenden Struktur des Gesamtsystems jederzeit ein Ersatz entstehen konnte. Kraus' Unfähigkeit, erkannte Einzelphänomene zu systematisieren, in der wir wohl eine Folge seiner Verachtung der sozialwissenschaftlichen Denkweise sehen können, führte zu vielen Verzerrungen seiner Erkenntnisse. Für Kraus war gesellschaftsverändernde Praxis eine Angelegenheit des Gefühls, der Empörung und des Willens, der Intellekt hatte nicht allzuviel damit zu tun. Eine polemische Haltung, die sich intellektuell — also nicht nur emotionell — legitimiert und dementsprechend Prioritäten setzt, war ihm unvorstellbar. Aus dieser Einsicht, die er mit seinen negativen Erfahrungen als Journalist verknüpfte, schloß er: »Der unpersönliche Antikorruptionismus dient der Wiener Journalistik als Deckmantel für eigene, bereits vorhandene oder erst noch zu übende Korruption. Der sachliche Kampf gegen die Korruption ist aber in Wahrheit der persönliche, den ich in der *Fackel* führe[7].«

Über diese methodische Frage gab es in der zweiten Nummer der *Fackel* einen interessanten Disput zwischen Maximilian Harden und Karl Kraus. Es ist allgemein bekannt, daß Harden und seine 1892 gegründete Zeitschrift *Die Zukunft* das unmittelbare Vorbild der *Fackel* waren. Leider hat es die bisherige Sekundärliteratur, die sich mit der *Zukunft* oder der *Fackel* beschäftigte, unterlassen, einen Vergleich der beiden Zeitschriften anzustellen. Das Ausmaß, in dem sich in der *Zukunft* Vorwegnahmen späterer Zentralthemen der *Fackel* befinden — Themen, die Kraus allerdings anders behandelte als Harden —, kann daher hier nur angedeutet werden. Erinnert sei nur an Hardens ausgeprägte Gegnerschaft zur Presse, von der er, wie später Kraus, behauptete, daß sie ihn totschweige, an die bereits von ihm kultivierte Technik des »entlarvenden« Zitats und an seinen Rückgriff auf Ferdinand Lassalle.

Harden hatte wohl nicht so unrecht, wenn er in einem

Brief sechs Monate nach dem ersten Erscheinen der *Fackel* über Kraus klagte: »Daß er mich so kopiert, ist recht ärgerlich[8].« Die Unterschiede zwischen den beiden Publizisten, die Kraus damals noch nicht bewußt waren, später aber den Bruch mitverursachten, liegen in der Beziehung zur deutschen Sprache sowie darin, daß Harden trotz seiner radikalen Ansichten im Gegensatz zu Kraus der Presse gegenüber durchaus kompromißbereit war. Seine Stellungnahme in dem obenerwähnten Disput ist von Kraus wohl auch nicht als methodische Kritik, sondern eher als Aufruf zur Versöhnung, zum »Nur-nicht-Anecken« aufgefaßt worden.

Harden erinnerte Kraus in seinem Brief aus Anlaß der Gründung der *Fackel* vor allem an die Rücksichten, die der »kapitalistische Besitzer einer Meinungsfabrik nimmt, nehmen muß«. Offensichtlich an frühere Diskussionen anknüpfend, ermahnte er den »lieben Kameraden Kraus« wie folgt: »Ich hoffe, Sie lernen mehr und mehr erkennen, daß die Übel von der Institution, nicht von den Personen stammen. Seit die Journalistik ein großkapitalistisch betriebenes Gewerbe geworden ist, ein Geldmachergeschäft, das dem Beruf fremde Leute leiten, dem sie, je nach ihrem Privatinteresse, den Weg weisen, ists eben geworden, wies werden mußte. Das Alles hat ja Lassalle schon viel besser gesagt und geweissagt, als ichs vermöchte ... Bleiben Sie aufrecht, hüten Sie sich, wenn die Schleudern unsanft zurückfliegen, vor Verbitterung und vergessen Sie im Literatenlärm und Zeitungsgezänk nicht die großen Gegenstände menschlichen Mühens, nicht die wirtschaftlichen Zusammenhänge, die Alles erklären, Alles verzeihlich machen ...[9]«

Die Abgrenzung zwischen einer analytischen Erklärung, die historisch bedingte Phänomene deswegen als unvermeidlich darstellt, um sie in Kenntnis ihrer Ursachen radikal bekämpfen zu können, und einem vulgären, der Selbstbeschwichtigung dienenden deterministischen Fatalismus, kann nur anhand der Praxis dessen, der die Erklärung abgibt, getroffen werden. Aber Kraus hätte nicht nur eine fatalistische, sondern auch eine analytische Erklärung zeitlebens nie akzeptiert, er ging vom Primat des Willens aus, durch den Verhältnisse grundsätzlich veränderbar sind, und zwar durch Eingriffe einzelner, »großer Männer« sozusagen. Eine Rangordnung der Ziele, Kompromisse, also jene Vorgangsweise, die mit analytischem Denken eng verbunden ist, akzeptierte er nicht. Ein Aktivismus, der keine Schranken anerkannte, war zweifellos sein Leben lang eine seiner Grundhaltungen. Das erklärt viele seiner Ansprüche an einzelne Politiker, vor allem später an sozialdemokratische, wie auch seine Begeisterung für »starke Männer«, etwa Franz Ferdinand oder Engelbert Dollfuß, die sich, scheinbar nur auf ihren starken Willen gestützt, über die Verhältnisse hinwegsetzten. Eine Konzeption wie die Hardens war daher für Kraus seiner ganzen Denkweise nach unannehmbar.

Der Vorschlag, den Harden zur Behebung der erkannten Übelstände machte, war allerdings eher naiv und fiel hinter das von ihm auf analytischem Gebiet Geleistete zurück: »Wir müssen versuchen, es dahin zu bringen, daß der publizistische Arbeiter nicht mehr von den Produktionsmitteln getrennt ist, daß er die Zeitungen, die er schreibt, auch wirklich leitet und nicht gezwungen ist, täglich zweimal in den höchsten Brusttönen zu verkünden, was er nicht glaubt[10].« Es ist nicht anzunehmen, daß Zeitungen, nur weil sie von Journalisten geleitet werden, aus den von Harden erkannten systembedingten Zwängen aussteigen können. Genauso wie das Kapital die Presse braucht, braucht auch die Presse das Kapital, da schon damals der Verkaufserlös die Spesen bei der Herstellung einer Zeitung nicht deckte und die Zeitungen auf das Inseratengeschäft angewiesen waren.

Doch Kraus ging in seiner Erwiderung gar nicht auf diese Probleme ein. Seine Antwort an den »lieben, verehrten Herrn Harden« zeigt ein zum Verständnis seines Charakters und seiner Denkweise wichtiges Element: Kraus konnte wohl polemisieren, weil er als der Stärkere in der Polemik sich sein eigenes Bezugssystem schaffen konnte. Zu einer Diskussion innerhalb eines von jemand anderem gelieferten Bezugsrahmens aber war er unfähig. Sein Verhalten in den wenigen Diskussionen, die in der *Fackel* geführt wurden, zeigt regelmäßig die gleiche Struktur: Nichteingehen auf den Inhalt der Argumente des anderen und zugleich Flucht in ein selbstgeschaffenes, ästhetisch legitimiertes Bezugssystem. Der wesentliche Punkt in Kraus' Antwort auf Harden war daher der angebliche Unterschied zwischen Berlin und Wien, der bewirke, daß Hardens Argumente dort wohl zuträfen, in Wien aber nicht: »Ich glaube immer, daß anderwärts die Zusammenhänge nicht so klar zutage liegen, daß die Manipulation zumindest eine verschämtere, das Erwischtwerden ein schwereres ist. Ich glaube, daß dort jene Leute, die mit der einen Hand den Strom der öffentlichen Meinungen und mit der anderen den der Tantiemen lenken, sich wenigstens in den Zwischenakten nicht so breitbeinig hinstellen[11].« Schon die anschauliche Schilderung des »breitbeinig« in den Zwischenakten dastehenden Schriftstellers Julius Bauer zeigt uns, was der tatsächliche Unterschied zwischen Berlin und Wien war: In Wien gab es einen aggressiven jungen Publizisten, der sich, aus welchen Gründen auch immer, von der kulturellen Korruption in seiner Heimatstadt geradezu persönlich betroffen fühlte. Doch mit dieser oberflächlichen Verschiedenheit der Berliner und der Wiener Korruption rechtfertigte Kraus seine punktuellen Angriffe: »Wenn ich einen einzelnen aus jener Reihe mir ausgesucht habe, so geschah es, weil er mir so recht als die Inkarnation des literarischen Schachergeistes erschien, als der deutlichste Repräsentant des Systems, unter dem hierzulande alle gute Entwicklung leidet[12].«

Das ist wohl eines der wichtigsten Zitate zum Verständnis von Karl Kraus, es ist geradezu sein methodisches Credo, von dem er sein Leben lang nicht abgewichen ist: Der einzelne, losgelöst von seiner Person, wird als Verkörperung des Mißstandes angegriffen; damit glaubt Kraus zugleich den Mißstand zu erledigen. In engem Zusammenhang mit diesem methodischen Credo steht auch Kraus' Antwort auf Hardens freundliche Aufforderung, er möge sich »wichtigere Aufgaben« suchen: »Es ist das über unserem Milieu schwebende Verhängnis: wer einen Julius Bauer erlegte, der hat — ich muß selbst über die Wirkung lachen — eine Tat vollbracht[13].«

Dennoch machte er Harden das folgende Zugeständnis,

das allerdings auf sein weiteres Wirken keine Auswirkung hatte: »Daß sich dieses System, sosehr es bei uns seinen Ursprung schon überwuchert hat, auf die Grundübel der kapitalistischen Presse zurückverfolgen läßt, ist mir dabei nicht unbewußt geblieben, und fern sei es von mir, die Personen kurzsichtig mit der Institution zu verwechseln[14].« Denn gerade die Verwechslung der Person mit der Institution ist einer der Hauptfehler der Krausschen Gesellschaftskritik, eine unmittelbare Folge der personalistischen Betrachtung gesellschaftlicher Phänomene.

Auch dort, wo Kraus sich zu einer von der Einzelperson losgelösten Wertung, die größere Zusammenhänge berücksichtigte, entschlossen hatte, war seine Einschätzung durch ihren personalistischen Ursprung belastet. Das soll etwa an seiner Beziehung zum Liberalismus gezeigt werden. Schon in der ersten Periode der *Fackel* bekundete diese immer wieder konsequente Verachtung für die »Knochen, die vom halbverwesten Liberalismus noch übriggeblieben sind[15]«. Diese Verachtung blieb so lange ein konstantes Element Krausschen Denkens, als der politisch ohnehin schwache Liberalismus im Wiener Kulturleben eine gewisse Macht hatte. Kraus war zu dieser Ablehnung durch persönliche Erfahrungen gelangt, die er mit einzelnen Personen — korrupten Journalisten, schlechten, dafür aber geschäftstüchtigen Künstlern und anderen gemacht hatte. Diese Personen identifizierte er nun mit dem Liberalismus und glaubte, durch seine Kritik an ihnen bereits den Liberalismus überwunden zu haben. In Wirklichkeit hat sich diese Überwindung nur verbal vollzogen. Weder mit den positiven noch mit den negativen Seiten des Liberalismus hat Kraus sich je auseinandergesetzt. Eines der Grundprinzipien des Liberalismus, das Privateigentum an den Produktionsmitteln, war für Kraus genauso selbstverständlich wie für das übrige liberale Milieu. Das freiheitliche Anliegen des Liberalismus, das Kraus, den Liberalismus an seinen schlechten Trägern messend, zeitweilig nur als »Freiheitsphrase« perzipierte, wird er in seiner *Sittlichkeit-und-Kriminalität*-Periode selbst radikal vertreten, ohne sich dieser Affinität bewußt zu werden. In seiner Polemik gegen das kulturelle Milieu des Wiener Liberalismus ignorierte er, daß dieses Milieu eine der Voraussetzungen seines eigenen Schaffens war. Kraus selbst und der von ihm verehrte Peter Altenberg wurzelten genauso in diesem Milieu wie die von Kraus abgelehnten Schnitzler, Bahr und Hofmannsthal. Seine Ablehnung des Liberalismus hatte also in seinem Denken einen ähnlichen Stellenwert wie die Ablehnung der Juden: Sie war eine Krücke, mit deren Hilfe Kraus seine mangelnde Einsicht in gesellschaftliche Prozesse und seine Unfähigkeit, die am erkannten Elend tatsächlich schuldigen Kräfte namhaft zu machen, kompensierte; der reale Liberalismus war von dieser Ablehnung genausowenig betroffen wie die Juden.

Die Sekundärliteratur vermeidet Auseinandersetzungen um die Methode Kraus' gemeinhin mit dem Argument, dieser sei ja Satiriker gewesen, und die Satire schaffe sich eine eigene Welt, die nicht mit der tatsächlichen übereinstimmen müsse. Dieses Argument ignoriert die ambivalente Beziehung des Satirikers zur Realität: Genauso, wie sich aus seinem Werk die Behauptung der sozialen Unabhängigkeit der Satire herausdestillieren läßt, kann man darin auch den Anspruch finden, konkrete gesellschaftlich relevante Erkenntnisse entdeckt zu haben. Zur Illustration dieser These ist wohl am wichtigsten die Auseinandersetzung zwischen Kraus und der österreichischen Sozialdemokratie in den zwanziger Jahren, als er sogar den Anspruch erhob, daß seine Erkenntnisse für das Handeln seiner sozialdemokratischen Anhänger richtungweisend sein sollten, ein Anspruch, der von der sozialdemokratischen *Vereinigung Karl Kraus* auch teilweise realisiert wurde.

In einem Punkt ist Kraus allerdings in seiner Kritik des Liberalismus zu einer tiefgehenden und für einen bürgerlichen Kritiker der damaligen Zeit originellen Einsicht gelangt: in seinem Protest gegen die Auswirkungen des Prinzips der Warenproduktion auf das Geistesleben. Während ihrer ganzen Erscheinungsdauer finden sich in der *Fackel* immer wieder Dokumente der Empörung ihres Herausgebers darüber, daß ein Kunstwerk in unserer Gesellschaft als Ware gilt und daß folglich der produzierende Künstler auf den Markt Rücksicht nimmt. Allerdings bleibt diese Kritik in der Empörungsphase stecken. Sie antizipiert keineswegs eine Gesellschaftsform, in der das Prinzip der Warenproduktion aufgehoben ist: dieser Frage stand Kraus neutral gegenüber. Er machte nicht den gesamtgesellschaftlichen Mechanismus verantwortlich für diesen Übelstand, der sich etwa darin äußert, daß ein Schriftsteller seine Produktion dem Geschmack des Publikums anpassen muß, sondern jeden einzelnen Schriftsteller selbst. Solcherart erhob Kraus seine eigene Privilegierung, die es ihm ermöglichte, unabhängig vom Markt und auch häufig gegen diesen zu produzieren, zur Norm. Für den finanziell nicht gesicherten Literaturproduzenten blieb nur eine Lösung, nämlich die, sich einen Brotberuf zu suchen und nebenher zu schreiben. An die Anpassung, die ein schöpferischer Mensch in einem solchen ungeliebten Beruf vollziehen muß, dachte Kraus nicht; die Anpassung der in seiner Konzeption geradezu heiliggesprochenen schöpferischen Tätigkeit dagegen verdammte er ethisch, sie galt ihm als Prostitution. Interessant für seine Einstellung zu den Grundprinzipien der warenproduzierenden Gesellschaft ist nun, daß er ein unbedingter Apologet der sexuellen Prostitution war, die ja schließlich die Liebe zur Ware macht, während er die geistige Prostitution verdammte.

Das wichtigste Ereignis jener ersten Schaffensperiode war wohl, daß Kraus in ihr zum erstenmal in ein Nahverhältnis zur österreichischen Arbeiterbewegung trat, die damals durch die Sozialdemokratische Arbeiterpartei repräsentiert wurde. Die von bürgerlichen Intellektuellen gegründete und geführte Sozialdemokratie war damals für engagierte junge Menschen aus seiner Schicht sehr attraktiv. Dennoch kam es nie zu einem verbindlichen Engagement; von der Gründung der *Fackel* bis zu Kraus' Tod bestand zwischen ihm und der Sozialdemokratie ein intensives emotionelles Verhältnis, das sich auf beiden Seiten bald in leidenschaftlicher Ablehnung, bald in Neutralität, gelegentlich aber auch in weitgehender Identifizierung ausdrückte. Die Identifizierung ohne vorangegangene Änderung eines der beiden Partner war auf jeden Fall ein beiderseitiges Mißverständnis: Wäre Kraus ein diszipliniertes Parteimitglied gewesen, hätte er sich — im Guten wie im

Schlechten — nie zu dem entwickeln können, was er wurde. Umgekehrt wäre eine Sozialdemokratie, der Kraus, ohne seinen Überzeugungen untreu zu werden, hätte beitreten können, ein sicherlich hochinteressantes, romantisches, politisch jedoch völlig ineffizientes Gebilde gewesen.

Vor der Darstellung des Verhältnisses zwischen Kraus und der Arbeiterbewegung muß ein terminologisches Mißverständnis, das leicht Anlaß zu Fehlinterpretationen geben könnte, aus dem Weg geräumt werden. Wo Kraus über Fragen schrieb, die im Interessenbereich der Arbeiterbewegung lagen, finden sich in seinem Werk häufig termini technici, die scheinbar der sozialistischen Theorie entstammen. Doch hat Kraus diese Begriffe ihres exakten Inhalts entkleidet und nach eigenen, eher gefühlsorientierten Kriterien verwendet. Sie hatten daher keinen bestimmten Inhalt, sondern waren aufgrund ihres emotionellen Charakters der Empörung Kraus' adäquat. »Ausbeutung« bedeutet also nicht die Aneignung des Mehrprodukts durch den Eigentümer der Produktionsmittel, sondern sie liegt dann vor, wenn Arbeitsschutzbestimmungen mißachtet werden, Überstunden unentgeltlich geleistet werden müssen und so fort. »Kapitalist« ist nicht der Eigentümer von Produktionsmitteln, sondern in der Regel ein Großunternehmer, »Bourgeois« ist für Kraus nicht ein Angehöriger seiner eigenen Klasse, sondern meist jemand, den eine bestimmte Geisteshaltung auszeichnet. Der Begriff »Kapitalismus«, der in der *Fackel* vor allem um die Jahrhundertwende und zur Zeit des Ersten Weltkriegs gelegentlich vorkam, ist vollends diffus; Kraus war wohl verbal »Antikapitalist«, mit dem historischen Stellenwert des Kapitalismus und der Möglichkeit seiner Ablösung durch ein anderes Gesellschaftssystem hat er sich jedoch nie befaßt. In diesem Zusammenhang muß erwähnt werden, daß Kraus mehrfach davon gesprochen hat, daß er Marx nur oberflächlich kannte. Hingegen wurde in der *Fackel* häufig Lassalle zitiert, an dem Kraus offensichtlich die einseitige Frontstellung gegen die liberale Bourgeoisie und das daraus folgende Bündnis zwischen feudalen und sozialistischen Kräften, die Wertschätzung Bismarcks und vor allem die immer wieder zitierten Polemiken gegen Journalisten schätzte. Seine Lassalle-Rezeption war allerdings eher an seinen jeweiligen aktuell-polemischen Bedürfnissen orientiert als an Lassalles Zielvorstellungen.

Es ist daher schwer, Kraus einem bestimmten Flügel oder einer bestimmten Richtung des Sozialismus zuzuordnen. Die verbal-radikale Ablehnung des Revisionismus, des »regierungs- und verwaltungsgerichtshofffähigen Sozialismus Bernsteins[16]«, darf auf keinen Fall dazu verführen, ihn etwa dem linken Flügel zuzurechnen. Trotz seiner Ablehnung des Gefühlssozialismus etwa eines Engelbert Pernerstorfer wird man ihn wohl auch als Gefühlssozialisten bezeichnen können. Versteht man den Sozialismus als Fortsetzer und Bewahrer der besten Ideen des Humanismus, der Aufklärung und des Liberalismus, der zugleich die Mechanismen entdeckt hat, die eine Realisierung dieser Ideen im Kapitalismus einerseits verhindern und andererseits auf höherer Stufe vorbereiten, und der daher neue Formen des politischen Handelns und damit auch neue Werte geschaffen hat, so folgte Kraus dem Sozialismus nur in der allgemeinsten Ausprägung des ersten Teils dieser Definition. Die analytische Denkweise des historischen Materialismus war ihm fremd, die Antizipation einer möglichen Zukunftsgesellschaft jenseits des Kapitalismus fehlte ihm, und er hatte keinerlei Verständnis für die Notwendigkeit organisierten Handelns und für die daraus sich ergebenden speziellen Bedürfnisse und Eigengesetzlichkeiten. Mit diesen Hypotheken war das Verhältnis des jungen Publizisten zur Arbeiterbewegung von Anfang an belastet.

Am Beginn dieses Verhältnisses steht ein schönes Bekenntnis zu Victor Adler, dem Gründer der Partei. Auf Hardens Feststellung, er halte »die *Arbeiter-Zeitung* für die am besten redigierte Zeitung in deutscher Sprache« (allerdings »vom politischen Standpunkt abgesehen«!) und halte gleichzeitig Victor Adler und den Chefredakteur der *Arbeiter-Zeitung*, Friedrich Austerlitz, für »publizistische Talente ersten Ranges[17]«, antwortete Kraus: »Aber Victor Adler? Was Sie über ihn, den trefflichen Austerlitz und über die *Arbeiter-Zeitung* sagen, ist mir ja aus der Seele gesprochen. Der Zeitungsherausgeber Adler ist zugleich ein Mann, der unserer Zeit — nicht bloß unserer Journalistik — ein Beispiel von Heroismus gegeben hat. Ihn, der für sein Heiligstes, die sozialdemokratische Sache, sein Vermögen geopfert, suche ich nicht in der Gesellschaft anderer Journalisten, die durch ihr Heiligstes, die Börsenrubrik, ihr Vermögen erworben haben[18]...« In diesem Fall schlug Kraus' personalistische, an »großen Männern« orientierte Politikbetrachtung ausnahmsweise zugunsten der Arbeiterbewegung aus.

Abgesehen von der Begeisterung für Victor Adler war die Einsicht in die elende Lage der Arbeiterschaft in manchen Teilen der Monarchie, die Kraus zeitweilig hatte, das wichtigste Bindeglied zwischen ihm und der Arbeiterbewegung. Anläßlich des Streiks der Brünner Weber, ihres »nackten, verzweifelten Ringens um eine notdürftig menschliche Existenz[19]« erschien in der *Fackel* eine wohl nicht von Kraus verfaßte Schilderung des Elends dieser Arbeiter, die geradezu an Friedrich Engels' klassische *Lage der arbeitenden Klassen in England* erinnert. Während des durch den »frechen Trotz der Ausbeuter[20]« ausgelösten Kohlenarbeiterstreiks im Norden der Monarchie im Februar 1900 appellierte Kraus an die Solidarität der Wiener Öffentlichkeit und klärte sie auf: »Unsere Öffentlichkeit versteht nur zum geringsten Teile die Schliche der Grubenbesitzer. (...) Ja, hat man bisher die Schädlichkeit der Sippe, gegen die die Kohlenarbeiter jetzt kämpfen, nicht gekannt? Oder hat man geglaubt, die Rothschild, Gutmann, Wittgenstein würden plötzlich aus der Art schlagen und Menschen wohl über Kapitalprofit stellen? Wenn Herr Rothschild ein wohltätiges Institut mit ein paar tausend Gulden unterstützt, wenn Frau Gutmann als Patronesse in den Ballsaal einzieht, in dem zu wohltätigem Zweck getanzt wird, dann ist es an der Zeit, davon zu sprechen, daß die verbrecherische Ausbeutung von hunderttausend Menschen diesen Leuten die Mittel bietet, mit deren tausendstem Teil sie hundert Menschen zu Hilfe kommen[21].«

Es ist nicht verwunderlich, daß ein derartiges soziales Engagement Kraus sozialistisches Lob eintrug. In sozialistischen Zeitungen wurde positiv auf die *Fackel* verwiesen[22], und Rosa Luxemburg, der ein Wiener Bekannter einige Hefte gesandt hatte, dankte: »Besten Dank für die *Fackeln*, die ich mit großem Interesse lese. Sie sind wirklich mit Talent gemacht: forsch, lebendig und inhaltsreich[23].« Unmittelbare Folge dieser positiven Einschätzung war wohl auch, daß Sozialisten begannen, in der *Fackel* zu publizieren.

Wilhelm Ellenbogen, der seinen ursprünglich nur in der Parteipresse und in Broschüren geführten Kampf gegen die für Bedienstete und Benützer gleicherweise mörderischen Verhältnisse auf der damals noch privat betriebenen Südbahn auch in der *Fackel* führte, hat für seine Mitarbeit an einem parteifremden Organ eine Begründung gegeben, die wohl ungefähr mit der Einschätzung der *Fackel* seitens der Sozialdemokratie übereinstimmt: »Ich wollte mich diesmal nicht ausschließlich an die Leser des Zentralorgans meiner Partei, der *Arbeiter-Zeitung,* wenden. (...) Ich spreche überhaupt nicht als Parteimann, sondern — um es gleich zu sagen — als einer von den siebzehn Millionen Menschen, die alljährlich auf der Südbahn fahren[24].«

Die Sozialdemokratie akzeptierte Kraus also als Bündnispartner in relevanten, allgemein wesentlichen, aber nicht klassenspezifischen Fragen. Ihrer Einschätzung nach konnte der Satiriker ihre reformistischen Intentionen durch die von ihm hergestellte Gegenöffentlichkeit im Vorfeld des aufgeschlossenen Bürgertums unterstützen. Vergleichen wir diese Einschätzung mit dem fallweise leidenschaftlichen Engagement des Herausgebers der *Fackel,* dann zeigt sich wohl, daß dieser sich der Arbeiterbewegung näher fühlte als sie sich ihm.

Der wichtigste sozialistische Mitarbeiter der *Fackel* aber, dessen erster Artikel einen Skandal hervorrief und die *Fackel* mit einem Schlag in internationalen sozialistischen Kreisen bekannt gemacht hat, war Wilhelm Liebknecht. Dieser nahm in der *Fackel* zu mehreren Fragen Stellung; seine wichtigsten Beiträge betrafen die Dreyfus-Affäre. Kraus dürfte — wie in seiner sozialen Umgebung wohl fast jedermann — Dreyfus ursprünglich für unschuldig gehalten haben. In einer Stellungnahme in der *Waage* im

Jänner 1898 kritisierte er hauptsächlich die »modische« internationale Protestwelle: »Rückständigen Staaten, die an der allgemeinen Kulturverwesung noch nicht teilnehmen können, aber bestrebt sind, sich allmählich zu einem modernen Verfall emporzuarbeiten, sei eine Beschäftigung mit der Politik Frankreichs dringend empfohlen[25].« Auch seine spätere Kritik war hauptsächlich daran orientiert, daß Zeitungen, die zu ähnlichen Vorkommnissen im Inland schwiegen, sich ohne Risiko auf Kosten Frankreichs billig als kämpferische und sozialkritische Blätter profilierten. Auch die im Fall Dreyfus stark mobilisierte jüdische Solidarität war ihm suspekt, weil sie seiner Behauptung nach alle, also auch Schieber und Spekulanten, deckte und dadurch den Antisemitismus förderte. Nicht das Problem, ob Dreyfus schuldig oder unschuldig war, beschäftigte ihn später, sondern er maß den Wert der Dreyfus-Kampagne an ihren Protagonisten und kam dadurch — wie so oft in seinem Leben — zur Verwerfung einer guten Sache wegen ihrer schlechten Vertreter: »Wer sich in dem Lärmen dreister Schmöcke, das sich von der Berichterstatterbank in Rennes durch alle Lande vernehmbar macht, ein wenig Kaltblütigkeit bewahrt hat, wird zugeben müssen, daß selbst in der brutalsten Nichtachtung des Einzelgeschicks einem höheren Zweck zuliebe noch immer mehr Menschliches enthalten wäre als in dem Wahrheitsdrang aufgeregter Börsebesucher[26].«

Liebknecht nun hielt Dreyfus aus damals logisch klingenden, heute aber falsifizierten Gründen für schuldig, eine damals für einen Sozialisten sensationelle Auffassung. Das politische Motiv seiner Artikel war wohl einerseits die Entschuldigung für die anfängliche Abstinenz der Arbeiterbewegung in der Dreyfus-Kampagne, zugleich griff er aber in den durch den Eintritt des Sozialisten Alexandre Millerand in ein bürgerliches Kabinett auch in Deutschland schwelenden politischen Streit ein. Einig waren Kraus und Liebknecht sich zudem in der Einschätzung, daß die Kampagne Militarismus und Chauvinismus stärken könnte.

Liebknecht ist auch in anderen Fragen in der *Fackel* zu Wort gekommen, seine Mitarbeiterschaft wurde erst durch seinen Tod beendet. Am Dresdener Parteitag der Deutschen Sozialdemokratie, als Kraus und die österreichische Partei schon entzweit waren, wurde versucht, die Mitarbeit Liebknechts an einem der Sozialdemokratie kritisch gegenüberstehenden Blatt zu bagatellisieren. Victor Adler etwa erklärte, Liebknecht habe geglaubt, die Partei hätte gegen die *Fackel* keinen Anstand, und Karl Kautsky behauptete, Liebknecht hätte für die »Fackel« nicht geschrieben, wenn er sie gekannt hätte[27]. Kraus konnte durch Veröffentlichung der Briefe Liebknechts an ihn das Gegenteil beweisen, nämlich, daß Liebknecht von den Spannungen zwischen Kraus und der Partei gewußt, die Tendenz der *Fackel* gekannt und bejaht und auch gegen die *Arbeiter-Zeitung* gewisse Vorbehalte gehabt hatte, die er aber nicht in der *Fackel* publizieren wollte, weil — so seine Begründung in einem Brief an Kraus — es gegen die Parteisitte sei, eine Polemik mit Parteiblättern in anderen als Parteiblättern zu führen[28]. Allerdings ist diese Übereinstimmung Liebknechts mit den Zielen der *Fackel* dadurch relativiert, daß sein letzter Beitrag in dieser zu einem Zeitpunkt erschien, als sich die große Auseinandersetzung zwischen Kraus und der Sozialdemokratie erst am Horizont abzeichnete. Abgesehen davon, bestand in der deutschen Sozialdemokratie ein breiteres ideologisches Spektrum und in Verbindung damit eine größere Toleranz »Abweichlern« gegenüber. Die deutsche Partei, die um ihre Einheit nicht so lange schwer gerungen hatte wie die österreichische und deren Existenz nicht derart intensiv von dem »Geburtstrauma« des Strebens nach Einigkeit belastet war, konnte sich diese größere Toleranz gegenüber der Kritik eines Außenstehenden leisten[29]. Auf jeden Fall bestand zwischen Liebknecht und seinem jungen »Kollegen« (so die Anrede in den Briefen) ein herzliches Verhältnis. Auch nach Liebknechts Tod wurden seine Briefe in der *Fackel* noch zitiert, und vor allem fühlte sich Kraus als Vollstrecker des Schlußsatzes des letzten Briefes Liebknechts an ihn: »Die liberale Presse wird sich natürlich nicht mucksen. Ich will sie aber peitschen[30].«

Die Mitarbeit Liebknechts markiert nur eine Etappe in Kraus' Beziehungen zur Arbeiterbewegung. Zur Wiener

Gemeinderatswahl 1900 gab Kraus, der 1898 noch Nichtwähler war, die erste seiner beiden Wahlempfehlungen zugunsten der Sozialdemokratie ab (die zweite erfolgte 1919): »Die wichtigeren Gegner der Christlichsozialen sind die Sozialdemokraten. Auch diese Partei hat die Wirkungen des intellektuellen und moralischen Niedergangs unsres öffentlichen Lebens reichlich verspürt. Wer von ihrem Eintritt in die Politik eine Hebung des politischen Niveaus erhofft hatte, ist jetzt bereits stark ernüchtert. Aber hier darf man die Zuversicht noch nicht sinken lassen. Die Sozialdemokratie hat ein ernstes Kommunalprogramm aufgestellt, ihre Männer sind zwar unerprobt, aber auch noch unverbraucht. Wer wählen will, mag sie wählen. Die Ellenbogen, Pernerstorfer, Reumann werden als Väter der Stadt keine üble Rolle spielen[31].«

Liest man diese Wahlempfehlung, die sozusagen mit der einen Hand streichelt und mit der anderen schlägt, dann versteht man, daß es zwischen einem solchen — wie Kraus sich selbst charakterisierte — »nicht unbedingten Parteigänger« und dem Parteiapparat mit der Zeit zu Zusammenstößen kommen mußte. Bei diesen Zusammenstößen ging es nie um Grundfragen, ja der ganze Bruch zwischen Kraus und der Sozialdemokratie wurde durch Angelegenheiten von geringer politischer Bedeutung ausgelöst. Allerdings muß festgehalten werden, daß Kraus es in vielen Fällen verstanden hat, den von ihm kommentierten Kleinigkeiten eine politische Dimension zu geben, die für eine kritische Betrachtung der Entwicklung der österreichischen Sozialdemokratie wichtige Aufschlüsse gibt.

So erschienen etwa hintereinander in der *Fackel* zwei Glossen über die Sozialdemokratie. In der ersten, *Höhepunkt der Parteienverblödung in Österreich* betitelt, druckte Kraus zwei Zeitungsberichte über einen Kriminalfall — ein betrunkener Wegelagerer hatte Passanten beschossen — ab: einen des antisemitischen *Deutschen Volksblatts,* in dem hervorgehoben wurde, daß der Täter eine rote Krawatte getragen, sich gelegentlich in Wirtshäusern als »Sozi« bezeichnet habe und daher offensichtlich in sozialdemokratischen Versammlungen zu seinem Verbrechen aufgehetzt worden sei. Die *Arbeiter-Zeitung* konterte, der Täter habe eine weiße Nelke und die Jubiläumsmedaille getragen, in seinem Zimmer hätten sich eine Marienstatue unter Glassturz und vier große Heiligenbilder befunden, auch sei er oft mit seinen Kindern in die Kirche gegangen, kurz, er müsse demzufolge ein Christlichsozialer gewesen sein.

Von außen betrachtet, klingt dieser Streit zweifellos so lächerlich, daß die kommentierende Überschrift in der *Fackel* berechtigt erscheint. Doch man darf nicht vergessen, daß die Sozialdemokraten, auch wenn sie in Österreich nicht derart als »vaterlandslose Gesellen« und potentielle Terroristen diffamiert wurden, in jenen Jahren gegen eine Fülle von primitiven Vorurteilen zu kämpfen hatten. Es war daher eine Notwendigkeit für sie, die Ansätze zur Bildung solcher Vorurteile zu zerstören. Wegen ihrer defensiven Rolle konnten sie nicht selbst das Niveau der Auseinandersetzung bestimmen, sondern mußten sich auf das des Gegners begeben. Eine Gleichsetzung mit diesem konnten sie aber mit Recht zurückweisen.

Ein Anlaß der zweiten Polemik war folgender: Ein gewisser Franz Adamus hatte ein Stück geschrieben, *Die Familie Wawroch,* dem der Ruf vorausging, ein übles Tendenzstück gegen die Sozialdemokratie zu sein. Sozialdemokratische Parteigänger unter der Führung Engelbert Pernerstorfers pfiffen das ohnehin schlechte Stück aus Protest gegen die Tendenz aus. Der unerwünschte Nebeneffekt dieser Aktion war natürlich, daß das Stück ein großer Erfolg wurde. In der Stellungnahme der *Fackel* zu diesem Vorfall fällt uns etwas auf, das wir noch häufig feststellen werden: Solange das Proletariat gequältes Objekt der Geschichte ist, steht Kraus meist auf seiner Seite; sobald es aber selbständige Versuche macht, diese Verhältnisse zu ändern, reagiert Kraus mit Argumenten, die sich von denen einer beliebigen bürgerlichen Apologetik nicht unterscheiden. Hätten die Sozialdemokraten das Stück nicht ausgepfiffen, dann hätte Kraus es sicher vernichtend kritisiert. So aber, da die Arbeiter auf einen klassenkämpferischen Akt auf der Bühne in ihrer Eigenschaft als Publikum entsprechend reagierten, stellte sich Kraus gegen sie und beklagte den »rüdesten Versammlungsterrorismus«.

In einer Vorwegnahme seiner späteren »ästhetischen Wende« forderte er, daß ein Kunstwerk nach ästhetischen Kriterien gemessen werden müsse und daß seine sozialen Konsequenzen für die Beurteilung nicht maßgebend sein dürften. Daneben enthielt seine Glosse noch Angriffe auf den Kulturredakteur der *Arbeiter-Zeitung*, Engelbert Pernerstorfer, wie ihm überhaupt die sozialdemokratische Kulturpolitik ein lebenslanger Dorn im Auge war.

Die Reaktion der *Arbeiter-Zeitung* war in Anbetracht der Geringfügigkeit der Angriffe und der Verdienste, die Kraus sich um die Arbeiterbewegung erworben hatte, unerwartet heftig. Überhaupt fällt einem bei Betrachtung des Verhältnisses zwischen Kraus und der österreichischen Sozialdemokratie auf, daß diese erstens keinerlei Kritik vertrug und sich zweitens immer auf ausgesprochen dilletantische Weise, die häufig mit großer Selbstgefälligkeit gepaart war, zur Wehr setzte. Damals beschäftigte die *Arbeiter-Zeitung* einen Humoristen (Emil Kralik), der unter dem Pseudonym »Habakuk« eher grobe Kolumnen schrieb. Kralik hatte Kraus schon etwa ein Jahr vorher angegriffen. Als dieser daraufhin bei Friedrich Austerlitz brieflich anfragte, ob Habakuk die Meinung der Redaktion vertrete, antwortete Austerlitz, es sei eine »unzulässige Verkennung des Sachverhalts, die beiläufigen Ausfälle des ›Genossen aus Wildwest‹ als Ausdruck der Gesamtansichten der *Arbeiter-Zeitung* anzusehen«, und weiter: »... ich stehe nicht an, ausdrücklich zu erklären, daß (...) meine warme Anerkennung für Ihre Tätigkeit unvermindert und unverändert besteht[32].« Dieser Habakuk durfte sich nun wieder in einer äußerst pöbelhaften Kolumne über Kraus äußern, ohne daß Austerlitz sich diesmal distanzierte. Kraus schloß daraus: »Seither ist wohl die Tätigkeit des Herrn Habakuk zum Ausdruck der Gesamtansichten der *Arbeiter-Zeitung* avanciert[33].« Den Habakuk ignorierte Kraus: »Mit dem Fuselhumor des Genossen Habakuk will ich mich nicht weiter auseinandersetzen und verspreche, daß ich auch die weiteren Trunkenheitsexzesse ruhig über mich ergehen lassen werde[34].« Eine Antwort gab Kraus hingegen auf einen differenzierteren Angriff in der Rubrik »Tagesneuigkeiten« der

*Arbeiter-Zeitung.* Die Sozialdemokratie hat in ihrer Auseinandersetzung mit Kraus immer wieder versucht, dessen Kritik dadurch zu neutralisieren, daß sie ihre Führer zu Unrecht mit der Sache des Sozialismus identifizierte und daher Angriffe auf Parteifunktionäre als Angriffe auf die Arbeiterschaft und den Sozialismus selbst deutete. Auch diesmal wurde Kraus' Polemik gegen Pernerstorfer dahingehend umgedeutet, daß man ihm zu Unrecht vorwarf, er hätte sich über das Kunstverständnis der Wiener Arbeiter geringschätzig geäußert. Diesen Angriff konnte Kraus durch eine Klarstellung seiner Motive, verbunden mit einem neuerlichen Angriff auf Engelbert Pernerstorfer, entkräften.

Wichtiger aber sind die anderen Argumente, die Kraus gegen die Sozialdemokratie vorbrachte, weil sie eine Zusammenfassung seiner Hauptkritikpunkte ermöglichen. Für Kraus war inzwischen die liberale Presse zum Hauptgegner jeder positiven Entwicklung in Österreich geworden. Sein Hauptvorwurf gegen die *Arbeiter-Zeitung* läuft darauf hinaus, daß sie diese Einschätzung, die man getrost als Überschätzung bezeichnen kann, nicht teilte, daß sie sich also »über die Gefährlichkeit der liberalen Presse durchaus nicht im klaren (sei) und daß sie sie fälschlich mit dem Maß der politischen Bedeutungslosigkeit der liberalen Partei« messe, kurz, daß sie »im Kampfe gegen die gefährlichste Macht im Staate, gegen die Pauschalienpresse, ein unzuverlässiger Bundesgenosse« sei[35]. Kraus wird in seinem Leben häufig eine »gefährlichste« Macht im Staate entdecken und jedesmal sofort von der Arbeiterbewegung verlangen, sie solle ihn unter Außerachtlassung ihrer sonstigen politischen Ziele in seinem Kampf gegen den von ihm entdeckten Hauptfeind unterstützen. Die wechselseitige Unterstützung hatte dabei für die beiden Partner eine unterschiedliche Verbindlichkeit: Während Kraus als »nicht unbedingter Parteigänger« dem Partner dieses nie geschlossenen Bündnisses gegenüber volle Freiheit hatte, verlangte er bei der Verfolgung seiner Ziele eine »zuverlässige Bundesgenossenschaft«.

Die Rüpeleien Habakuks sah Kraus daher in seiner Antwort im Kontext mit dem unterlassenen Kampf gegen die liberale Presse; die *Arbeiter-Zeitung* habe sich nunmehr Habakuks Manieren angeeignet: »(...) sie hat es gelernt, die Wiener Verpöbelung zu überpöbeln, und sie zeigt uns täglich, wie eine Partei, deren Existenz von jedem anständigen Menschen als eine österreichische Staatsnotwendigkeit begrüßt werden müßte, im vertrackten Kommunalkampf dem Schicksal ihrer liberalen Bundesgenossen entgegeneilt[36].«

Der Vorwurf, die Sozialdemokratie lasse sich die Bundesgenossenschaft der von ihm gehaßten Liberalen gefallen, wurde von Kraus oft erhoben. Tatsächlich waren Sozialdemokratie und Liberalismus in Österreich infolge der speziellen Entwicklung des österreichischen Kapitalismus in manchen Bereichen ziemlich eng miteinander verzahnt. Abgesehen davon, daß der Sozialismus als Erbe des Liberalismus anzusehen ist und daß infolge der nicht zu Ende geführten bürgerlichen Revolution beide Richtungen in Opposition zu den halbfeudalen Strukturen Österreichs standen, waren auch nicht wenige einflußreiche Sozialdemokraten ehemalige Liberale oder Deutschnationale. Deren Sozialismus hatte Kraus am Beispiel des schon erwähnten Engelbert Pernerstorfer vernichtend kritisiert: »Wenn's ihn juckt, dann kratzt er sich, und dann zeigt es sich plötzlich, daß er eine gute, alte deutschnationale Haut ist[37].« Doch war es damals noch nicht zu einer Übernahme liberalen Gedankenguts in die Sozialdemokratie gekommen, wenn auch Kraus' Hinweis stimmt, daß die Arbeiterbewegung — etwa in dem Appell an die »freiheitlichen Männer Wiens« — sprachlich dem Liberalismus schon assimiliert sei. Dennoch war man sich auf beiden Seiten des Trennenden durchaus bewußt, so daß die Kraussche Frage »Aber gibt es einen Feind, den Proletarier und Ausbeuter gemeinsam haben könnten[38]?«, als demagogisch zu bezeichnen ist.

Die große Auseinandersetzung, die den endgültigen Bruch herbeiführen sollte, begann mit einem Fremdbeitrag in der *Fackel*. Unter dem Titel *Kleine Parteinachrichten der österreichischen Sozialdemokratie* wurde unter anderem Kritik daran geübt, daß die *Arbeiter-Zeitung* in ein und derselben Nummer einen heftigen Angriff gegen die

Südbahnaktiengesellschaft und ein ganzseitiges Inserat eben dieser Gesellschaft brachte: »Man weist mit Recht darauf hin, daß in dem beregten Falle einerseits jene Proletarier, die in Diensten der Südbahn ihre Knochen riskieren, durch den redaktionellen Angriff, andererseits aber auch jene Proletarier, die größere Posten vierprozentiger Schuldverschreibungen der k. k. priv. Südbahngesellschaft zum Preise von 500 Francs das Stück zu erwerben wünschen, durch das seitenlange Inserat in ihren respektiven Interessen bestens geschützt werden[39].«

Diese ironischen Spitzen hätte die *Arbeiter-Zeitung* wahrscheinlich ignorieren können. Gleichzeitig aber erschien die folgende Glosse:

»*Aufsehen* erregt haben seinerzeit die Artikel der *Arbeiter-Zeitung* über die ›Mordschiffe der Donau-Dampfschiffahrt-Gesellschaft‹ durch die Kühnheit ihrer Sprache. Seit damals — Herbst 1898 — erscheinen statt der ›Mordschiffe‹ in kleinen Intervallen ›Mordsinserate der Donau-Dampfschiffahrt-Gesellschaft‹. (...) Die ›Mordschiffe‹ werden allerdings nicht mehr angegriffen; sie sind zwei Jahre älter geworden, und das Alter muß man ehren[40].«

Damit wurde der Vorwurf der Korruption, den die *Fackel* der Wiener Presse machte, auch auf die *Arbeiter-Zeitung* ausgedehnt; sie stand als ein Blatt da, das seine redaktionelle Linie und vor allem die Frage, welche Mißstände es angreift, von außen durch Inserate leiten läßt.

Die *Arbeiter-Zeitung* antwortete mit Ausdrücken wie »feige Verleumdung«, sprach Kraus sogar die »Banditencourage« ab, drohte mit Ohrfeigen und wies den erhobenen Vorwurf bezüglich der Donau-Dampf-Schiffahrt-Gesellschaft vollinhaltlich zurück. In einer umfangreichen Polemik legte Kraus daraufhin seinen Standpunkt bezüglich des Verhältnisses der Arbeiterpresse zum Inseratenwesen klar. Um diese Polemik, die sich interessanterweise in der Auseinandersetzung mit der Sozialdemokratie in den zwanziger Jahren wiederholen wird, zu verstehen, ist eine Erläuterung des Wiener Inseratenwesens jener Zeit nötig.

Die Presse war damals das einzige funktionierende Massenmedium, Meinungsbildung war dementsprechend nur über sie möglich, und die Beeinflussung war natürlich weitaus effizienter als heute. So wie heute war es nicht möglich, aus dem Verkaufspreis einer Zeitung Profit zu erwirtschaften. Diese beiden Faktoren ergaben ein spezifisches Interesse der am Inseratengeschäft Beteiligten — Inseraten und Zeitungsherausgeber — aneinander. Dadurch aber, daß damals die Verbindung zwischen diesen, die heute in Form von Bankkapital oder durch andere Vermittlungsinstanzen häufig identisch sind, noch eher lose war und es »unabhängige« Zeitungsherausgeber gab (unabhängig vom Einzelkapital, nicht von den Gesetzen des Kapitalismus), konnten diese ihren noch nicht monopolisierten Inserenten gegenüber viel energischer auftreten. Dieses energische Auftreten geschah häufig in Formen, die unter den strafrechtlichen Begriff der Erpressung subsumierbar sind: Eine Zeitung drohte mit der Veröffentlichung eines unangenehmen Artikels für den Fall der Verweigerung eines Inseratenauftrages oder machte sich erbötig, für ein Inserat einen positiven Artikel zu bringen. Als Illustration für eine solche Manipulation kann etwa der von Kraus aufgedeckte Fall herangezogen werden, daß in einer Zeitung unter dem Titel »Goldminenschwindel« eine Würdigung einer Aktiengesellschaft stand: die Zeitung hatte offenbar mit dem bereits gesetzten kritischen Artikel eine Erpressung an der fraglichen Aktiengesellschaft begangen, nach erfolgter Bezahlung einen lobenden Artikel verfaßt und aus Versehen den alten, aggressiven Titel stehen lassen. Solche Zustände im Inseratenwesen sind natürlich nur in ökonomisch bewegten Zeiten möglich, wenn es Neugründungen, Spekulationen und schwindelhafte Börsengeschäfte gibt. Es ist kein Zufall, daß uns in der Zeit nach dem Ersten Weltkrieg ähnliche Zustände, repräsentiert durch die Bekessy-Presse, wieder auffallen werden. Sobald das Kapital einigermaßen konsolidiert ist, zeigt sich, daß es unabhängigen Zeitungsherausgebern gegenüber natürlich überlegen ist, weil es einerseits auf sie organisierten Druck ausüben kann und andererseits jederzeit die Möglichkeit hat, ein eigenes Organ zu finanzieren. Außerdem werden die Zeitungsherausgeber durch ihre Beteiligung an anderen Unternehmen, durch ihre Abhängigkeit von Krediten sowie durch ihre Abhängigkeit von bestimmten Zulieferbetrieben immer mehr vom Kapital integriert, so daß ihre Bewegungsfreiheit beschnitten ist. Die von Kraus beobachtete Pressekorruption ist daher typisch für eine vormonopolistische Periode.

Das Verhältnis zwischen dem inserierenden Kapital und der Presse war zu jener Zeit nach einem Mischsystem geregelt. Jede Zeitung erhielt je nach Auflagenhöhe und nach ihrer Bedeutung von den interessierten Unternehmen jährlich zu verrechnende, festgesetzte Summen, sogenannte Pauschalien, die sie verpflichteten, unter dem Titel »Eingesandt« Mitteilungen der Firmen zu veröffentlichen. Das entspricht wohl unseren heutigen Inseraten, wenn auch der Verrechnungsmodus anders ist. Allerdings bestand daneben noch eine andere Möglichkeit: Die heute gesetzlich festgelegte Pflicht, entgeltliche Berichte als solche zu kennzeichnen, bestand damals noch nicht. Es konnte daher jedermann im Textteil einen ihm zusagenden Bericht, der sich von einem Originalbericht der Zeitung nicht unterschied, kaufen. Daneben gab es noch Sonderregelungen, wie zum Beispiel jene berüchtigte, die vorsah, daß gegen ein entsprechendes Honorar ein angebliches Lob des Kaisers für ein bestimmtes Produkt abgedruckt wurde. Man kann also sagen, daß die damalige bürgerliche Presse ohne Einschränkung käuflich war. Diese Käuflichkeit, die durch die immer wieder behauptete angebliche soziale Funktion und Notwendigkeit des Journalismus verschleiert wurde, durchschaut zu haben, bleibt das historische Verdienst Karl Kraus'.

Die *Arbeiter-Zeitung* taktierte innerhalb des geschilderten Systems der Wiener Pressekorruption mit einem Kompromiß: Zwar nahm sie keine Pauschalien, die sie gebunden hätten, dafür aber Inserate, für die sie sich nach Tarif bezahlen ließ. So konnte sie sich auf den Standpunkt stellen, daß sie nur für eine überprüfbare Leistung einen ebenso überprüfbaren Betrag als Äquivalent erhalten habe. Das Kompromißlerische an ihrem Verhalten lag nun darin, daß sie jedes Inserat ohne Rücksicht auf den Inhalt annahm; allerdings übernahm die Redaktion für die Inserate auch keinerlei Verantwortung. In diesem Verzicht auf eine Zensurierung der Inserate und in dem von der bürgerlichen Presse übernommenen Argument der strengen Trennung von Redaktion und Administration lag zweifellos ein Verstoß gegen die Prinzipien eines sozialistischen Pressewesens. Als Beweis dafür, daß es solche Prinzipien gab, daß diese Prinzipien keine Trennung von Administration und Redaktion vorsahen und daß die Redaktion sozialistischer Blätter sehr wohl die Verantwortung für den Inhalt des Inseratenteiles zu tragen hatte, sei etwa auf August Bebel verwiesen. Dieser stellte in seinem für die damalige sozialistische Theorie durchaus repräsentativen Werk *Die Frau und der Sozialismus* nach einer Kritik der Heiratsannoncen in bürgerlichen Zeitungen fest: »Ein sozialdemokratischer Expedient, der einer solchen Annonce Aufnahme in sein Blatt gewährte, würde aus seiner Partei ausgestoßen. Die bürgerliche Presse genieren aber solche Annoncen nicht, sie bringen Geld ein, und sie denkt wie Kaiser Vespasian: non olet (es riecht nicht)[41].«

In diesem Licht wird die folgende Polemik zwischen Kraus und der *Arbeiter-Zeitung* über das Verhältnis zwischen den Zielen des sozialistischen Kampfes und den Inseraten in der Parteipresse hoffentlich verständlich. Kraus analysierte zunächst neuerlich die Haltung der *Arbeiter-Zeitung* zur Donau-Dampfschiffahrtsgesellschaft und wies nach, daß jene seit dem Erscheinen der ersten Inserate den Kampf gegen diese eingestellt hatte. Für uns Heutige ist der damit implizite erhobene Vorwurf, die *Arbeiter-Zeitung* hätte sich durch Inserate in ihrer publizistischen Haltung einem früher bekämpften Übelstand gegenüber bestechen lassen, unüberprüfbar. Was Kraus an Faktenmaterial brachte, ist stichhaltig, die *Arbeiter-Zeitung* hat tatsächlich ihren Kampf gegen die »Mordschiffe« gleichzeitig mit dem Erscheinen der ersten Inserate eingestellt. Daß sie bestochen wurde, halte ich für unwahrscheinlich, doch muß festgestellt werden, daß die *Arbeiter-Zeitung* an dem schiefen Licht, in das sie vielleicht zu Unrecht geriet, selbst schuld war.

Interessanter sind die weiteren Vorwürfe, die Kraus gegen die *Arbeiter-Zeitung* erhob. Er zählte die vielen Aktiengesellschaften, die in der *Arbeiter-Zeitung* inserierten, auf und stellte die Frage: »Die Redaktion übernimmt für all dies ›keinerlei Verantwortung‹. Aber unter dieser Verwahrungsklausel (. . .) finden sich ja auch Ankündigungen von proletarischen Versammlungen, die Kundmachungen von Arbeiterkrankenkassen, Arbeiterunterstützungsvereinen, Parteiorganisationen und dergleichen. Lehnt die Redaktion für Ziel und Programm dieser Körperschaften die ›Verantwortung‹ mit derselben Energie ab wie für die Veröffentlichung des Prospekts einer Aktiengesellschaft[42]?« Ja, neben Inseraten von Aktiengesellschaften brachte die *Arbeiter-Zeitung* auch Inserate von zweifelhaften bürgerlichen Vergnügungslokalen, Wucherern und Kurpfuschern, die sich erbötig machten, schwere Krankheiten brieflich zu kurieren. Zweifellos konnten diese Inserate sich für leichtgläubige Leser äußerst schädlich auswirken. Kraus stellte die berechtigte Frage: Welchen Nutzen haben solche Inserate für denjenigen, der sie in der *Arbeiter-Zeitung* erscheinen läßt? Entweder sind sie ohnedies wirkungslos, dann ist es verwunderlich, daß Geschäftsleute wider alle ökonomische Vernunft Geschenke machen, noch dazu der Presse der Arbeiterbewegung. Oder aber diese Inserate haben im proletarischen Publikum eine Wirkung, die sie vielleicht gerade dem Umstand ihres Erscheinens in der *Arbeiter-Zeitung,* dem Zentralorgan der Sozialdemokratie, verdanken: dann ist die *Arbeiter-Zeitung* mit der Verantwortung — und zwar mit einer höheren als der bloß redaktionellen — für den Schaden, den diese Inserate anrichten, zu belasten. Denn in diesem Fall wäre die sozialistische Presse ja geradezu das beste Organ zur Verbreitung von Tendenzen, die dem Sozialismus zuwiderlaufen. Als Gegenmodell zur Praxis der *Arbeiter-Zeitung* nannte Kraus den Berliner *Vorwärts,* der keine Inserate von Banken und Aktiengesellschaften annahm. Auch den möglichen finanziellen Verlust, der sich durch Wegfall dieser Inserate ergeben hätte, berücksichtigte er: Seiner Rechnung nach sollte sich durch die damals gerade erfolgte Aufhebung des Zeitungsstempels ein Profit von 70.000 Gulden jährlich ergeben.

Der Grundton dieser Polemik war keineswegs aggressiv, sondern eher schmerzlich. Es war dies eines der wenigen

Male in seinem Leben, daß Kraus seinen Gegner nicht sofort existentiell verdammte, sondern ihn aufforderte, einen Übelstand abzustellen, ja ihm sogar konkrete Vorschläge lieferte, wie er das tun könnte. Ganz offensichtlich erwartete er eine Diskussion mit der Partei und ein Eingehen auf seine Vorschläge.

Zu dieser Diskussion kam es nicht. Die Frage der Inserate war offensichtlich ein derart wunder Punkt, daß niemand sich fand, der das Verhalten der *Arbeiter-Zeitung* rechtfertigen konnte.

Victor Adler, der die Antwort in der *Arbeiter-Zeitung* verfaßt hatte, ging daher auf den prinzipiellen Teil von Kraus' Angriff — nämlich auf das Verhältnis des Inseratenteils zu den Zielvorstellungen eines sozialistischen Blattes — nicht ein, sondern beschränkte sich in seiner Verteidigung darauf, neuerlich darauf hinzuweisen, daß die *Arbeiter-Zeitung,* zum Unterschied von den bürgerlichen Blättern, einen fixen, genau überprüfbaren Inseratentarif hatte. Adlers Angaben nach dürften auch die finanziellen Berechnungen der *Fackel* nicht richtig gewesen sein. Doch diese sachlichen Ausführungen nehmen in Adlers Erwiderung nur einen geringen Teil ein. Der Großteil besteht aus Verbalinjurien, die Kraus sein Leben lang anhaften werden: »Virtuose der Ehrabschneidung«, »schmutzige Phantasie« sowie der Vorwurf, Kraus habe »mit voller Absicht gemein verleumdet«. Bewiesen waren diese Vorwürfe allerdings nicht. Adler warf Kraus wohl vor, dieser wisse »daß er gemein entstellt, lügt und verleumdet«, gab aber gleichzeitig zu, daß Kraus keine Tatsachen anführe, »die an sich als unwahr berichtigt werden können«. Die Gleichzeitigkeit des Erscheinens von Inseraten und der Einstellung der Angriffe auf die »Mord-Schiffe« wurde in dieser Argumentation offensichtlich als ein Zufall erklärt. Immerhin räumte Adler ein, daß die Inserate in der *Arbeiter-Zeitung* einen »Mißstand« darstellten[43].

Kraus höhnte zwar in seiner Antwort, »daß die *Arbeiter-Zeitung* in dem Glauben lebt, sie beginne, wenn sie von den großkapitalistischen Unternehmungen hohe Inseratengebühren erhebt, die künftige Expropriation der Expropriateure ...«, doch er erläuterte überraschender-

weise noch einmal sachlich seinen Standpunkt: »Die Leiter
der *Arbeiter-Zeitung* haben im Jahre 1897 erkannt, daß
sie mit den vorhandenen Hilfsmitteln das Unternehmen
nicht im alten Umfang aufrecht erhalten könnten. (...)
Und so hat man sich seit jenem Zeitpunkt, dem wichtigsten
Wendepunkt in der Geschichte des Blattes, der Notwendigkeit gefügt, zu kleineren Übeln zu schweigen und von
ihnen Geld zu beziehen, um die größeren Übel mit größeren Mitteln bekämpfen zu können. Dieser Standpunkt
ist es, den ich angreife: nicht nur, weil es mir scheint, als
wäre der *Arbeiter-Zeitung* die richtige Größenschätzung
für die Übel unseres sozialen Lebens allmählich abhanden
gekommen, sondern weil ich überzeugt bin, daß eine Bewegung von der Urkraft der Sozialdemokratie mit solchen
Mitteln einer relativen Moral nicht arbeiten darf[44].« Damit ist einer der wichtigsten Vorwürfe gefallen, der in der
Argumentation des Satirikers gegen die Sozialdemokratie
immer wiederkehren wird: der Vorwurf der relativen
Moral, der Entscheidung für das kleinere Übel. Der unabhängige, nur sich selbst verantwortliche Einzelgänger
Kraus, der für sich selbst das, was er als »absolute Moral«
ansah, verwirklichte, dessen Zeitschrift von einem bestimmten Zeitpunkt an überhaupt keine bezahlten Annoncen mehr annahm, maß die Arbeiterbewegung immer an
dem von ihm selbst gesetzten Beispiel. Manchmal war der
Inhalt dieser Vorwürfe unpolitisch und lebensfremd,
manchmal hingegen gelang es Kraus, mit Hilfe dieser
unpolitischen Kategorie historisch relevante Fehlentwick-
lungen der Sozialdemokratie aufzudecken.

Die zitierte Antwort schloß — trotz der aggressiven
Angriffe Victor Adlers — mit einer Wiederholung des
Lobes auf diesen. Im Anhang zitierte Kraus zustimmend
aus Ferdinand Lassalles Rede *Die Feste, die Presse und der
Frankfurter Abgeordnetentag:* »In einem sozialdemokratischen Staate muß also ein Gesetz gegeben werden, welches
jeder Zeitung verbietet, irgendeine Annonce zu bringen[45].«

Mit diesem Zitat bewies Kraus neuerlich die Legitimität
seines Anliegens im Rahmen der sozialistischen Theorie;
offensichtlich wartete er weiterhin auf eine Diskussion.
Aber die bürokratisierte und oligarchisch geführte Sozial-

demokratie war zu einer Diskussion nicht bereit. Von nun an herrschte Feindschaft. Kraus hatte die frustrierende Erfahrung gemacht, daß die Bewegung, die mit dem Anspruch auf Weltveränderung auftrat, den Enthüller möglicher Unsauberkeiten in den eigenen Reihen mit den gleichen Mechanismen strafte wie die verhaßten Liberalen: mit Hohn und Totschweigen. Erfahrungen wie diese haben Kraus in Augenblicken, da er am Sinn seines Einzelkämpfertums zweifelte, in diesem bekräftigt. Daß der Parteiapparat Kraus, mit dessen Angriffen sich sicherlich niemand vollinhaltlich identifizieren kann, so in die Außenseiterrolle gedrängt hat, ist sein historisches Verschulden. Der Kampf gegen kapitalistische Inserate in der Arbeiterpresse ist gar nicht so abwegig und hat in der Arbeiterbewegung eine lange Tradition. Es muß nicht auf die von Kraus zitierten Beispiele des *Vorwärts* und Lassalles verwiesen werden. Viele Sozialisten haben in der Abhängigkeit der Arbeiterpresse von den Inseraten ihrer Gegner einen Ansatz zur Schwächung der Arbeiterbewegung gesehen und gegen diese Praxis und damit auch gegen die verantwortliche Parteiführung gekämpft — zum Unterschied von Kraus allerdings innerhalb der Partei.

Kraus kam noch gelegentlich auf die Inserate in der *Arbeiter-Zeitung* zu sprechen, doch nur noch in einer Weise, die die Unsauberkeit der sozialdemokratischen Presse in diesem Punkt bereits als Voraussetzung nahm. Als etwa die *Arbeiter-Zeitung* am 3. Juni 1903 im redaktionellen Teil einen Bericht über einen Streik von Büglerinnen wegen Lohndifferenzen brachte und im Anzeigenteil ein Inserat der bestreikten Firma, in dem der gute Verdienst hervorgehoben wurde, kommentierte er ironisch, daß ihre »Liguori-Moral (. . .) allemal noch die Brücke von redaktioneller Keuschheit zu administrativer Begehrlichkeit geschlagen« habe[46]. Die Sozialdemokratie schwieg diese Angriffe tot, wurde aber gelegentlich dadurch, daß der politische Gegner auf sie anspielte, an sie erinnert. Als beispielsweise der Abgeordnete Scheicher im Wiener Landtag einen Artikel der *Fackel* über die Beziehungen zwischen *Arbeiter-Zeitung* und Donau-Dampfschiffahrtsgesellschaft zitierte, antwortete Victor Adler, »daß es keinen zurechnungsfähigen und anständigen Menschen gibt, der mir oder meinem Blatt zumutet, Geldeinflüssen irgendeiner Art zugänglich zu sein[47]«.

Und so sprachen die beiden Opponenten einander das abschließende Urteil: Victor Adler erklärte am Dresdner Parteitag der deutschen Sozialdemokratie 1903: »Die *Fackel* ist einfach eines jener Blätter wie die *Zukunft,* die auf Originalitätshascherei und Sensation basieren und die unter dem Vorgeben, sozialistische Überzeugungen in bürgerlichen Kreisen verbreiten zu wollen, tatsächlich ihre Ware unter sozialistischer Marke in Arbeiterkreise und uns nahestehende Kreise zu bringen hoffen[48].« Und Kraus schrieb etwa zur gleichen Zeit, als ausgerechnet die *Arbeiter-Zeitung* das Klischee von einer »armen, *aber* anständigen Frau« belebte, deren Redakteure seien »eben zuerst Journalisten und dann erst Sozialdemokraten[49]«.

Es ist hier nicht beabsichtigt und wohl auch unmöglich, Zensuren über das Verhalten der beiden Streitparteien zueinander abzugeben. Was die inhaltliche Seite der Angelegenheit betrifft, hat Kraus in den zwanziger Jahren eine Formulierung gefunden, die beide Teile gleichermaßen be- und entlastet. Als Imre Bekessy die Erinnerung an den alten Streit benützen wollte, um die Sozialdemokratie und Kraus auseinanderzubringen, schrieb dieser, die *Fackel* habe 1900 in der Frage der annoncierenden Wirtschaftsinstitute eine Meinung vertreten, in deren Anwendung sie genauso geirrt habe, wie die *Arbeiter-Zeitung* in der Abwehr[50]. Bedenklich erscheint allerdings die Forderung, die Arbeiterbewegung müsse ihr politisches Handeln durch eine absolute Moral legitimieren. Hinter dieser Forderung steht eine Konzeption von der Arbeiterbewegung, die auf der bei bürgerlichen Mitläufern häufigen »Sehnsucht nach dem ganz anderen« basiert. Die Arbeiterbewegung wird nicht als eine aus der bestehenden Gesellschaft entstandene und daher mit deren Mängeln behaftete Kraft zur Veränderung der Gesellschaft aufgefaßt, sondern es wird von ihr verlangt, daß sie eine fertige heile Gegenwelt zum bekämpften Bürgertum darstelle. »Keine Kompromisse« — das ist eine der wichtigsten Forderungen an die Arbeiterbewegung in dieser Konzeption. Lenin hat in seiner Schrift *Der linke Radikalismus — die Kinderkrankheit im Kommunismus* diese Forderung als für zwei Personengruppen typisch erklärt: für sehr junge und unerfahrene Revolutionäre oder aber für Kleinbürger[51]. Wer so wie Kraus aufgrund seiner eigenen Privilegierung dem unmittelbaren Kampf der Arbeiterschaft fern steht und sich noch dazu in keinem bindenden Nahverhältnis zur Organisation befindet, kommt wohl leicht in Versuchung, moralische Kategorien anstelle von solchen der Effizienz in bezug auf das Endziel zu setzen. Das traditionelle Mißtrauen der Arbeiterbewegung gegen unabhängige Außenseiter, die ihr noch dazu Ratschläge geben, ist sicher nicht unberechtigt. Anderseits muß man sich allerdings die Frage stellen, ob die österreichische Sozialdemokratie nicht schon damals das große Ziel dem kleinen Tageserfolg — also einer einigermaßen rentablen Parteipresse — und vor allem dem organisatorischen Überleben unterordnete. Die Krausche Frage, ob der Kapitalist Taussig, der häufig in der *Arbeiter-Zeitung* inserierte, einem sozialdemokratischen Parteitag unter dem Vorsitz des für den kommerziellen Erfolg des Blattes verantwortlichen Genossen Popp noch mit Besorgnis entgegenblicke, war also sicherlich nicht unberechtigt. Jedenfalls ist die Reaktion der Partei auf die Kritik des eingestandenermaßen unbequemen Einzelgängers Kraus nur in den Kategorien einer noch zu entwickelnden Psychopathologie des Parteiapparates erklärbar.

Durch die Trennung von der Sozialdemokratie war Kraus, der noch in der ersten Nummer der *Fackel* mit dem Gedanken, »bald vielleicht ein Verfemter« zu sein, kokettiert hatte, nun völlig isoliert. Die Periode des nur gelegentlich von Angriffen oder seltener Zustimmung in der konservativen Presse durchbrochenen Totgeschwiegenwerdens begann.

Politisch war Kraus nun nicht mehr engagiert. Trotz seiner Bewunderung für Lueger und seiner gelegentlichen Unterstützung der Christlichsozialen in kleineren, unbedeutenden Polemiken kam es zu keinen weiteren Kontakten. Auch sein soziales Engagement begann nachzulassen: so teilte er in den »Antworten des Herausgebers«

mehreren Einsendern und den Angestellten der Firma
»Universale« mit, er könne von Beschwerden über die
Behandlung von Angestellten von Aktiengesellschaften
keinen Gebrauch machen, da er weder Raum noch Möglichkeit zur Nachprüfung habe. Und mit verstecktem
Hohn fügte er dieser Absage hinzu: »Wenden Sie sich doch
an die *Arbeiter-Zeitung!* Dort *müssen* ja Zustände, wie die
von Ihnen geschilderten, aufgedeckt werden, und da die
*Arbeiter-Zeitung* meines Wissens gegenwärtig keine Inserate der ›Universale‹ bringt, sehe ich nicht den entferntesten Grund, zu bezweifeln, daß man auch Ihren Klagen
Gehör schenken wird, wenn sie sich als stichhaltig
erweisen[52].«

»Wenn sie sich als stichhaltig erweisen...« Da klingt
ein großes Problem an, das Kraus eine folgenschwere Niederlage brachte. Sein alter Feind Hermann Bahr war
notorisch derart korrupt, daß er beim Erscheinen seiner
Kritiken in Buchform sein früher negatives Urteil über ein
Theater, das nunmehr seine Stücke aufführte, einfach in
ein positives umänderte. Kraus hatte nun gegen Bahr und
gegen den Theaterdirektor Emmerich Bukovics unter anderem den indirekten Vorwurf erhoben, daß dieser jenen
bestochen hätte. Die beiden klagten: Kraus konnte wohl
Hermann Bahr viele Unkorrektheiten, nicht aber das inkriminierte Faktum nachweisen und wurde daher in Anwesenheit von applaudierenden Künstlern und Journalisten von den Geschworenen einstimmig zu der exorbitant
hohen Geldstrafe von 1800 Kronen verurteilt. Diese
Affäre lehrte Kraus einen Sachzwang des Antikorruptionismus: Behauptetes muß beweisbar sein. Um aber
imstande zu sein, den Beweis für alle in ihr erhobenen
Behauptungen zu erbringen, hätte die *Fackel* einen journalistischen Apparat benötigt, der ihre Produktionskosten
derart verteuert hätte, daß jene Unabhängigkeit, auf die
sie so stolz war, in Frage gestellt worden wäre. Kraus
stand also nach der Niederlage in der Bahr-Affäre erneut
vor einem Wendepunkt. Umstände, die mit seinem Privatleben zusammenhingen, haben im Verein mit den Zwängen des Antikorruptionismus seine Entscheidung geprägt
und das Programm der *Fackel* grundlegend geändert.

# ANMERKUNGEN

1 F 277—278, 2.
2 Alle Zitate aus F 1, 1 f.
3 Walter Benjamin, a. a. O., 148.
4 F 28, 23. Im Original teilweise spationiert.
5 F 46, 20. Im Original teilweise spationiert.
6 F 82, 1.
7 F 57, 25. Im Original teilweise spationiert.
8 Zitiert bei Uwe Weller, *Maximilian Harden und die Zukunft*, Berlin 1970, 345.
9 F 2, 3 ff.
10 F 2, 4.
11 F 2, 11.
12 F 2, 13.
13 F 2, 16.
14 F 2, 13.
15 F 1, 5.
16 F 5, 18.
17 F 2, 3.
18 F 2, 16.
19 F 6, 7.
20 F 31, 1.
21 F 31, 3.
22 Siehe etwa den Beitrag von Emma Eckstein in den *Sozialistischen Monatsheften*, Berlin 1899, Heft 4, 194 f.
23 Zitiert nach Gertrud Schartner, *Karl Kraus und die politischen Ereignisse bis 1914*, Phil. Diss., Wien 1952, 160.
24 F 25, 13 f.
25 *Die Waage*, 18. Jänner 1898, 74.
26 F 14, 5.
27 F 143, 11.
28 F 717—723, 22.
29 Zu diesem »Geburtstrauma« wie überhaupt zum Austromarxismus siehe Norbert Leser, *Zwischen Reformismus und Bolschewismus. Der Austromarxismus als Theorie und Praxis*, Wien — Frankfurt — Zürich 1968.
30 F 49, 2. Im Original durchgängig spationiert.
31 F 41, 3 f.
32 F 40, 2.
33 F 40, 2 f.
34 F 40, 3.
35 F 40, 5.
36 F 40, 3.
37 F 75, 15.
38 F 65, 3.
39 F 46, 21.
40 F 46, 21.

41 August Bebel, *Die Frau und der Sozialismus,* 60. Auflage, Berlin 1962, 145.

42 F 47, 17 f.

43 Siehe Victor Adler, *Gefackel,* in: *Arbeiter-Zeitung,* 28. Juli 1900, 4. Kraus hat in späteren Jahren allerdings gelegentlich Anspielungen gemacht, die darauf schließen lassen, daß er der Annahme war, daß der Artikel bloß unter Adlers Namen erschienen und daß tatsächlich Friedrich Austerlitz der Verfasser gewesen sei (siehe F 686—690, 89).

44 F 49, 15.

45 F 49, 16.

46 F 140, 24.

47 F 108, 21.

48 F 143, 10 f.

49 F 120, 33.

50 Siehe F 686—690, 89.

51 Siehe Lenin, Ausgewählte Werke in zwei Bänden, Band II, Moskau 1947, 713.

52 F 68, 26.

# Die höllische Sexualmoral der »Fackel«

In der zweiten Nummer der *Fackel*, einer Zeitschrift, die ansonsten mit Lob eher knauserte, fand sich ein enthusiastisches Lob der jungen Wiener Schauspielerin Annie Kalmar, verbunden mit einer Kritik an deren Theaterdirektor, der ihr komödiantisches Naturtalent verkannte. Im Sommer des Jahres 1900 wurde die Ritterlichkeit des Satirikers belohnt: Er lernte Annie Kalmar persönlich kennen, und es begann das, was Maximilian Harden Jahre später in einem gehässigen Interview mit dem Hohn des sexuellen Normalverbrauchers einen »grotesken Roman« nannte. Was diesen Roman, den man in Anbetracht von Annie Kalmars Krankheit und frühem Tod eher als tragisch charakterisieren könnte, in Hardens Augen »grotesk« erscheinen ließ, wissen wir nicht. Wir wissen hingegen, daß der Einfluß, den diese Frau, die Beziehung zu ihr und ihr tragisches Ende auf das Denken und Schaffen des Schriftstellers Kraus hatten, ungeheuer groß war. Kraus selbst hat diesen Einfluß in seiner Antwort auf Harden gewürdigt und ihn ironisch mit dessen vorgeblichem Schlüsselerlebnis — der Beziehung zu Bismarck, dessen Sprachrohr Harden eine Zeitlang war — verglichen: »Ein Roman, den der andere grotesk findet, kann mehr Macht haben, eine Persönlichkeit auszubilden, als selbst das Erlebnis, von einem Bismarck geladen, von einem Bismarck hinausgeworfen zu sein. Aus den Erkenntnissen dieses grotesken Romans erwuchs mir die Fähigkeit, einen Moralpatron zu verabscheuen, ehe er mir den grotesken Roman beschmutzte. Was weiß er denn von diesen Dingen! ( . . . ) Herr Harden ist tot — der groteske Roman lebt. Er hat die Kraft, immer wieder aufzuleben, und ich glaube, ich verdanke ihm mein Bestes[1].«

Kraus dürfte in seinem Leben viele Beziehungen zu Frauen gehabt haben, darunter auch flüchtige und platonische. Als für sein Werk, Denken und Leben prägend können jedoch nur, wenn man von der unbewältigten Beziehung zu seiner Mutter absieht, die Beziehungen zu Annie Kalmar und zu Sidonie Nádherný angesehen werden. Bei vielen Krausschen Reflexionen über Sexualmoral, über die polyandrische Natur der Frau und über die Schauspielerin kann der Kenner der Krausschen Biographie einen unmittelbaren Bezug zu einer dieser beiden Frauen feststellen.

Kraus verschaffte Annie Kalmar nach Beginn der Bekanntschaft zunächst ein Engagement bei Alfred von Berger in Hamburg, der ebenso an ihre Begabung glaubte. Da erkrankte Annie Kalmar noch vor ihrer ersten Premiere an einer schweren Tuberkulose. Kraus, der zu jener Zeit selbst krank war und den erwähnten anstrengenden Prozeß mit Hermann Bahr führte, pendelte die nächsten Monate zwischen Wien und Hamburg. Am 2. Mai 1901, während Kraus auf dem Weg zu ihr war, starb Annie Kalmar.

> Wie war Natur an jenem Tag beklommen,
> da sie den heißen Atem aus der Not
> befreite und so still zu stehn gebot
> dem Herzen, das sich an ihr selbst verbrannte (...)

> Und wie ich mich in ferne Tage wähne,
> so ist's, als ob's Antonias Stimme sei,
> sie schwand dahin mir bis zum Tag des Mai,
> und alle Pracht versank für eine Träne[2].

Die Wiener Presse hatte der Armen den Tod erschwert: Während sie noch an ihre Genesung glaubte, las sie in den Tratschspalten von ihrem baldigen Ende. Gleichzeitig kolportierte ein Schmierer »Enthüllungen« über das Sexualleben der Sterbenden. Nach ihrem Tode wurde er deswegen wohl verurteilt, doch weigerte sich seine Zeitung, die Lügen über die Tote, die schon als Geliebte des verhaßten Antikorruptionisten als Angriffsobjekt interessant war, zurückzunehmen.

Kraus brach nach dem Tode Annie Kalmars zusammen, sistierte die *Fackel* auf die Dauer von drei Monaten und fuhr zur Erholung nach Skandinavien. Während seiner Abwesenheit versuchte sein Drucker Moriz Frisch unter Berufung darauf, daß er als Sozialist die weitere Herstellung der *Fackel* nicht verantworten könne, sich das gutgehende Blatt anzueignen und von seinem Sohn Justinian unter dem Motto »Die Fackel ist tot« eine *Neue Fackel* herausgeben zu lassen. Erst nach einer Fülle von straf- und zivilgerichtlichen Verfahren, die mit insgesamt fünfzehn zum Teil höchstgerichtlichen Urteilen abgeschlossen wurden, war Kraus wieder voll in seine Rechte als Herausgeber eingesetzt; Justinian Frisch mußte sich für sein bald eingehendes Konkurrenzblatt einen anderen Titel suchen.

Drei Monate, fern der Arbeitssphäre verbracht, hätten an dem Programm der *Fackel* nichts geändert — mit dieser Behauptung eröffnete Kraus die erste Nummer nach der Sistierung. Wie so viele seiner Aussagen, die sich auf seine eigene Person beziehen, ist auch diese falsch. Auf den ersten Blick feststellbar ist die geänderte Aufmachung des Blattes: Da der diebische Drucker die pompöse Zeichnung auf dem Titelblatt auf seinen eigenen Namen hatte schützen lassen, bestand die erste Umschlagseite von nun an nur noch aus dem Titel und editorischen Angaben. Viel wichtiger jedoch waren die inhaltlichen Änderungen der Zeitschrift, die eine Folge der Wandlungen ihres Herausgebers waren.

Eigenes Leid als Schaffensimpetus hatte der verwöhnte und erfolgreiche Schriftsteller Karl Kraus bis dahin kaum kennengelernt. Mißstände hatte er daher im Namen der Vernunft, der Anständigkeit oder einer abstrakten Menschlichkeit bekämpft. Ein Versuch, sich etwa mit den hungernden Webern zu identifizieren, hätte bei einem Manne von seiner materiellen Situation wohl auch künstlich gewirkt. Doch Kraus brauchte eigenes Leid als Antrieb, um »echt« zu werden. Einer der Gründe dafür, daß seine Arbeiten aus der Zeit vor der *Sittlichkeit-und-Kriminalität*-Periode heute nicht so geschätzt sind wie die späteren Arbeiten, liegt wohl darin, daß die Empörung, die in diesen Jugendarbeiten zum Ausdruck kam, manchmal etwas Routiniertes hatte. Man spürt bei der Lektüre, daß der Mann, der hier über fremdes Leid schrieb, dieses nur in der abstrakten Form von Zeitungsberichten kennengelernt hatte.

Aber die Grenzen unserer Gesellschaftsordnung, das

Leid, das sie verursacht, existieren nicht nur in der Form des materiellen Elends für die »Verdammten dieser Erde«. Auch im Bereich der zwischenmenschlichen Kommunikation, speziell im sexuellen Bereich, stellt der Kapitalismus der Selbstverwirklichung des Individuums eine Fülle von Hindernissen in den Weg, die trotz ihrer unterschiedlichen Erscheinungsformen und den sich daraus ergebenden Konsequenzen in gewissem Sinne klassenunabhängig sind. Bei der Wahrnehmung des Phänomens der Entfremdung und der Repression auf sexuellem Gebiet spielte daher die Klassenlage des Satirikers als Erkenntnisschranke keine so hemmende Rolle wie bei seiner Analyse anderer gesellschaftlich relevanter Fragen. Das gilt allerdings nur für seinen Protest; seine Lösungsvorschläge waren nach wie vor von seiner Klassenlage und seiner individuellen Situation geprägt.

Kraus hatte die entsetzlichen Sanktionen, die die moralbeflissene bürgerliche Gesellschaft und ihre Presse über eine kranke junge Frau verhängten, die ihren Instinkten gemäß lebte, intensiv miterlebt und mitgelitten. Er wird zwar später erzählen[3], der Anblick eines Hausmeisters, der unter Berufung auf polizeilichen Auftrag Prostituierte mit einer Peitsche vom Gehsteig vertrieb, hätte seine Beschäftigung mit dem Bereich von »Sittlichkeit und Kriminalität« eingeleitet. Diesem Erlebnis soll die Wichtigkeit hier nicht abgesprochen werden; der Tod der Annie Kalmar war jedoch zweifellos für Kraus prägender. Von nun an hatte sein Kampf gegen die Gesellschaftsordnung eine andere Qualität, er wurde konkreter und leidenschaftlicher, denn es ging ihm von nun an um eigene, höchstpersönliche Anliegen.

Parallel zu dieser Wendung tauchten in der *Fackel* neue Themen und neue Mitarbeiter auf. Kraus verwendete neue schriftstellerische Formen wie den Aphorismus und später das Gedicht, er wandelte sich seiner eigenen Einschätzung nach vom Journalisten zum Künstler. Der Antikorruptionismus und das frühere soziale Engagement blieben bald auf der Strecke. Jene Abstinenz von der »sozialen Frage«, die Kraus früher den Jungwiener Ästheten zum Vorwurf gemacht hatte, wurde jetzt von ihm zum

Programm erhoben: »In Wien glaubt man offenbar noch immer, daß ich der Inhaber eines ›Aufdeckungsbureaus‹ bin. Und doch wirkt seit Jahren nichts so verstimmend auf meine Magennerven, wie das Wort ›Übelstände‹. Gegen den Querulantenwahn gibt es keinen Schutz; aber der gesunden Dummheit muß ich immer wieder abwinken, wenn sie mich für die schlechte Bezahlung der Beamten eines Bankinstitutes oder für die ungenügende Belüftung eines Hörsaals der Technischen Hochschule, für die Ausbeutung der Verkäuferinnen einer Konditorei oder für die ungerechte Verurteilung des Herrn Pollak aus Gaya, endlich zu zahlen, interessieren möchte. ( ... ) Mir aber zuzumuten, daß ich in jeder Nummer der *Fackel* von schlechtbezahlten Überstunden und von verweigerten Mittagspausen sprechen soll, ist schwachsinnig. Ich bin nämlich Schriftsteller und nicht Aufdecker[4].«

Mit diesem Rückzug aus dem sozialen Bereich und dem Verzicht auf konkrete Opposition, sofern nicht Eigeninteressen auf dem Spiel stehen, kündigt sich bereits jene spätere »reaktionäre Wendung« der *Fackel* an, in der Kraus dem ehedem Bekämpften nur noch apologetisch gegenüberstand. Auch seine Beantwortung der Frage, wer an den gesellschaftlichen Übelständen Schuld trage, zeigt seine Abkehr vom gesellschaftlichen zum nur noch satirisch legitimierten Denken: »Mache ich die Reporter verantwortlich? Das konnte man nie glauben. Die Institution? Das tat ich vor zehn Jahren. Das Bedürfnis des Publikums? Auch nicht mehr. Wen oder was mache ich verantwortlich? Immer den, der fragt[5].«

Die *Fackel* übte demgemäß nur noch in jenem Teilbereich, der ihrem Herausgeber am Herzen lag, nämlich dem von »Sittlichkeit und Kriminalität«, soziales Engagement. Parallel zu dieser Einschränkung seines Engagements änderte Kraus auch seine Konzeption von der sozialen Verantwortung des Schriftstellers: Er schränkte sie auf den sprachlichen Bereich ein. Der sprachliche Anspruch, den Kraus an jeden Schriftsteller und damit auch an sich selbst stellte, war allerdings höher als in der deutschen Literatur üblich. Die später entwickelte Sprachkonzeption bezog die soziale Verantwortung des Schriftstellers dadurch wieder ein, daß sie den sprachlichen Bereich zu einem umfassenden, die soziale Dimension einbeziehenden erklärte.

Richtiger Sprachgebrauch und eine geordnete Welt stehen in dieser von Leopold Liegler zu Recht als »Sprachmystik« apostrophierten Auffassung in enger Beziehung: In einer humanen Welt haben auch die mißachteten Gesetze der Sprache ihre ursprüngliche Gültigkeit. Die Mißachtung der Sprachgesetze ist eine unmittelbare Widerspiegelung der bestehenden inhumanen Welt, ihre Einhaltung dagegen eine zielführende Strategie zur Überwindung des Bestehenden. Akzeptiert man diesen Gedankengang nicht, dann wird man bei der Betrachtung der Krausschen Kunstauffassung davon ausgehen müssen, daß für Kraus vor allem in jener Periode die Kunst in einem autonomen, von der übrigen Gesellschaft isolierten Bereich existierte und ihr gegenüber daher keinerlei Verpflichtung hatte. Am deutlichsten kommt diese Auffassung wohl in einem gegen Heinrich Mann und dessen Kunstauffassung gerichteten längeren Aphorismus zum Ausdruck, in dem Kraus unter anderem mit aller Entschiedenheit die Meinung vertrat, daß Menschlichkeit nicht die erste, sondern die letzte Wirkung der Kunst sei.

Dieser teilweise Rückzug aus dem sozialen Bereich ging Hand in Hand mit einer Verstärkung der subjektiven Komponente der *Fackel*, die sich dementsprechend zu einem »Tagebuch« ihres Herausgebers, zu einem »Vorabdruck aus seinen Büchern« wandelte. Das früher gehätschelte Publikum, mit dem Kraus in der Rubrik »Antworten des Herausgebers« neckische Korrespondenzen führte, wurde nun als integrierter Teil der bekämpften Wiener Szene erkannt und zunächst einmal auf Distanz gehalten.

Der grundlegende Unterschied der neuen Schaffensperiode zu früheren liegt aber darin, daß Kraus, der als Antikorruptionist punktuell einzelne Mißstände angegriffen hatte, dabei aber noch von der grundsätzlichen Legitimität des Gesamtsystems ausgegangen war, nunmehr als Kritiker eines Subsystems der Gesellschaft auftrat, dessen Institutionen Sexualjustiz, Sexualmoral, die Verkehrssitten der Menschen und die Verfestigung der herrschenden Moral durch die Presse waren. Der Ausgangspunkt, von dem aus sich seine Betrachtungen erstmals konkretisierten, war ein Strafverfahren wegen Ehebruchs, der Prozeß P. im Juli 1902. Eine in ihrer von beiden Teilen aus finanziellen Gründen eingegangenen Ehe unglückliche Frau hatte ihren Gatten, der die Ehe bereits mehrfach gebrochen hatte, mit einem anderen Mann ihrer Wahl betrogen. Der Gatte schnitt ihr, als er das erfuhr, zunächst die Haare ab und verlangte, sie solle sich zur Wiederherstellung seiner Ehre selbst töten. Als die Frau sich weigerte, bemühte er die Gerichte. Das darauffolgende Strafverfahren war ein einmaliger Autoritätsexzeß des Richters, der sich als Vertreter der Männermoral zum — so Kraus — »Leiter einer Prangerjustiz gegen die Frau und eines Rehabilitierungsverfahrens für den Mann[6]« hergab. Die kranke und daher verhandlungsunfähige Frau wurde von dem beflissenen Richter eigenhändig in den Saal geholt, wo sie unter unflätigen Zurufen des Publikums auf einem eigens herbeigeschafften Diwan Platz nehmen mußte. Als dem Gatten diverse Ehebrüche mit seinem weiblichen Personal nachgewiesen wurden, erklärte der Richter der Beklagten ausdrücklich, daß nur sie ihren Mann »erniedrigt« habe. Trotz des Geständnisses der beiden Betroffenen führte der Richter vor der gesamten Wiener Presse, die in großer Aufmachung und mit voller Namensnennung über den Fall berichtete, eine detaillierte Beweisaufnahme durch, wobei unter anderem der gesamte Briefwechsel des Paares verlesen wurde. Außerdem stellte der Richter dem Kläger, der seine Bekannten mittels gedruckter Einladungskarten zu dem Prozeß gegen seine Gattin gebeten hatte, fortwährend Ehrenerklärungen aus und verurteilte schließlich nach einer mehrtägigen Verhandlung die Frau und ihren Liebhaber zu der harten Strafe von zwei Monaten Arrest.

Das Schicksal der armen Frau P. hat Kraus sicherlich an jenes der Annie Kalmar erinnert. In beiden Fällen bestrafte die Gesellschaft eine Frau, nur weil sie ihrer Natur gemäß lebte. Justiz, Presse und Öffentlichkeit waren die Exekutoren der Strafe. Kraus war über den Fall zunächst derart entsetzt, daß es ihm, wie immer bei Angelegenheiten, die ihn stark berührten, zunächst die Rede verschlug: »Ich habe eine förmliche Angst vor dem Thema«, schrieb er am 14. August 1902 an Alfred von Berger[7]. Doch Kraus überwand seine Angst, und in Hinkunft wird das durch den Prozeß P. erstmals in sein Bewußtsein getretene Verhältnis der Sittlichkeit zur Kriminalität eines seiner Hauptthemen bilden. In seinem lange nach Abschluß des Prozesses erschienenen Kommentar formulierte Kraus schon in den ersten Sätzen das Dilemma seiner Existenz: daß Sprache als einziges Mittel zur Bewältigung der Wirklichkeit, losgelöst von jeder sonstigen Praxis, nicht nur ineffizient, sondern auch für den einzelnen unbefriedigend ist. Da heißt es gleich zu Beginn: »Es gibt eine Art unproduktiver Empörung, die sich gegen jeden Versuch, sie literarisch auszudrücken, wehrt. Seit Monatsfrist würge ich an der alle Kulturillusion vernichtenden Schmach, die ein Doppelprozeß wegen Ehebruchs, seine Führung und seine journalistische Behandlung uns angetan hat. Der Zwang, zu jedem Ereignis ein Sprüchlein zu sagen, befeuert den nicht, den der Gedanke lähmt an ein Wirrsal von Unwahrscheinlichkeiten, einen Wettlauf von Brutalität und Heuchelei, an das Walten einer Gerechtigkeit, bei der Vernunft Unsinn, Wohltat Plage wird[8].«

Dem Kommentar vorangestellt waren Zitate aus *König Lear* und *Maß für Maß*, Plädoyers Shakespeares für eine freie, unbeschwerte Sexualmoral, gegen Sexualjustiz, Heuchelei und Doppelmoral. Durch Zufall hatte Shakespeare sogar »für die Eigenart einer moralverpesteten Stadt den Namen Wien[9]« gefunden: *Maß für Maß* spielt in einer fiktiven Stadt namens Wien. Den geradezu mystischen Glauben, daß »Shakespeare alles vorausgewußt« habe, behielt Kraus sein Leben lang. Immer wieder gelang es ihm, im Werk des von ihm geliebten und auch neu übersetzten Engländers Passagen zu finden, die — manchmal sogar ohne Namensänderung — auf eine aktuelle Wiener Situation paßten.

Shakespeares Moralvorstellungen und ihre Durchsetzung bildeten von nun an Kraus' persönliches und sachliches Programm, aus ihnen entwickelte er die »höllische Sexualmoral« der *Fackel*. Der Rückgriff auf Shakespeare wäre allerdings nicht nötig gewesen; der Kampf gegen die bürgerliche Sexualmoral bildete ein wesentliches Thema der zeitgenössischen Literatur der Jahrhundertwende. Kraus maß von nun an die Gesellschaft danach, wieweit ihre Sexualmoral und ihre Sexualgesetzgebung an das von Shakespeare verkörperte Ideal herankamen. Da heißt es: »Von ihm müßten die Moralbauherren aller Völker Werkzeug und Mörtel entlehnen, von seiner Höhe bietet jede Weltansicht, die konservative wie die fortschrittliche, ein dem Schöpfer wohlgefälliges Bild; dort ist Kultur, wo die Gesetze des Staates paragraphierte Shakespearegedanken sind, wo mindestens, wie im Deutschland Bismarcks, Gedanken an Shakespeare das Tun der leitenden Männer bestimmen[10].« Schon dieses Zitat zeigt, daß es falsch wäre, die Periode von *Sittlichkeit und Kriminalität* als eine rein fortschrittliche zu betrachten. Die Forderung nach sexueller Freiheit ist zweifelsohne progressiv, die Art, wie diese Freiheit gesamtgesellschaftlich durchgesetzt werden soll, ist, wie noch zu zeigen sein wird, eher rückschrittlich. Die Berufung auf Shakespeare ist vom Standpunkt des Fortschritts neutral; Kraus dachte wohl — wie die Berufung auf Bismarck zeigt — eher an eine damit verbundene konservative Konzeption.

Ausgehend von dem oben zitierten Gedanken formulierte Kraus eine neue Konzeption des Verhältnisses zwischen der individuellen Freiheit und dem Recht des Staates, diese Freiheit einzuschränken. Obwohl diese Konzeption, wie wir sehen werden, aus einer Kombination liberaler, konservativer und sozialistischer Elemente bestand, war sie im damaligen, offiziell prüden Wien für keine dieser drei Richtungen annehmbar. Der Schlüsselsatz dieser Konzeption liegt wohl im folgenden Zitat: »Und so bekenne ich, daß ich den Standpunkt des Staatsfreundes, der von der Gesetzgebung immer wieder das verlangt, was der manchesterliche Schwindelgeist höhnisch ›Bevormundung‹ nennt, ausschließlich dann beziehe, wenn ich das Geltungsgebiet ökonomischer Werte betrachte. Daß mir hier die strengste Überwachung geboten scheint, daß ich den neuen Formen neue Paragraphe an den Hals wünsche und nichts für dringlicher halte, als daß mit den tätigen Zerstörern der materiellen Wohlfahrt des Volkes auch die Helfer der Presse in der fester gezogenen Schlinge Platz fänden: dies betonen, hieße Eulen nach Athen, Bauernfänger auf die Börse und Zutreiber in die liberale Presse tragen. Aber mit der Sorge für die wirtschaftliche Sicherheit halte ich die Mission des Gesetzgebers beinahe für erfüllt. Er möge dann noch über der Gesundheit und Unverletzlichkeit des Leibes und des Lebens und über anderen greif- und umgrenzbaren ›Rechtsgütern‹ seine Hand halten[11].«

Kraus hat selten in seinem Leben eine so konkrete Konzeption vertreten wie hier. Die Zulässigkeit von Staatseingriffen in das Leben einzelner wurde hier genau auf jene Bereiche eingeschränkt, in denen eine feststellbare Kollision mit konkreten Fremdinteressen vorliegt. Ethik und Strafgesetz waren für Kraus zwei deutlich voneinander zu scheidende Bereiche. Das hochgehaltene Rechtsgut der Sittlichkeit schätzte er nur als Phantom ein: »Mit der ›Moral‹ hat die kriminelle Gerichtsbarkeit nichts, hat nur die des Bezirksklatsches zu schaffen. Was die Justiz hier erreichen kann, ist der Schutz der Wehrlosigkeit, der Unmündigkeit und der Gesundheit. Auf diese noch arg verwahrlosten Rechtsgüter werfe sich die Sorge, die heute das Privatleben von staatswegen belästigt[12].«

Das liberale Gesellschaftsmodell mit seinem Versprechen individueller Freiheit war ganz offensichtlich der Ausgangspunkt dieser Konzeption, doch stellte Kraus es sozusagen auf den Kopf: Der Wiener Liberalismus, repräsentiert durch die liberale Wiener Presse, achtete das Rechtsgut der individuellen Freiheit im Privatleben gering und reduzierte die Freiheitsverheißung des Liberalismus auf den ökonomischen Bereich, und das hieß im Kontext der Erfahrungen, die Kraus in seiner antikorruptionistischen Schaffensperiode gemacht hatte, auf die Freiheit, auszubeuten und zu betrügen. Im ökonomischen Bereich hingegen bejahte Kraus im Gegensatz zur liberalen Konzeption die eher konservative Idee des starken Staates, der sich in das vom Liberalismus gepriesene »freie Spiel der Kräfte« einschalten sollte. Dafür war die Konzeption der Freiheit des Privatlebens mit ihrer Absage an jede repressive Sexualmoral reinster Liberalismus und daher für einen

Konservativen unannehmbar. Schon in der Bibel des klassischen Liberalismus, in John Stuart Mills *On Liberty,* findet sich die Forderung, daß die Gesellschaft sich niemals in das Privatleben des einzelnen oder in dessen nur ihn selbst angehenden Handlungen einmischen dürfe. Kraus' Aufzählung der drei Schutzgüter — Wehrlosigkeit, Unmündigkeit und Gesundheit — wirkt wie eine Konkretisierung der folgenden wichtigen Stelle aus *On Liberty:* »Der einzige Zweck, der es rechtfertigt, wenn Menschen einzeln oder gemeinsam in die Handlungsfreiheit eines ihrer Mitmenschen eingreifen, ist der Selbstschutz. Der einzige Grund, aus dem ein rechtmäßiger Zwang auf irgendein Mitglied einer zivilisierten Gemeinschaft gegen dessen Willen ausgeübt werden darf, ist der, daß es darum geht, andere vor Schaden zu bewahren. Sein eigenes — physisches oder moralisches — Wohlbefinden dagegen ist kein hinreichender Grund. Man kann ihn nicht rechtmäßig zwingen, etwas zu tun oder zu unterlassen, weil es so besser für ihn ist, weil es ihn glücklicher machen wird, weil es nach der Ansicht anderer Leute weise oder sogar gerecht wäre. Alles dies sind zwar gute Gründe, aus denen man ihm Vorhaltungen machen, mit ihm streiten, ihm gut zureden oder ihn bitten kann, aber keine Gründe, die es erlauben, ihn zu zwingen oder ihm irgendeinen Schaden zuzufügen, wenn er sich anders verhält. Um das zu rechtfertigen, müssen die Handlungen, von denen man ihn abzuhalten wünscht, so beschaffen sein, daß sie jemand anderem Schaden zufügen. Jeder Mensch schuldet der Gesellschaft nur über den Teil seines Verhaltens Rechenschaft, bei dem es um das Wohl oder Wehe anderer geht. In dem Teil, der nur ihn selber betrifft, ist seine Unabhängigkeit von Rechts wegen absolut. Über sich selbst, seinen Körper und seinen Geist herrscht jedes Individuum souverän[13].«

Der spätere Sozialismus hat dieses liberale Erbe übernommen: Wilhelm Reichs Konzeption von der sexualökonomischen Selbstregulierung der Bedürfnisse etwa geht ebenso davon aus, daß nur in Ausnahmefällen Eingriffe in Leben, Gesundheit und Autonomie anderer zu sanktionieren sind[14]. Das zutiefst humane Grundanliegen der Krausschen Konzeption stellt — wie vieles in seinem

Werk — eine Parallele zu jenem sozialistischen Grundanliegen dar, das Karl Marx in der Formel zusammen-
faßte: »Alle Verhältnisse umzuwerfen, in denen der
Mensch ein erniedrigtes, ein geknechtetes, ein verlassenes,
ein verächtliches Wesen ist.« Der eher prüde Sozialismus
der Zweiten Internationale hat sich allerdings mit diesen
Problemen nur wenig beschäftigt. Trotz der Einsicht in
die historische Veränderlichkeit der Sexualnormen galt
Monogamie als der naturgemäße, allein seligmachende
Zustand, die Prostitution als eine rein bürgerliche Einrichtung und die Existenz der sexuellen Minderheiten, wie
etwa der Homosexuellen, als Beweis für die Dekadenz
des übersättigten Bürgertums. Dennoch hat sich die *Arbeiter-Zeitung* unter Friedrich Austerlitz in jenen Fällen, wo
die Frage der sexuellen Freiheit besonders eng mit jener
der allgemeinen Unfreiheit verknüpft war — so etwa in
der berühmten Affäre der Luise von Koburg —, genauso
wie Kraus eingesetzt[15]

Vom Konservativismus stammte in der Krausschen
Konzeption nicht nur die Forderung nach einem starken
Staat, sondern auch die noch zu untersuchende starre Rol-
lenverteilung zwischen Mann und Frau. Zum Unterschied
vom Konservativismus hatte diese Rollenverteilung bei
Kraus allerdings nicht die Konsequenz, die Frauen auf
Kinder, Küche und Kirche zu beschränken.

In Einzelfällen verließ Kraus auch den Bereich der
Sexualjustiz und dehnte seine Kritik auf den gesamten
Justizbereich und auf dessen Helfershelfer, so etwa Ge-
richtspsychiater, Prozeßberichterstatter und andere, aus.
Ganz seiner ehemaligen antikorruptionistischen Denkweise
entsprechend, griff er dabei den einzelnen Justizfunktionär
an. Das Phänomen der Klassenjustiz wurde ihm dabei nie
transparent. Er verwendete das Wort zwar gelegentlich,
doch meistens zur Charakterisierung eines ihn besonders
empörenden Extremfalles. Auch die Sexualjustiz, die er
kritisierte, vermochte er nicht in einem größeren Zusammenhang zu sehen. Zum Teil war das wohl dadurch bedingt, daß die Akteure der in *Sittlichkeit und Kriminalität*
behandelten Fälle größtenteils der gesellschaftlichen Oberschicht entstammten. Sie waren Prinzessinnen, Stars, Uni-

versitätsprofessoren, die zugleich Millionäre waren, Besitzerinnen von Nobelbordellen und ähnliches. Die weitaus größere sexuelle Not des Proletariats, die genauso in tragischen Sexualprozessen ihren Niederschlag fand, wurde nur gelegentlich behandelt — wie etwa im Falle der Kindsmörderin Christine Ritzek — und da nicht sehr ausführlich. Der mit Kraus damals noch befreundete Schriftsteller und Psychoanalytiker Fritz Wittels (Pseudonym: Avicenna) sprach in einem von Kraus in der *Fackel* publizierten Artikel dem Proletariat die sexuelle Not überhaupt ab und behauptete, diese sei ein Problem, das nur seine eigene Klasse — das Bürgertum — angehe: »Der Arbeiter kennt die sexuelle Not am wenigsten von allen Ständen und um so weniger, je schlechter es ihm geht. Vorausgesetzt, daß die Frauenfrage im Kerne oder zum größeren Teile eine sexuelle Frage ist, kann gerade der Arbeiter und seine Gewerkschaft zu ihrer Lösung nicht berufen sein[16].«

Nicht nur bei Wittels, sondern auch bei Kraus war jene sexuelle Not, die eine Folge der kapitalistischen Produktionsweise ist, fein säuberlich ausgespart. Sexuelle Not infolge des Freizeitdefizits der Unterschicht, der Übermüdung nach anstrengendem Arbeitstag, der Wohnungsnot der proletarischen Jugend, der unzureichenden Aufklärung über Empfängnisverhütung — von all dem finden wir in der *Fackel* kein Wort. Der Begriff der weiblichen Tragik hatte für Kraus von vornherein eine ästhetische Dimension und bezog sich folglich nur auf Adelige und Angehörige der Bourgeoisie. Die diesem Standpunkt genau entgegengesetzte und wohl auch realistischere Position findet sich bei der österreichischen Kommunistin Elfriede Friedländer (Ruth Fischer): »Es gibt kein tragischeres Frauenschicksal als das einer verheirateten Fabriksarbeiterin[17].«

Die Verengung der kritischen Perspektive auf die eigene Klasse hat vor allem die positiven Schlußfolgerungen, die Kraus aus seiner Kritik zog, stark beeinflußt. Wir finden bei ihm häufig das Phänomen, daß seine Lösungsvorschläge, die vorgeblich der allgemeinen menschlichen Emanzipation dienen sollten, in Wirklichkeit nur der scheinbaren Emanzipation der eigenen Klasse dienten, jener Personen also, mit denen er sich identifizieren konnte. Indem die Beschränkung auf die Probleme der eigenen Klasse eine gesamtgesellschaftliche Denkweise verhinderte, schlug die Kraussche Kritik häufig in eine ungewollte indirekte Apologie des Bestehenden um. Das unermeßliche Leid allerdings, das der Erste Weltkrieg der Arbeiterklasse brachte, vermochte dem Krausschen Humanismus für einen bestimmten Zeitraum das klassenspezifische Element zu nehmen.

Doch selbst mit dieser Beschränkung auf die Probleme der eigenen Klasse bot die Wiener Sexualjustiz Kraus ein weitreichendes Betätigungsfeld. Kaum eine Woche verging, ohne daß entweder ein »Sittlichkeitsprozeß« stattfand oder daß Kraus beispielsweise zu einem Mordprozeß anmerken konnte: »Und siehe, der Mangel an Beweisen dafür, daß Frau Klein gemordet hat, ward reichlich wettgemacht durch den Überfluß an Beweisen für ihren unsittlichen Lebenswandel[18].«

Jeder dieser Sittlichkeitsprozesse stellte eine behördliche Hetzjagd auf jene dar, die bei einer Handlung ertappt worden waren, wie sie im lebensfrohen Wien jeder setzte. Verschärft wurde für die Betroffenen das gerichtliche Verfahren noch durch zum Teil entstellende, auf jeden Fall aber rufmörderische Presseberichte.

Kraus durchschaute diese Presse als lizenzierte Trägerin der herrschenden Doppelmoral: Dieselben Blätter, die im Lokalteil die »Aushebung einer Lasterhöhle« wie einen der damals schon sehnsüchtig entbehrten militärischen Siege feierten, stellten ihren Inseratenteil für teures Geld eben diesen Lasterhöhlen zur Verfügung. Mutatis mutandis haben wir hier das gleiche Problem wie das der Inserate kapitalistischer Unternehmungen in der Arbeiterpresse: den von Kraus für unmoralisch gehaltenen Widerspruch zwischen Text- und Inseratenteil. Kraus hat der Wiener Presse zeitlebens jene Inserate vorgeworfen, in denen Bordelle und Masseusen ihre guten Dienste anboten und Homosexuelle ziemlich unverhüllt Partner suchten. Er tat dies nicht aus Prüderie, sondern um wieder einmal auf den erwähnten, seiner Auffassung nach jeder Zeitung immanenten Widerspruch zwischen ihrem vorgeblichen Ideal und ihrer tatsächlich kommerziellen Praxis — deren Spiegel der Inseratenteil ist — hinzuweisen.

Satirisch sah er in den Bordellinseraten nicht eine Korrumpierung der seiner Auffassung nach nicht mehr korrumpierbaren Presse, sondern in dem Umstand, daß diese Inserate in der Presse erschienen, eine Korrumpierung der Sexualität: »Nicht in puritanischem Entsetzen habe ich hin und wieder auf die Sexualinserate der Wiener Tagespresse hingewiesen. Unsittlich sind sie bloß im Zusammenhang mit der vorgeblich ethischen Mission der Presse, geradeso, wie Inserate einer Sittlichkeitsliga in Blättern, die für die Sexualfreiheit kämpfen, im höchsten Grade anstößig wären ... Im Ernst, ich halte die Veröffentlichung von Sexualannoncen für die weitaus verdienstvollste aller Tendenzen, die die liberale Presse verfolgt; und nur weil sie nicht selbst dieser Ansicht ist und die Unmoral schmäht, von der sie Zinsen nimmt, habe ich manchmal den Charakter ihres Inseratenteils enthüllt. Nicht die Verdrängung der Masseusen, sondern die reinliche Scheidung des Liebesmarktes von korrupten Redaktionen lag mir am Herzen. Kein wahrer Kenner meiner Lebensanschauung kann glauben, daß ich eine junge, sympathische Masseuse nicht für kulturfördernder halte als einen alten, unsympathischen Schmock, und die Körperpflege, wie sie auf der letzten Seite der *Neuen Freien Presse* betrieben wird, nicht für anregender als die Pflege des Geistes, die weiter vorne betrieben wird. Die Hurerei prostituiert sich heute durch eine Verbindung mit dem schäbigsten Journalismus, und wie es peinlich ist, die berühmtesten Vertreter der Wissenschaft als Mitarbeiter der *Neuen Freien Presse* im Vorspann finanzieller und geistiger Lumperei sich drängen zu sehen, so ist es beschämend, im Nachtrab einer kompromittierenden Philistermoral einen Troß von ehrlichen Sexualkunden zu finden[19].«

Seine satirische Betrachtungsweise fand bei der Analyse der Einstellung der Presse zur Prostitution sogar einen der in seinem Werk so seltenen ökonomischen Gesichtspunkte: Die Presse fördere die Monopolisierungstendenzen des Liebesmarktes, sie unterstütze bloß die Verfolgung derer, die Prostitution und Kuppelei als Kleingewerbe betrieben, um so den »Großunternehmen«, den legendären Bordellen der Damen Sachs und Riehl etwa, die Angehörige des Kaiserhauses zu ihren Kunden zählten, die Konkurrenz aus dem Weg zu schaffen. Auch die Polizei ging nur in bestimmten Fällen gegen Kupplerinnen vor: »Denn nicht immer und überall dringen Polizeiagenten ins Schlafzimmer: ihren höchsten Vorgesetzten und anderen Herrschaften wäre es nicht erwünscht, zu so ungelegener Stunde gestört zu werden. Als Schutzengel bewachen sie das Haus, auf daß der Beischlaf der Gerechten nicht gestört werde[20].«

Wie so oft in seinem Leben, versuchte Kraus auch im Bereich von »Sittlichkeit und Kriminalität« sein Versagen auf analytischem Gebiet durch verstärkten Einsatz auf normativem wettzumachen. Seine diesbezüglichen Forderungen sind teils realistisch-reformistische, teils interpretative. Zur ersten Gruppe zählen seine Forderungen de lege ferenda: Straffreiheit der Homosexualität, Kuppelei, Prostitution, Abtreibung und des Ehebruchs. Die interpretativen Forderungen hängen eng mit seiner intensiven Beziehung zum Rechtsdenken zusammen. Deren wichtigstes Produkt ist die aus Anlaß einer Wiener Sexualaffäre verfaßte Abhandlung *Erpressung,* seinem Anspruch nach eine »rein dogmatische Analyse eines strafrechtlichen Begriffes, die die bestehende Rechtsordnung nicht negiert, sondern interpretiert[21]«; sie unterscheidet sich weder qualitativ noch formal von den in der juristischen Fachliteratur üblichen Analysen der höchstgerichtlichen Judikatur. Selbst in den Zeiten seiner schärfsten Kritik an Staat und Gesellschaft versuchte Kraus immer wieder, sich der Rechtsordnung interpretierend zu nähern und in gespielter Naivität die Identität seiner Forderungen mit einem subjektiv angenommenen »Geist des Gesetzes« nachzuweisen. Die bestehende Rechtsprechung war ihm, der auch hier in der liberalen Tradition stand, kein Hindernis der menschlichen Emanzipation, sondern geradezu deren Garant. Das zeigt einerseits, wie sehr die Krausschen Emanzipationsvorstellungen bürgerlichem Denken verhaftet waren, und anderseits, wie unverbindlich der Begriff der Klassenjustiz im Kontext der *Fackel* war. Kraus stützte seine willkürlichen Interpretationen auf die zahlreichen Leerformeln der österreichischen Straf- und Zivilgesetze, die allerdings dank der interpretativen Spruchpraxis der Höchstgerichte einen konkreten Inhalt hatten, den Kraus häufig ignorierte.

Die Hinwendung zum Konservativismus wurde in dieser Einstellung zur Rechtsordnung sichtbar: Wichtig war für Kraus nicht die Schaffung neuer Institutionen, sondern die richtige Anwendung der alten. Ausgangspunkt einer jeden solchen Betrachtung war die behauptete Übereinstimmung des kodifizierten Rechts — von einigen Auswüchsen wie etwa der Strafbarkeit der Homosexualität abgesehen — mit dem eigenen Gerechtigkeitsempfinden. Justizkritik wurde also auch durch diesen Mechanismus zwangsläufig wieder Kritik am einzelnen Funktionär, der am Ideal des »guten Richters« gemessen wurde. In der persönlichen Justizpolemik hat Kraus allerdings Großartiges geleistet, so etwa in seiner Polemik gegen den »Unhold« Johann Feigl, der einen Dreiundzwanzigjährigen, der in Not und Trunkenheit einer Frau die Handtasche zu entreißen versucht hatte, zu lebenslänglichem schweren Kerker verurteilte. Die praktischen Auswirkungen dieser Polemiken waren allerdings gering, dennoch wehrte sich die Justiz auf ihre Art gegen Kraus: Die Staatsanwaltschaft untersuchte, wie Kraus später[22] mitteilte, ob der Aufsatz *Nulla dies* nicht das Verbrechen der Aufwiegelung darstelle.

Ausgehend von seiner Kritik an der Sexualjustiz versuchte Kraus auch, den Stellenwert der Sexualität innerhalb der menschlichen Gesellschaft zu definieren. Wie jedesmal, wenn er sich mit gesellschaftlichen Fragen beschäftigte, waren auch die Ergebnisse dieses Nachdenkens mit einem grundlegenden methodischen Fehler belastet: Kraus' Denken war vollkommen ahistorisch, was er unmittelbar aus seinem Blickpunkt und in der ihm zugänglichen Sozialschicht erlebte, wertete er als absolute Manifestationen einer als konstant angenommenen menschlichen Natur. Veränderungen und soziale Zusammenhänge hatten in seinem Denken keinen Platz. In seinen Überlegungen zum Verhältnis der Geschlechter zueinander wirkte sich das so aus, daß »der« Mann und »das« Weib einander als historisch unveränderliche Größen gegenüberstanden, unabhängig von Zivilisation, Zeit und Klasse. Die schon damals von der ethnologischen Forschung erarbeitete Auffassung, daß die Definition der Geschlechtseigenschaften »im Kontext gesellschaftlicher Arbeitsteilung erfolgt und daß in verschiedenen Gesellschaften die gleichen Fähigkeiten und Eigenschaften einmal als männlich, das andere Mal als weiblich gelten[23]«, ignorierte er dabei. Sein Bild vom »Weib« ist in Wirklichkeit — trotz des Anspruches auf allgemeine Gültigkeit, den Kraus erhob — ein Abbild einerseits seiner durch seine spezielle psychische Konstellation verursachten Wunschvorstellungen, anderseits des Verhaltens der Frauen seiner Bezugsgruppe.

Das Kernstück der Krausschen Anthropologie liegt in der Auffassung, das Sexuelle sei eine Domäne der Frau. Ausgehend von biologisch orientierten Überlegungen, wie etwa der, daß es der Frau aufgrund ihrer natürlichen Organisation möglich sei, den Geschlechtsverkehr öfter auszuüben als der Mann, schloß er einerseits auf eine qualitative Verschiedenheit des Lusterlebnisses, anderseits auf die völlige Determiniertheit der weiblichen Existenz durch dieses. Alles, was Frauen tun, ist seiner Auffassung nach durch ihren übermächtigen Sexus gesteuert. Bei Otto Weininger, dessen Werk *Geschlecht und Charakter* Kraus stark beeinflußt hat, finden wir die Wurzel dieser Auffassung: »Das *ganze* Sein des Weibes offenbart sich im Koitus, aufs höchste *potenziert*[24].« Und weiter heißt es dort: »Das Weib (ist) nur und durchaus sexuell[25].« Demnach ist laut Kraus die männliche Lust, verglichen mit der weiblichen, minderwertig, höchstens ein Zubehör derselben, und ihre Existenz ist eigentlich nur dadurch legitimiert, daß sie der Anlaß der weiblichen Sexualität ist. Auch hier gibt es eine gewisse Übereinstimmung mit Otto Weininger, der allerdings dem Mann wenigstens eine »intermittierende« Sexualität zugesteht, während das Weib bei ihm »fortwährend sexuell« ist[26]. Kraus zufolge ist das Sexualerlebnis der Frau so stark, daß in ihrem Leben sonst nichts Platz hat, daß alles ihrer Sexualität untergeordnet ist. Die Lehre vom Kosmos des Weibes sei folglich die Kosmetik.

In diesem Sammelsurium von Vorurteilen fehlt eigentlich nur jenes, daß das Weib keine Seele habe. Bei Weininger findet es sich in der Behauptung, das »absolute Weib« habe kein Ich. Kraus formulierte dieses klassische männliche Vorurteil der Jahrhundertwende ähnlich subtil, indem er die weibliche Seele in Form eines komplizierten mathematischen Ausdrucks darstellte, der, wie er in der nächsten *Fackel* mitteilte, den Wert Null ergab.

Die Konsequenz der Auffassung von der Seelenlosigkeit der Frau ist die Behauptung ihres völlig asozialen Charakters. Auch sie findet sich bei Weininger etwa in der Behauptung, daß alles Gesetz vom Manne stamme — ein Satz, der genauso wie die Krausschen Konzeptionen die mutterrechtlichen Perioden der Menschheitsgeschichte ignoriert. Von allen möglichen Ausprägungen der weiblichen Existenz akzeptierte Kraus nur jene, die mit der Sexualität zusammenhängen. Umgekehrt wird jeder Versuch einer Frau, sich außerhalb des sexuellen Bereichs Geltung zu verschaffen, als entartete Folge einer schlechtbewältigten Sexualität aufgefaßt. Wesentlich für die Typologisierung des weiblichen Geschlechts war nur, welchen Gebrauch eine bestimmte Frau von ihren Sexualfunktionen machte. Dementsprechend zerfiel das weibliche Geschlecht in »Mütter« und »Huren«. Auch diese Zweiteilung findet sich bei Weininger (wie auch bei vielen anderen männlichen Theoretikern), dessen Deutung der Phänomene Mutterschaft und Prostitution Kraus besonders schätzte. Weininger ging allerdings davon aus, daß die Mutter »aufbauend«, die Dirne dagegen »zerstörend« sei. Kraus stand einerseits der Dirne weitaus positiver gegenüber — wir werden uns später noch mit den diesbezüglichen Differenzen zwischen ihm und Weininger beschäftigen —, anderseits ignorierte er die »aufbauende« Rolle der Mutter zumindest bis zur Zeit des Ersten Weltkrieges.

Die weibliche Sexualität war in seiner Konzeption eine so starke Urkraft, daß ihre Unterdrückung — denn ihm galten nur die Frauen als sexuell unterdrückte Wesen — vergeblich war. Ja, die Unterdrückung verstärke laut Kraus die Intensität des Lusterlebnisses, Eros blieb in jedem Fall Sieger.

Schuld an der sexuellen Unterdrückung trug für Kraus — der sich hier ausnahmsweise in der geistesgeschichtlichen Tradition der Aufklärung befand — die in ihrer Entstehung, Durchsetzung und Veränderung nicht weiter hinterfragte katholische Kirche. Sie habe bewirkt, daß die Menschheit »nicht beten konnte, ohne zu huren«, und »nicht huren konnte, ohne zu beten«, sie hat »die Sünde profaniert ... durch die Reue, die Lust versüßt ... durch die Qual[27]«. Die gesellschaftliche Funktion der Triebunterdrückung, die auch als ein wichtiges Werkzeug zur ökonomischen und politischen Diszplinierung und zur Sicherung der Stabilität eines gegebenen politischen Systems dient, ignorierte Kraus damit zugunsten einer Art Verschwörertheorie. Das hängt wohl damit zusammen, daß er einerseits hauptsächlich Fälle aus seiner Bezugsgruppe analysierte, und andererseits damit, daß seine Interessen in Wirklichkeit gar nicht auf die Aufhebung der sexuellen Repression gerichtet waren. Ähnlich wie die pädagogische Unterdrückung hat er die sexuelle Unterdrückung, die er sicherlich auch persönlich negativ erlebte, masochistisch zu einem positiven, das Lusterlebnis steigernden Phänomen uminterpretiert.

Kraus ging von der Existenz einer realisierten Alternative zur repressiven christlichen Sexualmoral aus. Allerdings fand er diese Alternative nicht im Rahmen der westlichen kapitalistischen Zivilisation, sondern im feudalen und patriarchalischen China. Aus welchen Quellen seine mehrmals geäußerte Vorliebe für China, die damals freilich keineswegs eine singuläre Erscheinung war, gespeist wurde, wissen wir nicht. Kraus hat jedenfalls noch zur Zeit des Ersten Weltkriegs Chinas Sozial- und Geistesverfassung für vorbildlich gehalten. Was er an der chinesischen Moral schätzte, ist im folgenden Zitat zusammengefaßt: »Der Chinese begeht keine Sünde, wenn er sie begeht. Er bedarf der Gewissensskrupel nicht, um in der Lust die Lust zu finden. Er ist rückständig, weil er mit den gedanklichen Schätzen, die ihm Jahrtausende gehäuft haben, noch nicht fertig wurde. Er ist zukunftsfähig und überdauert die Schäden, die in anderen Welten Medizin und Technik zusammenflicken. Er hat keine Nerven, er hat keine Furcht vor Bazillen, und ihm kann auch nichts geschehen, wenn er tot ist[28].« Fortschrittsskeptizismus, Bewahrung der alten Werte und Traditionen, Pazifismus und eine Kraus frei erscheinende Sexualmoral, die sich allerdings in Wirklichkeit auf die männlichen Mitglieder der aristokratischen Oberschicht beschränkte, das waren die Gründe seiner Vorliebe für China. Auch in dieser Vorliebe zeichnete sich seine spätere Wandlung zum Konservativen schon während seiner Auseinandersetzung um Fragen der Sexualmoral ab.

Für die neben der Justiz und der Presse wichtigste Instanz, die die vom Christentum geschaffene repressive Sexualmoral durchsetzte, hielt Kraus den einzelnen Mann in seinen Beziehungen zum anderen Geschlecht. Auch hier zeigt sich eine Schwäche seines Denkens, die durch seinen personalistischen Ansatz und seine Negierung des sozialen Zusammenhanges bedingt ist: Er hat die Kleinfamilie, die wohl die wichtigste Instanz zur Weitergabe sexuellen Drucks war, prinzipiell nie angegriffen, er verlagerte seine Angriffe auf den einzelnen Mann. Innerhalb der starren Rollenverteilung zwischen Mann und Weib, von der Kraus ausging, tritt nur der Mann dem Weib voll Besitzgier entgegen; Eifersucht ist primär eine männliche Eigenschaft. Diese Besitzgier ist nach Kraus widernatürlich, in ihr sah er die Wurzel der herrschenden Doppelmoral: »Daß die flüchtige Schönheit des Tropenvogels mehr beseligt als der sichere Besitz, bei dem die Enge eines Bauers die Pracht des Gefieders lädiert, hat sich noch kein Vogelsteller gesagt. Die Hetäre als ein Traum des Mannes. Aber die Wirklichkeit soll sie ihm zur Hörigen — Hausfrau oder Maitresse — machen, weil das soziale Ehrbedürfnis ihm selbst über einen schönen Traum geht. So will jeder die polyandrische Frau für sich. Diesen Wunsch, nichts weiter, hat man als den Urquell aller Tragödien der Liebe zu betrachten. Der Erwählte sein wollen, ohne der Frau das Wahlrecht zu gewähren[29].«

Das Phänomen der polyandrischen Frau und der männlichen Reaktion darauf — der Eifersucht — hat Kraus sein Leben lang beschäftigt. Der weiblichen Polyandrie gegenüber hatte er eine ambivalente Haltung: Er betrachtete die Polyandrie als eine anthropologische Konstante des Weibes, eine treue Frau galt ihm als unnatürlich. Mit dieser theoretischen Position rechtfertigte er vor sich selbst, daß Promiskuität des geliebten Weibes für ihn geradezu eine Liebesbedingung war. Die beiden wichtigsten Frauen in seinem Leben, Annie Kalmar und Sidonie Nádherný, haben diese Bedingung offensichtlich erfüllt. Zugleich aber war Kraus von der von ihm bekämpften männlichen Besitzgier nicht frei, im Gegenteil, sie dürfte bei ihm sehr stark gewesen sein, so daß seine Aggression gegen die eifersüchtigen Männer eigentlich auf ihn selbst bezogen war. Immer wieder versicherte er sich und seinen Lesern, daß es zur Eifersucht keinen Grund gebe, geben könne und geben dürfe; mit zahlreichen intellektuellen Konstruktionen hat er immer wieder versucht, sich diese Eifersucht, unter der er zweifellos lustvoll gelitten hat, auszureden. So versicherte die der Anni Kalmar nachgebildete Schauspielerin im *Traumtheater* dem Dichter (also Kraus selbst), nachdem sie mit dem »alten Esel« geschlafen hat:

> Nur du hast mich. Wenn scheinbar ich entwandre,
> bin ich nicht ich und stets nur eine andre[30].

Da diese Auseinandersetzung mit dem Phänomen Eifersucht derart intensiv war, geht man in der Annahme, daß es sich dabei um einen Beitrag zu einer ungelösten eigenen Lebensproblematik handelt, auf keinen Fall fehl. Margarete Mitscherlich interpretierte auch Kraus' Dirnenverehrung als Beitrag zur Lösung seiner Eifersuchtsproblematik.

Das Eifersuchtproblem scheint mir nicht der einzige Bereich zu sein, wo ungelöste persönliche Qual in Kraus' Konzeptionen ihren Niederschlag fand. Bei allem Respekt vor der Intimsphäre eines Toten und bei aller Einsicht, daß der erkannte Ursprung einer Konzeption nicht dazu dienen darf, sie zu entwerten, muß dennoch gefragt werden, ob nicht auch die oft wiederholte Behauptung von der Minderwertigkeit des männlichen Lusterlebnisses eine biographische Wurzel hat. Sexualität, vor allem männliche, wurde von Kraus häufig negativ eingeschätzt. Neben der

Definition des Orgasmus als »unbedeutendster Augenblick im Leben des Mannes[31]« finden sich vor allem in den Aphorismen viele die Sexualität abwertende Gedanken. In engem Zusammenhang mit der behaupteten Minderwertigkeit des männlichen, also auch des eigenen, Lusterlebnisses ist wohl die eingehende Auseinandersetzung mit der Onanie zu sehen. Speziell in dem Aphorismenband *Sprüche und Widersprüche* finden sich einige Sätze, die man als eindeutiges Bekenntnis zur Praxis des onanistischen Koitus auffassen kann. So heißt es etwa: »Ein Weib ist unter Umständen ein ganz brauchbares Surrogat für die Freuden der Selbstbefriedigung. Freilich gehört ein Übermaß von Phantasie dazu[32].«

Kraus rühmte sich, diese Phantasie, die in seiner Konzeption von der Sexualität des Mannes eine wesentliche Rolle spielte, zu besitzen, und polemisierte daher gegen den Sexualgeschmack der, wie er sagte, phantasielosen Wiener Männer, die auf starke Reizauslöser wie große Brüste und ebensolche Gesäße fixiert seien: »An den Tischen sitzen Larven, die genug fühlende Brust haben, um dem heimischen Geschmack zu gefallen, der immer etwas zum Anhalten braucht, weil ihm die Phantasie ihre Hilfe versagt hat[33].«

Kraus kritisierte also den verdinglichten Sexualgeschmack der Wiener Männer nicht mit dem Argument, daß er die humane Komponente der Sexualität ausschalte, sondern vom Standpunkt eines Mannes, der in der Sexualität derart ichbezogen ist, daß sogar die äußere Beschaffenheit der Partnerin für ihn unerheblich ist, weil er sie mit Hilfe seiner Phantasie überspielen kann, also von einem Standpunkt, der weitaus inhumaner ist als der kritisierte. Denn ein Koitus, bei dem der eine Partner das Lusterlebnis nicht durch das Zusammensein mit dem anderen erfährt, sondern durch die eigene Phantasie, instrumentalisiert den Partner und nimmt ihm die Individualität. Auch kann ein solcher Sexualakt für den, der auf seine Phantasie angewiesen ist, nicht sehr befriedigend sein. Kraus hat das wohl auch — allerdings ironisch — eingesehen: »Sich im Beisammensein mit einer Frau vorzustellen, daß man allein ist — solche Anstrengung der Phantasie ist ungesund[34].«

Vor allem aber verliert die Erotik, der Kraus mehrfach vor der Sexualität den Vorzug gab, in diesem System viel von ihrem Reiz. Das zeigt sich etwa in einer Überlegung wie dieser: »Weiber sind oft ein Hindernis für sexuelle Befriedigung, aber als solches erotisch verwertbar[35].« Die unmittelbare Folge der Entindividualisierung des Partners ist, daß der körperlichen Liebe in vielen Aphorismen des Satirikers eine ihrer wichtigsten humanen Folgen, die Herstellung eines »Wir«, einer — wenn auch manchmal flüchtigen — Gemeinsamkeit, fehlt. Die Menschen bleiben isoliert, auch in der Sexualität, ja, man kann sogar sagen, daß sie bei Kraus durch die gemeinsame Sexualität isoliert sind. Kraus legte immer wieder neue intellektuelle Konstruktionen vor, in denen er begründete, warum es unmöglich sei, in der Sexualität und mit ihrer Hilfe die Isolierung des Individuums zu überwinden. Am wichtigsten in diesem Zusammenhang ist der folgende Aphorismus, in dem Kraus nicht vom »Mann«, sondern ausdrücklich von sich selbst spricht, und der wohl nicht ohne Zweifel an der seelischen Gesundheit des Verfassers gelesen werden kann: »Worin könnte die Größe des Weibes liegen? In der Lust. Will ich das Weib, so habe ich die Lust. Und dazu habe ich keine Lust. Will sie mich, so sehe ich die Lust nicht. Und dazu habe ich auch keine Lust. Es bleibt also nichts übrig, als eine Distanz zu schaffen und sich aus dem Mitschuldigen in einen Zeugen zu verwandeln. Oder in den Richter, der ein Bekenntnis der Lust entreißt. Oder das Weib auszuschalten. Wenn man sich schon durchaus darauf kapriziert, den Wert des Weibes zu erkennen[36].«

Auch die Sexualität der Frau ist für Kraus nicht partnerbezogen: Wenn die Schauspielerin im *Traumtheater* etwa mit dem »alten Esel« schläft, so erfährt sie die Befriedigung nicht durch den Partner, sondern aus ihrer eigenen Dynamik heraus. Der in unserer Gesellschaft bestehenden sexuellen Entfremdung stand Kraus apologetisch gegenüber. Daß die Menschen selbst im Augenblick der intimsten Verbundenheit völlig beziehungslos und ichbezogen einander gegenüberstehen, lieferte ihm keinen Grund, die Gesellschaftsordnung anzugreifen, sondern er sah darin einen natürlichen Zustand. Diesen Zustand, Produkt seiner eige-

nen krankhaften Erfahrung, setzte er absolut und verteidigte ihn, anstatt zu versuchen, ihn zu überwinden. In
dem vorigen Zitat können wir auch erkennen, warum
Kraus die Psychoanalyse ablehnen mußte: Das ihr innewohnende Postulat einer befriedigenden Genitalität konnte
er, wollte er sich nicht selbst in Frage stellen, angesichts
seiner eigenen, von ihm verteidigten Situation nicht akzeptieren. Trotz seines Bekenntnisses zur Erotik lehnte er damals auch jene Elemente der Erotik ab, die ein »Wir« herstellen könnten. Daher waren für ihn — und dieser Satz
könnte wohl direkt aus einem Offizierskasino der damaligen Zeit stammen — »die Frauen die besten, mit denen
man am wenigsten spricht[37]«.

Erst durch eine Vermittlungsinstanz taucht ein Gemein-
sames auf. Denn auch in der Krausschen Konzeption hat die
Sexualität Folgen; diese Folgen sind auf den Mann bezogen, es handelt sich dabei um Werke oder Taten, die durch
das sexuelle Erlebnis ausgelöst werden. Fruchtbarkeit als
Folge der Sexualität — darunter verstand der kinderlose
Junggeselle Karl Kraus die schöpferische Fruchtbarkeit
des Mannes. Demzufolge variierte er auch die Phrase vom
Verhältnis, das nicht ohne Folgen blieb, so: »Ein Liebes-
verhältnis, das nicht ohne Folgen blieb. Er schenkte der
Welt ein Werk[38]«.

Die Frau dagegen ist seiner Auffassung nach im schöpferischen Bereich steril, ähnlich wie der Mann im sexuellen.
Bereicherung in der Sexualität erfolgt also nicht durch das
Zusammenspiel der Geschlechter, sondern durch eine prä-
stabilierte Harmonie ihrer Defekte: »Die sterile Lust des
Mannes nährt sich an dem sterilen Geist des Weibes. Aber
an weiblicher Lust nährt sich der männliche Geist. Sie
schafft seine Werke. Durch all das, was dem Weib nicht
gegeben ist, bewirkt es, daß der Mann seine Gaben nütze.
Bücher und Bilder werden von der Frau geschaffen —
nicht von jener, die sie selbst schreibt und malt. Ein Werk
wird zur Welt gebracht: hier zeugte das Weib, was der
Mann gebar[39].«

In der Praxis hat Kraus allerdings diese Verurteilung
der schöpferischen Produkte von Frauen nicht konsequent
durchgehalten, es sei nur an seine Förderung der Dichterin

Else Lasker-Schüler erinnert. Auf jeden Fall ist auch in dieser Konzeption, die die Frau nur als Anregerin des vom Manne zu schaffenden Werkes akzeptiert, die Frau instrumentalisiert. Kraus hat allerdings seine Auffassung von männlicher und weiblicher Größe später ein wenig modifiziert. An das *Elegische Versmaß:*

Klein ist der Mann, den ein Weib ausfüllt, doch er kann dadurch wachsen.
Größer geworden hat er keinen Raum mehr für sie.

hängte er später den folgenden *Heroischen Vers:*

Aber dem Größten empor wächst sie, an der er erst groß wird[40].

Überhaupt muß erwähnt werden, daß Kraus später — vielleicht unter dem Einfluß seines Verhältnisses zu Sidonie Nádherný — seine Auffassungen über die Frauen ein wenig abschwächte. Vor allem die These von ihrer völligen Asozialität revidierte er. Das weibliche Element schien ihm später, vor allem im Lichte der Erfahrungen des Ersten Weltkriegs, ein sozial relevantes, notwendiges Korrektiv zu sein. So akzeptierte er etwa die weibliche Friedensbewegung. Wir können darin einen postumen Versuch sehen, die nach Weininger »aufbauende« Rolle des mütterlichen Prinzips in das eigene System einzubauen. Das bedeutete immerhin das Zugeständnis gewisser sozial notwendiger Sphären als Objekt der früher verspotteten organisierten weiblichen Aktivitäten, keineswegs allerdings die soziale Gleichberechtigung der Geschlechter.

Gleichberechtigt waren die Frauen in unserem heutigen, an den Sphären des Berufs, der Politik und dergleichen orientierten Sinne bei Kraus nie. Frauen galten ihm ja als durch ihre Sexualität determinierte Wesen. Da Sexualität aber irrational sei, Frauen also unvernünftige, unverantwortliche und vom Uterus gesteuerte Geschöpfe seien, wären sie zur Besorgung öffentlicher Angelegenheiten nicht geeignet. Es sei einerseits unvernünftig, anderseits männlicher Barbarismus, Frauen mit irgendeiner sozialen, das heißt ethischen, Verantwortung zu belasten. Verantwortung, Verpflichtung, soziale Bindung — das alles seien Begriffe aus dem Männerleben. Das Urbild der Frau im Sinne von Kraus ist die Wedekindsche Lulu, »eine Seele, die sich im Jenseits den Schlaf aus den Augen reibt[41]«, die das Diesseits aber unter Begehung von Verbrechen und Zerstörung einiger Existenzen durchträumt. Lebenszweck der Frau sei, zur »ästhetischen Vollendung« heranzureifen. Um diesen Zweck zu erreichen, dürfe sie »nicht verflucht (sein), dem Mann das Kreuz sittlicher Verantwortung abzunehmen[42]«. Jede andere Einstellung begründet nach Kraus zwangsläufig die »Tragödie von der gehetzten, ewig mißverstandenen Frauenanmut, der eine armselige Welt bloß in das Prokrustesbett ihrer Moralbegriffe zu steigen erlaubt[43]«.

Das, was Engels unter der »weltgeschichtlichen Niederlage der Frau« verstand — ihren Ausschluß von der sozialen Verantwortung im Zuge der Ablösung des im Urkommunismus herrschenden Matriarchats —, war für Kraus ein noch zu erreichendes Ziel; im Gegensatz zu Engels sah er in den noch bestehenden geringen Resten sozialer Verantwortung der Frauen und in deren damals einsetzenden Emanzipationsbestrebungen die »weltgeschichtliche Niederlage der Frau«.

Es erhebt sich nun die praktische Frage, wie in dieser Konzeption eine Frau — sofern sie nicht wie Sidonie Nádherný über eigenes Vermögen verfügt — ihren Lebensunterhalt verdienen soll. Kraus akzeptierte den Beruf der Schauspielerin als den der weiblichen Natur am ehesten entsprechenden. Ansonsten war Berufstätigkeit für Frauen aus seiner sozialen Bezugsgruppe in jener Zeit kaum aktuell. Den Produktionsprozeß hatte er schon in seiner antikorruptionistischen Periode als inhuman denunziert, dennoch hatte er weit weniger Einwände gegen die Tätigkeit von Frauen als Arbeiterinnen denn gegen die Versuche von Frauen seiner sozialen Schicht, sich auf dem Wege eines Hochschulstudiums damals noch traditionell männliche Berufe, wie etwa Jurist oder Arzt, zu erschließen. Diese Versuche galten ihm als unnatürlich. Gegen die in seiner Klasse übliche Form der Versorgung der Frau

in Form einer Vernunftehe aus ökonomischen Gründen
(»Einheirat«) hat er stets aufs schärfste protestiert, so etwa
in dem folgenden Kommentar zu einer Annonce, in der
ein »45- bis 50jähriger kapitalkräftiger Israelit zur Einheirat in ein Textilunternehmen« gesucht wird: »Einer
wird für ein großes Textilunternehmen gesucht. Man
glaubt, es werde ihm eine eventuelle Vereinigung mit
einem Weib in Aussicht gestellt werden, nein, es handelt
sich um eine eventuelle Vereinigung mit einer Weberei.
Mit keinem Wort wird das Weib erwähnt. Daß zwischen
Textilunternehmen und Weberei Begriffe wie Liebe,
Schönheit, Treue, Untreue, Beischlaf, Schwangerschaft und
dergleichen Begleiterscheinungen des kommerziellen Lebens Platz haben, ahnt man auch nicht einmal. ( . . . )
Nicht wie sich die Pariser Kokotte entkleidet, werde ste-
reoskopisch vorgeführt. Sondern unter den Klängen eines
Chopinschen Trauermarsches genieße man in allen Buden
das Schauspiel, wie die Textiltochter die Anträge unter
›Prima P. S. Nr. 146‹ durchliest, wie ihr der Textilerzeu-
ger zuredet, wie der 50jährige aus feiner isr. Familie erscheint, sie anstinkt und an ihr endlich die Handlung vornimmt, aus der das Leben kommt, und wie ihr das
Leben in den folgenden Nächten und Jahren abstirbt, zwischen Schmerzen und Gaida, und wie die Kinder aussehen
und was sie lesen und wie auch sie der Vereinigung mit
bestehender Weberei entgegenharren[44].«
    Die ungeheure Sensibilität für die Unterdrückung der
Frau, die Kraus in dieser Glosse zeigt, wird allerdings
wettgemacht durch die Lösung, die er der Frage nach dem
Lebenserwerb der Frau gibt. Als einzig mögliche Lösung
ist in seiner Konzeption nämlich nur die Prostitution vorgesehen. Diese galt ihm nicht als Notlösung, im Gegenteil, die Prostitution der Frau war für Kraus der ihrer
Natur entsprechende Zustand. Kraus übernahm die Dirnenverehrung sowie einen großen Teil der Mythen, die in
der damaligen bürgerlichen Literatur die Prostitution um-
rankten. Der wesentlichste Bestandteil dieses Mythos ist
die irrige Grundannahme, daß das Motiv, das eine Frau
veranlaßt, sich zu prostituieren, in dem großen Vergnügen liege, das ihr diese Tätigkeit bereite. Dem Vorurteil,

das damals der »Verein zur Bekämpfung des Mädchenhandels« verbreitete, und demzufolge der Rekrutierungsmechanismus der Prostitution darin bestand, daß unschuldige Mädchen in die Bordelle verschleppt wurden, stellte Kraus anhand des Falles der Mitzi Veith einen anderen, ebenso realitätsfremden Mythos gegenüber: »Ein verkrachter Offizier ist der Zuhälter seiner Tochter geworden. Das heißt: er legt ihr kein Hindernis in den Weg, wenn sie den Beruf ergreift und ausübt, zu dem sie eine innere Bestimmung fühlt[45] . . .« Oder: »Ein rauher Stiefvater hat sie frühzeitig verhindert, Telefonistin zu werden. Nicht einmal in eine Zündhölzchenfabrik einzutreten oder sich zur Tabakarbeiterin auszubilden, hat er ihr erlaubt. Im Gegenteil wurde sie von Jugend auf strenge dazu angehalten, das Leben von seiner heiteren Seite zu nehmen und einen Trieb zu entwickeln, der dem Weib als schlimmster Makel anhaftet: den Männern zu gefallen[46].«

Jede Deutung, die etwa von einer sozialen Determiniertheit ausging oder die Prostitution als bürgerliche Einrichtung bezeichnete, wurde von Kraus bekämpft. Die Welt der Prostituierten — das war für ihn kein von »Erniedrigten und Beleidigten« bevölkertes Subsystem der Gesellschaft, sondern eine Welt der Anmut, Schönheit und Sinnenfreude. Es ist fast unverständlich, wieso Kraus bei seinem wachen Sinn für inhumane Zustände das persönliche Leid und die existentielle Not, die zumeist mit der Prostitution verbunden sind, übersehen konnte. Gleich Peter Altenberg dürfte er in den Lokalen, in denen er nachts verkehrte, häufig Kontakt mit Prostituierten gehabt haben. Auch beruft er sich in der *Fackel* mehrmals auf seine persönliche Bekanntschaft mit Prostituierten, die gerade in irgendwelche Affären verwickelt waren[47].

Aufgrund seiner starren Konzeption von der Rolle der Geschlechter bekämpfte Kraus jeden Versuch von Frauen, durch gemeinsame Aktionen ihre Lage zu verändern. Der soziale Platz sei den Frauen zugewiesen, jeder Versuch, ihn zu verlassen, bedeute eine Störung der Harmonie der Schöpfung. Diese Rollenverteilung ist ansatzweise im biblischen Fluch bei der Vertreibung Adams und Evas aus dem Paradies ausgesprochen: Eva wird die Sexualität (symbolisiert durch die Mutterrolle) zugewiesen, Adam wird dazu verurteilt, arbeiten zu müssen. Die Herrschaft unter den Geschlechtern wird Adam zugesprochen. Aufgrund dieser Konzeption war für Kraus auch die in der Frühzeit der *Fackel* von ihm noch geförderte Frauenbewegung unnatürlich; er sah in ihr nichts anderes als eine Folge der jahrhundertelangen sexuellen Unterdrückung der Frau, die diese auf ihrer Natur fernstehende Gebiete ausweichen ließ: »Die Menschheit stempelt seit Jahrhunderten die Ausübung der Weiberrechte zur Schande. Jetzt muß sie sich die Ausübung der Frauenrechte gefallen lassen[48].«

Das alte Männerargument, wonach jede Betätigung der Frau in bislang rein männlichen Bereichen in Wirklichkeit nichts anderes als sexuelle Ersatzbefriedigung sei, findet sich bei Kraus in unzähligen Variationen. So reproduzierte er die Photographie kämpfender Suffragetten unter dem Titel *Der letzte Schrei der Wollust*[49]. Zu dieser Argumentation gehört in der Regel noch der Hinweis auf die angebliche Häßlichkeit politisch engagierter Frauen. Und tatsächlich: auch er findet sich häufig bei Kraus. Frauen sind seiner Vorstellung nach nur deshalb außerhalb der Sexualität tätig, weil ihnen ihr ureigenster Bereich wegen ihrer Häßlichkeit verschlossen sei. Daher konnte er auch in der von Frauen produzierten Kunst die folgende Korrelation feststellen: »Frauenkunst: Je besser das Gedicht, desto schlechter das Gesicht[50].«

Die bürgerliche Frauenbewegung — die proletarische hat Kraus nie gesondert wahrgenommen —, vor allem ihr Kampf um das Wahlrecht; Frauen, die nach Männerberufen strebten, und intellektuelle Frauen waren bevorzugte Objekte seiner Satire. Derselbe Kraus, der seine Leser das Mißtrauen gegen Zeitungsberichte lehrte, glaubte blind alle Greuelmeldungen in den Zeitungen, die die Gefährlichkeit und die Attentate der Suffragetten maßlos übertrieben. Den merkwürdigen Effekt, daß sein Mißtrauen gegen Zeitungsberichte dort erlosch, wo der Bericht seinem Vorurteil entgegenkam, werden wir noch öfter finden.

Für die »Heilung« intellektueller Frauen entwickelte Kraus eine öfter vertretene Therapie, die hier als ein Dokument seiner uneingestandenen, extrem ambivalenten Beziehung zum anderen Geschlecht in extenso zitiert werden soll: die Zwangskopulation der gegen das Patriarchat Rebellierenden mit sozial und intellektuell unter ihnen Stehenden zur Wiederherstellung der intellektuellen Suprematie des männlichen Geschlechts. Da heißt es: »Ich würde den Anfang damit machen, daß ich einen Frauenkongreß von St. Marxer Viehtreibern einfangen und so behandeln ließe, wie das Geschlecht es meint, wenn der Mund: Fortschritt sagt. Wenn sie die Augen zu verdrehen beginnen, rufe man mich ( . . . ) So, meine Herren Damen, geht es nicht weiter. Ich will nichts mehr von euch, aber kann ich dafür, daß, wenn eine von euch ›Sombart‹ oder ›Mereschkowski‹ sagt oder vom sphärischen Polygon spricht oder Sanskrit plappert, mir der Wunsch ersteht, sie wenigstens mit einem Aushilfsdiener einer Leihbibliothek gepaart zu sehen, kann ich dafür? Ich bin pervers, ich hörte, wie eine nur einmal den Ausdruck ›pars pro toto‹ gebrauchte, und sofort stellte ich mir vor, daß sie es fünfundzwanzigmal auf ihrem pars pro toto zu spüren bekäme. So geht es nicht weiter. Die Frauenbewegung ist eine Aufregung, aber eine Aufregung braucht einen Abschluß. Stallknechte gönne ich euch nicht; die gehören für die Vornehmen, die auf den Höhen des Lebens durch Zucht den Abstand von der Natur makieren. Ihr, die es mit der Bildung besorgt, brauchet Schuldiener[51].«

Auch in der Ablehnung der Frauenemanzipation besteht eine gewisse Übereinstimmung zwischen Karl Kraus und Otto Weininger. Dieser hat allerdings eine andere Erklärung der Frauenbewegung gegeben: »Und was die emanzipierten Frauen anlangt: Nur der Mann in ihnen ist es, der sich emanzipieren will[52].« Die Schlußfolgerung, die Weininger zieht und unterstreicht, ist allerdings die gleiche wie bei Kraus: » ( . . . ) weg mit der unwahren Revolutionierung, weg mit der ganzen Frauenbewegung, die in so vielen widernatürliches und künstliches, im Grunde verlogenes Streben schafft[53].«

Nach dem Ende des Ersten Weltkriegs hat sich auch dieser Standpunkt ein wenig verändert. Das in der Ersten Republik in Österreich eingeführte Frauenwahlrecht wurde von Kraus nicht negativ kommentiert. Auch seine Einstellung zu den Frauenberufen hat er später ein wenig geändert. Interessant ist seine Begründung: Kraus hat immer dagegen gekämpft, daß seine Gedanken von ihrer inhaltlichen Substanz her, die für ihn nur die unerhebliche »Meinung« war, verstanden wurden. Er wollte, wie schon erwähnt, nur unter gleichzeitiger Einbeziehung der formalen und der persönlichen Aspekte interpretiert werden. Die Übernahme seiner Argumente gegen Frauenberufstätigkeit durch seine Adepten erschien ihm bloß eine Übernahme seiner Meinung, die zu haben jene weder ästhetisch noch persönlich legitimiert waren. Gestützt auf diesen Gedanken, kehrte er den Inhalt seiner eigenen Meinung gegen diejenigen, die sie nunmehr vertraten: »Die Tragik des Gedankens, Meinung zu werden, erlebt sich am schmerzlichsten in den Problemen des erotischen Lebens. Das geistige Erlebnis läßt hier Reue zurück, wenn es jene ermuntert, die bestenfalls recht haben können. Und so mag es gesagt sein: Jedes Frauenzimmer, das vom Weg des Geschlechts in den männlichen Beruf abirrt, ist im Weiblichen echter, im männlichen kultivierter als die Horde von Schwächlingen, die es im aufgeschnappten Tonfall neuer Erkenntnisse begrinsen und die darin nur den eigenen Mißwuchs erleben. Das Frauenzimmer, das Psychologie studiert, hat am Geschlecht weniger gefehlt, als der Psycholog, der ein Frauenzimmer ist, am Beruf[54].«

Die Anspielung auf den Psychologen bezieht sich wahrscheinlich auf einen früheren Mitstreiter gegen die Emanzipation der Frau und Freund von Kraus, den Arzt, Psychoanalytiker, Schriftsteller und späteren Freud-Biographen Fritz Wittels. Kraus hatte eine Zeitlang mit ihm eine jener in seinem Leben recht häufigen Freundschaften unterhalten, die anfänglich sehr intensiv waren, nach einiger Zeit aber mit Krach, Qual und oft auch mit publizistischen Auseinandersetzungen endeten. Stark beeinflußt vom Bruch mit Wittels war wohl auch Kraus' Einstellung zur Psychoanalyse. Seine Aversion gegen diese und seine witzigen Einfällen zu ihrer Diffamierung sind allgemein bekannt. Betrachtet man sie jedoch isoliert vom biographischen Hintergrund, so wirken sie fast unverständlich.

Der Umstand, daß Kraus sich mit der Möglichkeit, durch Analyse geheilt zu werden, nicht eingehender auseinandergesetzt hat, stempelt seine Meinung über die Psychoanalyse automatisch zu einem Vorurteil.

Kraus kritisierte die Psychoanalyse auf mehreren Ebenen. Die erste, wohl noch harmloseste, war die Kritik an einer Wiener Modeerscheinung, wobei die Psychoanalyse als »neuestes Judenleiden« bezeichnet wurde. Trotz der großen Widerstände, mit denen Freud sich in jenen Jahren in Wien konfrontiert sah, war eine gewisse vergröberte und vulgarisierte Form der Psychoanalyse Liebkind bei dem von Kraus bekämpften liberalen Wiener Journalismus, und sein folgender verzweifelter Ausruf war sicherlich berechtigt: »Sie haben die Presse, sie haben die Börse, jetzt haben sie auch das Unterbewußtsein[55].« Angesichts dieser vulgarisierten, journalistischen Aufklärung gab Kraus lieber seinem damals schon stark ausgebildeten Hang zum Irrationalen nach: »In Lourdes kann man geheilt werden. Welcher Zauber sollte aber von einem Nervenspezialisten ausgehen[56]?«

Daneben muß festgestellt werden, daß für Kraus die Wahrung seiner Intimsphäre jedermann gegenüber ein lebenslang wichtiges Anliegen gewesen ist und er daher der Erforschung seelischer Zustände und vor allem der Sexualsphäre auf jeden Fall skeptisch gegenüberstand. Auch der Traum war für ihn eine Realität, eine wichtige positive Gegenwelt, die durch die wissenschaftliche Erforschung nur verflacht werden würde. Für Kraus war der »Weg nach innen« ein Reservat entweder des reflektierenden Einzelmenschen oder des Künstlers. In diesem Sinne ist auch der folgende Aphorismus zu verstehen: »Den Weg zurück ins Kinderland möchte ich, nach reiflicher Überlegung, doch lieber mit Jean Paul als mit S. Freud machen[57].« Auch in einer analytischen Befassung mit der Kindheit sah er nur eine Herabwürdigung derselben, einen neuerlichen Beweis für seinen Grundvorwurf gegen die Psychoanalyse, daß sie »die Psyche mit dem Anus« verbinde.

Seine Argumentationen, verbunden mit seinen gehässigen Polemiken gegen die Psychoanalyse, könnten einen zu der Auffassung verführen, es handle sich dabei um Widerstand eines seelisch Erkrankten gegen eine Disziplin, die ihn in gewissem Sinne in Frage stellt. Die Berechtigung dieser Auffassung, für die es einige Anhaltspunkte gibt, soll hier nicht untersucht werden. Wichtiger für die Darstellung des Krausschen Denkens ist, daß Kraus dieses Argument insofern neutralisiert hat, als er es wieder einmal satirisch vorwegnahm. Eine solche satirische Vorwegnahme einer möglichen Kritik ist eine der Immunisierungsstrategien, die sich häufig in seinem Werk finden. Bezüglich des Widerstandes gegen die Analyse heißt es da also: »Die Analytiker rufen hinter jedem, dem es vor ihnen graust: ›Aha, der bekannte Widerstand!‹ Denn Harmonie hat vor dem Mißklang etwas zu verbergen. Haß macht sich verdächtig, wenn er sagt, daß Liebe nicht von den Filzläusen komme. Ich bin ein Neurotiker, der den Arzt fürchtet: das bekannte Symptom! Vor der Psychoanalyse gibt es kein Entrinnen; ich gebe es zu[58].«

Festgehalten werden muß auf jeden Fall, daß Kraus' ganze Denkweise, in der Phänomene wie Selbstreflexion, Selbstkritik, persönliche Schuldgefühle und ähnliches kaum eine Rolle spielten, der Psychoanalyse diametral entgegengesetzt war. Vor allem aber wandte sich Kraus gegen die der Psychoanalyse innewohnende Versuchung, Kunstwerke als Produkte einer neurotischen Persönlichkeit, als Sublimierung und so weiter zu »enthüllen«. Der Chor der Psychoanalen im *Traumstück* spricht aus, wovor Kraus sich so sehr fürchtete:

Man glaubt, daß Gedichte
der Genius verrichte,
das ist blauer Dunst.
Privat onanieren
und für die Welt sublimieren,
no ist das eine Kunst[59]?

Freud mußte sich mit dem Vorwurf, »daß die Analytiker durch analytische Versuche (. . .) die den Großen schuldige Ehrfurcht verletzten«, immer wieder auseinandersetzen. Er war ihm gegenüber zweifelsohne ungerechtfertigt. In all seinen erhaltenen Analysen schöpferischer Menschen und ihrer Werke hat Freud sich nie monokausaler Erklärungen bedient, nie ein Kunstwerk auf ein »Nichts-anderes-als« reduziert. Immer wieder sprach er von einer für ihn »unanalysierbaren künstlerischen Begabung«, und in seinem Dostojewski-Essay räumte er ausdrücklich ein: »Leider muß die Psychoanalyse vor dem Problem des Dichters die Waffen strecken[60].« Verbindlich hat Freud seine Einstellung dem schöpferischen Genie gegenüber im Leonardo-Essay dargestellt: »Wenn die seelenärztliche Forschung, die sich sonst mit schwächlichem Menschenmaterial begnügt, an einen der Großen des Menschengeschlechts herantritt, so folgt sie dabei nicht den Motiven, die ihr von Laien so häufig zugeschoben werden. Sie strebt nicht darnach, ›das Strahlende zu schwärzen und das Erhabene in den Staub zu ziehen‹, es bereitet ihr keine Befriedigung, den Abstand zwischen jener Vollkommenheit und der Unzulänglichkeit ihrer gewöhnlichen Objekte zu verringern. Sondern sie kann nicht anders, als alles des Verständnisses wert finden, was sich an jenen Vorbildern erkennen läßt, und sie meint, es sei niemand so groß, daß es für ihn eine Schande wäre, den Gesetzen zu unterliegen, die normales und krankhaftes Tun mit gleicher Strenge beherrschen[61].«

Berechtigt war der Vorwurf allerdings einigen Freud-Adepten gegenüber, von denen Freud sich in der Regel distanzierte. Vor allem aber traf der Vorwurf auf jene beiden Formen zu, in denen Kraus die Psychoanalyse primär zur Kenntnis nahm und erlebte: auf die psychoanalytisch gefärbten Feuilletons der Wiener Presse und auf die mit Hilfe der Psychoanalyse geübte Rache Fritz Wittels' an ihm. Im Gegensatz zu Margarete Mitscherlich nehme ich nämlich nicht an, daß Kraus Freuds Werk kannte. Die Rezension der *Drei Abhandlungen zur Sexualtheorie* in der *Fackel*[62] stammte nicht von ihm, sondern von Otto Soyka. Es gibt kein Anzeichen dafür, daß Kraus — abgesehen von einer Nummer des *Zentralblattes für Psychoanalyse,* das unbefugt seine Aphorismen abdruckte, woraus eine Polemik entstand — irgendwelche psychoanalytische Fachliteratur kannte. Er las, wenn man von

Otto Weiningers Werk absieht, keine theoretische Literatur, so wie er auch keine Romane las; sein Leben lang bestand seine Hauptlektüre aus Zeitungen. Allfällige Zeitungsbeiträge Freuds mag Kraus gekannt haben, erwähnt hat er sie nie; bekannt waren ihm jedoch sicherlich jene Vulgarisierungen der Psychoanalyse fürs Feuilleton der *Neuen Freien Presse,* deren positivste Ausprägungen die Arbeiten Arthur Schnitzlers und Stefan Zweigs waren.

Was den Bruch zwischen Kraus und Wittels tatsächlich veranlaßte, wissen wir nicht, obwohl Kraus, der ansonsten über »Persönliches« keine Auskunft gab, ihn in zahlreichen Aphorismen kommentierte. Bis zu diesem Bruch hatte Kraus sich zur Psychoanalyse neutral verhalten, dann allerdings wurde Fritz Wittels sein erklärter Feind. Zur Charakterisierung des Verhältnisses zwischen Wittels und Kraus und um gleichzeitig zu charakterisieren, wie hysterisch abgefallene Anhänger, so später auch Franz Werfel, auf Kraus reagierten, sei nur zitiert, was Wittels in einem Schlüsselroman über Kraus schrieb, den er als einen »Zwerg mit riesigen Brillengläsern« namens Benjamin Ekelhaft auftreten läßt: Ekelhaft wird als »völlig ausgeschrieben und impotent« charakterisiert, es wird empfohlen, den »Saujuden« totzuschlagen, der Held des Romans muß nach einem Gespräch mit Ekelhaft erbrechen[63]. Daß Wittels sich auf der Basis eines derart emotionellen, persönlich gewiß nicht bewältigten Verhältnisses zu Kraus, gestützt auf seine fachliche Autorität als Psychoanalytiker, über diesen öffentlich äußerte, war sicherlich nicht korrekt. Wittels hielt nämlich in der Wiener Psychoanalytischen Gesellschaft 1910 einen Vortrag über die »Fackel-Neurose[64]«, der laut Ernest Jones mit Einschränkungen auch den Beifall Freuds fand. Kraus war offensichtlich in manchen Bereichen derart verletzbar, daß dieser Vortrag, der in seinem Leben die einzige »Bedrohung« durch die Psychoanalyse war, in ihm eine aggressive Furcht vor dieser hervorrief, die bis in die zwanziger Jahre akut blieb. Die Krausianer haben diese Furcht übernommen. So behauptet etwa Karoline Kohn in ihrem Buch über Kraus völlig zu Unrecht, Kraus sei zu seinen Lebzeiten »oft« psychoanalytisch gedeutet worden. Margarete Mitscherlich hat die Haltlosigkeit dieser Behauptung anhand des bibliographischen Werks von Grinstein widerlegt[65].

Kraus hat also im Zuge seiner Hinwendung zum Mystizismus in seiner Auseinandersetzung mit der Psychoanalyse sicherlich auch diese inklusive ihrer positiven Ausprägungen gemeint; vornehmlich jedoch galt seine Kritik den — echten und falschen — Psychoanalytikern, dem »Auswurf selbst dieser Menschheit«, und unter diesen — pars pro toto — wohl hauptsächlich dem ehemaligen Freund Dr. Fritz Wittels.

Trotz seiner Kritik an der Psychoanalyse gab es zwischen Kraus und Freud, die ja beide aus dem gleichen jüdisch-liberalen Wiener Milieu stammten, einige Parallelen. Sigmund Freud sprach daher auch in einem 1906 an Kraus gerichteten Brief von einer »teilweisen Übereinstimmung« zwischen ihren Anschauungen und Bestrebungen[66]. Ihre Erkenntnisziele waren allerdings verschieden: Während Freud aufklärerisch-rationalistisch das große Spektrum des Sexuellen zum Ausgangspunkt seiner analytischen Untersuchungen machte, war für Kraus die Einsicht in die Vielheit des Sexuellen Ursache genug, eine neue Mystik zu begründen. Eine wichtige Differenz ergibt sich wohl auch daraus, daß Freuds Normalitätsbegriff genau an dem orientiert war, was Kraus bekämpfte: an jenem Wiener Milieu, dem sie beide entstammten. Die wichtigsten Übereinstimmungen liegen wohl in den sexualpolitischen Forderungen der beiden, so in der Forderung nach Entpönalisierung der Homosexualität.

Kraus' Einschätzung der Homosexualität war allerdings eine wesentlich andere als die psychoanalytische. Er unterschied zwei Arten: die des »männlichen« Mannes (ein Wert, der in seinem Denken eine wichtige Rolle spielte), der das Weib auch im Manne sucht, und die »perverse«, die den Mann gerade wegen seines Mannseins sucht. Kraus zufolge ist man zur Homosexualität weder psychisch noch physisch determiniert, sondern sie ist ein Vorrecht des kultivierten Mannes. Die Brücke, die diesem die homosexuelle Handlung ermögliche, sei die Phantasie: da sie und nicht der Partner das Wesentliche am Liebesakt sei, unterscheide sich ein homosexueller Verkehr nicht von einem heterosexuellen. Kraus erklärte das so: »Das Weib kann Sinnlichkeit auch zum Weibe führen. Den Mann Phantasie auch zum Mann. Hetären und Künstler. ›Normwidrig‹ ist der Mann, den Sinnlichkeit, und das Weib, das Phantasie zum eigenen Geschlechte führt. Der Mann, der mit Phantasie auch zum Mann gelangt, steht höher als jener, den nur Sinnlichkeit zum Weibe führt[67].« Und an anderer Stelle: »Wer das Weibliche sogar im Mann sucht, ist nicht ›homosexuell‹, sondern in der homosexuellen Handlung ›heterosexuell‹ (...) Wenn ich die Wahl zwischen einem Antinous und einer Frauenrechtlerin habe — ich bin nicht pervers genug, um zu schwanken, und ich bin nicht Heuchler genug, um nicht zu bekennen, daß bloß der Gesetzeswahnsinn, dem ich die Freiheit außerhalb des Körpers opfern muß, mir die Praxis meiner Wahl verwehrt. Alle Erotik beruht auf der Überwindung von Hemmungen. Eine stärkere Hemmung für den Mann als das Merkmal des eigenen Geschlechtes gibt es nicht; gelingt es, sie zu überwinden, so ist die Zuneigung zum anderen Geschlecht die erlaubte, offenbar[68].«

Diese Konzeption verringert den gesellschaftlichen Druck, der auf den Homosexuellen lastet, nur geringfügig. Sie erklärt und rechtfertigt nur die Homosexualität des »männlichen Mannes«, mit dem Kraus sich ja identifizierte, des Mannes, der kraft seiner Phantasie das Weib im Manne sucht. Die Homosexualität des »Antinous«, des Partners des »männlichen Mannes«, der ja unmöglich in diesem das Weib suchen kann, bleibt weiterhin mit der Bezeichnung »pervers« belegt. Kraus' Konzeption entschuldigt also nur allfällige eigene homosexuelle Neigungen, läßt aber immer noch den Weg offen, jemanden wegen seiner Homosexualität zu diffamieren.

Die Krausschen Spekulationen über die Rolle der Sexualität stehen in einer langen geistesgeschichtlichen Tradition. Kraus selbst gestand an zeitgenössischen Einflüssen die von Strindberg, Wedekind, Altenberg und Weininger ein.

August Strindberg kam in der *Fackel* häufig zu Wort. Kraus hat in einem schönen Nachruf auf ihn genau erklärt, was er von ihm übernommen hatte und worin er sich von ihm distanzierte: »Strindbergs Wahrheit: Die Weltordnung ist vom Weiblichen bedroht. Strindbergs Irrtum: Die Weltordnung ist vom Weibe bedroht. Es ist das Zeichen der Verwirrung, daß ein Irrender die Wahrheit sagt. Strindbergs Staunen über das Weib ist die Eisblume der christlichen Moral. Ein Nordwind blies, und es wird Winter werden[69].«

Frank Wedekind wurde von Kraus sehr gefördert. Die beiden waren befreundet, und Kraus machte im Falle Wedekinds, der auch mit Harden befreundet war, sogar eine Ausnahme von seiner Maxime, daß die Freunde seiner Feinde auch seine Feinde seien. Der von ihm veranstalteten Aufführung der *Büchse der Pandora,* in der Kraus den »Kungu Poti, kaiserlichen Prinzen von Uahubee«, spielte, verdankt Wedekind nicht nur die Bekanntschaft mit seiner späteren Gattin Tilly Newes, sondern auch den verdienten Durchbruch als Dramatiker. Kraus war stark von Wedekinds Frauengestalten beeindruckt; die Wedekindsche Lulu bildete für ihn geradezu die dichterische Darstellung des »Weibes«, wie er es sehen wollte. Doch seine Wedekind-Rezeption war eine willkürliche, an seinen eigenen Bedürfnissen orientierte, denn gerade die Lulu weigert sich — im Gegensatz zum Krausschen Frauenbild —, sich zu verkaufen. »Gibt es etwas Traurigeres auf der Welt als ein Freudenmädchen?« fragt sie, und: ». . . Ich kann mich nicht selbst verkaufen lassen! Das ist schlimmer als Gefängnis[70].« Erst ausweglose Not zwingt Lulu zur Prostitution. Ähnliche Ansichten über die Prostitution wie bei Kraus finden sich wohl auch bei Wedekind, doch werden sie dem Mädchenhändler und Polizeispitzel Casti-Piani in den Mund gelegt, einem Agenten der die Frau unterdrückenden Männergesellschaft, der dann im *Totentanz,* nachdem er Einsicht in das Wesen der Prostitution gewonnen hat, Selbstmord begeht. Trotz der Berufung auf Wedekind stammen also Kraus' Vorstellungen nicht von diesem, ja man könnte ihn sogar als eine der Figuren auffassen, die in Wedekinds Männerpanoptikum »das Weib« umkreisen. Wedekinds Anliegen war unter anderem eine Entmythologisierung, eine Versachlichung der Sexualität durch Aufklärung über deren wahre Natur;

Kraus hingegen benützte das Wedekindsche Material, um einen neuen Mythos zu begründen. Er blieb damit innerhalb jenes Denksystems, das Wedekind zerstören wollte. Auch leugnete Wedekind keineswegs die männliche Sexualität im gleichen Ausmaß wie Kraus. Vom Gymnasiasten Hugenberg bis zu Jack the Ripper sind alle Männer, die Lulus Lebensweg kreuzen, »sexuell«. Kraus korrigierte Wedekind auch ausdrücklich in diesem Punkt. Den Ausspruch Alwas in der *Büchse der Pandora:* »Bei mir besteht die intimste Wechselwirkung zwischen meiner Sinnlichkeit und meinem geistigen Schaffen«, ließ Kraus nicht gelten. Es heiße so, ordnete er an: »Bei mir besteht die intimste Wechselwirkung zwischen deiner Sinnlichkeit und meinem geistigen Schaffen[71].«

Peter Altenberg, der von Kraus entdeckt worden und mit ihm lebenslang befreundet war, hatte seinerzeit die neue Periode der *Fackel* mit seinem Nachruf auf Annie Kalmar eröffnet, in dem er die »ästhetische Genialität« der Frau der »geistigen« des Mannes gleichstellte. Dieser Aufsatz hatte zweifellos programmatische Bedeutung für die weitere Entwicklung der *Fackel.* Die Einschätzung der Polyandrie war bei Altenberg die gleiche wie bei Kraus, ebenso die Verurteilung des männlichen Besitztriebes und der Belastung der Frau mit Moral. So schrieb Altenberg unter Bezugnahme auf das Verhältnis der Wedekindschen Lulu zu Dr. Schön: »Auf das Prokrustesbett seiner Bedürfnisse kann man jede Frau legen. Aber was hat man von dem verkrüppelten Rumpfe[72]?!« Allerdings blieb Altenberg in der Phase der bloßen ästhetischen Bewunderung der Frau stehen. Sein häufiges Verliebtsein in kleine Mädchen, das ihn sonst mit dem Strafgesetz in Konflikt gebracht hätte, ist wohl auch nur so zu erklären. Er war — so Kraus — ein »Fetischist der Frauenseele, der den Frauenleib zu jenen Objekten rechnet, die man in der irdischen Ausstellung nur ansehen und nicht berühren darf[73]«.

Am stärksten war wohl der Einfluß von Otto Weiningers *Geschlecht und Charakter* auf Kraus. Das Buch erschien erstmals im Mai 1903, im Oktober desselben Jahres tötete sich der offensichtlich schwer gestörte junge Wissenschaftler. Es ist hier nicht der Ort für eine Auseinandersetzung mit den Auffassungen Weiningers, die sich, ähnlich wie die von Karl Kraus, oft weit von der erfahrbaren Realität entfernen. Die wenigen Zitate im Text, die keineswegs den absurdesten Teilen des Buches entnommen sind, bestätigen wohl die Einschätzung Germaine Greers, die Weiningers Werk für eine »charakteristische Darstellung der Vorurteile Frauen gegenüber« hält[74]. In gewissem Sinne hat Weininger kurz vor seinem Tod eigentlich selbst in einer Notiz einen Großteil seines Buches widerrufen: »Wie kann ich es schließlich den Frauen vorwerfen, daß sie auf den Mann warten? Der Mann will auch nichts anderes als sie. Es gibt keinen Mann, der sich nicht freuen würde, wenn er auf eine Frau sexuelle Wirkung ausübt. Der Haß gegen die Frau ist nichts anderes als Haß gegen die eigene, noch nicht überwundene Sexualität[75].«

Wer Weininger heute verteidigt, tut es auch nur noch mit so noblen Formulierungen wie Werner Kraft, wenn er feststellt, daß von Weininger »keine Zeile haltbar zu sein brauchte, und doch ist der Denker als ganzer haltbar[76]«.

Selbst Weiningers oft groß herausgestelltes Verdienst, die Entdeckung der Bisexualität, steht unter einem ernstzunehmenden Plagiatsverdacht. Sigmund Freud schrieb im Jänner 1906 an Kraus, nachdem er erklärt hatte, daß er nicht in der Lage sei, die in der *Fackel* vertretene Hochschätzung Weiningers zu teilen, folgendes: »Die (...) Behauptung, daß Weininger seine Grundidee der Bisexualität nicht selbst gefunden hat, sondern auf einem Umweg, der über Swoboda (Freund und Herausgeber Weiningers, A. P.) und mich zu Fließ (Wilhelm Fließ, A. P.) führte, beruht nämlich auf Wahrheit. Ein Vorwurf gegen den gewiß hochbegabten Jüngling ist nicht abzuweisen, daß er diese Abkunft seiner Zentralidee nicht mitgeteilt, sondern diese als seinen Einfall angegeben hat[77].«

Kraus hatte Weiningers Buch sofort nach dem Erscheinen gelesen und hatte unverzüglich mit dessen Verfasser Kontakt aufgenommen. Für ihn war das Werk insofern wichtig, als es ihm für jene Bereiche, die ihn damals gerade beschäftigten, eine sozusagen wissenschaftlich abgesicherte, durch eine Menge vorgeblich empirischen Materials abgestützte Bestätigung bot. Allerdings rezipierte er wohl nicht das ganze Werk, sondern vor allem die »großartige Deutung« der Phänomene Mutterschaft und Prostitution. Das umfängliche Material, das Weininger zum Beweis der »Minderwertigkeit« der Frau brachte, faszinierte Kraus, doch zog er andere Schlüsse daraus als Weininger: »›Ein Frauenverehrer stimmt den Argumenten ihrer Frauenverachtung mit Begeisterung zu‹, schrieb ich an Otto Weininger, als ich sein Werk gelesen hatte. Daß doch ein Denker, der zur Erkenntnis der Anderswertigkeit des Weibes aufgestiegen ist, der Versuchung nicht besser widersteht, verschiedene Werte mit dem gleichen intellektuellen und ethischen Maß zu messen[78]!«

Hier zeichnet sich schon der tiefgreifende Unterschied zwischen Kraus und Weininger ab. Weininger sah in seinem Schlußwort die Lösung der »Frauenfrage« darin, daß die Frau sich endlich der Moral unterwerfe, daß sie »zum Begriffe der Schuld redlich gelange«, daß sie sich unter die »sittliche Idee, unter die Idee der Menschheit« stelle[79]. Gerade dies aber, daß Mann und Weib im Bereich der sozialen Verantwortung mit gleichem Maß gemessen werden, wollte Kraus verhindern. Im gewissen Sinne waren also seine Vorstellungen noch konservativer als die Otto Weiningers.

Die Periode von *Sittlichkeit und Kriminalität* wird gemeinhin zu den progressiven Teilen des Werks von Karl Kraus gerechnet. Und tatsächlich: was er hier an Kritik geleistet hat, sein Protest gegen Jungfrauenkult, Treuezwang, Doppelmoral, Heuchelei, Sexualjustiz und so weiter, rechtfertigt diese Einschätzung. Doch was Kraus dem Kritisierten als positives Modell gegenüberstellt, ist keineswegs fortschrittlich. Seine Ansichten über das Verhältnis der Geschlechter können nur dann als fortschrittlich angesehen werden, wenn man — im Gefolge Ernst Blochs — das Wesen der literarischen Interpretation im Aufspüren antizipatorischer Elemente sieht. Denn zweifellos steckt hinter Kraus' Lösungsvorschlägen die Vision einer Welt der befreiten Sexualität. Aber diese Vision erfaßt eben nur die weibliche Hälfte der Menschheit, die — wie

Kraus wohl an den Frauen seiner Bezugsgruppe beobachtet hat — sozusagen in einer permanenten Freizeitsituation lebt. In seiner Konzeption reproduziert aber das männliche Geschlecht einstweilen ohne jede Änderung die Quellen der allgemeinen Unterdrückung. Sexuelle Befreiung wird so zum einen von ihren gesellschaftlichen Randbedingungen abgelöst, zum anderen durch die Beschränkung auf das weibliche Geschlecht gerade in den vermeintlichen Lösungsvorschlägen negiert.

Kraus war immer der Meinung, ein Anwalt des weiblichen Geschlechts zu sein. Nun, beschränkt auf den sexuellen Bereich, war er dies als Kämpfer für das sexuelle Wahlrecht der Frau zweifellos. In jedem anderen Bereich jedoch haben die Frauen in ihrem Bestreben nach Selbstverwirklichung kaum einen erbitterteren Gegner gefunden als ihn. Eine freie Frauensexualität in einer von Männern beherrschten Gesellschaft — das war die Konzeption dieses Apologeten der Machtverteilung zwischen den Geschlechtern. Sicher unterscheidet ihn die Anerkennung der Frauensexualität von den Patriarchen alten Stils. Doch betrachtet man diese Anerkennung im Kontext, dann fällt einem auf, daß die Männerherrschaft in unseren Breiten damals gerade ihre Legitimationsbasis zu verlieren begann. Die Krausschen Vorschläge stellen wohl den für das männliche Geschlecht bequemsten und zugleich subtilsten Weg zur Rettung dieser Legitimationsbasis dar: Anerkennung der sexuellen Freiheit der Frau, ihrer Funktion, zur »ästhetischen Vollendung« zu reifen (was ja schließlich auch den Männern zugute kommt), Schaffung einer weiblichen Gegenwelt — und zugleich Verstärkung der politischen und ökonomischen Abhängigkeit und damit der Unmündigkeit der Frauen. Wenn wir uns der Terminologie der amerikanischen Frauenbewegung bedienen wollen, dann ist die polemische Bezeichnung »male chauvinist« für Kraus zweifelsohne zutreffend.

Eine teilweise Konkretisierung haben sowohl die sexualtheoretischen als auch die gesellschaftstheoretischen Vorstellungen Kraus' in seiner Beziehung zu Sidonie Nádherný von Borutin gefunden. Soweit es in den Rahmen dieser Arbeit paßt, soll dieses Verhältnis daher kurz dargestellt werden. Kraus hatte Sidonie Nádherný 1913, als er neununddreißig und sie achtundzwanzig Jahre alt war, kennengelernt. Von Rilke stammt eine schöne Beschreibung der auf manchen Bildern wunderschönen Sidonie Nádherný: »Die schöne Baronesse (die wie eine Miniatur aussieht, welche ein Jahr vor der großen Revolution gemacht worden ist, im letzten Augenblick[80]) . . .« Das Verhältnis dauerte trotz mehrerer, teils jahrelanger Unterbrechungen bis zu Kraus' Tod im Jahre 1936 an. In sein Grab warf Sidonie Nádherný, seine »Braut vor Gott«, einen Ring.

Sidonie Nádherný wurde 1885 geboren; ihre Eltern gehörten dem begüterten Provinzadel an. Der Notwendigkeit, ihren Lebensunterhalt zu verdienen, enthoben, verbrachte sie ihr Leben teils auf Reisen, teils auf dem schönen Familienschloß Janovice, unweit von Prag. Kraus hat dieses Schloß, dessen Park er in einem seiner schönsten Gedichte *(Wiese im Park)* besungen hat, geliebt — als Gegenwelt, als Manifestation der von der Zivilisation unberührten Natur und als Zufluchtsort vor der Welt und den Kämpfen, die er in ihr zu bestehen hatte. Am Vorabend des Ersten Weltkriegs bekannte er, »daß die Erhaltung der Mauer eines Schloßparks, der zwischen einer fünfhundertjährigen Pappel und einer heute erblühten Glockenblume alle Wunder der Schöpfung aus einer zerstörten Welt hebt, im Namen des Geistes wichtiger ist als der Betrieb aller intellektuellen Schändlichkeit, die Gott den Atem verlegt[81]!«.

Sidonies Lebensinhalt war die Muße; die Schwerpunkte ihrer Existenz waren Reisen, Sport, Jagd, ihre geliebten Hunde, ihr Park, Literatur und die Liebe. »Sie lebte so dahin« — das ist die beste Charakterisierung dieser Lebensform, die man von einem puritanischen Standpunkt aus als parasitär bezeichnen könnte. Für Kraus war diese Lebensform die einer Frau angemessene: »Sie sagte, sie lebe so dahin. Dahin möchte ich sie begleiten[82]!«

Wer Sidonie Nádherný wirklich war, können weder die Briefe Rilkes an sie noch ihr Briefwechsel mit Karl Kraus beantworten; ihre Identität ist weitgehend von den Briefpartnern bezogen, ihr Eigenes, worin auch immer es bestanden hat, ist fast verschollen. Für Kraus bedeutete die Beziehung zu ihr unter anderem die Realisierung seiner Vorstellungen über die Beziehungen der Geschlechter zueinander. Was er über »das Weib« dachte, mußte sie verwirklichen. Was von dieser Frau, die zwischen zwei weitaus stärkeren Männern stand, hauptsächlich geblieben ist, ist daher der Niederschlag, den ihr Leben im Werk und in den Briefen von Kraus und Rilke gefunden hat.

Glücklich im herkömmlichen Sinne war das Verhältnis zwischen Kraus und Sidonie Nádherný keineswegs. Kraus selbst klagte, daß von den ersten zehn Jahren ihrer Verbindung neun dem Leid gewidmet gewesen seien. Erst die letzten neun Jahre vor seinem Tod brachten keine tieferen Konflikte mehr. Folgen wir den Briefen, dann war das Verhältnis auf weite Strecken qualvoll. Auf der einen Seite Kraus, der — wie er ihr schrieb — »mit stärkerer Kraft als Mephistopheles« um ihre Seele kämpfte und sie dabei zweifellos erdrückte. Seine Waffen waren übermächtig: Sprache, Intellekt und starke Persönlichkeit. Ihr Widerstand, der mit den Jahren immer schwächer wurde, beschränkte sich auf Verweigerung, Sich-Entziehen, Flucht und mehr oder minder bewußtes Ausspielen des Standesunterschiedes. Einmal verlobte sie sich mit einem italienischen Grafen, angeblich, um dem Anspruch ihrer Familie nach einer standesgemäßen Heirat zu genügen, 1920 heiratete sie Max Thun, der sie mit Kraus bekanntgemacht hatte, in dessen Darstellung ein armer Narr, den er immer schon mit seinem Groll verfolgt hatte. Obwohl sie die eheliche Gemeinschaft nach wenigen Monaten aufgab, ließ sie sich dennoch erst 1933 von Max Thun scheiden; bis dahin hatte sie ihr Verheiratetsein ständig als latente Zuflucht gegen Kraus' übermächtige Ansprüche benützt. Erst nach dessen Tod schrieb sie ein »Nachwort« zu seinen Briefen, in dem sie sich dem Toten gegenüber völlig aufgab: »Mit Stolz und Glück, mit Scham u. Trauer habe ich seine Worte — tiefer empfundene wurden wohl nie geschrieben — hier wiederholt. Oft war es, als schriebe ich mein Todesurteil. Oft schrieb ich mit Tränen bitterster Reue, mit grenzenlosem Abscheu vor mir selbst, die ich solch liebereiches, edles Herz verwunden und kränken konnte. Trost suchend in jedem seligen, huldigenden Wort frage ich mich dennoch tausend- u. tausendmal: War *ich* es, ich, die trotz Allem mein ganzes Herz ihm gab, die wahrlich so ›grenzenlos im Ungefühl‹ sein konnte? Wie war das nur möglich[83]?«

Die Briefe zeigen deutlich die entsetzliche Spannung, die zwischen den beiden bestand. Auf Briefe, die wohl zu den schönsten Liebesbriefen in deutscher Sprache zählen, folgen solche, die von der Bereitschaft diktiert zu sein scheinen, einer Kleinigkeit wegen, sogar wegen eines offenkundigen Mißverständnisses einen Bruch in Kauf zu nehmen oder zu provozieren. Die äußere Form des Verhältnisses bestimmte Sidonie; weder konnte sie sich endgültig von Kraus trennen, noch brachte sie jenes Maß an Selbstaufgabe auf, das er von ihr verlangte. Es wäre eine Verkürzung, wollte man seinen Anspruch an sie auf den Wunsch nach Heirat beschränken. Zweifellos wollte Kraus trotz seiner mehrfach geäußerten Bindungsfeindlichkeit Sidonie heiraten. Doch für die Rebellion, die darin lag, als Aristokratin einen bürgerlichen jüdischen Schriftsteller zu ehelichen, war sie offensichtlich zu schwach. Wie stark die Gegenkräfte waren, kann man erkennen, wenn man den berühmten Brief liest, den Rilke an Sidonie schrieb, um ihr von dieser Heirat abzuraten. Obwohl darin weder das Wort »Jude« noch das Wort »Bürgerlicher« vorkommt, kreist der ganze Brief mit seiner eindringlichen Mahnung zur »Distanz« wegen »des letzten unaustilgbaren Unterschiedes« eigentlich nur um diese beiden Argumente[84]. Aber die Ehe ist nicht nur infolge von Sidonies Schwäche nicht zustande gekommen. Der Klassenunterschied war für sie zugleich eine Fluchtmöglichkeit; indem sie sich in einem wesentlichen Punkt Kraus' Ansprüchen entzog, rettete sie den letzten Rest ihrer Identität, die sie als seine Gattin völlig verloren hätte.

Denn seine Ansprüche waren absolut. Wohl war ihre Freiheit für ihn Einsicht in ihre Notwendigkeit; aber was ihre Notwendigkeit war, bestimmte er. Verhielt sie sich anders, dann wies er ihr nach, daß sie ihre Natur verriet, und erfand immer neue Denkfiguren, um ihr unwiderlegbar zu beweisen, daß sie falsch handle und daß Gehorsam ihm gegenüber die einzige wirklich freie Handlungsweise sei: »Nur das: bitte, bitte, glaube nicht, daß ich im Falle Th. Deine *Selbständigkeit,* die ich als einen Teil von Dir liebe, antasten wollte. Nur daß Du meine Unerbittlichkeit in diesen Dingen, die sowohl geistiger wie sittlicher Natur sind, gutheißest und daß Du, weil sie Dir *gefällt,* danach lebst. *Nicht,* daß Du *meinen* Maßstab hast — das wäre nicht schön, damit würdest Du mir nicht gefallen, nie gefallen haben können; sondern daß Du Dich der Kraft, die Dich *bedient,* bedienst. Nicht Beifall für Logisches, Richtiges, Vernünftiges — mehr als das: *Glaube.* Glaube an die scheinbar so persönliche, in Wahrheit tief unpersönliche Überzeugtheit, die aus meinem Rat zu Dir sprechen, nein, auf Dich wirken muß. Dieses scheinbare Sichfügen rückt Dich für mich in eine solche Herrlichkeit, daß *ich Dir* ganz unterworfen bin. (...) Wir disputieren ja nicht, sondern ich liebe Dich, das heißt: ich *diene* Dir mit meinem Denken, Du mußt davon nehmen, und dann bin ich so fanatisch unter Dich gestellt, daß Du mit Deinem Fuß den Kopf, der für Dich denkt, mißhandeln magst — sein Mund wird ihn küssen[85].«

In dieser Stelle, die inhaltlich an theologische Begründungen des Gottesgnaden-Königtums erinnert, klingt schon der Lohn für diese Selbstaufgabe an. Sidonie Nádherný faßte ihn in ihrem Nachwort zusammen: »Nie wurde einem Weib glühender gehuldigt.« Fügte sie sich oder wollte er sie dazu bewegen, dann verfaßte er wahrhaft unüberbietbare Hymnen auf ihre Weiblichkeit. Ebenso unüberbietbar konnte er allerdings auch leiden, wenn sie sich weigerte. Dieses Leid, ausgelöst durch ihre Verweigerungen, ihre Beziehungen zu anderen Männern, ihre zeitweilige Kühle ihm gegenüber — so gratulierte sie ihm nicht zum 50. Geburtstag —, war für Kraus zweifellos ein wesentlicher Bestandteil dieser Beziehung. Jene Kluft zwischen den Geschlechtern, die er in den Aphorismen beschrieb, bestand auch zwischen ihm und Sidonie Nádherný. Über sie sagte er in einem Gedicht:

Du bist sie, die ich nie gekannt,
die ich nicht nahm, die ich nicht hatte.

Du keine Gattin, ich dein Gatte
in einem anderen Eheband[86].

Das Gemeinsame fanden die beiden erst in seinem
Werk: scherzhaft nannten sie die *Fackel*-Hefte ihre »Kinder«.

Kann man dieses Verhältnis auch nicht als glücklich
bezeichnen, so hat es dennoch Kraus' Bedürfnissen entsprochen. Der Zeitpunkt, an dem er Sidonie Nádherný
kennenlernte, markiert eine Wendung in seinem Schaffen:
Der Vierzigjährige begann Gedichte zu schreiben, frühere
Verengungen des Blickfeldes fielen weg, seine Einstellung
zu Frauen entkrampfte sich, seine Lebensweise wurde
international. Vor allem aber hatte diese Beziehung zur
Folge, daß das, was in den Jahren vor dem Ersten Weltkrieg die politische Programmatik der *Fackel* war, auch im
Privaten seinen Niederschlag fand: die »Sehnsucht nach
aristokratischem Umgang«.

Mit dieser politischen Programmatik werden wir uns
im nächsten Kapitel beschäftigen. Ein Verbindungsglied
zwischen den Problembereichen von Sittlichkeit und Kriminalität einerseits und der Stellung des Satirikers zur
Aristokratie im weitesten Sinne andererseits bildeten zwei
Polemiken, die Kraus berühmt machten: die gegen Maximilian Harden und die gegen Alfred Kerr. Das Verhältnis
zu Harden, dessen Blatt, wie schon erwähnt, nicht nur als
Vorbild für die *Fackel* gedient hatte, sondern mit dem
Kraus auch persönlich befreundet war, kühlte bald ab:
Harden, ein lebenslanger Freund Hermann Bahrs, hatte in
der Auseinandersetzung zwischen Kraus und Bahr kein
den Wünschen Kraus' entsprechendes Gutachten geliefert.
Die Behauptung Hardens, daß er sich die »Krauslaus« nur
deswegen aufgebürdet habe, ist allerdings nicht richtig[87].
Kraus begann schon früh die Nachgiebigkeit Hardens seinem Publikum gegenüber und seine Kompromißbereitschaft der Presse gegenüber zu tadeln. Auch das Bildungsprotzentum Hardens, der jeden politischen Kommentar
mit langen, zusammengelesenen, sprachlich manierierten
und für die Sache unwesentlichen Tiraden einleitete,
durchschaute er bald. Über Hardens »große Themen«

spottete er von dem Standpunkt aus, daß das Große sich am besten aus dem Kleinen erschließe. Daneben lag es wohl hauptsächlich an seiner seelischen Konstitution, daß er sich von seinem ehemaligen Vorbild lösen mußte. Harden konnte den folgenden Attacken gegenüber mit Recht darauf verweisen, daß er derselbe geblieben sei, als der er seinerzeit von Kraus verehrt worden war.

Ein eigentliches Reibungsfeld zwischen den beiden ergab sich erst anläßlich der Stellungnahmen Hardens in einigen Sexualaffären, in denen er genau die von Kraus bekämpfte Philistermoral an den Tag legte. Die wichtigste dieser Affären war die der Homosexualität des Fürsten Eulenburg. Harden, der sich hauptsächlich als politischer Publizist verstand, war ein entschiedener Gegner des wilhelminischen Deutschlands. Eine Zeitlang lieferte ihm Bismarck die Grundlage seiner Opposition, doch während des größten Teils seiner publizistischen Laufbahn war seine politische Haltung eher konfus. Das verhinderte weder, daß seine Schriften große Verbreitung fanden, noch daß die Herrschenden seine Opposition durchaus ernst nahmen: Er wurde einmal sogar wegen Majestätsbeleidigung zu Festungshaft verurteilt. Die für die katastrophale Politik des wilhelminischen Deutschlands tatsächlich Verantwortlichen vermochte Harden — ähnlich wie Kraus — allerdings nicht zu erkennen. Und ebenso wie Kraus kompensierte er diesen Defekt durch eine personalistische Politikbetrachtung.

Der erwähnte Fürst Eulenburg nun, eine äußerst farbige Erscheinung, Dichter und Diplomat, war das Haupt einer bis in den inneren Kreis um Wilhelm II. reichenden einflußreichen homosexuellen Clique. Harden betrachtete Eulenburg, der auf Wilhelm einen persönlichen Einfluß ausübte, als den Hauptverantwortlichen für die katastrophale Politik des Kaisers und sah in der Aufdeckung und Verfolgung der Homosexualität Eulenburgs, die er auf publizistischem Weg und unter Beiziehung der Gerichte betrieb, einen politischen Akt.

Daß seine subjektive Absicht eine politische war, soll hier nicht bestritten werden, objektiv jedoch hat die Entfernung Eulenburgs aus der näheren Umgebung des Kaisers an der verhängnisvollen Entwicklung zum Ersten Weltkrieg hin nichts geändert. Daß Harden das Verhängnisvolle dieser Entwicklung erkannte und zu bekämpfen versuchte — und zwar auf eine weitaus konkretere Weise als Kraus in den Jahren vor dem Ersten Weltkrieg in Österreich —, bleibt ein gewisses, ihm nicht absprechbares Verdienst; die Art, wie Harden seine politische Kritik umzusetzen trachtete, indem er die Aggressionen der Bevölkerung gegen Homosexuelle zu mobilisieren versuchte, ist allerdings nicht zu rechtfertigen.

Kraus sprach Harden jedwede politische Motivation ab, er sah in Eulenburg nur das durch einen geschäftstüchtigen Journalisten in seinem sexuellen Selbstbestimmungsrecht angegriffene Individuum und attackierte Harden vehement. Es war dies die erste seiner großen, den Gegner in dessen ganzer moralischen Existenz angreifenden Polemiken. Kraus, der eine gigantische Fähigkeit zu hassen hatte, war, wenn er gereizt wurde, durchaus bereit, Gerüchte, Gehässigkeiten und Unwahrheiten über seinen Gegner zu verbreiten. Aber Ungerechtigkeit liegt wohl im Wesen jeder Polemik. Sofern man die moralische Begründung seiner Angriffe akzeptiert, stimmt das Bild, das Kraus vom Gegner zeichnet, auch wenn es sachlich unrichtig ist, wie im Falle Hardens. Dieser, dem sein gespreizter Stil eine Polemik mit Kraus ohnedies nicht erlaubt hätte, zog es trotz der auch in Deutschland mit großer Auflage verbreiteten Angriffe der *Fackel* vor, zu schweigen und so Kraus kein neues Material zu liefern. Nur in einem Interview mit einer Wiener Zeitung antwortete er und ließ sich dabei über den »grotesken Roman« zwischen Kraus und Annie Kalmar aus.

In seiner Antwort faßte Kraus in einem der großartigsten polemischen Texte deutscher Sprache noch einmal seine Gründe für den Kampf um die Freiheit des Privatlebens zusammen: »Denn hier ist der Punkt, wo ich noch heute empfindlich bin. Und ich sage Herrn Harden: Die ganze Lächerlichkeit seiner Erwiderung hat ihren Reiz für mich verloren. Aber um dieses einen Satzes willen lasse ich ihn nicht mehr los. Hier ist er in der Bahn, auf der er heute in Deutschland mit vollem Dampf fährt; aber durch meine Reiche kommt er nicht unbeschädigt. Hier ist die Gemeinheit am Ende. Und sie zeigt noch einmal, was sie kann. Jetzt erst fühle ich ihre Möglichkeiten, jetzt erst begreife ich den Plan, der ihren Verstößen gegen das privateste Erleben zugrunde liegt: Die Unfähigkeit, vor dem Geist zu bestehen, vergreift sich am Geschlecht[88].«

Wichtig für Kraus' Entwicklung ist, daß er in dieser Polemik nach außen hin seine neue Identität dokumentierte und sie somit bekräftigte. Daneben begriff er zum erstenmal, welche Waffe dem Satiriker durch die Sprache des Gegners gegeben ist. Harden, dem diese Polemik sehr schadete, wurde weniger durch Kraus' Angriffe auf den Inhalt seiner Artikel getroffen als durch die Angriffe auf seine Sprache und seinen heute nur noch lächerlich wirkenden Stil. In den *Übersetzungen aus Harden* (»Desperanto«) durchschaut jeder Leser sofort die gedankliche Nichtigkeit eines Schriftstellers, der, um diese zu verbergen, gezwungen ist, statt Chronik »Chronikon«, statt Korfu »Korypho« zu sagen, um in politischen Kommentaren Sätze zu schreiben wie: »Johannes Zimiskes, der im cubiculum die brünstige Theophano umarmt, wehrt dem Romäerreich die Slavengefahr ab.«

Die Polemik mit Kerr drehte sich scheinbar um ein ähnliches Thema, doch kann man Kerr mit mehr Recht als Harden politische Motive zusprechen, wenngleich er im Endeffekt ähnlich unpolitisch argumentierte wie Harden. Der Berliner Polizeipräsident Traugott von Jagow, ein berüchtigter Reaktionär, der in der Weimarer Republik am Kapp-Putsch teilnahm, hatte im Jänner 1911 Kerrs Zeitschrift *Pan*, die Auszüge aus Flauberts Jugendtagebüchern brachte, wegen »Verbreitung unzüchtiger Schriften« beschlagnahmen lassen. Anläßlich einer Aufführung von Sternheims *Der Riese* (später in *Die Hose* unbenannt) unter Max Reinhardt war Tilla Durieux ersucht worden, Jagow durch Geplauder von den anstößigen Stellen des Stückes abzulenken, um so zu verhindern, daß dieser die Aufführung des Stückes verbot. Jagow hatte offensichtlich diese Kriegslist nicht durchschaut und das Interesse der Schauspielerin an seiner Person für intensiver gehalten, als es tatsächlich war. In einem Brief versuchte er, mit ihr in näheren Kontakt zu kommen. Bis hierher ist die ganze Angelegenheit tatsächlich eine Privatsache zwischen einer Schauspielerin und einem ein wenig genasführten Polizeipräsidenten. Doch der Brief, in dem Jagow sich der Umworbenen zu nähern versuchte, enthält die Formulierung: »Da ich die Theaterzensur auszuüben habe, hätte ich auch gerne persönliche Fühlung mit Schauspielerkreisen[89].« Kerr argumentierte nun, daß ein Brief, den der Polizeipräsident unter Berufung auf sein Zensoramt schreibt, kein privater Brief mehr sei, publizierte die Angelegenheit im *Pan* und löste damit einen riesigen Skandal aus.

Kraus stellte in einer Reihe heftiger Polemiken die Angelegenheit in den Kontext seiner sexualtheoretischen Vorstellungen und sah darin nur den Versuch eines Journalisten, einen Hochgestellten durch Anspielungen auf seine Intimsphäre zu Fall zu bringen. Auch in dieser Polemik blieb Kraus Sieger, unter dem lauten Beifall der deutschen Rechten, die den oppositionellen Schriftsteller Kerr ablehnten. Er hat in diesem Fall wohl eindeutig der schlechten Sache gedient. Man muß allerdings berücksichtigen, daß die widersprüchliche Argumentation Kerrs, der letztlich nicht imstande war, seinen Kampf in einen politischen Bezugsrahmen zu stellen, und ihn als einen »ethischen Spaß« ansah, es Kraus leicht gemacht hatte. Auch in seiner Antwort an Kraus war Kerr derart unbeholfen, daß dieser in der *Fackel* ein Spottgedicht Kerrs bringen konnte, mit der Bemerkung, dieser Abdruck sei das Stärkste, was er bisher gegen Kerr unternommen habe.

Kerr verlor für lange Zeit seine einflußreiche Stellung im deutschen Kulturleben. Doch auch Kraus wurde durch diese Polemik, wie auch durch seine noch zu erwähnende Arbeit gegen Heine, von seinen fortschrittlichen deutschen Anhängern isoliert. Die jungen deutschen Dichter um Herwarth Walden unterstützten ihn nicht, was ihnen Kraus nie verzieh. Sogar die Freundin Else Lasker-Schüler mußte dem »Priesterkönig von Wien« mitteilen, daß sie Kerr unterstützt hätte: »Ich habe geantwortet, zu Dr. Kerrs *Gunsten* der Aktion. Ich finde Kerrs Skizzen, Gedichte gut und blau. Er ist mehr wie die vielen hier und ist auch menschlich (seinem Gesicht nach) feiner und vereinsamter.

Ich konnte nicht anders oder ich hätte mich geschämt. Aber, allerliebster und bester und allergrößter Dalai Lama, wenn es zum Krieg kommen sollte, dann trete ich ganz und gar auf seiten Dalai Lamas, meine Elephanten zermalmen, zerstampfen alles, es kommt mir auf Menschenleben dann nicht an [90]!«

## ANMERKUNGEN

1 Karl Kraus, *Literatur und Lüge,* München 1962, 78 f.
2 *Worte in Versen,* a. a. O., 490.
3 Siehe F 632—639, 22.
4 F 226, 23.
5 F 338, 2.
6 Karl Kraus, *Sittlichkeit und Kriminalität,* Wien-Leipzig 1923, 21.
7 Zitiert bei Paul Schick, *Karl Kraus in Selbstzeugnissen und Bilddokumenten,* Reinbek 1965, 50.
8 *Sittlichkeit und Kriminalität,* a. a. O., 8 f.
9 *Sittlichkeit und Kriminalität,* a. a. O., 9.
10 *Sittlichkeit und Kriminalität,* a. a. O., 9.
11 *Sittlichkeit und Kriminalität,* a. a. O., 10 f.
12 *Sittlichkeit und Kriminalität,* a. a. O., 13.
13 Zitiert nach R. P. Wolff, *Das Elend des Liberalismus,* Frankfurt/ Main 1969, 110.
14 Siehe dazu Mechthild Merfeld, *Die Emanizpation der Frau in der sozialistischen Theorie und Praxis,* Reinbek 1972, 103.
15 Siehe: *Die Wechsel der Prinzessin Luise von Koburg,* Artikelserie der *Arbeiter-Zeitung* aus dem Jänner 1902, abgedruckt in: *Austerlitz spricht,* Ausgewählte Aufsätze und Reden von Friedrich Austerlitz, herausgegeben von Julius Braunthal, Wien 1931, 273 ff.
16 F 248, 13.
17 Elfriede Friedländer, *Sexualethik des Kommunismus, Eine prinzipielle Studie,* Wien 1920, 18.
18 *Sittlichkeit und Kriminalität,* a. a. O., 182.
19 *Sittlichkeit und Kriminalität,* a. a. O., 33 ff.
20 *Sittlichkeit und Kriminalität,* a. a. O., 237.
21 *Sittlichkeit und Kriminalität,* a. a. O., 57.
22 Siehe F 811—819, 37.
23 Merfeld, a. a. O., 91 f.
24 Otto Weininger, *Geschlecht und Charakter, Eine prinzipielle Untersuchung,* Berlin 1932, 297, im Original zusätzlich spationiert.
25 Weininger, *Geschlecht und Charakter,* a. a. O., 298.
26 Weininger, *Geschlecht und Charakter,* a. a. O., 110.
27 Karl Kraus, *Die Chinesische Mauer,* Wien-Leipzig 1930, 369.
28 *Die Chinesische Mauer,* a. a. O., 379.
29 F 182, 3 f.

30 Karl Kraus, *Traumtheater,* Wien-Leipzig 1924, 16.

31 Siehe Karl Kraus, *Pro domo et mundo,* Leipzig 1919, 1.

32 F 229, 2. Bei der späteren Veröffentlichung, etwa in *Sprüche und Widersprüche,* Wien-Leipzig 1924, 42, wurden »die Freuden« gestrichen.

33 *Die Chinesische Mauer,* a. a. O., 8.

34 *Sprüche und Widersprüche,* a. a. O., 42.

35 *Sprüche und Widersprüche,* a. a. O., 42.

36 *Sprüche und Widersprüche,* a. a. O., 33.

37 *Sprüche und Widersprüche,* a. a. O., 24.

38 *Sprüche und Widersprüche,* a. a. O., 25.

39 *Sprüche und Widersprüche,* a. a. O., 13.

40 *Worte in Versen,* a. a. O., 42.

41 Von Kraus zitiert in F 182, 1.

42 F 182, 2.

43 F 182, 3.

44 F 370—371, 48.

45 F 253, 21.

46 *Die Chinesische Mauer,* a. a. O., 10 f.

47 So etwa zu der schon erwähnten Mitzi Veith, siehe auch F 668 bis 675, 136.

48 *Sprüche und Widersprüche,* a. a. O., 68.

49 Siehe F 400—403, 67.

50 F 229, 1.

51 F 345—346, 2 f.

52 Weininger, *Geschlecht und Charakter,* a. a. O., 81, im Original teilweise spationiert.

53 Weininger, *Geschlecht und Charakter,* a. a. O., 84, im Original teilweise fettgedruckt und spationiert.

54 Karl Kraus, *Nachts,* a. a. O., 13.

55 *Pro domo et mundo,* Leipzig 1919, 63.

56 *Sprüche und Widersprüche,* a. a. O., 121.

57 *Nachts,* a. a. O., 76.

58 Karl Kraus, *Untergang der Welt durch schwarze Magie,* Wien-Leipzig 1922, 284.

59 *Traumstück,* Wien-Leipzig, o. J., 17.

60 Alle Zitate aus dem Band X der Freud-Studienausgabe 271, ff.

61 Freud, a. a. O., 91.

62 F 191, 8 ff.

63 Siehe Fritz Wittels, *Ezechiel, der Zugereiste,* 2. Auflage, Berlin 1910, vor allem 119, 121, 138.

64 Siehe Nürnberg/Federn, eds, *Minutes of the Vienna Psychoanalytical Society,* New York 1962, Band 2, 382 ff.

65 Siehe Mitscherlich, a. a. O., 4. Mai 1974.

66 Sigmund Freud, *Briefe 1873—1939,* ausgewählt und herausgegeben von Ernst L. Freud, Frankfurt 1960, 248.

67 *Sprüche und Widersprüche,* a. a. O., 30.

68 *Sittlichkeit und Kriminalität,* a. a. O., 345 f.

69 *Untergang der Welt durch schwarze Magie,* a. a. O., 279.

70 Siehe Frank Wedekind, *Ausgewählte Werke,* herausgegeben von Fritz Strich, München 1924, Band 2, 197, 168.
71 *Nachts,* a. a. O., 11.
72 F 142, 18.
73 *Sprüche und Widersprüche,* a. a. O., 21.
74 Germaine Greer, *Der weibliche Eunuch,* Frankfurt 1974, 15.
75 Otto Weininger, *Tagebuch* und *Briefe an einen Freund,* Leipzig und Wien 1920, 24. Im Original durchgängig spationiert.
76 Werner Kraft, *Rebellen des Geistes.* Stuttgart, Berlin, Köln, Mainz 1968, 102.
77 Sigmund Freud, *Briefe,* a. a. O., 248 f.
78 *Sprüche und Widersprüche,* a. a. O., 71.
79 Weininger, *Geschlecht und Charakter,* a. a. O., 461.
80 R. M. Rilke, *Briefe an Sidonie Nádherny von Borutin,* Hg. von B. Blume, Frankfurt 1973, 7.
81 F 400—403, 95.
82 *Nachts,* a. a. O., 30.
83 Kraus, *Briefe,* a. a. O., Band 1, 689.
84 Rilke, *Briefe,* a. a. O., 214 f.
85 Siehe Kraus, *Briefe,* Band 1.
86 *Worte in Versen,* 345.
87 Brief Hardens an Bahr, in Weller, a. a. O., 70.
88 F 257—258, 46 f.
89 Zitiert bei Simon, a. a. O., 34. Zur ganzen Affäre siehe auch Tilla Durieux, *Meine ersten 90 Jahre, Erinnerungen,* München-Berlin 1971, vor allem 173 ff.
90 Else Lasker-Schüler, *Briefe an Karl Kraus,* herausgegeben von Astrid Gehlhoff-Claes, Köln-Berlin, ohne Jahr, 33.

# Sehnsucht
## nach aristokratischem Umgang

Eine wesentliche Erscheinung im Krausschen Denken vor dem Ersten Weltkrieg ist die von ihm selbst ironisch als »bedenklich« charakterisierte »ästhetische Wendung«. Diese war zwar, wie alle vorgeblichen Programme des Satirikers, unverbindlich genug, so daß sie seinem Individualismus hinreichend Platz ließ; dennoch kann aus ihr ein Großteil seiner politischen, literarischen und gesellschaftstheoretischen Einstellungen, vor allem aber seine Hinwendung zu unverhüllt konservativen Konzeptionen abgeleitet werden.

Auch der Krausche Ästhetizismus hat viele Ahnherrn. Auffallend sind vor allem die Parallelen zu Auffassungen Oscar Wildes, der in der *Fackel* öfter zu Wort kam oder besprochen wurde. Die Konsequenz von Wildes Ästhetizismus war der Versuch, das eigene Leben als Kunstwerk zu gestalten. Kraus ging nicht diesen Weg, doch stellte auch er die eigene Person immer mehr in den Mittelpunkt seiner Betrachtungen, er betrieb »Selbstbespiegelung«. Der Beweis dieser Behauptung erübrigt sich, da das Krausche Werk voll von diesbezüglichen Eingeständnissen ist:

»Die Enthüllung der Eitelkeit hat noch nie ein Schriftsteller seinem Leser leichter gemacht als ich. Denn wenn er es schon selbst nicht merkte, daß ich eitel bin, so erfuhr er es doch aus den wiederholten Geständnissen meiner Eitelkeit und aus der rückhaltlosen Anerkennung, die ich diesem Laster zuteil werden ließ[1].«

Für diese Selbstbespiegelung, die quantitativ einen großen Teil der damaligen *Fackel* ausfüllte, gibt es verschiedene, einander wohl ergänzende Gründe. Eine unzulässige Reduktion wäre es, sie, gestützt auf den Umstand, daß Kraus — allerdings satirisch — von sich als dem »vielgeliebten, schönen, grausamen Mann[2]« sprach, nur auf seine narzißtische Veranlagung zurückzuführen. Kraus selbst rechtfertigte seine Selbstbespiegelung auf verschiedene

Weise. Er erklärte zunächst rigoros, Künstler hätten das Recht, bescheiden, und die Pflicht, eitel zu sein[3]. Daneben gab er eine ästhetisierende Rechtfertigung: »Selbstbespiegelung ist erlaubt, wenn das Selbst schön ist. Sie erwächst zur Pflicht, wenn der Spiegel gut ist[4].« Beiden Erklärungen gemeinsam ist die verschieden begründete Höherwertung der eigenen Person im Vergleich zu anderen.

Am wichtigsten aber dürften die beiden folgenden Gründe gewesen sein: In Wien wurde Kraus, wie schon erwähnt, totgeschwiegen. Die Wiener Presse, verbittert über den unbequemen und bösartigen Gegner, brachte zum Teil nicht einmal bezahlte Inserate, wenn sie sich auf Karl Kraus bezogen. So kam es zu dem Paradoxon, daß über eine der maßgeblichsten Persönlichkeiten des österreichischen Kulturlebens in ihrer eigenen Heimatstadt ein totaler Informationsboykott herrschte: »Denn die Zeitungen würden auch von einem Kometen keine Notiz nehmen, wenn sein Schweif meinen Kopf berührt hätte[5]«, kommentierte Kraus diesen Zustand. Da er Lob und Anerkennung brauchte und davon sehr abhängig war (das zeigt etwa seine Einstellung zum Beifall in seinen Vorlesungen, den er sehr genoß), litt Kraus unter diesem Schweigen, das er allerdings durch Anpassung hätte ändern können. Den Ausgleich zu diesem Boykott bildete die »Selbstbespiegelung«, die zu einem Teil auch in der lückenlosen Dokumentation ausländischer Pressestimmen bestand: »Indem ich über mich spreche, will ich keinen kränken und keinem gefällig sein, sondern nur als Vertreter des österreichischen Geisteslebens der Gefahr vorbeugen, daß es einmal heißen könnte, hierzulande habe niemand über mich gesprochen. Die Wiener Geistigkeit sollte mir dankbar sein, daß ich ihr eine Mühe abnehme und einen Ruf bewahre[6].«

Der zweite wichtige Grund liegt wohl in den Schaffensschwierigkeiten, die Kraus eingestandenermaßen hatte, aber mit ungeheurer seelischer Energie überwand und zu einem positiven Erlebnis uminterpretierte. Ein Manuskript war für ihn nie abgeschlossen, das heißt, er konnte sich mit dem Geschriebenen eigentlich nie identifizieren. Selbst bei Neuauflagen wurden die Texte immer wieder geändert. Kraus schrieb, er hätte »immer mindestens zwei Wege, und es wäre am besten, beide und alle zu gehen[7]«. Trotz seiner oft betonten Lust am Schreiben überwiegen in seinen Berichten über die Entstehung seiner Arbeiten eher negative Schilderungen: »Wenn ich nicht weiterkomme, bin ich an die Sprachwand gestoßen. Dann ziehe ich mich mit blutigem Kopf zurück. Und möchte weiter.« Oder: »Meine Hilflosigkeit wächst mit der Vollendung des Geschriebenen. Je näher ich an das Wort herantrete, desto mehr blutet es wie der Leichnam vor dem Mörder. Dieses Bahrgericht erspare ich mir nicht, und bedecke die Ränder einer Korrektur, der fünfzehn sorglose voraufgegangen sein mögen, mit Zeichen, die wie Wundmale sind[8].« Als Ausgleich für diese ständigen Zweifel an sich selbst diente das ständige Eigenlob, indem er die vorgebliche eigene Unzulänglichkeit mit jener der anderen — vor allem der Journalisten, die die Sprache »beherrschten« — maß und sie dadurch aufhob: »Der Kommis sagt, ich sei eitel. In der Tat, meine Unsicherheit macht mich eitler als den Kommis seine Position[9].«

Doch in den verschiedenen Konsequenzen lag noch nicht der ganze Unterschied zwischen dem Krausschen und dem Wildeschen und sonstigen bürgerlichen Ästhetizismus der Zeit. Der Kraussche Ästhetizismus beruhte nicht — wie in einem Teil der damaligen bürgerlichen Literatur üblich — auf einer unreflektierten Verherrlichung des »Schönen« (was auch immer das war), sondern Kraus ging differenzierter vor. Das Schöne als Wertbegriff spielte für Kraus keine große Rolle. Er beurteilte es im Kontext: Wo eine Einheit von Stil, Schöpfer und Funktion noch seinen subjektiven ästhetischen Kriterien genügte, sah er einen Wert. Dieser Wert galt dann allerdings nicht nur in der ästhetischen Sphäre. Durch Einbeziehung des Schöpfers und durch das Medium der »Sprachmystik« war es ihm möglich, auch die ethische Dimension zu ästhetisieren und umgekehrt. Das »Gute« und das »Schöne« waren in seiner Konzeption nicht zu trennen. Seinem Selbstverständnis nach handelte es sich dabei um eine »relative« Ästhetik, in Opposition zur »absoluten«, in der Moral und Ästhetik voneinander getrennt sind. Kraus hat diesen Unterschied in seiner Polemik gegen Harden genau erklärt:

»›Daß einer ein Mörder ist, beweist nichts gegen seinen Stil‹: auf diesen Standpunkt einer absoluten Ästhetik darf sich ein Moralist wie Herr Harden nicht stellen. Ich gehe in der Schätzung stilistischer Vorzüge weiter und nehme sie zum Maßstab ethischer Werte. Daß einer ein Mörder ist, muß nichts gegen seinen Stil beweisen. Aber der Stil kann beweisen, daß er ein Mörder ist[10].«

Scheinbare Paradoxa, wie etwa die Behauptung, daß ein Gedicht so lange gut sei, bis man wisse, von wem es ist, werden im Lichte dieser Überlegungen begreiflich.

Das Bemühen, das Schöne im Gesamtzusammenhang zu erfassen, führte zum Kampf gegen das »Angemaßt-Schöne«, das nicht durch diesen Zusammenhang legitimiert ist. Kraus faßte diesen Begriff so weit, daß fast alles darunter fiel, was ihm im Kontext von Stil, Funktion, Moral, Ursprung usw. widersprüchlich erschien. Auf objektive Betrachtungsweise verzichtete Kraus nunmehr bewußt. Wirklichkeit galt ihm von nun an als etwas der Kunst Untergeordnetes, der Subjektivismus des Betrachters war die letzte Instanz: »Ich stelle mir ihn nicht unrichtig vor. Wenn er anders ist, so beweist das nichts gegen meine Vorstellung: der Mann ist unrichtig[11].«

Für solch ein Angemaßt-Schönes hielt Kraus vor allem das Ornament: es ist Aufputz, durch seine Funktion nicht legitimiert, ja manchmal diese sogar behindernd. Was zur Verteidigung des Ornaments gesagt werden könnte, daß es nämlich entweder der Rest oder die Vorwegnahme einer nicht nur funktionell orientierten Welt sei, wurde bei Kraus zum Vorwurf. Ornamente entdeckte er in allen Bereichen, so etwa in der Sprache seines Gegners Harden, dessen bombastische Sätze weder durch ihren Informationsgehalt noch durch ihren Gedankenreichtum gerechtfertigt waren. Auch in der Presse fand er Ornamente: Aufgabe der Presse sei es, Nachrichten zu bringen. Jeder Kommentar, jede Verquickung einer Persönlichkeit mit einer Nachricht sei zweckwidriges Ornament: »Der Friseur erzählt Neuigkeiten, wenn er bloß frisieren soll. Der Journalist ist geistreich, wenn er bloß Neuigkeiten erzählen soll. Das sind zwei, die höher hinaus wollen[12].«
Die Erlaubnis zur Subjektivität gab Kraus nur der Kunst;

Ziel seiner Bestrebungen war daher eine vollkommene Entliterarisierung der Presse.

Diesen Kampf sah Kraus im Zusammenhang mit den künstlerischen Bemühungen seines lebenslangen Freundes, des Architekten Adolf Loos. Das Verhältnis zwischen dessen und seinen eigenen Bemühungen erklärte er so: »Adolf Loos und ich, er wörtlich, ich sprachlich, haben nichts weiter getan, als gezeigt, daß zwischen einer Urne und einem Nachttopf ein Unterschied ist und daß in diesem Unterschied erst die Kultur Spielraum hat. Die anderen aber, die Positiven, teilen sich in solche, die die Urne als Nachttopf und die den Nachttopf als Urne gebrauchen[13].« Kraus war einer der wenigen, die Loos' Kampf gegen das im Ornament und Kunstgewerbe erstickende Wien des Jugendstils unterstützten und das Loos-Haus am Michaelerplatz lobten.

Für Kraus war seiner ahistorischen Denkweise zufolge der Kampf gegen das Ornament zeitlos. Für uns Heutige stellt er sich anders dar. Die Berechtigung, die er möglicherweise im Wien der Jahrhundertwende hatte, ist historisch aufgehoben. Auf die Position Loos', der das Ornament durch kostbare Materialien ersetzte, folgte die radikalere des von Kraus und Loos beeinflußten Philosophen Ludwig Wittgenstein, die ihren Niederschlag in dem von diesem für seine Schwester entworfenen Haus in der Kundmanngasse im dritten Wiener Gemeindebezirk fand. Die letzte Konsequenz dieses Kampfes gegen das Ornament aber ist die rein funktionale, menschenfeindliche Architektur eines erheblichen Teils des heutigen kommunalen Wohnungsbaus in Wien. Der Glaube des Satirikers, es würde dem Menschen nach Abschaffung des Ornaments leichter fallen, zum Wesentlichen zu gelangen, ist durch diese Bauten, deren Funktionalität nicht philosophische, sondern ökonomische Ursachen hat, widerlegt. Heute ist die Erhaltung jener von Kraus bekämpften Bauten für uns zu einem wichtigen Anliegen geworden, da die Gefahr besteht, daß ganze Städte in Gebilde ähnlich den Trabantensiedlungen an der Peripherie verwandelt werden.

Ein weiterer Aspekt von Kraus' Kampf gegen das Ornament ist die Auseinandersetzung mit dem Ornament am Menschen und in den menschlichen Beziehungen. Als Ornament am Menschen galt ihm vor allem der Bart und die sonstige malerische Aufmachung der damaligen Künstler. Der zeit seines Lebens glattrasierte Kraus schrieb dazu: »Ich weiß, wo die Manneszier den Mann beweist, und ich möchte mir um keinen Preis Tolstoi, den König Lear oder den Moses des Michelangelo rasiert wünschen. Aber wenn ein Wels aus Linz in der Adria vorkommt und sich in diesem Zustand gar photographieren läßt, sind physiognomische Beschwerden erlaubt. So möchte ich beim Barte des Propheten schwören, daß der des Bahr keine organische Notwendigkeit ist, sondern nur ein feuilletonistischer Behelf, ein Adjektiv, eine Phrase. Es muß nicht sein[14].« Das ist eine in der damaligen Literatur gar nicht so selten vertretene Position. Tonio Kröger etwa erhebt in Thomas Manns gleichnamiger, 1903 erschienener Novelle eine ähnliche Forderung: »Man ist als Künstler innerlich immer Abenteurer genug. Äußerlich soll man sich gut anziehen, zum Teufel, und sich benehmen wie ein anständiger Mensch[15]...«

Ebenso war Kraus gegen das Phrasenhafte in gewissen zwischenmenschlichen Beziehungen: Er forderte, daß so, wie die Nachrichtenübermittlung der Presse nicht literarisiert werden dürfte, eine kommerzielle oder funktionale menschliche Beziehung sich auf diese Aspekte zu beschränken hätte. Diese Forderung zielte etwa auf den Friseur, der einem während des Rasierens Tratsch erzählt, auf den »gemütlichen« Wiener Fiaker usw. Sicherlich sind diese Erscheinungen, die es zum Teil in Wien heute noch gibt, manchmal lästig. Ob sie derart funktionsstörend sind, wie Kraus behauptete, mag dahingestellt bleiben. Jedenfalls aber stellen sie Relikte einer im damaligen Österreich noch vorhandenen humaneren Arbeitswelt dar, in der die Befriedigung, die der einzelne in seiner Arbeit fand, etwa durch den persönlichen Kontakt zwischen Friseur und Kunden, noch eine größere war. Kraus sah zu jener Zeit noch in den Mitmenschen, sofern sie ihm nicht gleichgeordnet, also Künstler, Geburts- oder Geistesaristokraten waren, nur Funktionsträger. Seine ausdrückliche Abkehr vom Gleichheitsprinzip, von der noch die Rede sein wird, führte ihn zu einer Emanzipationskonzeption, in der es nur auf die eigene Selbstverwirklichung ankam, auch auf Kosten der anderen. Dadurch gelangte Kraus, ähnlich wie in seiner Einstellung zur Frau, zur Forderung nach einer ästhetisch begründeten Instrumentalisierung des Mitmenschen. Verwirklicht erschien ihm diese Forderung nach Entindividualisierung des Lebens im damaligen Berlin, wo es seiner Behauptung nach keine Individualitäten gab, während in Wien »jeder Trottel eine Individualität« war[16]. Die Wiener Gaststätten mit ihren grüßenden Wirten und gesprächigen Kellnern, die den Gästen Speisen empfahlen, verglich Kraus mit der Mechanik des Berliner Restaurants Kempinski: »Tisch 109, Kellner 57, das macht: Gast 6213[17].« Diese Mechanik, die im Zusammenhang mit der höheren Entwicklung des deutschen Kapitalismus, mit dessen früherem Übergang in die monopolistische Phrase zu sehen ist, erschien Kraus eher geeignet, eine möglichst rationelle Befriedigung seiner Bedürfnisse zu erreichen. Diese Befriedigung, die glatte Abwicklung der äußeren Lebensnotwendigkeiten, hielt er für ein tieferes Kulturproblem als etwa den Schutz der berühmten Wiener Karlskirche, weil er zuversichtlich glaubte, »daß Karlskirchen nur entstehen können, wenn wir allen innern Besitz, alles Gedankenrecht und alle produktiven Kräfte des Nervenlebens unversehrt erhalten und nicht im Widerstand der Instrumente verbrauchen lassen[18]«.

Interessant für Kraus' widersprüchliche Beziehung zu seiner Klasse ist, daß er es verstand, eine Position zu vertreten, die ökonomisch über den in Österreich erreichten Stand des Kapitalismus hinauswies — also auf dessen monopolistische Phase hin —, zugleich aber politisch einer in Österreich bereits überwundenen Herrschaftsform zugewandt war, nämlich, wie noch zu zeigen sein wird, einer absoluten feudalistischen Herrschaft.

Seine ästhetisierende Weltanschauung führte Kraus dahin, eine Gesellschaftsordnung nach den Werten, die sie einzelnen zu schaffen ermöglichte, zu beurteilen. Die Gesellschaft zerfiel für ihn in zwei Teile: in seelenlose Automaten, Funktionsträger, denen nur feierabends eine Persönlichkeit jenseits ihrer Funktion zuerkannt wird, und in

Künstler, deren Schaffen diese Gesellschaft legitimiert. Kraus akzeptierte nicht nur die parasitäre Stellung des Künstlers, er interpretierte ihre Grundlagen — Arbeitsteilung und Trennung von Kunst und Gesellschaft — als etwas Positives. Die Gesellschaft soll seiner Konzeption nach dem Künstler dienen, dieser aber steht über ihr. Außerhalb des ästhetischen Bereichs hat er keinerlei Verantwortung. Die Verachtung, mit der der Tatmensch Fiesko in Schillers Drama den Maler Romano straft, kehrte Kraus um: »Ein selbstbewußter Künstler hätte dem Fiesko zugerufen: Ich habe gemalt, was du nur tatest[19]!«

So wie wir Kraus als Fortsetzer des bügerlichen Dirnenkults erlebt haben, sehen wir ihn nun auch als Fortsetzer des Kultes um den »Künstler«. Die Intensität seines Künstlerkults ist wohl auch damit zu erklären, daß Kraus ursprünglich Journalist war und sich erst verhältnismäßig spät, als etwa Dreißigjähriger, zu dem wandelte, was er unter einem Künstler verstand. Kraus hat den Künstler nie als ein Produkt gesellschaftlicher Umstände, sondern als etwas Ursprüngliches, als Naturprodukt, begriffen. Seine oft geäußerte Überzeugung war, daß eine künstlerische Anlage durch keine noch so mißlichen äußeren Lebensumstände verhindert werden könne[20]. Diese Einstellung kam auch deutlich in seiner Haltung seiner eigenen materiellen Privilegiertheit gegenüber zum Ausdruck. Die durch sie ermöglichte Kompromißlosigkeit, das Ignorieren des Marktes, lieferte Kraus den Maßstab zur Beurteilung anderer Schriftsteller. Daß er Vermögen hatte, war für ihn kein Zufall, sondern der gerechte, von der Gesellschaft zu entrichtende Tribut an den Künstler. Der Ertrag der *Fackel* hingegen war ihm eher unerwünscht; er führte die Zeitschrift daher auch so, daß dieser Ertrag weitaus geringer war, als er der Auflagenhöhe nach hätte sein können. Seine Rente reichte ja auch zur Befriedigung von Luxusbedürfnissen: das durch den Verkauf eines geisten Produktes hereingekommene Geld war schmutzig, es wurde verschenkt.

Der Liberalismus hatte eine ähnliche Vorstellung von der Rolle des Schreibenden. W. Röpke etwa erläuterte, daß der geistige Arbeiter es sich »zur Ehre anrechne, zu einem Stande zu zählen, in dem die Zufriedenheit nicht nach der Höhe des Stundenlohnes gemessen werden kann[21]...«. Bis vor kurzem hat dieses hohe Berufsethos viele deutsche Schriftsteller, die andere Startbedingungen hatten als Kraus, über ihre knurrenden Mägen hinweggetröstet. Erst allmählich sehen sie die strukturellen Bedingungen ihres Standes ein, und formulieren sie so wie Friedrich Dürrenmatt: »Wer eine Ware verkaufen will, muß den Markt studieren. Auch der Schriftsteller[22].«

Doch die Unabhängigkeit Karl Kraus' wurzelte nicht nur in seinem Vermögen, sondern wurde durch einige andere, zufällige Faktoren begünstigt. Denn selbst wenn ein Zeitungsherausgeber bereit ist, ein allfälliges Defizit zu tragen, so ist er immer noch von verschiedenen Instanzen abhängig. Bei Kraus traf das nicht zu. Er hatte keine Mitarbeiter, er war im Gegensatz zu den sonstigen Wiener Zeitungsherausgebern nirgends beteiligt, er gehörte keiner Gruppe oder Clique an. Ein glücklicher Zufall war auch, daß Kraus einen seinem Werk treu ergebenen Drucker, Georg Jahoda, gefunden hatte, der die *Fackel* auf eine Art und Weise herstellte, die seinen Profit sicherlich verringerte. So war Kraus, auch wenn er gegen einen politisch und wirtschaftlich so einflußreichen Gegner wie etwa Imre Bekessy kämpfte, nicht zu erpressen: Die Druckerei war ein isolierter Kleinbetrieb, die Propaganda für die Vorträge wurde nur in der *Fackel* betrieben, die Bücher erschienen von einem bestimmten Zeitpunkt an in einem eigenen Verlag, die *Fackel* seit dem Bruch mit Moriz Frisch ebenfalls, ihr Vertrieb wurde über Abonnements und über die zahlreichen Wiener Tabak-Trafiken besorgt. Kraus war also unabhängig, weil er nahezu unangreifbar war, und zwar so unabhängig, wie wohl kein anderer bedeutender Schriftsteller des zwanzigsten Jahrhunderts. Sobald er allerdings aus seiner selbstgeschaffenen Gegenwelt heraustrat, war er genau so angreifbar wie andere: Da wurden Plakate aufgrund von politischen Interventionen nicht affichiert, ein Akt des Theaterstückes *Die Unüberwindlichen* durfte nicht gespielt werden, ja das Stück wurde in Berlin sogar auf Protest der österreichischen Gesandtschaft abgesetzt, die Auswahl aus Peter Altenbergs Büchern konnte im S.-Fischer-Verlag jahrelang nicht erscheinen, weil Fischer der Verleger des Kraus-Gegners Alfred Kerr war usw.

All dies zeigt, daß sowohl die *Fackel* wie auch ihr Herausgeber weniger dem Geist des beginnenden zwanzigsten als dem des beginnenden neunzehnten Jahrhunderts entsprachen. Damals war jene Aversion gegen die Werbung etwa, die die *Fackel* auszeichnete und bewirkte, daß sie von einem bestimmten Zeitpunkt an nur unentgeltliche Ankündigungen aufnahm, noch eine allgemein akzeptierte Haltung[23]. Jürgen Habermas charakterisiert jene Zeit (nach D. P. Baumert) als die eines »schriftstellernden Journalismus«, eine Bezeichnung, die auch auf Kraus zutrifft. Der Zweck dieser Presse lag darin, dem »in pädagogischer Absicht betriebenen Räsonnement (einzelner Schriftsteller, A. P.) publizistische Wirkung zu verschaffen«: »Jetzt trat der erwerbswirtschaftliche Zweck solcher Unternehmen meist ganz in den Hintergrund; ja sie verstießen gegen alle Regeln der Rentabilität, oft Verlustgeschäfte von Anbeginn. Der pädagogische, später zunehmend der politische Impuls ließ sich sozusagen durch den Konkurs finanzieren. In England waren Zeitungen und Zeitschriften dieser Art häufig ›Steckenpferde der Geldaristokratie‹, auf dem Kontinent entsprangen sie öfter der Initiative einzelner Gelehrter und Schriftsteller[24].«

Die *Fackel* war also keineswegs so einmalig, wie ihre Interpreten oft behaupten, Zeitschriften wie sie gab es viele — allerdings hundert Jahre früher.

Karl Kraus verwendete die mit der anachronistischen Produktions- und Erscheinungsweise der *Fackel* verbundenen Umstände bewußt als Argumente gegen seinen lebenslangen Hauptgegner, die Presse. Seine fast als manisch zu wertende Pressefeindschaft ist bekannt und schon so eingehend behandelt worden, daß hier auf eine detaillierte Darstellung verzichtet werden kann[25]. Es wäre durchaus möglich, das Lebenswerk von Karl Kraus, ohne Berücksichtigung äußerer Einflüsse, einzig vom Aspekt dieser Pressegegnerschaft, ihrer Entstehung, ihrer Erscheinungsformen und ihrer Folgen her zu interpretieren. Für Kraus war die moderne Presse die Verkörperung des Weltübels schlechthin, der potentielle Urheber des damals angekündigten »Weltuntergangs«. Doch das eigenartige Dilemma der Krausschen Gesellschaftskritik prägte auch seinen Pressekampf: Im Einzelfall hatte Kraus in seiner Pressekritik fast immer recht. Das Material, das er brachte, ist meist stichhältig: Es gibt — folgen wir seiner Darstellung — auf politischem, ökonomischem, künstlerischem und letztlich auch auf moralischem Gebiet kaum eine Schandtat und kaum eine Dummheit, zu der die Presse sich nicht hergibt. Der hohe Wert des Materials liegt vor allem darin, daß er es nicht aus irgendwelchen obskuren Winkelblättern bezog, sondern meist aus einer der angesehensten Zeitungen seiner Zeit: aus der *Neuen Freien Presse,* einer Zeitung, die den Titel »Weltblatt« zu Recht trug und einen journalistischen Standard repräsentierte, wie kaum eine europäische Zeitung ihn heute erreicht. Ihren Nimbus der Vornehmheit und Unabhängigkeit durchschaut und die dahintersteckende Abhängigkeit von Kapitalinteressen, die Unfreiheit der Redaktionskulis, die Unterdrückung von Meldungen, den Verkauf von Inseraten als Nachrichten, die Bestechlichkeit, Dünkelhaftigkeit und Dummheit gezeigt zu haben, ist zweifelsohne ein großes Verdienst.

Doch das Verdienst wird ein wenig verringert durch die Schlußfolgerungen, die Kraus aus seinem Material zog: Die Presse ist nun einmal nicht die selbständige, aus eigenem Antrieb agierende Kraft, als die er sie sah. Sicherlich hat eine gewisse Presse bei den drei großen Katastrophen, die Kraus erlebte, eine wichtige Rolle gespielt: Sie hat vor dem Ersten Weltkrieg den österreichischen Chauvinismus gefördert, sie hat in der Weltwirtschaftskrise das Spekulantentum unterstützt, sie hat dem Faschismus den Weg bereitet. Aber sie hat keines dieser Ereignisse von sich aus verursacht, sie war immer nur die willige Handlangerin anderer, von ihr unabhängiger Kräfte. Der Kampf gegen die Presse war daher nicht, wie Kraus in bestimmten Lebensperioden meinte, ein revolutionärer, sondern genau das, was er manchmal der politischen Praxis der Sozialdemokratie vorwarf: Stückwerk, das die tatsächlichen Wurzeln des Übels nicht erreichte. Die Pressegegnerschaft teilt so mit dem vorgeblichen Krausschen Antisemitismus eine wichtige Eigenschaft: Sie ist eine Krücke, notwendig durch den Zwang, für das erkannte, aber nicht wirklich durchschaute Übel der Gesellschaft einen Verantwortlichen zu finden.

Ein zweiter Mangel der Krausschen Pressekritik lag darin, daß sie überhaupt nicht differenziert war. Das »Prinzip Presse« war ein absolut negatives. Der Pressekampf zog sich in bestimmten Lebensperioden quer durch die politischen Lager: liberale, konservative, faschistische, sozialistische und kommunistische Zeitungen wurden als ununterscheidbar aufgefaßt, getreu der Maxime, daß dort, wo gedruckt, auch gelogen werde. Es ist daher unzulässig, Kraus' Pressekritik als Kritik an der bürgerlichen Presse aufzufassen und für den Sozialismus zu reklamieren: Sie wandte sich — von einigen zeitlich begrenzten Ausnahmen abgesehen — auch gegen die Presse der Arbeiterbewegung. Nach Kraus' Anschauung mußte jede gesellschaftsverändernde Kraft, sobald sie sich der Presse bediente, durch den Kontakt mit dieser sofort korrumpiert werden. Da eine politische Bewegung ohne Presse schon zu Kraus' Zeit unmöglich war, läßt diese konsequente Pressekritik dem, der sie ernst nimmt, nur zwei Wege offen: Resignation oder Utopie.

Im Kontext der allgemeinen Pressekritik von Kraus ist auch seine Kritik am Journalistendeutsch und an der Umgangsprache zu sehen. Nach Walter Benjamin ist der Journalismus Ausdruck der veränderten Funktion der Sprache in der hochkapitalistischen Welt: »Die Phrase in dem von Kraus so unablässig verfolgten Sinne ist das Warenzeichen, das den Gedanken verkehrsfähig macht[26] (. . .).« Daß der Kampf des Satirikers gegen das Journalistendeutsch, gegen die Sprachschluderei der Presse, gegen die Phrase in gewissem Sinne eine Fortsetzung seines Kampfes gegen die Folgen des Prinzips der Warenproduktion im geistigen Bereich war, ist gewiß eine richtige Beobachtung. Daneben hatte aber dieser Kampf gegen das Journalistendeutsch zweifellos auch eine Wurzel in Kraus' Charakter. Seine Auseinandersetzung mit Sprache und Stil der Journalisten ist von Haß und einer — satirisch überwundenen — Bewunderung diktiert. Wie es bei Menschen, die in einem bestimmten Bereich ihr Leben komplizierter gestalten als andere, häufig vorkommt, blickte Kraus, der nach eigener Aussage von der Sprache beherrscht wurde, sich »an der Sprachwand den Kopf blutig schlug«, im Umgang mit der Sprache litt und zum Schreiben, bei aller behaupteten Arbeitslust, eine ambivalente Beziehung hatte, in gewissem Sinne bewundernd auf jene, denen, wie er den Journalisten vorwarf, ein Gott die Fähigkeit nahm, zu leiden, was sie schreiben, die die Sprache beherrschen, jederzeit das gesuchte Adjektiv zur Hand haben und das wenige, das sie ausdrücken wollen, jederzeit in Worte fassen können.

Die Beziehung, die Karl Kraus zur Sprache hatte, kann man durchaus als eine erotische bezeichnen. Die Sprache war seine Geliebte, unter der er lustvoll litt, der er diente und die ihn betrog. Als Beleg für diese allgemein akzeptierte These genügen die Vokabeln, die Kraus zur Schilderung seines Umgangs mit der Sprache heranzieht. So spricht er davon, daß er sie »schwängere«, wirft Heine vor, dieser habe der deutschen Sprache so sehr »das Mieder gelockert«, daß heute alle Kommis »an ihren Brüsten fingern« könnten, bekennt von sich, daß er sich der Sprache »mit heißem Herzen und Hirne Nacht für Nacht genähert« und durch seine sprachreinigende Tätigkeit »aus einer dreisten Dirne eine Jungfrau« gemacht habe. Demzufolge beherrscht — seiner Sexualauffassung entsprechend — nicht Kraus die Sprache (das tun der »Kommis« und der ihm geistesverwandte Journalist), sondern sie ihn: »Ich beherrsche nur die Sprache der andern. Die meinige macht mit mir, was sie will[27]«, oder: »Er beherrscht die deutsche Sprache — das gilt vom Kommis. Der Künstler ist ein Diener am Wort[28].« Innerhalb dieses spracherotischen Systems spielt der Journalist die Rolle des erfolgreichen Rivalen um die Gunst einer Frau. Kraus' Auseinandersetzung mit journalistischen Sprachprodukten hatte daher eine ähnliche Qualität wie seine Auseinandersetzung mit der ungelösten Eifersuchtsproblematik.

Auch die Kritik am Journalistendeutsch verstand Kraus als eine radikale: Da Sprache und Sache identisch sind, entwertet die Sprachverschlampung, die der Journalismus betreibt, jede von ihm vertretene Sache. Da auch Sprache und Mensch eins sind, bewirkt die Vernachlässigung sprachlicher Gesetze, die bei Kraus natürlich höchst subjektiv sind, auch die Zerstörung der humanen Substanz des Lesers. Dieser Gedankengang war Kraus gleichfalls dazu dienlich, den Journalismus zum Hauptfeind der ganzen Menschheit hochzustilisieren. Das Produkt der journalistischen Tätigkeit war für Kraus die Umgangssprache. Er reflektierte nicht ihre Entstehung und ihre Funktion, er maß sie nur normativ und ahistorisch an seinem von Goethe, Jean Paul, Lichtenberg und anderen abgeleiteten Sprachideal und verwarf sie vehement: »Umgangssprache entsteht, wenn sie mit der Sprache nur so umgehn; wenn sie sie wie das Gesetz umgehn; wie den Feind umgehn; wenn sie umgehend antworten, ohne gefragt zu sein. Ich möchte mit ihr nicht Umgang haben; ich möchte von ihr Umgang nehmen; die mir tags wie ein Rad im Kopf umgeht; und nachts als Gespenst umgeht[29].« Das »echte« und daher einzig wahre und Wert habende Wort ist das alte Wort, das trotz — oder wegen — seiner Schlichtheit so wirkungsvoll ist, wie das von Kraus oft als Beispiel zitierte »Lebt wohl« des Thoas am Ende der Goetheschen *Iphigenie* oder wie die Gedichte von Matthias Claudius. Seine Spekulationen über Ursprung, Natur und Echtheit haben so im »alten Wort« ein sprachliches Pendant. Doch auch dieses muß durch den Gesamtzusammenhang legitimiert sein. Das alte Wort als willentliches Kunstmittel wie etwa bei Stefan George, den Kraus ursprünglich schätzte, später aber im Zusammenhang mit dessen Übersetzung der Shakespeareschen Sonette bekämpfte, und der seinerseits viel von Kraus übernommen hat, lehnte Kraus allerdings ab.

Ausgangspunkt seiner Sprachbetrachtung war die Auffassung einer prästabilierten Einheit von Sprache, Stil, Gedanken und Person, einer Einheit, in der alle Glieder als gleichwertig angenommen wurden. Diese Einheit konnte in gewissem Sinne nicht gestört werden; »paßte« eines der Glieder nicht zu den anderen, dann tat es das nur im Sinne des Sprechenden nicht — für den Betrachter stellte sich, sofern er wie Kraus dachte, das ganze Gebilde wieder als Einheit dar, allerdings mit einer den Urheber denunzierenden Wirkung.

In diesem Sinne waren bei Kraus die Phrase und die Sache eins, ebenso wie Dienst an der Sache auch Dienst an der Sprache, die zur Vermittlung der Sache eingesetzt wurde, bedeutete und umgekehrt. Die sprachliche und die sachliche Verantwortung des Schriftstellers waren also in gewissem Sinn identisch. Die Gleichwertigkeit von Gedanken und Sprache wurde allerdings immer mehr zugunsten der letzteren verschoben: »Die Sprache ist die Mutter, nicht die Magd des Gedankens[30]«, hieß es da. In einem späteren Aphorismus versuchte Kraus, ausgehend von diesem Satz, die Rolle des Denkenden zu bestimmen, und kam innerhalb seines spracherotischen Systems zu dem Ergebnis, dieser müßte die Sprache »schwängern«.

Letztlich bleibt auch die Kraussche Sprachauffassung jener Zeit verstandesmäßig unfaßbar, was wohl auch im Sinne des Satirikers lag, der damals einen planvollen Rückzug ins Irrationale angetreten hatte: »Die Sprache tastet wie die Liebe im Dunkel der Welt einem verlorenen Urbild nach. Man macht nicht, man ahnt ein Gedicht[31].«

Der Interpretation entzieht sich weitgehend auch der Begriff des »Ursprungs«, der in Kraus' Denken zeitlebens eine wichtige Rolle spielte. Wie alle scheinphilosophischen Begründungen seines Wertsystems war auch diese derart vage, daß sie Kraus jederzeit die Möglichkeit offen ließ, sie mit einem beliebigen, seinem momentanen Bedürfnis genügenden Inhalt zu versehen. Kraus hat daher nie definiert, was er unter »Ursprung« verstand. Das Ideal scheint in die Vergangenheit zu weisen, manchmal in eine ganz konkrete, wie etwa die Goethe-Zeit oder die eigene Kindheit, manchmal in eine vor jeder Geschichte liegende. Werner Kraft will in diesem Zusammenhang allerdings bei Kraus eine spezielle Dialektik des Ursprungsideals sehen. Die radikale Rückwärtswendung solle zugleich die Grundlage eines ebenso radikalen Vorstoßes in die Zukunft sein[32].

Diese Einschätzung, die den Berührungspunkt zwischen Konservativismus und Revolution markiert, hat wohl auch die Kategorie des Ursprungs für gewisse der Kritischen Theorie nahestehende Denker attraktiv gemacht. So wählte etwa Walter Benjamin für seine vierzehnte geschichtsphilosophische These als Motto ein Wort von Karl Kraus: »Ursprung ist das Ziel[33].« Theodor Adorno meint in der *Negativen Dialektik,* die Kategorie »klinge« nur konservativ: »In dem konservativ klingenden Satz von Karl Kraus ›Ursprung ist das Ziel‹ äußert sich auch ein an Ort und Stelle schwerlich Gemeintes: der Begriff des Ursprungs müßte seines statischen Unwesens entäußert werden. Nicht wäre das Ziel, in den Ursprung, ins Phantasma guter Natur zurückzufinden, sondern Ursprung fiele allein dem Ziel zu, konstituierte sich erst von diesem her[34].« Hans Mayer liefert eine entgegengesetzte Erklärung: »Es gibt kaum einen Künstler der neueren Literaturgeschichte, der so sehr wie Kraus aller Elemente des Utopischen, des Zukunftssüchtigen ermangelt. Karl Kraus hält es mit der antiken Vorstellung, wonach das goldene Zeitalter am Ursprung war — und später nur noch Verfall bemerkt werden konnte. Dieser Auffassung vom Ursprung entsprach nur folgerichtig die Häufung der Untergangsvisionen in dieser dichterischen Vorstellungswelt[35].«

Ich glaube nicht, daß man den Streit um den Stellenwert der Kategorie Ursprung so führen kann. Der Begriff an sich ist neutral, er kann mit zukunftsweisenden oder mit konservativen Inhalten aufgefüllt werden, ähnlich wie der auch von Konservativen verwendete Begriff der Entfremdung. Wesentlich für die Untersuchung ist daher, was Kraus jeweils konkret für »ursprünglich« gehalten hat. Für ihn war der Ursprung der Ort, wo Kunst, Schönheit und Geschlecht noch rein, echt und natürlich waren. Schon Walter Benjamin hat, allerdings zur Konkretisierung dieser Kategorie, festgestellt, daß der Kreaturbegriff bei Kraus die theologische Erbmasse von Spekulationen beinhalte, die zum letztenmal im siebzehnten Jahrhundert aktuelle gesamteuropäische Geltung besessen hätten.

Als Beweis dafür, wie schwer erfaßbar die Kategorie des Ursprungs ist, sei hier das berühmte Gedicht von den *Zwei Läufern* wiedergegeben:

Zwei Läufer laufen zeitentlang,
der eine dreist, der andre bang:
Der von nirgendher sein Ziel erwirbt;
der vom Ursprung kommt und am Wege stirbt.
Der von Nirgendher das Ziel erwarb,
macht Platz dem, der am Wege starb.
Und dieser, den es ewig bangt,
ist stets am Ursprung angelangt[36].

Eine befriedigende Interpretation dieses Gedichtes ist bisher noch nicht gelungen. Fest steht wohl, daß der bange Läufer, der auf seinem Kreislauf vom Ursprung zum Ursprung am Wege stirbt und dennoch sein Ziel, den Ursprung, erreicht, Kraus selbst ist. Der zweite, der dreiste Läufer, der keinen festen Bezugspunkt hat und statt zurück zum Ursprung zu einem — wie auch immer gearteten — Ziel strebt, bezieht sich wohl auf jene, die ihr Heil in jenen Bereichen suchten, die Kraus damals bereits als unwesentliche Äußerlichkeiten abtat, wie etwa die Politik.

Kraus hat als Eklektiker immer wieder gesellschaftliche Zustände gefunden, die seinem Naturbegriff entsprachen. In der Regel handelte es sich dabei um autoritäre, aber kulturell fruchtbare Gesellschaften. Doch Kraus ignorierte dabei meist die Randbedingungen, die diese Zustände teils verursachten, teils neben ihnen bestanden. Man kann ihn also — trotz seinem Hang für die Zeit des Vormärz, aus der er den Schluß zog, daß starke Unterdrückung und damit »Abschaffung der Politik« der Kultur förderlich sei — nur bedingt als Parteigänger dieser Gesellschaftsform bezeichnen.

Das Ursprungsideal führte Kraus auch zu einer Bejahung der Natur in ihrer »Ursprungsform«: der Schöpfung. Dort ist alles Einheit; die Antithese war für Kraus, der die Dialektik ablehnte und mit Schopenhauer Hegel nur die Kunst, die Deutschen an der Nase herumgeführt zu haben, zugestand, ein Produkt der Entfremdung vom Schöpfer. Die Bejahung der Schöpfung führt auch zu einer Bejahung des Schöpfers: »Die menschlichen Einrichtungen müssen erst so vollkommen werden, daß wir ungestört darüber nachdenken können, wie unvollkommen die göttlichen sind[37].« Von diesem Standpunkt aus polemisierte Kraus gegen das liberale und sozialdemokratische Freidenkertum mit Argumenten wie dem folgenden: »Um zu glauben, daß Einer das alles gemacht hat, braucht man doch sicher mehr Gedanken, als um zu wissen, daß er es nicht gemacht hat — ihr Idioten des freien Geistes[38]!« Auch diese neue Parteilichkeit wurde ästhetisierend gerechtfertigt: »Aber in einer Monstranz von Gold ist mehr Inhalt als in einem Jahrhundert von Aufklärung[39].«

Kraus zog aus diesen Auffassungen auch eine persönliche Konsequenz: Am 8. April 1911 ließ er sich in der Wiener Karlskirche nach katholischem Ritus taufen. Es handelte sich dabei nicht um die obligate Konversion des assimilierten Juden, sondern um einen durch echten Glauben motivierten Schritt. Zeitweilig war Kraus praktizierender Katholik. Daß er angesichts der Rolle, die die katholische Kirche im Weltkrieg spielte, und angesichts ihrer Bereitschaft, sich auf dieser Erde mit kulturellem und sonstigem Kommerz zu verbinden, später wieder austrat, hat an seiner religiösen Grundeinstellung nichts geändert. Allerdings gab es darin keine spezifisch katholischen Elemente; Kraus war im weitesten Sinne des Wortes gläubig, ohne daß sein Glauben Inhalte gehabt hätte, die es uns erlauben würden, ihn auf bestimmte, spezifisch katholische Grundpositionen festzulegen. Daß er gerade in die katholische Kirche eintrat, läßt sich wohl am ehesten mit seinem damaligen politischen Konservativismus, der in Österreich gemeinhin mit dem Katholizismus Hand in Hand geht, erklären.

Kraus' Hinwendung zum Ursprungsideal und zur Natur bewirkte auch eine Änderung seiner Einstellung zu einem Phänomen, das er ursprünglich positiv bewertete: der modernen Technik. Eine volltechnisierte Welt, wie er sie in Ansätzen etwa in den Berliner Automatenstraßen erlebt hatte, war ihm anfänglich als die einzig mögliche Alternative zur verhaßten Wiener »Gemütlichkeit« erschienen. In einer solchen Welt, wo materielle Funktionen möglichst rational von Maschinen verrichtet wurden, hatte seiner früheren Meinung nach der Mensch endlich die Möglichkeit, zu einem ursprünglichen, an geistigen Dingen orientierten Leben zu gelangen. Nunmehr sah Kraus die Technik unter einem anderen Aspekt: Sie erschien ihm als Hybris der Schöpfung gegenüber, der Mensch schien ihm nicht befähigt, sich ihrer zu bedienen, sondern würde eher von ihr beherrscht werden: »Wir waren kompliziert genug, die Maschine zu bauen, und wir sind zu primitiv, uns von ihr bedienen zu lassen. Wir treiben einen Weltverkehr auf schmalspurigen Gehirnbahnen[40].«

Gerade seine wechselnden Stellungnahmen zur Technik zeigen, daß Kraus sich andere Herrschaftsformen als die bürgerliche nicht vorstellen konnte. Er sah nur die Alternative entweder einer totalen Technisierung, die an die Monopolisierung gebunden ist, oder eines planvollen Rückschritts zu einem einige Jahrzehnte zuvor erreichten Punkt. Kraus stellte die Frage nach der Funktion der Technik nicht im Zusammenhang mit der Frage, in wessen Interesse die Technik angewandt wird. Der Ausweg, einerseits den Ausbau der Technik zu forcieren, anderseits aber eine grundlegende gesamtgesellschaftliche Änderung anzustreben, als deren Folge die Technik humanisiert und ihre Ergebnisse allen nutzbar gemacht werden sollten, kam ihm nicht in den Sinn. Kraus ging es immer nur um »die Technik«, ähnlich wie um »das Weib«, losgelöst vom gesellschaftlichen Kontext. Zeitweise verwarf er die Technik, zeitweise feierte er sie, ohne dabei die Bedingungen seiner widersprüchlichen Haltung zu reflektieren.

In jener Periode nun drückte sich seine Opposition gegen die Technik vor allem darin aus, daß er Naturkatastrophen, wie etwa den Untergang der *Titanic* oder verschiedene Erdbeben, in der *Fackel* als Bestätigung dafür heranzog, daß sich die volle Technisierung letztlich nicht durchsetzen würde. Die in diesen Katastrophen wirkenden Naturgewalten hatten in seinen Überlegungen einen ähnlichen Stellenwert wie die weibliche Sexualität, die trotz jahrhundertelanger Repression ebenso sieghaft durchbrach wie die Natur bei einem Erdbeben. Kraus trat so mit seiner konservativen Naturmythologie bewußt der damals entstehenden Technikmythologie entgegen.

Daneben finden sich in seinen Kommentaren zur Technik Gedanken, die eine Vorwegnahme der heute aktuellen Umweltschutzdiskussion sind; Kraus klagt über die Zerstörung der Natur durch die Technik: »Hat man nicht ausgerechnet, daß eine große Zeitung für eine einzige Ausgabe eine Papiermasse braucht, zu deren Herstellung zehntausend Bäume von zwanzig Meter Höhe gefällt werden mußten? Es ist schneller nachgedruckt als nachgeforstet. Wehe, wenn es soweit kommt, daß die Bäume bloß täglich zweimal, aber sonst keine Blätter tragen[41]!«

Doch auch diese Klagen von Kraus waren primär an der Naturbeziehung seiner eigenen Sozialschicht orientiert: Nicht die rußigen Wohnstätten, in denen die Arbeiterklasse seit Beginn der Industrialisierung lebte, waren ihr Angriffspunkt, sondern das Verschwinden der Schmetterlinge auf den Wiesen der gutbürgerlichen Urlaubsorte seiner Kindheit.

Der Technikskeptizismus war ein wichtiges Element des Konservativismus, den Kraus in den Vorkriegsjahren vertrat und den die Kraus-Literatur allgemein registriert[42]. Als Konservativer war Kraus jedoch nicht nur dem technischen Fortschritt, sondern überhaupt jedem Fortschritt gegenüber pessimistisch. Der Fortschritt, dem Kraus vorwarf, daß er Portemonnaies aus Menschenhaut mache, war in den Vorkriegsjahren eines der Hauptangriffsziele der *Fackel.* Kraus sah in ihm eine nur auf das unwesentliche Äußere gerichtete Angelegenheit, eine Phrase und damit eine Manifestation der den »Weltuntergang« verursachenden Kräfte. Retrospektiv können wir leicht das Falsche dieser Position erkennen: Österreich-Ungarn ist nicht an zuviel, sondern an zuwenig Fortschritt zugrunde gegangen; die feudalen, fortschrittsfeindlichen Klassen, von denen Kraus die Rettung der Monarchie erwartete, waren in Wirklichkeit, wie er später auch einsah, die Hauptverantwortlichen für ihren Untergang. Von all den Komponenten, die zu diesem Untergang beitrugen, hat Kraus eigentlich nur die verfehlte Balkanpolitik ihrer Bedeutung entsprechend gewürdigt.

Der Fortschrittspessimismus ist nicht nur als Quelle politischer Fehleinschätzungen relevant; interessant ist auch seine Begründung: Für Kraus, der sich damals auf dem für die bürgerliche Intelligenz zu Beginn dieses Jahrhunderts typischen »Weg nach innen« befand, waren äußere Veränderungen nur Schein. Für ihn waren in jener Zeit nur die ewigen und unvergänglichen Werte wie etwa Kunst, Geist, Natur, Eros, Sprache wirklich. Demnach war jeder Versuch, eine Veränderung außerhalb dieser Sphäre herbeizuführen, ein sinnloses, die Harmonie der Schöpfung störendes Unterfangen. Die letzte Konsequenz dieser Auffassungen war Kraus' Feststellung, er halte die Geheimnisse eines Doppelpunkts für wichtiger als die Probleme der Sozialpolitik[43].

Mit seinen Attacken gegen den Fortschritt griff Kraus zugleich eine der zentralen Kategorien des fortschrittsgläubigen Bürgertums und seiner Ideologie, des Liberalismus, an. Eine andere zentrale Kategorie der bürgerlichen Ideologie, die Kraus in Frage stellte, war die der Aufklärung. Unter dem Vorwand, die falsche Aufklärung anzugreifen, jene, die von der *Neuen Freien Presse* betrieben wurde, welche aber, wenn ihre kommerziellen Interessen berührt wurden, ihre Leser ganz entgegen dem Aufklärungsgedanken als Unmündige behandelte, griff Kraus jeden Versuch einer rationalen Durchdringung des Lebens an. Wie in der zur gleichen Zeit wirksamen Lebensphilosophie, mit der er sich allerdings nicht beschäftigt hat, stellt auch er die »Fülle« des Lebens und des Erlebnisses der »dürren Armut« des Verstandes entgegen. »Der Konservativismus«, meint Martin Greiffenhagen, »hat sich stets als Gegner des Rationalismus verstanden, und wenn immer es eine Definition gibt, über die wenig Streit sein kann, so ist es diese Gegnerschaft[44].« Die Gegnerschaft zum Rationalismus finden wir auch bei Kraus in jener Periode. Goethes Aufklärungsglaube schien ihm in dessen Zeit berechtigt gewesen zu sein, heute, »nach Goethe«, jedoch betrachtete er die Wissenschaft nur als Surrogat für jene, denen tieferes Wissen fehlte. Von Goethe gibt es ein *Zahmes Xenion:*

Wer Wissenschaft und Kunst besitzt,
Hat auch Religion;
Wer jene Beiden nicht besitzt,
Der habe Religion.

Kraus machte daraus: »Wer Kunst und Religion besitzt, der hat auch Wissenschaft. — Wer diese Beiden nicht besitzt, der habe Wissenschaft[45].«

Sein lebenslanges Verhältnis zur Wissenschaft ist in dieser *Inschrift* verbindlich dargestellt. Seine aus irrationalen Quellen bezogenen Erkenntnisse hat er immer für schlüssiger gehalten als die der Wissenschaften. Unverständlich ist es in diesem Zusammenhang, warum Fritz J. Raddatz' Vorwurf, Kraus sei ein »Gegenaufklärer« gewesen, solchen Protest hervorrief[46]. Zweifellos ist diese Bezeichnung zumindest für die Jahre vor dem Ersten Weltkrieg gerechtfertigt und entspricht wohl auch dem Krausschen Selbstverständnis zu jener Zeit. Ihre Berechtigung für die Jahre nach dem Ersten Weltkrieg wird noch zu untersuchen sein.

Den Kampf gegen den Liberalismus führte Kraus durch seine schon dargestellte Kritik an der liberalen Presse (die seit der Erringung der Pressefreiheit allen Konservativen ein Dorn im Auge war — Kraus forderte dementsprechend auch häufig eine Pressezensur), durch Kritik an den liberalen Grundwerten und an den vom Bürgertum erkämpften Institutionen.

Kraus stand schon den bürgerlichen Grundwerten Freiheit, Gleichheit und Brüderlichkeit skeptisch gegenüber. Sein anhand der publizistischen Praxis der *Neuen Freien Presse* erhobener Einwand, es handle sich dabei um Formeln zur Verdeckung ökonomischer Interessen, ist in diesem Zusammenhang zweifellos richtig. Doch ändert diese Richtigkeit nichts daran, daß Freiheit und Gleichheit an sich für Kraus keine Werte waren. Das politische Programm der *Fackel* in jenen Jahren war freiheitsfeindlich; Kraus erwartete damals von einer absoluten Herrschaft, wie sie etwa der von ihm verehrte Thronfolger Franz Ferdinand anstrebte, eine Rettung der Monarchie. Ähnlich verhielt er sich zum Wert der Gleichheit.

Der Krausssche Ästhetizismus enthielt, wie aus dem Geschilderten hervorgeht, per se ein aristokratisches Element. Der Großteil der Bevölkerung wurde durch ihn ausgeschlossen, und seine Existenz wurde nur damit gerechtfertigt, daß er als Funktionsträger für Geistes- oder

Geburtsaristokraten existierte. Das antiegalitaristische Denken der *Fackel* in jenen Jahren ging so weit, daß in ihr sogar ein Aufsatz von Karl Hauer erschien[47], in dem dieser für die Sklaverei plädierte.

Karl Kraus griff auch die Gleichheit vor dem Gesetz als eine Errungenschaft der damals von ihm bekämpften »Demokratie« an. Der unmittelbare Anlaß war die Kampagne gegen den Fürsten Eulenburg. Ohne daß man sich mit Harden identifiziert, muß doch festgehalten werden, daß das Verhalten der deutschen Justizbehörden Eulenburg gegenüber ein besonders eklatanter Fall von Klassenjustiz war: Obwohl Eulenburg des Meineids und der damals noch strafbaren Homosexualität überführt war, wurde er nie verurteilt. Doch in Kraus' Argumentation war schon die verhältnismäßig geringe Unbill, der Eulenburg ausgesetzt war, in Anbetracht seines Standes zuviel. Er sah nur die Parteien — hier ein Fürst, dort ein Journalist, der sich der ehemaligen Freunde des Fürsten (des »Fischer-Jackel« und des Milchmannes Riedl) bediente — und schrieb: »Die Demokratie feiert den großen Sieg der Gesetzlichkeit, denn hier bekundet der Knecht, daß er das gleiche Recht habe wie der Fürst, und spuckt ihn aus Überzeugung an[48].« Aufgrund der Verschiedenheit der Stände durfte es nach Kraus kein gleiches Recht geben: »Gegen den Wahn eines Rechts, das mit gleichem Maß zu messen behauptet, wenn es den Hohen wie den Niederen stürzt und den Unterschied der Fallhöhe nicht bedenkt und nicht die vertausendfachte Schmerzhaftigkeit eines Sturzes, den die in den Niederungen johlend erwarten[49].«

Mit dem bekämpften Liberalismus identifizierte Kraus auch die vom Bürgertum errungenen Institutionen der Geschworenengerichte, des Parlamentarismus und der Demokratie. Ausgehend von einer Debatte im Herrenhaus, der von konservativen Adeligen dominierten zweiten Kammer des österreichischen Parlaments, und von einigen offenkundigen Fehlurteilen der Geschworenen, die ja seinerzeit auch ihn in der Affäre mit Bahr seiner Meinung nach zu Unrecht verurteilt hatten, griff Kraus die Geschworenengerichte an. Auch diese Fehlurteile löste er aus dem gesamtgesellschaftlichen Kontext und betrachtete sie von der Warte seines aristokratischen Selbstverständnisses aus.

»Wenn die Justiz sich selbst ernst nimmt — wir tun's ja nicht —, so hat sie sich unbegreiflich lange von einer fixen Idee des Liberalismus die Teilung der Gewalt mit jenen aufoktroyieren lassen, in denen die Richter mit Recht ihre Viktualienhändler und Fleischhacker erkennen müßten. Die Zumutung, daß diesen die Kunden in ihren Betrieb hineinpfuschen sollten, würde von ihnen mit Entrüstung zurückgewiesen werden. Das Essen ist schließlich auch eine Angelegenheit, die alle angeht, aber die Sitte, daß die Esser in die Restaurantküchen eindringen und den Köchen zeigen, wie's gemacht werden muß, weil sie ›ein gesundes Empfinden‹ dafür haben, ist selbst in Wien unbekannt; man muß sich, mag auch die Eierspeis manchmal zu hart ausfallen, auf die Köche verlassen. Die haben es gelernt, und was sollen sie auf der Welt, wenn man sie nicht einmal kochen läßt[50]?«

Diese Zeilen, die ihrer gedanklichen Substanz nach aus einem Pamphlet eines Apologeten des Feudalismus im achtzehnten Jahrhundert stammen könnten, zeigen wieder die schon erwähnte Tendenz zur Instrumentalisierung der Mitmenschen: Ein Fleischhacker ist ein Fleischhacker, seine dienende gesellschaftliche Rolle ist ihm durch seinen Beruf vorgeschrieben. Der Wunsch, etwa an gemeinsamen Angelegenheiten der Gesellschaft, wie die Justizpflege eine ist, mitzuwirken, verstößt gegen seine Rolle und behindert andere Rollenträger — die Justizfunktionäre — in ihrer effizienten Berufsausübung.

Auch die geringe Mitbestimmung, die der Parlamentarismus den Untertanen in der Donaumonarchie bot, wurde diesen von Kraus mißgönnt. Der österreichische Parlamentarismus mit dem beschränkten Wahlrecht, dem Zweikammernsystem, dem Recht des Kaisers, Mitglieder des Herrenhauses zu ernennen, und dem kaiserlichen Sanktions- und Notverordnungsrecht war zwar ein äußerst unterentwickeltes Gebilde, aber Parlamentarismus und die damit verbundene Parteipolitik sind nun einmal ein ständiges Objekt konservativer Kritik. Kraus sah daher, ausgehend von einigen Korruptionsfällen, im Parlamentarismus nur die »Kasernierung der politischen Prosti-tution[51]« und warf ihm vor, daß er »die Gehirntätigkeit seiner Sklaven beeinträchtigt[52]«.

Im Zusammenhang mit Kraus' Kritik am Parlamen-tarismus steht auch seine Demokratiekritik. Unter Demo-kratie verstand Karl Kraus jede Regierungsform, die von seinem damaligen Ideal der absoluten Herrschaft abwich und eine gewisse Verteilung der Macht kannte. Aufgrund dieser Definition konnte er die konstitutionelle Donau-monarchie als Demokratie bezeichnen. Gelegentlich ver-wendete er das Wort Demokratie allerdings auch als Syn-onym für die liberale Bewegung. Jene Demokratieform, die eine absolute Identität von Herrschern und Beherrsch-ten annimmt, hat Kraus nicht einmal theoretisch in Er-wägung gezogen. Doch sind seine Argumente gegen die damalige, mit dem Liberalismus gleichgesetzte Demokratie derart, daß sie sich implizite auch gegen das sozialistische Demokratieideal wenden.

Was Kraus gegen die Demokratie vorbrachte, war schon damals weder neu noch originell. Argumente wie das von der »Vermassung« klingen da an, da wird festgestellt: »Demokratisch heißt jedermanns Sklave sein dürfen[53]«, und wegen des Eindringens breiterer Schichten wird ein Verfall der alten Kultur befürchtet. Gleichberechtigung des Volkes akzeptierte Kraus nur aus einem Grund: »... damit dem Aristokraten jede Belästigung erspart und das Volk abgelenkt sei. (...) Das ist die Demokratie, die ich mitmache[54].«

Die Stellungnahmen des Satirikers zu Parlamentarismus und Demokratie waren stark beeinflußt von seinem da-maligen gelegentlichen Mitarbeiter Josef Schöffel. Dieser ehemalige Offizier, der seine extrem aggressiv-querulante Veranlagung aufs gücklichste in ein der Öffentlichkeit nützliches Verhalten umzusetzen verstand, genoß schon damals berechtigten Ruhm als »Retter des Wienerwaldes« vor Spekulanten, die von der Wiener Presse unterstützt wurden. Kraus sah in diesem streitbaren Einzelgänger und Vorläufer seiner Pressegegnerschaft zweifellos ein Vorbild, er förderte auch die Publikation der Memoiren des Hoch-betagten. Schöffels Mitarbeit in verschiedenen Vertretungskörpern hatte ihn die dort herrschende Korruption kennenlernen und antiparlamentarische Schlußfolgerungen ziehen lassen. Gleichsam als antikorruptionistisches Relikt publizierte er während seiner letzten Lebensjahre häufig in der *Fackel;* am wichtigsten waren seine Studien über *Parlamentarismus* und *Immunität und Inkompatibilität.* Darin rechnete er dem Parlamentarismus die in Österreich seit 1848 vorgefallenen Skandale und Korruptionsfälle vor, um dann — immer abgestützt auf Zitate seines Freundes, des großen österreichischen Schriftstellers Ferdinand Kürnberger, den Kraus wohl durch Schöffel kennen und schätzen gelernt hatte — »einen gesunden, seiner Verantwortlichkeit bewußten Absolutismus einem unverantwortlichen, mit einem fressenden Krebsgeschwür, Parlament genannt, behafteten Absolutismus[55]« vorzuziehen. Wäre der auch von Schöffel verehrte Bismarck in Österreich Kanzler gewesen, so hätte er nach Meinung Schöffels, der den Parlamentarismus in Österreich aufgrund der speziellen Verhältnisse für unmöglich hielt, hier die einzige diesem Land angemessene Regierungsform errichtet: die Diktatur. Dieser Gedanke entsprach zweifellos einem wichtigen Aspekt des politischen Programms der *Fackel* in jenen Jahren.

Auch manche der sonstigen nichtliterarischen Mitarbeiter der *Fackel* in jener Zeit stammten aus dem konservativen Lager. Diese Mitarbeiter kann man, grob gesehen, in zwei Kategorien einteilen. Zur ersten gehörten die Kraus-Nachahmer, die Kraus' Stellungnahmen zu Sexualität und Politik in plumper, unkünstlerischer Form wiederholten. Das gilt vor allem für den schon mehrmals erwähnten damaligen Freund von Kraus, Fritz Wittels. Auch die politischen Auslassungen seines »Kameraden« Karl Hauer fallen in diese Kategorie. Neben seinem bereits zitierten Plädoyer für die Sklaverei veröffentlichte Hauer in der *Fackel* einen Aufsatz, betitelt *Die sozialdemokratische Religion,* in dem er, ausgehend von der Behauptung, die »Überschätzung des sogenannten Arbeiterelends« gehöre zu den gangbarsten Gedankenlosigkeit der Zeit, wie folgt fortfuhr: »Ein ansehnlicher Teil der Proletarier könnte mit seinem Schicksal zufrieden, mit der Kärglichkeit seiner Existenz durch deren geringe psychische Belastung ausgesöhnt sein, wenn er nicht dieselben Kulissen mit den höheren Gesellschaftsklassen gemein hätte, wenn der Blick des Proletariers nicht so häufig und nahe das Leben des Reichtums streifte. Der mißverstehende Neid, die falsche Vorstellung vom Glück der Reichen, der zu unmöglichen Vergleichungen führende *Kontrast* seiner Lebenssphäre mit dem zur Schau gestellten Luxus derer, für die er seiner Meinung nach arbeitet, vergiftet sein Gemüt und erzeugt erst die Idee seines ›Elends‹, macht ihm die Abgeschlossenheit und Einförmigkeit seines Daseins bewußt[56].«

Die zweite Gruppe von Mitarbeitern waren solche, die Kraus persönlich nicht nahestanden und — wie seinerzeit Wilhelm Liebknecht — von ihm um Beiträge zu gerade aktuellen Fragen ersucht wurden. Der markanteste von ihnen war der Verfasser der schon viel früher erschienenen *Grundlagen des 19. Jahrhunderts,* Houston Stewart Chamberlain. Daneben finden sich in der *Fackel* auch Sätze wie der folgende von dem Historiker Martin Spahn: »Worauf es für unsere zukünftige Entwicklung ankommt, ist meiner Anschauung nach die Schutz und die Stärkung des Germanentums in der besonderen Ausprägung, die es seit einem Jahrtausend im Abendland erhalten hat[57].« Auch die obskuren Ansichten des »Mannes, der Hitler die Ideen gab«, Jörg Lanz von Liebenfels, kamen in der *Fackel* zu Wort.

Die Zielgruppe von Kraus' politischen Auslassungen war der Adel. Kraus verteidigte ihn nicht nur in publizistischen Auseinandersetzungen, wie etwa in den Affären Jagow und Eulenburg, sondern erwartete von ihm auch politische Initiativen: »Der Adel müßte, wenn noch Adel in ihm ist, von mir verleitet werden können, dem Bürgertum den Fuß auf den Nacken zu setzen[58]. . .« Ziel dieser Bestrebungen war eine Revolution von oben, wie sie der von Kraus verehrte Thronfolger Franz Ferdinand auch ansatzweise plante. Der eigenen Klasse, dem Bürgertum, fühlte Kraus sich nicht mehr zugehörig: als »Geistesaristokrat« identifizierte er sich mit dem Geburtsadel. Es ist kein Zufall, daß er seine Freundin und einen erheblichen Teil seines Umgangs aus dieser Gesellschaftsschicht wählte. Die von ihm ironisch kommentierte »Sehnsucht nach aristokratischem Umgang« hatte so einen ganz konkreten biographischen Hintergrund. Die Emanzipation des Bürgertums vom Adel akzeptierte er nicht: Auf sein politisches Bekenntnis angesprochen, erklärte er kurz vor Ausbruch des Ersten Weltkriegs, er sei »politisch noch nicht einmal bei der Französischen Revolution angelangt, (...) geschweige denn im Zeitalter zwischen 1848 und 1914[59]«. Die gerade bei Konservativen so problematische politische Identität fand er in der Hoffnung auf den Thronfolger Franz Ferdinand. Dessen Vorstellungen kamen dem starken Ordnungsdenken entgegen, das Kraus sein Leben lang auszeichnete. Vor allem aber beeindruckte ihn die ganz unösterreichische Radikalität des Erzherzogs, sein Mangel an jeder Verbindlichkeit: Franz Ferdinand war der Prototyp des »starken Mannes«, wie Kraus ihn in der Politik — vom christlichsozialen Volkstribunen Karl Lueger bis zum austrofaschistischen Diktator Engelbert Dollfuß — sein Leben lang schätzte. Kraus verzieh Franz Ferdinand sogar dessen Kulturlosigkeit und sah in ihm nur »die Hoffnung dieses Staats für alle, die da glauben, daß gerade im Vorland des großen Chaos ein geordnetes Staatsleben durchzusetzen sei[60]«. Sein Tod, der Kraus zufolge »nicht Hamlet, sondern Fortinbras selbst fällte«, hat ihn tief erschüttert. Obwohl der Erste Weltkrieg, der durch die Ermordung Franz Ferdinands ausgelöst wurde, von der Donaumonarchie in gewissem Sinne in dessen Geist geführt wurde, und obwohl Kraus sich mehrfach von seinem Vorkriegskonservativismus distanzierte, hat er die Wertschätzung des Thronfolgers, der auf seine Art gewiß an der Katastrophe mitschuldig war, nie widerrufen.

Auch im Militär sah Kraus zu jener Zeit eine mögliche positive Kraft in der erhofften »Revolution von oben«. Nach einer Vorlesung in Pola vor Offizieren — vor den Fallotas und Beinstellers aus den *Letzten Tagen der Menschheit* also —, dankte er in einem Kommentar, der Ausdrücke wie »sittliche Kraft«, »Manneszucht« und ähnliches enthielt, diesen für die »Hoffnung auf Staat und Menschheit[61]«, die er aus der Begegnung mit ihnen geschöpft habe. Im Vergleich zwischen den Wiener Bürgern und den Offizieren erblickte er den »Unterschied von Menschenwert und Fliegenplage«, als Grund des von ihm behaupteten Militärhasses der Bürger bezeichnete er die »Überlegenheit des Mißwuchses über die Männlichkeit«. Diese Sätze wurden kaum mehr als ein halbes Jahr vor Kriegsbeginn — im November 1913 — geschrieben; sie zeigen, daß auch Kraus von der allgemeinen militaristischen Stimmung angesteckt war.

Trotz der Existenz Franz Ferdinands und des Adels, dem Kraus allerdings Verrat an seinen Prinzipien vorwarf, war der Kraussche Konservativismus in jenen Jahren heimatlos und konnte sich auf keine relevante soziale Bewegung stützen. Folglich war die nach außen deklarierte politische Haltung der *Fackel* zu jener Zeit die der »Antipolitik«: »Ich gehe an den großen Problemen der Politik vorüber. Ich bin Herausgeber einer Zeitschrift und kümmere mich den Teufel um Wahlreform und Ausgleich. Neulich hat mich ein Zulukaffer gefragt, wer bei uns jetzt Ministerpräsident sei, und ich wußte es nicht[62].« Kraus rechtfertigte diese Haltung mit ästhetischen Argumenten: »Ich beurteile den geistigen Inhalt eines politischen Ereignisses nach der Beschaffenheit der Menschen, die es beschäftigt[63] (...).« Diese Beurteilung bestanden ausnahmslos konservative Politiker positiv: Bismarck, Lueger, Graf Taaffe, Franz Ferdinand. Der früher verehrte Victor Adler wurde nicht mehr erwähnt.

Die Grundsätze dieser »Antipolitik« setzte Kraus 1906 anläßlich einer Debatte über seine Stellung zu der damals wieder einmal aktuellen Wahlrechtsreform auseinander. Robert Scheu, einer der vielen Sozialisten, die glaubten, die Ideen von Kraus ließen sich mit sozialistischem Gedankengut vereinbaren, hatte Kraus in einem offenen Brief, der ansonsten voll des Lobes war, wegen seiner Haltung in der Frage der Wahlreform angegriffen: »Was hat Ihnen nun die Wahlreform getan, daß Sie dieser mächtigen Erscheinung so feindlich gegenüberstehen[64]?« Auch Kraus leide an Österreich, genau wie die Sozialdemokratie, die die einzige Kraft sei, die in den letzten Jahren geschichtlich in Österreich etwas geleistet habe. Der Adel, von dem Kraus träume, existiere nicht, die ästhetische Befriedigung,

die die Kolonnen der Arbeiterschaft bieten, sei größer.
Auch Scheu sprach sich für eine »Auslese« aus, doch solle
zuerst einmal durch Mechanismen wie die Wahlrechtsreform eine gewisse Chancengleichheit hergestellt werden,
damit »das ungemünzte Gold, die Fülle der Talente aus
dem Schoß des Volkes steigen« könnten[65]. Kraus ging auf
den sachlichen Inhalt von Scheus offenen Brief nicht ein,
erläuterte aber dafür seine grundsätzliche Haltung als
Künstler zur Politik: Er habe die Wahlreform als fana-
tischer Nichtpolitiker nicht angegriffen, er verstehe von
dieser Frage nichts. Er habe sich nur vom ästhetischen
Standpunkt mit ihr beschäftigt und »dem orthodoxen Eifer
(gewehrt), der die Wahlreform über die irdische Nützlich-
keit hinaus in eine Frage des ewigen Seelenheils verwandeln möchte«; zugleich habe er nachgewiesen, »daß selbst
der Horizont sozialdemokratischer Kunstauffassung von
einem Plakatideal verhängt ist[66]«. Die unorganisierte
künstlerische Kritik der *Fackel* an den Einrichtungen der
bürgerlichen Gesellschaft sei stärker als jede parteibeglau-
bigte Kritik. Seine Attacken richteten sich wohl auch gegen
die Bourgeoisie, doch hatte Kraus eine ganz eigenwillige
Vorstellung davon, was »Bourgeoisie« sei: »Ich glaube, daß
im Zerstörungskampf gegen die künstlerische Persönlichkeit jede Masse zur ›Bourgeoisie‹ wird[67] (...).«
    Hier sehen wir Kraus in einer Position, die es berechtigt
erscheinen läßt, ihn — wie Ernst Fischer es tut — als
»romantischen Rebellen« einzuschätzen. Eine solche nicht-
differenzierende Betrachtungsweise, die den Gegner nicht
in einer Minderheit, sondern in der Mehrheit sieht, findet
man häufig bei rebellierenden Literaten. Der expressioni-
stische Lyriker Rudolf Leonhard formulierte diese Haltung so: »Es gibt (mindestens heute) nur zwei Klassen: die
Bürgerlichen, zu denen fast die ganze Aristokratie, die
meist wenig aristokratisch ist, und fast das ganze Proletariat gehört, und die Unbürgerlichen ...« Und weiter:
»Es gilt, den Bürger, den bourgeoisen wie den proletarischen, überall zu besiegen, vor allem auf den Feldern des
Bürgertums[68].« Kraus hatte wohl eine ähnliche Meinung
von der Aristokratie, doch forderte er für seinen Traum
»Utopistenrecht«. Die publizistische Verantwortung, an

die Scheu appellierte, lehnte er ab: »Ich trage als Publizist nur die Verantwortung für meinen Glauben, nicht für die Wahrheit meines Bekenntnisses. Ich schreibe, weil ich zufällig in dem Drehen von Brotkügelchen nicht den mich befriedigenden Ausdruck meines Innenlebens finde[69].« Zudem säßen — in diesem Gedanken vereinigen sich Antipolitik und Gegnerschaft zur Presse — die wirkenden Kräfte in den Redaktionen und nicht in den Parlamenten, eine Wahlrechtsreform sei daher sinnlos.

Scheu dürfte sich wohl hauptsächlich im Hinblick auf seine Freundschaft mit Kraus an die *Fackel* gewandt haben. Sonst wäre sein Verhalten naiv gewesen, denn Kraus stand damals der Arbeiterbewegung durchaus feindselig gegenüber. Er motivierte dies einerseits mit Argumenten aus dem Bereich von Sittlichkeit und Kriminalität, andererseits mit ästhetisierenden. Die Vorwürfe der ersten Gruppe unterschieden sich nicht von denen, die Kraus gegen die bürgerliche Presse erhob, da die Haltung der *Arbeiter-Zeitung* zu den für Kraus wichtigen Problemen sich nicht von jener der bürgerlichen Presse unterschied. Sie berichtete über Ehescheidungs- und Ehebruchsprozesse mit voller Namensnennung und nannte auch die Namen von Verdächtigen, die, wenn sich ihre Unschuld herausstellte, große Mühe hatten, ihren beschädigten Ruf wiederherzustellen. Auch zeigte die *Arbeiter-Zeitung* die gleiche Prüderie und Sexualfeindlichkeit wie die übrige Presse. Als etwa bürgerliche Zeitungen behaupteten, die Prostituierten aus der Novaragasse (einem Zentrum des Straßenstrichs im zweiten Wiener Gemeindebezirk) hätten bei einer Landtagswahl für den sozialdemokratischen Kandidaten agitiert, wies die *Arbeiter-Zeitung* diese »Zumutung« mit Entrüstung zurück: »Und mit der Unwahrheit des Anwurfs krebst die *Arbeiter-Zeitung* seit Wochen und scheut sich nicht, die in die politische Debatte gezogenen Prostituierten, deren Wahlhilfe ablehnend, in viel brutalerer Weise noch zu beschimpfen, als jenes Antisemitenblatt, das den Anwurf erhoben hatte, brutaler und dümmer, weil ihrem Standpunkt der Schutz der Ausgebeuteten unter den Ausgebeuteten näher liegen müßte als einem beliebigen bourgeoisen Parteischmierer[70].«

Da die Maßstäbe von Kraus' Ästhetizismus in der Kultur teils vergangener, teils der gegenwärtigen herrschenden Klassen wurzelten, kehrte er sich automatisch gegen die Arbeiterbewegung. Ästhetizismus an sich könnte ja auch — wie etwa Robert Scheu vorschlug — von links betrieben werden und so zu einer allgemeinen, allerdings problematischen Parteilichkeit für die Arbeiterbewegung führen. Doch Kraus folgte nicht dem von Scheu vorgeschlagenen Weg; die Sozialdemokratie dünkte ihm daher geistesarm, er warf ihr vor, daß ihr Hall keinen Dichter erwecken könne, daß sie von schlichtem Schmocktum getragen sei, daß »der Siegesrausch der Nüchternheit, der Dünkel glanzlosester Diktatur[71]« in ihr herrsche. Indem er die Sozialdemokratie an seinem (in diesem Kapitel dargestellten) Wertsystem maß, mußte er sie völlig verwerfen. Gerade das, was heute dem umstrittenen Austromarxismus auch von seinen Kritikern positiv angerechnet wird, daß er nämlich eine wichtige Kulturbewegung war, wurde bei Kraus, dem die Inhalte dieser Kultur nicht zusagten, zum Hauptargument gegen die Sozialdemokratie. Er machte damals keinen Unterschied zwischen sozialdemokratischem und journalistischem Geist. In einem Aphorismus heißt es: »Es herrscht Not an Kommis. Alles drängt der Sozialdemokratie und der Journalistik zu[72].« Für Kraus war eine Idee, die mit den materiellen Bedürfnissen dessen, der sie vertritt, zusammenhängt, von vornherein suspekt, weil sie aufgegeben werde, wenn ihre materielle Grundlage wegfalle. Diesen Gedanken dachte er konsequent bis zu der folgenden Überspitzung weiter: »Ein Hungerleider, der Anarchist wird, ist ein verdächtiger Werber für die Sache. Denn wenn er zu essen bekommt, wird er eine Ordnungsstütze. Oft sogar ein Sozialdemokrat. Nichts ist dagegen sinnloser, als sich über die Söhne besitzender Bürger lustig zu machen, die anarchistischen Ideen anhängen. Sie können immerhin Überzeugungen haben. Jedenfalls verdächtigt kein abgerissenes Gewand die geistige Echtheit ihrer kommunistischen Neigungen[73].« Schon früh hat Kraus allerdings die Eigenart des Austromarxismus, mit großem Aufwand an vorgeblich marxistischen Theorien das eigene opportunistische Verhalten zu rechtfertigen, durchschaut: »Kurzum, die Sozialdemokratie ist ein Familienidyll geworden. (...) Wenn man's ihnen sagt, wenn man sie (...) als Muster bürgerlicher Solidität preist, anworten sie gar nicht oder mit jener mitleidigen Überlegenheit, hinter der man weiß Gott was für einen Schatz an Wissenschaftlichkeit und Überzeugung vermuten soll. In Wirklichkeit ist's bloß jene ›Chuzpe‹, die diese vollendetsten Mischexemplare aus einem Professor der Nationalökonomie und einem Handlungsgehilfen in keiner politischen Lebenslage im Stiche läßt[74].«

Hier klingt erstmals etwas an, das viel Verwirrung hervorgerufen hat: Kraus schien die Sozialdemokratie von links anzugreifen. In den Jahren vor dem Ersten Weltkrieg, als Kraus eindeutig rechts von der Sozialdemokratie stand, war die Verwirrung, die diese Angriffe verursachten, allerdings geringer als in den zwanziger Jahren.

Kraus versuchte stets für seine Überzeugungen »Kronzeugen« zu finden, mit denen er sich zugleich identifizieren konnte. Obwohl er einmal erklärte, er halte sich die Philosophie vom Leib, weil er das Gefühl habe, daß sich hier tagaus tagein das Schlimmste begebe, und weil er zu gut informiert werden könnte[75], und er so die Philosophie mit dem Journalismus gleichsetzte, befinden sich auch Philosophen unter den Kronzeugen. Die Lektüre von Kant, Nietzsche, Schopenhauer, Kierkegaard und Marx ist zwar nachweisbar, doch hat Kraus keinen dieser Philosophen systematisch studiert. Zu den »Grundfragen« der Philosophie hat er sich nie geäußert, wenngleich wir davon ausgehen können, daß er Idealist war. Zwar sind die expliziten Einflüsse dieser Philosophen minimal, doch haben sie eine wichtige Funktion als Vermittler einer bestimmten Lebensstimmung oder einzelner Gedanken, die in ihrem Gebäude gar nicht zentral stehen. Kants Idee des ewigen Friedens, Nietzsches Kritik an den Deutschen, die ästhetischen Lebensbetrachtungen des »A.« in *Entweder — Oder* von Kierkegaard, dessen Feindschaft Journalisten gegenüber und vor allem Schopenhauers Pessimismus, der bei Kraus in jener Periode in Weltuntergangsvisionen seinen Niederschlag fand, haben ihn beeinflußt. Er akzeptierte auch die politischen Schlußfolgerungen, die Schopenhauer zog — ein autoritäres Regime zur Zähmung der »Kanaille«. Mehrmals[76] zitierte er zustimmend den berüchtigten Bericht Schopenhauers über dessen Verhalten während der Revolution 1848, als er den Soldaten, die aus seinen Fenstern auf Revolutionäre, also auf »Schurken«, schossen, sofort seinen Feldstecher schickte, damit sie besser zielen könnten.

Die geistesgeschichtliche Tradition, an der Kraus sich orientierte, war zeit seines Lebens keine fortschrittliche. Georg Lukacs spricht von zwei Linien der deutschen Geistesgeschichte: der zum Faschismus führenden Linie Goethe — Schopenhauer — Wagner — Nietzsche und der fortschrittlichen Linie Lessing — Goethe — Hölderlin — Büchner — Heine[77]. Kraus stand eher der ersten Linie nahe. Abgesehen von Hölderlin hat er keinen der Protagonisten der zweiten geschätzt, auch seine Goethe-Rezeption war nicht an dem Stürmer und Dränger, sondern am Alterswerk Goethes orientiert.

Auch Goethe wurde von Kraus zur Rechtfertigung des eigenen Konservativismus eingesetzt. Als der liberale Journalist Grünfeld das servile Verhalten Goethes Fürstlichkeiten gegenüber angriff und einen devoten Brief Goethes zitierte, nannte Kraus dieses Benehmen anständig und ein Zeichen dafür, daß der Dichter des *Faust* das Vorrecht der Geburt anerkannte. Diese Angelegenheit ist deswegen wichtig, weil Kraus nach seiner Wandlung nach dem Ersten Weltkrieg wieder auf sie zurückkam.

Als der von Kraus bekämpfte Historiker Heinrich Friedjung in seinem Werk *Österreich von 1848 bis 1866* Nestroy, dessen Renaissance wir Kraus zu verdanken haben, als Liberalen darstellte und solcherart für eine von Kraus verabscheute Ideologie reklamierte, bemühte sich Kraus, nachzuweisen, daß Nestroy dieselbe Einstellung gehabt hätte wie er, daß er ein konservativer Gegner der Revolution gewesen sei und als Satiriker gar nichts anderes hätte sein können. Wir brauchen diese Einschätzung hier gar nicht zu erörtern; Kraus selbst hat sie nach dem Ersten Weltkrieg für übertrieben erklärt[78].

Kraus sah seine Bemühungen, Nestroy aus der unverdienten Versenkung zu holen, in engem Zusammenhang mit dem Versuch, den seiner Meinung nach unverdienten Ruhm Heinrich Heines zu demontieren. Die Schrift *Heine und die Folgen*, 1910 erstmals erschienen, ist wohl eine der problematischesten Arbeiten von Karl Kraus. Dietrich Simon teilt die Interpreten dieser Schrift in drei Kategorien: In solche, die Kraus damit »totschlagen« (was nicht sehr schwer fällt), in solche, die ihre Waffen gegen Heine daraus beziehen, und in solche, die zu »verkleistern« versuchen und eine Balance zwischen Heine und Kraus herstellen wollen. In diesem Schema fehlt allerdings die eingehende Untersuchung von Mechthild Bories, die, ausgehend von Kraus' Polemik gegen Heine, eine der wichtigsten kritischen Arbeiten über Kraus geschrieben hat. Das von Simon erwähnte »Verkleistern« erweist sich in ihrer Analyse als unmöglich: Die künstlerischen und menschlichen Wertbegriffe von Kraus und von Heine sind nicht miteinander vergleichbar. Die geschichtsfeindliche Haltung des Satirikers verursachte sein Fehlurteil über Heine, den er nach künstlerischen und menschlichen Maßstäben bewertete, die zu Heines Zeit unrealisierbar waren.

Aber ging es Kraus überhaupt um Heine? Schon der Titel seines Essays deutet das Gegenteil an. Am Pranger der Krausschen Satire steht wohl nicht die historische, empirisch faßbare Gestalt Heinrich Heines. In Wirklichkeit ging es Kraus um die Folgen: Mit dem verkürzten Heine-Verständnis des Bürgertums korrespondierte eine bestimmte journalistische Kunstauffassung, deren Hauptvertreter Kraus' späterer Gegner Alfred Kerr war. Kraus projizierte nun die Geistesart der angeblichen Folgen Heines — der »Geistesheroen« des bürgerlichen Feuilletons — auf diesen und machte ihn dafür haftbar. Nicht der unhaltbare Angriff auf Heine ist also das Wesentliche, sondern Kraus' Versuch, sich unter Anwendung der bereits dargestellten Kriterien vom Kulturbetrieb seiner Zeit zu distanzieren und zugleich seine Vorstellungen über Kunst und die Funktion des Schriftstellers darzulegen.

# ANMERKUNGEN

1 *Die Chinesische Mauer,* a. a. O., 257.
2 *Nachts,* a. a. O., 17.
3 *Sprüche und Widersprüche,* a. a. O., 144.
4 *Die Chinesische Mauer,* a. a. O., 253.
5 *Die Chinesische Mauer,* a. a. O., 330.
6 *Die Chinesische Mauer,* a. a. O., 253.
7 *Nachts,* a. a. O., 41.
8 Beide Zitate aus *Nachts,* a. a. O., 41.
9 *Pro domo et mundo,* a. a. O., 76.
10 F 234—235, 6.
11 *Sprüche und Widersprüche,* a. a. O., 249.
12 *Sprüche und Widersprüche,* a. a. O., 116.
13 *Nachts,* a. a. O., 67.
14 *Untergang der Welt durch schwarze Magie,* a. a. O., 197.
15 Zitiert nach Thomas Mann, *Die erzählenden Schriften,* gesammelt in drei Bänden, Dünndruckausgabe, Berlin 1928, 2. Band, 558.
16 *Pro domo et mundo,* a. a. O., 119.
17 *Pro domo et mundo,* a. a. O., 124.
18 *Sprüche und Widersprüche,* a. a. O., 222.
19 *Sprüche und Widersprüche,* a. a. O., 249.
20 Siehe etwa F 561—567, 87.
21 Zitiert nach *Autorenreport,* herausgegeben von K. Fohrbeck und A. J. Wiesand, Reinbek 1972.
22 Zitiert nach *Autorenreport,* a. a. O., 91.
23 Siehe Jürgen Habermas, *Strukturwandel der Öffentlichkeit, Untersuchungen zu einer Kategorie der bürgerlichen Gesellschaft,* 5. Auflage, Neuwied 1971, vor allem 227.
24 Habermas, a. a. O., 218.
25 Neben der bisher angeführten Literatur siehe etwa Hans Heinz Reinprecht, *Karl Kraus und die Presse,* Phil. Diss., Wien 1948.
26 Walter Benjamin, a. a. O., 129.
27 *Nachts,* a. a. O., 40.
28 *Sprüche und Widersprüche,* a. a. O., 177.
29 *Nachts,* a. a. O., 209.
30 *Pro domo et mundo,* 81.
31 *Nachts,* a. a. O., 58.
32 Werner Kraft, *Karl Kraus, Beiträge zum Verständnis seines Werkes,* Salzburg 1956.
33 Siehe Walter Benjamin, *Illuminationen,* Frankfurt 1969, 276.
34 Theodor W. Adorno, *Negative Dialektik,* Wissenschaftliche Sonderausgabe, Frankfurt 1970, 156.
35 *Karl Kraus und die Nachwelt,* in: Hans Mayer, *Ansichten zur Literatur der Zeit,* Reinbek 1962, 78.
36 *Worte in Versen,* a. a. O., 12.
37 F 264—265, 17.
38 *Nachts,* a. a. O., 236.

39 F 360—362, 10.
40 *Untergang der Welt durch schwarze Magie,* a. a. O., 7.
41 *Untergang der Welt durch schwarze Magie,* a. a. O., 9.
42 Siehe dazu Scheichl, a. a. O. Derselbe: *Politik und Ursprung,* in: *Wort und Wahrheit,* Januar/Februar 1972, sowie Jens Malte Fischer, *Karl Kraus, Studien zum Theater der Dichtung und Kulturkonservativismus,* Kronberg 1973. Derselbe: *Karl Kraus,* Stuttgart 1974, sowie Albert Fuchs, *Geistige Strömungen in Österreich 1869—1918,* Wien 1949.
43 F 293, 23.
44 Greiffenhagen, a. a. O., 62.
45 F 326—328, 46, siehe dazu Mayer, a. a. O., 71 f.
46 In *Literatur und Kritik,* Heft 41, 1970, 2, findet sich eine Bibliographie der Diskussion, die sich an Raddatz' Aufsatz anschloß. Siehe dort auch Edwin Hartl, *Verblendete Hellseher und Schwarzseher, Überlegungen zu den Gegnern von Karl Kraus,* a. a. O., 3—14, und Friedrich Jenaczek, *Protest,* a. a. O., 14—21.
47 Karl Hauer, *Phrasen,* F 200, 5 ff.
48 F 253, 2.
49 F 253, 3.
50 F 378—380, 1.
51 *Sprüche und Widersprüche,* a. a. O., 110.
52 F 128, 21.
53 *Pro domo et mundo,* a. a. O., 51.
54 *Pro domo et mundo,* a. a. O., 28.
55 F 125, 19.
56 F 210, 7.
57 F 145, 3.
58 F 393—394, 27.
59 F 400—403, 92.
60 F 400—403, 2.
61 F 387—388, 32.
62 F 232—233, 2.
63 F 264—265, 4.
64 F 194, 1.
65 F 194, 4.
66 F 194, 7.
67 F 194, 8.
68 Zitiert nach Reinhard Weisbach, *Wir und der Expressionismus, Studien zur Auseinandersetzung der marxistisch-leninistischen Literaturwissenschaft mit dem Expressionismus,* Berlin, DDR, 1973, 23.
69 F 194, 11.
70 F 120, 24 f.
71 F 190, 15.
72 F 251—252, 41. In der Buchausgabe nach dem Ersten Weltkrieg ist der Hinweis auf die Sozialdemokratie allerdings gestrichen. Siehe *Sprüche und Widersprüche,* a. a. O., 117.
73 F 259—260, 48.

74 F 213, 12.
75 *Untergang der Welt durch schwarze Magie*, a. a. O., 100 f.
76 F 343—344, 34, und F 384—385, 23.
77 Siehe Georg Lukacs, *Thomas Mann*, Berlin, DDR, 1957, 37.
78 F 613—621, 52.

# Ich habe es nicht gewollt

Am 28. Juni 1914 tötete in Sarajevo der Schüler Gavrilo Princip den österreichischen Thronfolger Erzherzog Ferdinand d'Este und dessen Gattin. Die einige Tage nach dem Attentat erschienene *Fackel* mit dem *Franz Ferdinand und die Talente* betitelten Nachruf auf den Ermordeten und dem schon ausgiebig zitierten Bekenntnis der *Sehnsucht nach aristokratischem Umgang* ist das letzte große Dokument und gleichzeitig auch der Höhepunkt des Krausschen Vorkriegskonservativismus. Trotz des früher gelegentlich artikulierten Verständnisses für die Probleme der Serben und trotz der Kritik an der österreichischen Balkanpolitik vermochte Kraus nicht die sozialen Hintergründe des Attentats zu sehen[1] und interpretierte es nur als die Handlung eines »ungewaschenen Intelligenzbuben«. Der Grund des Attentats lag seiner Darstellung nach nicht in konkreten gesellschaftlichen Zuständen, wie etwa der politischen Unterdrückung der Bevölkerung Bosniens, sondern in einem konstruierten Antagonismus zwischen den von Kraus bekämpften Mächten des Fortschritts und der Bildung einerseits und der Persönlichkeit anderseits. Der ermordete Franz Ferdinand war für Kraus eine solche Persönlichkeit, imstande, mit »den Triebkräften österreichischer Verwesung, dem Gemütlichen und dem Jüdischen[2]«, aufzuräumen. Als »ungestümer Bote aus dem alten Österreich« stellte er für Kraus die ersehnte konservative Macht dar, die imstande sein sollte, die Welt Gottes aus der Umklammerung »jener dunklen Welt der Aufklärung[3]« zu befreien. Daher fällten ihn Fortschritt und Bildung — symbolisiert durch »Druckerschwärze und Talent« (eine Anspielung auf die beiden Attentäter: der eine war Drucker, der andere Mittelschüler). Auch diese Einschätzung ist historisch unhaltbar. Nicht der Fortschritt hat Franz Ferdinand gefällt, seine Ermordung, die auf die 1914 vom »Fortschritt« in unseren Breiten längst abgelehnte Tradition des Tyrannenmordes zurückgriff, war ähnlich archaisch wie gewisse politische Konzeptionen des Ermordeten. Daß es sich bei den beiden Attentätern, die auf überholte politische Methoden zurückgriffen, um einen Mittelschüler und einen Drucker handelte, darf nicht darüber hinwegtäuschen, daß andere Komplizen Princips keine Schulbildung hatten[4]. Das fortschrittsfeindliche und rückschrittliche Österreich, das Kraus in Franz Ferdinand verkörpert sah, hat auch dessen Mörder hervorgebracht.

Das Attentat hatte die bekannten Folgen: Österreich-Ungarn richtete sein berüchtigtes Ultimatum an Serbien, das friedensmüde Europa mobilisierte. Der »Weltuntergang«, jene Katastrophe, die Kraus seit Jahren vorhergesehen und satirisch immer wieder heraufbeschworen hatte — jetzt war sie auf einmal zum Greifen nahe. Und es stellte sich der gleiche Effekt ein, den wir auch bei der zweiten Katastrophe im Leben von Karl Kraus, bei Hitlers Machtübernahme und dem darauffolgenden Untergang der österreichischen Demokratie, beobachten werden: Proportional zur zeitlichen Annäherung an solche Katastrophen sank die Wachsamkeit des großen Satirikers. Er war ein Prophet des Details, der es, gestützt auf seine großartige Phantasie, verstand, aus Geringfügigkeiten Katastrophen Jahre vor ihrem tatsächlichen Eintreten vorherzusagen. Knapp vor der Katastrophe versagte jedoch sein Vorstellungsvermögen: Der Pessimist wandelte sich auf einmal zum blinden Optimisten, der nicht glauben wollte, daß seine Angstvisionen demnächst Wirklichkeit werden könnten.

Ähnliches ereignete sich auch nach dem Tode Franz Ferdinands: Der Nachruf, den Albert Fuchs zu Recht als »rechtsradikal« klassifizierte, war — so der gleiche Autor — »mit keinem Ton auf Frieden gestimmt[5]«. Zu einem Zeitpunkt, als es offensichtlich war, daß ein Krieg vor der Tür stand, es aber noch möglich gewesen wäre, ohne größere Behinderung durch die Zensur — allerdings erfolglos — zum Frieden aufzufordern, schwieg die *Fackel* zu dieser wichtigen Frage und verstärkte durch den Nachruf auf den ermordeten Thronfolger den Haß gegen dessen Mörder·und deren angebliche Hintermänner.

Und so brach der Krieg aus. Auch Kraus blieb von den

durch ihn verursachten Leiden nicht verschont: Seine
Freunde Franz Grüner, Franz Janowitz, Stefan Fridezko
und Franz Koch fielen, seine Freundin Elisabeth Reitler
und Georg Trakl töteten sich, Ludwig von Ficker, der
noble Herausgeber des von Kraus geschätzten *Brenner*,
wurde an der Ostfront unter menschenunwürdigen Umständen als Soldat gequält.

Ähnlich wie die Fälle aus dem Problembereich von
»Sittlichkeit und Kriminalität« mobilisierten diese persönlichen Verluste sowie vieles andere, das Kraus aus münd-
lichen Mitteilungen, Briefen und Zeitungsmeldungen erfuhr, seine gigantische Fähigkeit zum Mitleiden, zur Identifikation mit den Betroffenen. Ihm selbst blieben Hunger
und materielle Not allerdings erspart, nur sein großes
Auto wurde für Kriegszwecke beschlagnahmt, die *Fackel*
konnte trotz Papiermangels den ganzen Krieg über erscheinen. Doch wichtiger als diese materiellen Privilegien
erscheint mir etwas anderes: Das spezielle Übel eines Krieges, daß es nämlich dem männlichen Staatsbürger in der
Regel unmöglich ist, sich für oder gegen ihn zu entscheiden, blieb Kraus erspart. Bei den meisten von ihm kritisierten Intellektuellen verhinderte einerseits die drohende
Notwendigkeit, Kriegsdienst zu leisten, anderseits die Versuchung, dieser Notwendigkeit durch ein angepaßtes Verhalten — etwa als Kriegsdichter oder als Kriegsbericht-
erstatter — zu entgehen, die Freiheit der Entscheidung.
Gestützt auf Protektion und auf ihre schriftstellerischen
Fähigkeiten, fanden nicht wenige Literaten ein ruhiges
Plätzchen im Kriegspressehauptquartier. Selbst wenn ihre
Einstellung zum Krieg keineswegs positiv war, besangen
sie ihn doch und retteten so ihr Leben. Kraus war durch
einen Zufall auch in diesem Punkt privilegiert: Eine
Rückgratverkrümmung machte ihn dienstuntauglich. Er
hat allerdings, in Anbetracht seiner Mentalität durchaus
glaubhaft, versichert, im Falle seiner Verpflichtung zur
Kriegsdienstleistung würde er lieber ins Feld und damit
möglicherweise in den Tod ziehen, als sich zu prostituieren[6].

Wie jede große Katastrophe fand auch die des Ersten
Weltkrieges ihren Niederschlag in Form einer ideo-

logischen Krise. Für einen Intellektuellen, dessen Verhalten nicht von unmittelbaren äußeren Notwendigkeiten gesteuert war, gab es drei mögliche Verhaltensweisen dem Krieg gegenüber: Er konnte ihm im weitesten Sinne zustimmen, er konnte sich in die innere Emigration begeben und schweigen, oder er konnte ihn innerhalb der Grenzen, die ihm das Regime setzte, bekämpfen. Fast alles, was an bürgerlichen Intellektuellen heute Rang und Namen hat, und ein nicht geringer Teil der mit der Arbeiterbewegung verbundenen Intelligenz hat sich zumindest in der ersten Zeit, als man noch mit einem schnellen Sieg der Mittelmächte rechnete, als Apologet des Krieges oder der ihn begleitenden Verhältnisse betätigt. Allerdings änderte der weitere Verlauf des Krieges die Auffassungen einiger seiner ursprünglichen Verteidiger. Ein Teil jedoch behielt sein gespaltenes Bewußtsein dem Krieg gegenüber bis zu dessen Ende bei.

Der bessere Teil der Intelligenz wählte allerdings von Anfang an das Schweigen, so etwa der deswegen von Kraus gelobte Arthur Schnitzler:

Sein Wort vom Sterben wog nicht schwer.
Doch wo viel Feinde, ist viel Ehr':
Er hat in Schlachten und Siegen
Geschwiegen[7].

Absolute Gegnerschaft zum Krieg war eine seltene Erscheinung, die sich nur bei heterogenen Randgruppen fand. Dieses Randgruppendasein und die dadurch verursachte Isolierung bewirkte, daß diese Kriegsgegnerschaft in manchen Fällen — so etwa bei den Expressionisten — abstrakt und daher unverbindlich war.

Wir müssen uns jetzt fragen, welche dieser Haltungen dem Krieg gegenüber jenem Karl Kraus, den wir im bisherigen Verlauf der Untersuchung kennengelernt haben, am ehesten angemessen gewesen wäre. Orientieren wir uns an einem Großteil der vorliegenden Kraus-Biographien, dann erhalten wir das Bild eines harmonischen Übergangs in der Entwicklung des Satirikers von der Vorkriegszeit zur Kriegszeit. Aber diese Auffassung ist nicht haltbar, zumal Kraus selbst gestanden hat, daß er mit Kriegsbeginn umgelernt habe. Die Wirklichkeit war wohl komplizierter.

Seinen bisherigen Anschauungen gemäß, wie wir sie vor allem im letzten Kapitel dargestellt haben, wäre es durchaus konsequent gewesen, wenn Kraus dem Kriege und den damit verbundenen Verhältnissen gegenüber eine positive Haltung eingenommen hätte. Damit will ich nicht sagen, daß mir ein Kraus, der auf der Seite der widerlichen »Serbien-muß-sterbien«-Chauvinisten gestanden wäre, denkbar erscheint. Doch gebe ich zu bedenken, daß der Krieg zweifellos viele Forderungen der *Fackel* aus ihrer konservativen Vorkriegsperiode erfüllte. Erwähnt seien hier nur die Abschaffung des Parlamentarismus, absolute Herrschaft, Durchstaatlichung der Wirtschaft, Zensur sowie die Dominanz des Adels und des von Kraus noch einige Monate vor dem Krieg geschätzten militärischen Typus. Ebenso muß festgehalten werden, daß Kraus sich von einer Katastrophe, wie der Weltkrieg sie darstellte, eine reinigende Wirkung erwartet hatte. Krieg war, bevor er Realität wurde, für ihn keineswegs so wie später ein absoluter Unwert, sondern vielleicht sogar ein möglicher Wert. Es wäre also wahrheitswidrig, Karl Kraus als einen Pazifisten der ersten Stunde zu idealisieren. Er war vor Kriegsbeginn kein Pazifist, er wurde erst einer angesichts der blutigen Realität des Weltkrieges. Wer etwas anderes behauptet, streitet Kraus eines seiner größten Verdienste ab: nämlich, daß der Vierzigjährige bereit war, aus dem Weltkrieg zu lernen, daß es ihm möglich war, unhaltbare politische und gesellschaftstheoretische Positionen zu revidieren. Sein eigenes Geständnis, daß er mit Kriegsbeginn umgelernt habe, muß also zum Ausgangspunkt einer Analyse seines Verhaltens im Weltkrieg genommen werden.

Kraus selbst läßt voll Selbsterkenntnis in den *Letzten Tagen der Menschheit* den Optimisten zum Nörgler — also zu jener Person, mit der er sich identifizierte — sagen: »Sonst hat auch der Krieg an Ihnen nicht immer einen so überzeugten Verächter gefunden.« In der Antwort des Nörglers findet sich auch ein Satz, der ein wenig verständlich macht, was der Kraus der Vorkriegsjahre sich von einem Krieg erwartet hatte: »Sonst war der Krieg ein Turnier der Minderzahl, und jedes Beispiel hatte Kraft[8].« Die schonende Behandlung, die der Nörgler dem Optimisten, dem gutgläubigen Vertreter jener Kriegsideologie von Heldenmut und seelischem Aufschwung, der Kraus selbst früher nicht fern stand, angedeihen läßt, ist so erklärbar.

Wesentlich für Kraus war nicht der ideologische Deckmantel des Krieges, sondern die Konfrontation mit dessen Realität und daher mit der Realität seiner eigenen reaktionären Ideologie, die er so zu Ende denken mußte. In diesem Sinne kann man auch die Schlußworte der *Letzten Tage der Menschheit*, in denen die Stimme Gottes den folgenden, Wilhelm II. zugeschriebenen Satz spricht, als Bekenntnis auffassen: »Ich habe es nicht gewollt[9].« Mit diesem Satz wies Kraus zugleich, trotz seiner eingestandenen früheren Nähe zu gewissen Ausprägungen der Kriegsideologie, jede Verantwortung für die Ereignisse des Krieges zurück: Das, was sich nun tatsächlich abspielte, hatte er nicht gewollt. Aber können auch wir Kraus von dieser Verantwortung freisprechen?

Die tatsächlichen Ergebnisse eines sozialen Prozesses sind in der Regel so komplex, daß sie fast nie mit dem Willen eines einzelnen übereinstimmen. Engels hat das zutreffend so beschrieben: »Zweitens aber macht sich die Geschichte so, daß das Endresultat stets aus dem Konflikt vieler Einzelwillen hervorgeht, ( . . . ); es sind also unzählige einander durchkreuzende Kräfte, eine unendliche Gruppe von Kräfteparallelogrammen, daraus eine Resultante — das geschichtliche Ergebnis — hervorgeht, die selbst wieder als das Produkt einer, als Ganzes, *bewußtlos* und willenlos wirkenden Kraft angesehen werden kann. Denn was jeder einzelne will, wird von jedem anderen verhindert, und was herauskommt, ist etwas, das keiner gewollt hat[10].«

Der mit dem Ergebnis nicht völlig identische Einzelwille kann daher, wenn er in wesentlichen Punkten mit der historischen Tendenz übereinstimmte, dennoch für das objektive Ergebnis verantwortlich gemacht werden. Die Berufung darauf, daß man *das* nicht gewollt habe, ist ein ständig wiederkehrendes Argument Konservativer in der Verteidigung ihres politischen Verhaltens. Im zwanzigsten Jahrhundert spielt der Konservative häufig mit dem Feuer, indem er gegen das zu Recht erkannte Übel das falsche Heilmittel vorschlägt. All jene Konservativen, die in der Ersten Republik Österreichs und in der Weimarer Republik Institutionen wie etwa Parlamentarismus, Parteienherrschaft und Parteiendemokratie angriffen, haben das schließliche Ergebnis ihrer Praxis — nämlich Hitler — subjektiv nicht gewollt, es objektiv jedoch zweifellos vorzubereiten geholfen. In diesem Sinne können wir Karl Kraus, der von einer konservativen Revolution unter Franz Ferdinand träumte, gegen Demokratie, Parlamentarismus und Fortschritt polemisierte und knapp vor Kriegsbeginn den militärischen Typus feierte, nicht ganz von der Verantwortung für die ideologische Vorbereitung des Weltkriegs freisprechen. Doch gerechterweise muß festgehalten werden, daß seine Schuld minimal ist im Vergleich zur Schuld anderer Größen des österreichischen und deutschen Geisteslebens und daß er sie durch seinen Widerruf und seine tätige Reue vielfach gebüßt hat.

Für die zweite mögliche Verhaltensform, die Strategie des Schweigens, die ein Ausdruck der Schwäche des sonst so Beredten und zugleich ein Ausdruck seiner Hochachtung vor dem Geschehenden war, hatte Kraus sich ursprünglich entschieden. Nach Ausbruch des Krieges erschien die *Fackel* zunächst nicht. Trotz seiner zeitweiligen Auffassung, daß der sprachliche Bereich dem des Handelns übergeordnet sei, verstummte Kraus regelmäßig in Zeiten, wo sich auf der Ebene des Handelns große Dinge taten. Erst im Dezember 1914 erschien ein dünnes Heft der *Fackel*, das nur die berühmte Rede *In dieser großen Zeit* enthielt. Darin forderte Kraus seine Hörer ausdrücklich auf, von ihm kein eigenes Wort zu erwarten. Auch die nächste Nummer, die im Februar 1915 herauskam, begann mit den Worten: »Ich bin jetzt nur ein einfacher Zeitungsleser[11].« Einen großen Teil des Heftes nahmen Zitate von Jean Paul, Schopenhauer und Bismarck ein. Was Kraus aus persönlichen Gründen und aus Rücksicht auf die Zensur nicht sagen konnte, sprach er so durch geistige Ahnherren aus. Er begründete dieses Schweigen damit, daß die Schlechtigkeit des Krieges wohl schon erkannt sei, daß aber noch das Wunder geschehen könnte, »daß die im Dienste der Fertigware geopferte Seele durch das Opfer des Leibes neu ersteht[12].«

Die *Fackel* erschien weitere acht Monate nicht; dann aber brach Kraus sein Schweigen: Im Oktober 1915 erschien ein Heft in der bisher noch nie erreichten Stärke von 168 Seiten, und von da an kommentierte die *Fackel* bis zum Kriegsende kritisch die Geschehnisse. Kraus bezeichnete sein vorheriges Schweigen als eine Art von Sprache, die jetzt dem Zwang des Wortes weichen müsse. Gleichzeitig führte er eine neue Kategorie ein, die er in der ästhetischen Periode abgelehnt hatte: die der Verantwortung. Von nun an hatte die Kraussche Satire nur noch einen Feind, nämlich den Krieg und alle an ihm Schuldigen. Kraus wandelte sich zum unbedingten Pazifisten. In Hinkunft wird er jede Gewalt, auch die revolutionäre, entschieden ablehnen. Erst der Katastrophe Hitler gegenüber wird er die Berechtigung von Waffengewalt wieder akzeptieren.

Ein Element der ehemaligen Strategie des Schweigens blieb allerdings erhalten: die Flucht in Gegenwelten. Solche Gegenwelten waren für Kraus die Natur, die ihm in Gestalt des Tals des Tödi in der Schweiz, wo ein Teil der *Letzten Tage der Menschheit* entstand, entgegentrat, Tiere, vor allem Hunde, die er in Gedichten, welche sich an Schönheit mit denen von Matthias Claudius messen können, beschrieb, der Bereiche sprachlicher Schönheiten, des Traums, der Kindheit — all das stellte Kraus sich und den Hörern seiner Vorlesungen als positive Alternativen zu den herrschenden Greueln entgegen.

Kraus bekämpfte den Krieg in drei Formen: als Handelnder, als Vortragender und als Schriftsteller. Über seine wichtigste aktive Handlung gegen den Krieg, über die er selbst nie berichtete, sind wir leider nur durch einen kurzen, quellenmäßig nicht abgestützten Bericht informiert[13]. Demnach hat sich Kraus — der ehemalige fanatische Antipolitiker —, gestützt auf die Empfehlungen aristokratischer Freunde, nach Rom begeben, um dort durch Gespräche mit führenden Persönlichkeiten den Eintritt Italiens in den Krieg zu verhindern. Das Vorhaben, dessen Struktur deutlich zeigt, wie sehr Kraus damals Weltpolitik für ein Produkt des Handelns autonomer Persönlichkeiten, »großer Männer« also, hielt, scheiterte zwangsläufig. Daneben versuchte Kraus, das Elend des Krieges zu lindern, soweit dies in seiner Macht lag. So führte er den nicht unerheblichen Erlös seiner Vorlesungen wohltätigen Zwecken zu. Diesen Brauch behielt er auch nach Kriegsende bei: Es wurden nicht nur Vorlesungserlöse, sondern auch die Einnahmen aus Autogramm- und Fotoverkäufen sowie die Bußgelder aus gewonnenen Ehrenbeleidigungsprozessen und die Honorare für unbefugte Nachdrucke gespendet. Der letzte, im Februar 1932 veröffentlichte Nachweis über die seit dem Jahr 1922 gespendeten Summen ergab den beträchtlichen Betrag von 87.192,10 Schilling, was einem heutigen Wert von mehr als einer Million Schilling entspricht.

Die Vorlesungen waren für Kraus während des Krieges ein wichtiges Bindeglied zu seinem Publikum. Er las aus eigenen und fremden Schriften und verbreitete auf diese Weise pazifistisches Gedankengut. Wegen einer dieser Vorlesungen, die sich — so die »Feindespropagandaabwehrstelle« des k. u. k. Armee-Oberkommandos — zu einer »aggressiv-pazifistischen, in ihrer Kriegs- und Bündnisfeindseligkeit kaum mehr zu überbietenden Kundgebung gestaltete[14]«, wäre Kraus knapp vor Kriegsende infolge einer anonymen Anzeige beinahe in Schwierigkeiten gekommen. Doch gelang es ihm, die Untersuchung so zu verschleppen, daß sie am 18. November 1918 ad acta gelegt wurde, »also an einem Tage«, wie er triumphierend feststellte, »an dem auch Österreich schon ad acta gelegt war[15]«.

Am wichtigsten aber war der einzigartige schriftstellerische Kampf, den Kraus gegen den Krieg führte. Ein beträchtlicher Teil der fast 2000 Seiten der in den Kriegsjahren erschienenen *Fackel*-Hefte bestand aus Glossen. Die Glosse war die dem ehemaligen Antikorruptionisten angemessene Form: Sie nannte den Schuldigen beim Namen und überführte ihn durch seine eigene Sprache. Die Glosse ist allerdings immer nur imstande, einen Detailbereich, einen kleinen Ausschnitt zu erhellen. Soll sie also außerhalb des ästhetischen Bereichs legitimiert sein, dann muß sie sich auf eine Gesellschaftstheorie stützen, welche die in ihr nicht ausgesprochenen Zusammenhänge erklärt. Bei den Vorkriegsglossen traf das nicht zu, den Kriegsglossen kann, wie noch zu zeigen sein wird, dieser Vorwurf nicht gemacht werden.

Manche dieser Glossen waren wörtliche Abdrucke von Zeitungsartikeln, ohne Kommentar, nur mit Titeln versehen, die manchmal aus dem Text stammten oder harmlos klagen, wie etwa: »So leben wir alle Tage.« Aber durch das fruchtbare satirische Milieu der *Fackel* bekamen auch diese Nachdrucke eine denunzierende Wirkung. Jedes Detail des Krieges, seines Wesens, seiner Begleitumstände, seiner Ideologie und vor allem der Veränderungen, die er bei den Menschen bewirkte, trat in diesen Glossen plastisch hervor.

Abgesehen von seiner persönlichen Neigung zur Glosse, der er sein ganzes Leben lang nachgab, hatte Kraus auch einen sachlichen Grund, gerade diese Form zu wählen: nämlich die Kriegszensur. In der Struktur der Glosse liegt eine gewisse Unaufdringlichkeit. Die in ihr steckende Meinung tritt nicht auf den ersten Blick hervor; Voraussetzung zum Verständnis der Krausschen Glossen ist der mündige Leser, der mit seinem Wissen um den sozialen Kontext, mit seinem Sprachgefühl und seiner Phantasie die Glosse erst komplettiert und ihren satirischen Gehalt herausholt. So kann die Sprache ein Kunstwerk immun machen gegen die Zensur, die nur imstande ist, das expressis verbis Gesagte zu erfassen. Dementsprechend konnte Kraus triumphierend am Ende einer umfangreichen *Fackel*-Nummer, aus der zwar vieles herauszensuriert, in der jedoch noch mehr stehengeblieben war, feststellen:

Nie wird bis auf den Grund meiner Erscheinung
der kühnste Rotstift eines Zensors dringen.
Verzichtend auf die Freiheit einer Meinung,
will ich die Dinge nur zur *Sprache* bringen[16].

Mit der Zeit wurden allerdings auch bloße Nachdrucke konfisziert, und in der *Fackel* mehrten sich die vielsagend leeren Seiten.

Der Sinn der mannigfachen publizistischen Arbeiten von Kraus, die sich natürlich nicht nur auf Glossen beschränkten, war neben der persönlichen Befriedigung, die er aus der Arbeit schöpfte, ein mehrfacher: Erziehung des Publikums, Bestärkung der »Guten« in ihren Ideen, Schaffung einer Gegenwelt. Daneben ist der wichtigste Zweck die Registrierung aller Schuldigen am Krieg, vor allem der schriftstellerischen Schreibtischtäter. Da Kraus seit Kriegsbeginn von der kommenden Niederlage Österreichs und seiner Verbündeten überzeugt war, konnte er das »neue Österreich« warnen und versprechen, er würde helfen, »daß auch ihre Helfer, ihre Verführer, die Handlanger ruchlosesten Tagwerks, die journalistischen Rädelsführer dieses blutigen Betrugs, die Dekorateure des Untergangs, die Rekommandeure der Leichenfelder, die unfaßbaren Berichterstatter dieses tragischen Karnevals dingfest gemacht werden[17]«. Dieses Versprechen hat Kraus nach dem Krieg, als ehedem blutrünstige bürgerliche Journalisten sich auf einmal zu Aposteln der Völkerversöhnung wandelten, eingehalten. Das Verhalten seines jeweiligen Gegners im Weltkrieg war für ihn in vielen Nachkriegspolemiken von zentraler Bedeutung, ja, es lieferte ihm geradezu ein Bewertungskriterium für die intellektuelle Redlichkeit einer Person.

Die Quintessenz des schriftstellerischen Werkes während der Kriegsjahre ist in dem fast achthundertseitigen, »einem Marstheater zugedachten« Drama *Die letzten Tage der Menschheit* zusammengefaßt. Liest man allerdings nur dieses Drama, so gewinnt man neuerlich den Eindruck, als ob die Einstellung des Satirikers zum Weltkrieg eine einheitliche gewesen wäre. Dieser Eindruck ist falsch. Der Kraussche Pazifismus hat sich erst im Verlaufe eines kontinuierlichen Lern- und Entwicklungsprozesses zu jener Unbedingtheit entwickelt, die etwa in den Worten von der »Blutschande ( . . . ), daß Mensch den Menschen töte[18]«, anklingt. Am Anfang des Krieges war dieser, wie schon ausgeführt, für Kraus noch ein möglicher Wert. Erst allmählich begriff er, daß die bestehende Welt auch den Krieg korrumpiert hatte, daß der Krieg nicht der von ihm gewünschte Kampf gegen das herrschende Übel war, sondern von eben diesem Übel geleitet wurde. Auch erkannte er, daß die moderne Waffentechnik, die ja den Kampf Mann gegen Mann zum Großteil unnötig macht, den Begriff der Tapferkeit, der in seinem System positiv an zentraler Stelle stand, aufhebt. Eigentlich müßte, so schloß Kraus, die Armee wegen Feigheit vor dem Feind aus dem Armeeverband entlassen werden. Wäre der militärische Ehrbegriff noch intakt, dürfte es angesichts der modernen Waffen gar keinen Krieg mehr geben. So aber schien ihm die Gleichzeitigkeit der anachronistischen Tapferkeitsideologie und der modernen Waffentechnik den Krieg zu einem »technoromantischen Abenteuer« zu machen. Daß die Menschheit für ein solches Abenteuer bereitwillig in den Tod zog, schien ihm eine Folge davon, daß auch der Krieg von der allgemeinen Fäulnis angesteckt sei. Erst auf der Basis dieser Auffassungen gelangte Kraus zur absoluten Negation des Krieges und zu den sonstigen Änderungen in seinem Denken.

Anhand von einzelnen wichtigen Teilbereichen soll nun versucht werden, diese Änderungen zu rekonstruieren.

Die wichtigste Wandlung war die Abkehr vom Aristokratismus und die Hinwendung zu einem alle Klassen umfassenden Humanismus. Was Kraus von nun an forderte, das forderte er nicht mehr für den Aristokraten, den Künstler oder die Persönlichkeit, sondern für den Menschen. Damit wurde die Instrumentalisierung eines Großteils der Menschheit, der »Dienenden«, denen außerhalb ihrer dienenden Rolle keine Individualität zugestanden wurde, automatisch aufgehoben. Das wichtigste Zeugnis dieses neuen Humanismus und zugleich der für jede Kraus positiv wertende Interpretation wichtigste Gedanke seines Werkes ist im folgenden Zitat zusammengefaßt: »Es gibt eine Idee, die einst den wahren Weltkrieg in Bewegung setzen wird: Daß Gott den Menschen nicht als Konsumenten und Produzenten erschaffen hat. Daß das Lebensmittel nicht Lebenszweck sei. Daß der Magen dem Kopf nicht über den Kopf wachse. Daß das Leben nicht in der Ausschließlichkeit der Erwerbsinteressen begründet sei. Daß der Mensch in die Zeit gesetzt sei, um Zeit zu haben und nicht mit den Beinen irgendwo eher anzulangen als mit dem Herzen[19].«

Dieser Aphorismus deutet auch eine andere Erweiterung des Krausschen Denkens an: Sein Werk bekam nun neuerlich für eine Zeitlang eine ausgeprägte antikapitalistische Stoßrichtung. Das erinnert an seine Jugendzeit, und wir können generell die nun folgende Periode der *Fackel* als Wiederholung des von ihrem Herausgeber schon einmal durchgemachten Lernzyklus auffassen. Er machte nun den Kapitalismus für den Ausbruch und Fortgang des Krieges verantwortlich. Als Kriegsgrund betrachtete er das Bedürfnis des deutschen Imperialismus, seinen Anteil am Weltmarkt zu vergrößern. Der Fortgang des Krieges war seiner Analyse zufolge auf das Verhalten der vielen Einzelkapitalisten, die als Kriegslieferanten am Krieg verdienten, zurückzuführen. Dem Kapitalismus setzte Kraus allerdings keine antizipierte Gesellschaftsform entgegen, sonden nur eine klassenunabhängig verstandene humanistisch orientierte Vernunft: »Ich begreife, daß einer Baumwolle für sein Leben opfert. Aber umgekehrt[20]?« Vom Sozialismus ist dieser Antikapitalismus, genau wie jener der Jugendjahre, noch weit entfernt. Er ist ein Produkt der Erschütterung, formuliert von einem Lernenden. Trotz der damit verbundenen Analyse hat er wegen des Fehlens jeder Alternative immer noch starke Anklänge an jenen konservativen Antikapitalismus, den Ernst Bloch so treffend als »Sozialismus des Kavaliers« bezeichnet hat[21].

Auf der Basis seiner neugewonnenen antikapitalistischen Auffassungen bekam Kraus erstmals das Phänomen der Presse befriedigend in den Griff. Wohl sah er in ihr weiterhin eine der Hauptschuldigen an den Mißständen, doch betrachtete er sie nicht mehr isoliert, sondern als abgeleitete Größe, als »Abdruck des Lebens«. So setzte er etwa die Kriegshetze der deutschen Presse in konkrete Beziehung mit den Bedürfnissen des deutschen Kapitalismus.

Im Zusammenhang mit der Kapitalismuskritik des Satirikers ist auch sein tiefes Mitleid für das die Kosten

von Krieg und Kapitalismus tragende Proletariat zu
sehen. Dieses Mitleid hatte zur Folge, daß Kraus sich nun
auch wieder der Arbeiterbewegung näherte. Ein erheb-
licher Teil der in der *Fackel* und in den *Letzten Tagen der
Menschheit* verwendeten Fakten stammte aus der *Arbeiter-
Zeitung*, der Kraus im April 1916 lobend nachsagte, sie
bemühe sich, »dem durch Tat und Flucht grausamen Tag
etwas Besinnung beizubringen[22]«. Es kam auch, abgesehen
von der finanziellen Unterstützung sozialdemokratischer
Hilfsorganisationen, zu einer praktischen Zusammenarbeit
zwischen den beiden ehemaligen Gegnern, und zwar auf
folgende Weise: Wortwörtliche Berichte aus dem Abgeord-
netenhaus unterlagen keiner Zensur. Es bestand daher die
Möglichkeit, wenn ein Zeitungsartikel von der Zensur
beschlagnahmt wurde, im Abgeordetenhaus an den
Justizminister die Anfrage zu stellen, ob er geneigt
sei, in Hinkunft derartige Konfiskationen zu unterlassen. Im Zuge der Anfrage wurde der Artikel verlesen, und die betreffende Zeitung konnte dann den
beschlagnahmten Artikel im Rahmen des Parlament-
berichts abdrucken. Konfiszierte Artikel der *Fackel* wurden
auf diese Weise von sozialdemokratischen Abgeordneten
immunisiert. Diese Anfragen sind von der gesamten sozialdemokratischen Prominenz, darunter Victor Adler, Karl
Renner, Wilhelm Ellenbogen, Albert Sever, Engelbert
Pernerstorfer und Karl Seitz, unterzeichnet. Daß die
Sozialdemokratie sich derart für Kraus einsetzte, zeigt,
daß sie bereit war, die früheren Differenzen zu vergessen
und jenes auf bestimmte Fragen beschränkte Bündnis, das
Ellenbogen mit seinen erwähnten *Fackel*-Artikeln über die
Südbahn geknüpft hatte, wieder aufzunehmen. Auch
Kraus enthielt sich während der Kriegszeit fast völlig der
Kritik an der Sozialdemokratie. Ihr Versagen bei Kriegsbeginn hat er ihr offensichtlich verziehen. Das ist wohl
auf zweierlei zurückzuführen. Zum einen hat sich die
österreichische Sozialdemokratie dank dem Umstand, daß
das Parlament »beurlaubt« wurde, zu Kriegsbeginn nicht
derart kompromittiert wie die deutsche, zum anderen war
Friedrich Austerlitz der Verfasser des wichtigsten Doku-
mentes der kriegsfreundlichen Haltung der Sozialdemo-

kratie, des Leitartikels der *Arbeiter-Zeitung* vom 5. August 1914, betitelt *Der Tag der deutschen Nation,* mit Kraus fast befreundet.

Kraus differenzierte nicht innerhalb der Sozialdemokratie je nach dem Grad der Friedensbereitschaft — das heißt, zwischen dem rechten und dem linken Flügel. In die innerparteiliche Auseinandersetzung um den Frieden griff er nicht ein, Versuche, die Regierung zum Frieden zu zwingen, kommentierte er nicht. Es war also weder seine antipolitische Haltung ganz verschwunden noch sein Glaube, daß sein Einzelkämpfertum höher zu bewerten sei als der organisierte Kampf. Auch die ähnlich einzelkämpferische Tat des linken Sozialisten Friedrich Adler, der mit der Ermordung des Ministerpräsidenten Graf Stürghk gegen den Kriegsabsolutismus protestieren wollte, wertete Kraus nicht politisch. Er machte sich nur unter dem Titel *Was sich in Wien tut, wenn ein Ministerpräsident ermordet wird,* über die Nebenumstände des Attentats und vor allem über die Zeitungsberichte lustig.

Der Kriegsabsolutismus, gegen den Adler protestierte, legte dem Proletariat doppelte Lasten auf: an der Front mußte es die einfachen Soldaten stellen, im Hinterland mußte es in den unter das Kriegsdienstleistungsgesetz gestellten Betrieben arbeiten, in denen alle Errungenschaften der Arbeiterbewegung der letzten Jahrzehnte aufgehoben waren und daher menschenunwürdige Zustände herrschten.

Die Einsicht in diese Folgen des Kriegsabsolutismus bedeutete für Kraus einen weiteren Lernprozeß. In der Vorkriegszeit hatte die *Fackel* eine voll verantwortliche Herrschaft, Ausschaltung des Parlaments und ähnliches gefordert; Kraus hatte einerseits alles politische Übel darauf zurückgeführt, daß eine Vielzahl von Personen, die aber als einzelne nicht verantwortlich waren, an der Machtausübung teilnahmen, und andererseits die herrschenden Verhältnisse für so schlecht gehalten, daß sie ihm nur durch einen starken Staat überwindbar dünkten. Angesichts des Kriegsabsolutismus, der keineswegs die von ihm erwarteten positiven Folgen hatte, erkannte er nun, daß ein solcher starker Staat kein autonomes Phänomen ist und man von ihm keine Änderung der herrschenden

Verhältnisse erhoffen kann, weil der Staat als Instrument der herrschenden Klasse nur solche Veränderungen vornimmt, die den Interessen dieser Klasse entsprechen. In den *Letzten Tagen der Menschheit* versucht der Nörgler dem Optimisten diesen Gedankengang anhand des früher gepriesenen Militarismus zu erklären. Der Optimist wundert sich, daß ein konservativer Denker wie der Nörgler gegen den Militarismus spricht. Der Nörgler antwortet ihm darauf: »Der Militarismus ist nicht das, was ich meine, sondern das, was Sie meinen. Er ist das Machtmittel, das der jeweils herrschenden Geistesrichtung zu ihrer Durchsetzung dient. Heute dient er, nicht anders als ihr die Presse dient, der Idee jüdisch-kapitalistischer Weltzerstörung[23].«

Eine ähnliche Erfahrung machte Kraus mit der Zensur. Er hatte von ihr erwartet, sie würde sich gegen minderwertige literarische Produkte wenden. Statt dessen begünstigte sie solche geradezu, wenn sie der herrschenden Geistesrichtung entsprachen, und unterdrückte dafür literarische Meisterwerke, wie etwa Ferdinand Kürnbergers *Der Krieg und das lettische Mädchen*.

All diese Erfahrungen bewirkten, daß Kraus in gewissen politischen Fragen den sozialen Kontext zu berücksichtigen begann. Wenn er früher den Hauptgegner seiner Satire mit unklaren Begriffen wie »Dummheit« oder »Gemeinheit« zu erfassen suchte, so bestimmte er ihn nun sozial: in Gestalt der herrschenden Klassen. Er begriff, daß Macht nicht etwas Unabhängiges, von Gott oder einer Idee Gegebenes ist, sondern ökonomisch fundiert, und daß daher der Gouverneur der Bodenkreditanstalt, wie er in einer Glossenüberschrift fast verwundert feststellte, zu den mächtigsten Männern Österreichs gehörte. Er bedauerte, daß es ihm aus Mangel an Kenntnissen nicht möglich sei, die Zusammenhänge zwischen »Wehr und Wucher« genauer darzustellen, und leitete daher einen Bericht über den Strafprozeß gegen einen Kriegslieferanten mit dem resignierenden Satz ein: »Ich habe nichts davon verstanden, aber alles gehört[24].«

Kraus hatte also den Standpunkt des Antipolitikers teilweise aufgegeben und kehrte zeit seines Lebens nie mehr explizite zu ihm zurück. Die Einsicht in die Bedingtheit sozialer Prozesse bewirkte bei ihm ein gewisses soziales Engagement. Kraus begann mit dem Begriff der Verantwortung zu operieren, der sich bei ihm auf die Bereiche der »Verfügung über Leben, Gesundheit, Freiheit, Ehre, Besitz und Glück des Nebenmenschen« erstreckte[25]. Dementsprechend finden sich in der *Fackel* speziell gegen Kriegsende Dokumente seines politischen Engagements, von denen das wichtigste ein Artikel *Für Lammasch,* den pazifistischen Hochschulprofessor und späteren Minister-präsidenten, ist. Kraus bekannte sich zu den Friedens-bestrebungen des bürgerlichen Politikers Lammasch, zu dem er auch persönliche Kontakte hatte, mit einer Ent-schiedenheit, die er im Umgang mit sozialdemokratischen Politikern zu jener Zeit nicht an den Tag legte.

Ein im Frühjahr 1918 geschriebener Artikel gegen den Grafen Czernin enthielt auch eine in ihrer Neutralität und ihrem Verständnis positiv zu nennende Wertung der Russischen Revolution. In einer Debatte im Abgeordneten-haus über die Brester Friedensverhandlungen hatte ein Redner den Grafen Czernin mit Leo Trotzki verglichen, was jenem Anlaß zu einer launigen Erwiderung gab, in der er Trotzki vorwarf, daß dieser, wenn er keine Mehrheit in seiner »respektiven Heimat« finde, Maschinengewehre auffahren lasse, während er, Czernin, als Demokrat in solch einem Fall zurücktreten würde. Der Kommentar von Kraus schnitt eine grundsätzliche Frage in der Beurteilung des demokratischen Gehalts politischer Systeme an. Kraus erläuterte nämlich, daß der Unterschied zwischen Czernin und Trotzki darin bestehe, »daß dieser in seiner respek-tiven Heimat ein System repräsentiert, das sich eben, wie es die Gewalt und selbst die Gewalt der Freiheit immer zu tun pflegt, mit Gewalt erhalten will, während der Graf Czernin nur das zufällige Organ eines anderen Systems vorstellt, welches nach dem konstitutionellen Opfer eines jeweiligen Angestellten in seiner wesentlichen Macht erhal-ten bliebe, aber den Widerstand, der sich gegen diese selbst erhöbe, sehr wohl mit den Mitteln der russischen Demo-kratie aus dem Weg zu räumen wüßte[26]«.

Die neugewonnene Erkenntnis sozialer Zusammenhänge

und die damit verbundene Einführung des Verantwortungsbegriffes zwangen Kraus auch zu einer Neufassung seiner ästhetischen Kriterien. Angesichts der Kriegslyrik, deren manipulative, die Kriegsbegeisterung fördernde Funktion er durchschaute, erkannte er, daß der rein ästhetische Standpunkt bei der Beurteilung eines Kunstwerks nicht ausreicht. Er sah nun ein, daß Dichtung eine soziale Wirkung hat, die bei der Bewertung nicht ausgeschaltet werden darf. Eine völlige Aufgabe seines früheren Ästhetizismus war allerdings trotz dieser Lernprozesse nicht möglich, weil ja in Kraus' Denken die ethische und die ästhetische Dimension ineinander übergingen.

An seinem neugewonnenen Verantwortungsbegriff maß er auch die katholische und die evangelische Kirche. Stärker als der von ihm mehrmals erhobene Vorwurf, das Christentum sei nicht imstande gewesen, den Krieg zu verhindern, wirken allerdings die vielen in den *Letzten Tagen der Menschheit* angeführten Beispiele patriotischer Priester, die durch Waffensegnung, durch Abfassung blutrünstiger Gedichte und durch die Reklamierung Gottes für den deutschen Imperialismus das Ihre zum Krieg beitrugen.

Auch der früher bevorzugte Adel wurde nun als eine am Krieg mitschuldige Kraft erkannt. Auch hier vollzog sich die Entwicklung, die zur völligen Ablehnung der Klasse der »Guts- und Blutsbesitzer« führte, nur langsam. Noch im April 1916 versuchte Kraus in dem »Wort an den Adel« *Die Historischen und die Vordringenden* diesen zur Besinnung auf seine gesellschaftliche Rolle — Schaffung einer Gegenwelt zur kapitalistischen Welt des Bürgertums — zu bringen. Von diesem Ansatz her kam er zu der Erkenntnis, daß der Adel, soweit vermögend, genau wie etwa Bankiers und Spekulanten zur herrschenden Klasse gehöre und daher deren Verhaltensformen zeige, und daß jene Adeligen, die — wie etwa Sidonie Nádherný oder Mechthilde Lichnowsky — ihm bei seiner Vorstellung von der Rolle des Adels vorschwebten, Ausnahmen seien. Sehr stark beeinflußte ihn auch die negative Rolle, die Adelige als menschenschinderische Offiziere oder in der österrei-

chischen Diplomatie spielten. Symbole dieser beiden Gruppen in den *Letzten Tagen der Menschheit* sind der bös-
artig-vertrottelte Diplomat Graf Leopold Franz Rudolf
Ernest Vincenc Innocenz Maria und der ungarische Offizier Géza von Lakkati de Némesfalva et Kutjafeleg-
faluszég.

Die Abkehr vom Adel bewirkte auch eine Änderung
des Leserkreises der *Fackel* und des Publikums der Vorlesungen. Namentlich diese waren in der letzten Zeit vor
dem Krieg stark von einem aristokratischen Publikum
frequentiert worden, das jetzt durch pazifistische und der
Sozialdemokratie nahestehende junge Leute ersetzt wurde.
Auch zu seinem Publikum hatte Kraus nunmehr eine
andere Beziehung. Während er es früher nur für eine
lästige Begleiterscheinung einer Zeitung gehalten hatte,
druckte er jetzt Briefe von an der Front stehenden Lesern
ab und begann die nach dem Krieg fortgesetzten Korrespondenzen mit Lesern über Sprachprobleme.

Eine Revision nahm Kraus auch in seiner Einstellung
zum Deutschtum vor, indem er seine Anerkennung der
»deutschen Organisation«, der er vor dem Krieg nach-
gerühmt hatte, sie lasse der störenden »Individualität«
keinen Raum, zurücknahm: »Wie sehr muß aber ein Volk
sich seiner Persönlichkeit entäußert haben, um zu der
Fähigkeit zu gelangen, so glatt die Bahn des äußeren
Lebens zu bestellen! Ein Kompliment war diese Anerkennung nie[27] (. . .).« Auch die barbarische Kriegsfüh-
rung des »Volks der Richter und Henker« stieß ihn ab.
Das vielgelobte Bündnis zwischen Österreich und Deutschland — die sogenannte »Nibelungentreue« — schien ihm
schon wegen der von ihm konstatierten Verschiedenheiten
der Sprache unmöglich. Seine endgültige Abrechnung mit
dem Deutschtum erfolgte in den *Letzten Tagen*, in dem
langen Lied des Kommerzienrats Ottomar Wilhelm
Wahnschaffe, in dem Kraus den unentwegt Erwerbs-
tätigen, zur Freizeit untauglichen Deutschen charakterisiert:

Im Frieden schon war ich ein Knecht,
Drum bin ich es im Krieg erst recht.

Hab stets geschuftet, stets geschafft,
vom Krieg alleine krieg' ich Kraft.
Weil ich schon vor dem Krieg gefront,
hat sich die Front ja auch gelohnt.
Leicht lebt es sich als Arbeitsvieh
im Dienst der schweren Industrie.
Heil Krupp und Krieg! Ich bin ein Deutscher[28]!

Der Haß auf das Deutschtum wurde durch den auf Wilhelm II. verstärkt. Die *Letzten Tage der Menschheit* enthalten eine Anzahl von Fällen, die das Entstehen dieses Hasses verständlich machen.

Auch vom österreichischen Herrscherhaus distanzierte sich Kraus nun. Die Regierungszeit des früher verehrten Franz Joseph charakterisierte er als einen »Alpdruck von einer Trud, die dafür, daß sie uns alle Lebenssäfte und dann noch Gut und Blut abgezogen hat, uns das Glücksgeschenk zukommen ließ, in der Anbetung eines Idols von einem Kaiserbart grundsätzlich zu verblöden. Nie zuvor hat in der Weltgeschichte eine stärkere Unpersönlichkeit ihren Stempel allen Dingen und Formen aufgedrückt[29] (...)«. Auf den Tod Franz Josephs reagierte er nicht, die Habsburger waren ihm am Ende des Krieges nur noch eine »allerhöchst bedenkliche Familie[30]«. Auch das monarchische Prinzip lehnte er nunmehr ab. Kraus hat später seine Haltung so dargestellt, als ob er immer schon ein Gegner der Habsburger gewesen sei. Als Beleg dafür zitierte er etwa eine — wohl zufällige — Konfiskation anläßlich des Kaiserjubiläums 1898. Tatsächlich dürfte es sich dabei um eine Deckerinnerung handeln. Kraus war bis zum Weltkrieg Monarchist, eine andere Regierungsform als die monarchische war ihm für Österreich nicht vorstellbar, seine politischen Konzeptionen gingen nicht von einer Abschaffung der Monarchie, sondern im Gegenteil von der Eliminierung der geringen demokratischen Elemente in ihr und ihrer Umwandlung in ein absolutes Regime aus. Auch sind die frühen Jahrgänge der *Fackel* voll von Stellen, in denen Kraus voll Verehrung von Kaiser Franz Joseph spricht.

Wir haben damit die wichtigsten Änderungen des

Krausschen Denkens im Verlauf des Weltkriegs aufgezählt. Ein Teil dieser Änderungen — vor allem sein
verbaler Antikapitalismus — wurde, sobald sich der durch
den Krieg ausgelöste Schock gelegt hatte, von Kraus rück-
gängig gemacht. Die geschilderten Änderungen haben vor
allem im sozialen Engagement des Publizisten Kraus große
Auswirkungen gehabt. Allerdings hat Kraus auch wesentliche Grundlagen seines Denkens trotz des Krieges bei-
behalten, so etwa die Sprachmystik und den damit verbundenen Glauben, daß Sprachreform Gesellschaftsreform
sei, die Gegnerschaft zur Presse, die er bald wieder als
autonome zerstörende Macht ansah, das Ursprungsideal,
das er allerdings zum Teil mit anderen Inhalten füllte,
einen Teil seiner Konzeptionen über das Verhältnis der
Geschlechter zueinander sowie seine Vorliebe für starke
Männer in der Politik und die damit verbundene Gering-
schätzung des Wertes der Freiheit. Im großen und ganzen
war die intellektuelle Entwicklung Kraus' mit dem Ende
des Weltkriegs abgeschlossen. Von nun an wandte er nur
noch Gedanken und Erfahrungen, die er schon vorher
gehabt hatte, auf verschiedene Weise an; grundsätzliche
neue Dimensionen des Denkens wie im Verlauf des Weltkrieges erschlossen sich ihm nicht mehr.

## ANMERKUNGEN

1 Zur Vorgeschichte und zur Ursache des Attentats siehe umfassend
  Vladimir Dedijer, *Die Zeitbombe. Sarajevo 1914,* Wien 1967.
2 F 400—403, 3.
3 F 400—403, 4.
4 Siehe Dedijer, a. a. O., 39.
5 Albert Fuchs, a. a. O., 272.
6 *Briefe an Sidonie Nádherny,* Band 1, 292.
7 *Worte in Versen,* a. a. O., 134.
8 *Die letzten Tage der Menschheit,* 2. Auflage, Wien-Leipzig 1922,
  182.
9 *Die letzten Tage der Menschheit,* a. a. O., 792, im Original spationiert.
10 Marx-Engels, *Werke,* Band 37, 464.
11 F 405, 1.
12 F 405, 16.
13 Siehe Schick, a. a. O., 77 f.

14 F 508—513, 81. In der *Fackel* teilweise spationiert.
15 F 508—513, 104.
16 F 437—442, 128.
17 F 499—500, 4.
18 Siehe *Worte in Versen,* a. a. O., 235.
19 Dieses Zitat taucht bei Kraus mehrmals auf. Die zitierte Fassung stammt aus *Nachts,* a. a. O., 114 f. Siehe auch *Die letzten Tage,* a. a. O., 170.
20 F 406—412, 112.
21 Siehe E. Bloch, *Erbschaft dieser Zeit,* Frankfurt 1962, 163.
22 F 418—422, 45.
23 *Die letzten Tage der Menschheit,* a. a. O., 170 f.
24 F 457—461, 1.
25 *Die letzten Tage der Menschheit,* a. a. O., 403.
26 F 474—483, 16.
27 *Die letzten Tage der Menschheit,* a. a. O., 178 f.
28 *Die letzten Tage der Menschheit,* a. a. O., 381.
29 *Die letzten Tage der Menschheit,* a. a. O., 494.
30 F 501—507, 3.

# Segen diesem schönen Land

Der Krieg endete; am 3. November 1918 wurde ein für Österreich äußerst ungünstiger Waffenstillstand geschlossen, am 11. November verzichtete Kaiser Karl auf die Teilnahme an den Staatsgeschäften, am 12. November 1918 proklamierte die provisorische Nationalversammlung die Republik Deutsch-Österreich. Das große Habsburgerreich war von der Landkarte verschwunden und in zahlreiche Nachfolgestaaten zerfallen. Jener kleine Rest, dessen Bürger Kraus nun war, die Republik Deutsch-Österreich, später Österreich, hatte keine gesicherten Grenzen, litt unter harten Friedensbedingungen, unter einer zerrütteten, aufs Kleinstaatendasein nicht vorbereiteten Wirtschaft und unter zahllosen anderen Kriegsfolgen, von denen Hungersnot und Epidemien die entsetzlichsten waren. Das neuentstandene Gebilde ist in die Geschichte als »Staat, den keiner haben wollte«, eingegangen. Seine Einwohner zweifelten an seiner Existenzfähigkeit, einem Großteil seiner Bevölkerung, seiner Politiker und seiner Publizisten war er unerwünscht. Mit einer großen Ausnahme: Karl Kraus.

Denn der triumphierte: Die Niederlage des ihm mittlerweile verhaßten Alt-Österreich war für ihn ein Sieg. »Mein Wort hat Österreich-Ungarn überlebt[1]«, stellte er stolz fest. Die Habsburger waren vertrieben, das heillose Bündnis mit dem wilhelminischen Deutschland war beendet, Österreich war eine Republik, die — wenn auch nur kurze Zeit — einen sozialdemokratischen Staatskanzler hatte. Das alles bewirkte, daß Kraus vorübergehend eine positive Identität fand, eine Identität, die einmal nicht durch seine grundlegende Gegnerschaft zu seinen Bezugsgruppen, sondern durch seine — wenngleich beschränkte — Zustimmung definiert war. Kraus entschied sich für die Republik, obwohl er ihre Schwächen sah, denn »in der Republik sind die Menschen zunächst so schlecht und so dumm, wie sie sind, aber von keiner Schranke gehindert, den Zustand zu heben[2]«. Kraus blieb Zeitkritiker, aber seine Kritik war eine immanente, er maß von nun an mit dem Maßstab seiner Erwartungen vom November 1918.

Worin lagen nun diese Erwartungen? Das ist schwer zu bestimmen. Auf keinen Fall darf man sie aus den Erklärungen ableiten, die Kraus in den zwanziger Jahren zur Kritik an der Republik und vor allem an der Sozialdemokratie abgegeben hat. Kraus kritisiert die beiden von einem Standpunkt aus, den man guten Gewissens als »linken« bezeichnen kann. Da spricht er etwa von der »historischen Schuld« der Sozialdemokratie, wirft dieser ihr Paktieren und Taktieren vor und ähnliches. Aber diese Kritik darf einen keinesfalls zu der Auffassung verleiten, daß Kraus auch zu jener Zeit links von der Sozialdemokratie gestanden sei; in Wirklichkeit hat er in den Jahren 1918/19, wie in den folgenden Kapiteln zu zeigen sein wird, der Sozialdemokratie nach links keinen Handlungsspielraum zugebilligt. Die »linke« historische Alternative — eine sozialistische Revolution — hat Kraus eindeutig von rechts kritisiert. Abgesehen von dieser Möglichkeit gab es für die Sozialdemokratie keine linke Strategie, die sich auf eine tatsächliche politische Bewegung stützen konnte. Die Entwicklung der zwanziger Jahre, in deren Licht Kraus das Verhalten der SDAP kritisierte, war die unabwendbare Folge jener unterlassenen Revolution, deren Erfolgschancen hier nicht erörtert werden sollen.

Kraus hatte während des Krieges offensichtlich mit einer Niederlage der Mittelmächte gerechnet. Dennoch hat ihn der November 1918 in gewissem Sinne überrascht; auf die Frage, was nun werden sollte, wußte er keine Antwort. Die Frage nach seinen Erwartungen kann zweifach beantwortet werden: entweder, indem man ihm den Anspruch unterstellt, daß nunmehr ganz einfach alles anders werden müsse; oder aber, indem man dieses »alles« dahingehend konkretisiert, daß nunmehr jene Symptome beseitigt werden sollten, die Kraus kritisiert hatte, vom Elend der Arbeiterklasse bis zum verhängnisvollen Wirken der Presse. Der Anspruch, den Kraus an die Republik erhob, war also uneinlösbar; doch darf man das einem Gesellschaftskritiker nicht vorwerfen, denn das heute noch

Unmögliche kann morgen schon möglich sein. Er war aber nicht nur uneinlösbar, sondern sinnlos, und in dieser Sinnlosigkeit, nicht in der Uneinlösbarkeit, liegt wohl die Wurzel von Kraus' späterer Kritik an der Republik.

Und noch etwas muß in diesem Zusammenhang festgehalten werden: Wenn die neue Verfassung Österreich als eine demokratische Republik definierte, so bejahte Kraus nur den zweiten Teil dieser Definition. Er hatte sich zum Republikaner gewandelt und ist es sein ganzes Leben geblieben; Demokrat hingegen war er nie; die Werte, auf die eine Demokratie sich stützt, waren ihm immer gleichgültig, und er war daher 1933/34 leichten Herzens bereit, sie zu opfern.

Obwohl der Anspruch, den Kraus an die Republik stellte, zweifellos nicht unproblematisch war, ist der Umstand, daß Kraus als einer von wenigen diese Republik von Anfang an bejahte, daß er in einer Republik, in der es — zumindest in seiner Klasse — kaum Republikaner gab, eine Ausnahme bildete, ein historisches Verdienst. In gewissem Sinne kann man Karl Kraus als *den* Schriftsteller der Ersten Republik bezeichnen. Nicht als ihren Poeta laureatus, sondern als den Schriftsteller, der sie durch seine publizistische Praxis während des Weltkrieges mitschuf, sie in ihrer Frühzeit förderte, ja, mit ihr geradezu organisch verbunden war, zugleich aber in seiner Person ihre Widersprüche derart reproduzierte, daß er schließlich auf der Seite ihrer Zerstörer stand.

Die positive Einstellung dauerte nicht sehr lange, sie endete spätestens 1924. Diese Zeitspanne ist eingerahmt durch zwei Gedichte, die dem 20. und dem 25. Jahrestag des Erscheinens der *Fackel* gewidmet waren. Das Bekenntnisgedicht *Nach zwanzig Jahren,* eines der längsten Gedichte von Karl Kraus, ist eine eingehende Selbstdarstellung seiner Eitelkeit, seiner Sprachbeziehung und seiner satirischen Mission. Seine eigene Rolle, die ihm ein »gutgelaunter Gegendämon« zugewiesen hatte, definierte er als »Zucht und Strafe, Licht zugleich und Brand«, denn: »Durch Liebe sind sie nimmermehr zu halten[3].« Nach dem Erfolgserlebnis, das ihm das Bewußtsein, als einer der wenigen deutschsprachigen Intellektuellen im Krieg moralisch recht gehabt zu haben, verschafft hatte, setzte er seine eigene Person und seine Werte nunmehr auch für die öffentliche Sphäre absolut.

Zugleich beanspruchte Kraus als einer der geistigen Gründer der Republik für sich eine Art Mitspracherecht bei ihrer Führung. So wie in der Anfangszeit der *Fackel*, in ihrer antikorruptionistischen Periode, war das »wahre Leben« für ihn kurze Zeit nicht nur außerhalb der Gesellschaft, etwa im Geist, zu finden, sondern im »Hier und Heute«; die konkreten Ereignisse in der sozialen Sphäre waren für ihn nun eine wichtige Voraussetzung dieses wahren Lebens, und er bemühte sich daher, gestaltend an ihnen mitzuwirken.

Allerdings: die Ursprungsphilosophie behielt Kraus in dem erwähnten programmatischen Gedicht explizite bei. Sein Weg, so ruft ihm der »gutgelaunte Gegendämon« zu, geht vom Ursprung übers Ziel hinaus. Auch der Sprachphilosophie blieb er treu, und sein eigener sozialer Kampf schien ihm mit dem Kampf um die Reinheit der Sprache eng verbunden:

Kein Opfer gab's, an allem, was euch freut,
Besitz und Geltung, Ruh und Nervenglück,
daß ich nicht mit Begeisterung dargebracht,
um euch am Geist kein Opfer darzubringen,
im Erdensturz dem Umbruch einer Zeile
noch zugewandt, bis an den Jüngsten Tag
erfüllend jene heilige Satzung, wo
es auf das Komma ankommt, mag ich stammelnd
dereinst nicht wissen, was das Thema war.
Geschlecht und Lüge, Dummheit, Übelstände,
Tonfall und Phrase, Tinte, Technik, Tod,
Krieg und Gesellschaft, Wucher, Politik,
der Übermut der Ämter und die Schmach,
die Unwert schweigendem Verdienst erweist,
Kunst und Natur, die Liebe und der Traum —
vielfacher Antrieb, sei's woher es sei,
der Schöpfung ihre Ehre zu erstatten!
Und hinter allem der entsühnte Mensch,
der magisch seine Sprache wieder findet[4].

Das zweite erwähnte Gedicht, *25 Jahre,* geschrieben 1924, zu einer Zeit also, wo Kraus schon von allen sozialen Kräften, an deren relative Legitimation er fünf Jahre vorher noch geglaubt hatte, enttäuscht war, ist vor allem als Manifestation seiner Resignation anzusehen. Auf außerhalb seiner Person Liegendes geht es gar nicht ein. Sein wichtigster Satz ist die für Kraus wohl notwendige Rechtfertigung vor einer nicht näher definierten Instanz: »Ich hab, was mir vertraut ward, treu verwaltet[5].«

Kraus' Verdienste in der Anfangszeit der Republik müssen vor allem deswegen hervorgehoben werden, weil gerade die Republik, der sie zugute kamen, sich weigerte, sie zu honorieren. Im Gegenteil. Kraus mußte erleben, daß Schriftsteller, wie etwa Anton Wildgans, deren widersprüchliche Haltung zum Krieg unter anderem in blutigpatriotischer Lyrik Niederschlag gefunden hatte, vom Staat in offizieller, der Völkerversöhnung dienender Funktion ins Ausland gesandt wurden, während seine diesbezüglichen Bestrebungen unbeachtet blieben. Wie schon in der Vorkriegszeit, hatte die Mißachtung seiner Verdienste wieder eine Hypertrophierung seiner eigenen Person zur Folge. Die Begründung, die Kraus ihr jetzt gab, unterschied sich allerdings von der ästhetizistischen Rechtfertigung seiner Selbstbespiegelung in den Vorkriegsjahren. Er konfrontierte seine eigene Existenz, deren moralische Überlegenheit aufgrund der Haltung zum Weltkrieg nunmehr feststand, bewußt mit der Umwelt und nahm deren Reaktion als Maßstab für ihre Beurteilung. Kraus hielt dieses Verfahren für so fruchtbar, daß er verkündete, er wolle sein Lebtag nichts anderes schreiben als von sich, »in der selbstentäußernden Überzeugung, daß darin mehr von der Welt ausgesagt wäre, als wenn die Wiener Literatur von ihr spricht und handelt[6]«.

Trotz des Todes des Freundes Peter Altenberg und der zeitweiligen Trennung von Sidonie Nádherný waren die Nachkriegsjahre für Kraus wohl die glücklichsten seines Lebens. Was an biographischem Material über diese Zeit vorliegt, berichtet viel über Geselligkeit, Freundschaften (so etwa mit Mechthilde Lichnowsky, Berthold Viertel und später mit Heinrich Fischer) und vermittelt das Bild eines nach den Greueln des Krieges entspannt wirkenden Mannes. Daneben erlebte Kraus in dieser Zeispanne auch den ersten seinen Verdiensten einigermaßen entsprechenden Ruhm. Im Ausland hatte ihm seine mutige, Zensur und persönliche Gefahr ignorierende Haltung im Weltkrieg viele Bewunderer eingetragen, ausländische, darunter vor allem französische, tschechische, deutsche und amerikanische, Zeitschriften setzten sich mit ihm auseinander, seine Vorlesungen im Ausland waren ebenso erfolgreich wie die österreichischen. Auch in Österreich war in die Mauer des Totschweigens eine wichtige Bresche geschlagen worden. Die *Arbeiter-Zeitung* berichtete regelmäßig über Kraus' Aktivitäten, und vor allem erschien Leopold Lieglers mehr als 400 Seiten starke Monographie über den damals Sechsundvierzigjährigen. Abgesehen von der *Arbeiter-Zeitung* wurde Kraus von der übrigen Wiener Presse weiterhin totgeschwiegen. Diese Vorgangsweise war dann besonders übel, wenn sie — wie während der großen Hungersnot in Wien — Wohltätigkeitsaktionen betraf, die ja einer gewissen Publizität bedürfen und die in den Zeitungen einfach deswegen nicht genannt wurden, weil Kraus an ihnen beteiligt war. Ja, später vernachlässigte die Wiener Presse ihrem Gegner gegenüber ihre Informationspflicht derart, daß sogar im Rundfunkprogramm Sendungen, in denen er mitwirkte, nicht angeführt wurden. Gegenüber dem ätzenden Spott, den Kraus auf die Wiener Presse goß, konnte sie offensichtlich nur zu dieser Waffe greifen.

Geehrt wurde Kraus auch — worauf noch gesondert einzugehen ist — von einzelnen Sozialdemokraten. Offizielle Ehrungen hat er in jener Zeit, in der er ihrer allen Maßstäben nach würdig gewesen wäre, nicht erlebt. Nur der zeitweilige Präsident der Nationalversammlung, der Wiener Bürgermeister und Parteiführer der Sozialdemokraten, Karl Seitz, gratulierte Kraus zum zwanzigsten Jahrestag des Erscheinens der *Fackel* und zum fünfzigsten Geburtstag. So absurd es klingt: diese beiden unbedeutenden Briefe, die Kraus wohl wichtiger genommen hat, als sie tatsächlich waren, stellten die einzigen offiziellen Ehrungen dar, die Wien und Österreich ihm zeit seines Lebens angedeihen ließen. Daß er ein international berühmter Schriftsteller war, der später für den Nobelpreis vorgeschlagen wurde, Herausgeber einer der meistgelesenen Zeitschriften im deutschen Sprachraum, ein Philanthrop, der ein Millionenvermögen für wohltätige Zwecke gespendet hat — all dies war für die österreichische und die Wiener Regierung unerheblich im Vergleich zur Mißgunst der Presse, die offensichtlich eine Ehrung verhinderte. Denn in jenen Jahren stand seine Einzelgängerhaltung einer Ehrung nicht im Wege, er akzeptierte ja damals die Republik und rief seinen Segen auf das »schöne Land« Österreich herab. Die beiden Routineschreiben des Sozialdemokraten Seitz können so als eine geringfügige Ehrenrettung der jungen Republik aufgefaßt werden.

An dieser Stelle können wir uns fragen, wie Kraus reagiert hätte, wenn die Republik ihn seinen Verdiensten entsprechend geehrt hätte, wenn sie ihn ins Ausland gesandt hätte wie andere durch ihre Haltung im Krieg belastete Literaten, wenn sie ihm eines jener Ämter, mit denen sie anderen, schlechteren Schriftstellern gegenüber nicht knausrig war, übertragen hätte? Damit soll nicht angenommen werden, daß Kraus sich hätte bestechen lassen, wenn die Republik ihn derart geehrt hätte, daß er zu ihrem unkritischen Apologeten geworden wäre. Der seelische Mechanismus, der bewirkte, daß Kraus seine Aggressionen vor allem auf ihm nahestehende Bereiche richtete, hätte das wohl verhindert. Aber es muß festgehalten werden, daß er nach dem Umsturz 1918 die Bereitschaft zeigte, sein Einzelgängertum aufzugeben und gemeinsam mit Kräften, die er für positiv hielt, zu wirken. Daß er nach kurzer Zeit wieder ähnlich isoliert war wie etwa nach seiner ersten Trennung von der Sozialdemokratie um 1900, ist nicht nur auf seinen Charakter zurückzuführen. Ähnlich wie damals das Verhalten der Parteibürokratie hat die nunmehrige Nichtachtung seiner Verdienste diese Haltung zweifellos unnötig verschärft. In gewissem Sinne wurde Kraus zu jener Isolation, in der er sich während eines Großteils seines Lebens befand, gezwungen. Er hat diese offizielle Diskriminierung einerseits als unabdingbaren Bestandteil der von ihm gewählten

Haltung genossen, anderseits aber unter ihr auch gelitten. Einstweilen war er noch gewillt, als Beschützer, Erzieher und Gewissen der Republik zu wirken und ihr das Verhalten ihm gegenüber zu verzeihen.

Um dieser Rolle gerecht werden zu können — was eine möglichst weite Verbreitung der *Fackel* voraussetzte —, wurde diese zeitweilig in Österreich weit unter den Gestehungskosten verkauft; sie war im Inland die billigste Zeitschrift Europas, der Auslandspreis war bedeutend höher. Wenn in der *Fackel* Mißstände im Bereich der Staatsverwaltung aufgegriffen wurden, so geschah das nicht wie früher mit ätzender Kritik, sondern Kraus appellierte eine Zeitlang fast ohne jede Aggressivität an die Verantwortlichen. In gewissem Sinne kann sein publizistisches Engagement in jenen Jahren mit der antikorruptionistischen Praxis der Anfangsjahre verglichen werden. Auch hatte Kraus zu einigen Spitzenpolitikern der Republik ein ausgesprochen positives Verhältnis. In Anbetracht seiner Neigung zur Personalisierung politischer Probleme ist das zweifellos ein wichtiger Umstand. Er sah seine politische Funktion auch nicht im Appell an die Massen, sondern eher darin, als anerkannte moralische Autorität einzelne politische Spitzenfunktionäre zu beeinflussen.

Das bemerkenswerteste Dokument in dieser Beziehung ist der unter dem Titel *Gespenster* publizierte Briefwechsel mit Karl Seitz. Dieser gratulierte Kraus — wie schon erwähnt — anläßlich des zwanzigsten Jahrestages des Erscheinens der *Fackel* und dankte ihm »für das große Werk, das Sie in diesen zwei Jahrzehnten zur Reinigung, Versittlichung und Vergeistigung des öffentlichen Lebens geleistet haben[7]«. Jeder Republikaner, schrieb er weiter, werde anerkennen, was Kraus mit seinem Wort zur Verjagung der alten Gespenster beigetragen habe.

Kraus reagierte auf diese Gratulation so, wie es die Konvention in unserem Kulturkreis jedem, der gelobt wird, vorschreibt: Er wies das Kompliment als unverdient zurück. Aber in diesem Fall wurde die Erfüllung der Konvention durch den Satiriker zu einem Vorwurf gegen die Gesellschaft und damit auch gegen den Gratulanten. Die Gespenster seien noch da, meinte Kraus, und gerade weil die Sozialdemokratie, als deren Repräsentant Seitz ja anzusehen sei, und die als einzige imstande wäre, sie definitiv zu verjagen, glaube, sie wären schon verjagt, seien sie gefährlicher denn je. Und dann folgte eine Aufzählung der »Gespenster« und ihrer Wirkungsbereiche.

Wie zu erwarten, war für Kraus das wichtigste »Gespenst« die Presse, weil sie die Existenz der anderen »Gespenster« begünstigte. Kraus gab ihr die Schuld am Ausbruch des Weltkriegs, sie war für ihn belastet mit den Millionen Toten — den ganzen Krieg hindurch hatte er von der Möglichkeit geträumt, chauvinistische österreichische Journalisten im Frieden zur Verantwortung zu ziehen. Daraus war nichts geworden; der Umsturz von 1918 hatte sich wohl auch auf das Pressewesen ausgewirkt, der Markt war kleiner geworden, die *Neue Freie Presse* war kein Weltblatt mehr, einige Zeitungen waren eingegangen. Aber die Machtpositionen der Presse waren immer noch ungebrochen. An ein Gericht über Journalisten, wie etwa Heinrich Lammasch es für Friedrich Funder, den kriegshetzerischen Chefredakteur der christlichsozialen *Reichspost,* vorgeschlagen hatte, war natürlich nicht zu denken. Journalistische Schreibtischtäter werden in unserer Gesellschaft in der Regel nicht belangt; die vielberufene Verantwortung des Publizisten kennt nur eine Sanktion: die wirtschaftliche. Die Meinung des Publizisten ist mit dem Markt, auf dem er sie verkaufen will, vielfältig verflochten. Was der Journalist zu produzieren mithilft — die Meinung seiner Leser —, dem fügt er sich gleichzeitig. Es wäre also unzulässig, das Verhältnis zwischen der Meinung, die der Durchschnittspublizist vertritt, und der öffentlichen Meinung so zu erklären, daß jener diese »mache« oder aber sich dieser »füge« — beides geschieht zugleich. Kraus ging von einer falschen Annahme aus: Seiner Vorstellung nach hatten die Journalisten die öffentliche Meinung, die den Krieg begrüßte, »gemacht«; das Leid des Krieges war so ungeheuer gewesen, daß Kraus meinte, das Publikum werde sich nunmehr gegen seine schlechten Ratgeber erheben. In Wirklichkeit haben beide — der Journalist einer Massenzeitung und sein Publikum — in bezug auf die öffentliche Meinung stets das gleiche Verhältnis zueinander, mögen die Inhalte dieser Meinungen auch radikal wechseln. Abgesehen von Extremfällen, von politisch gesteuerten Kampagnen oder von Konkurrenz der Medien untereinander, ist daher ein Aufstand der Konsumenten gegen die Medien, wie Kraus ihn erwartete, nicht denkbar.

Der Journalismus begünstige — so Kraus an Seitz — die Existenz eines anderen Gespenstes: der menschlichen Dummheit. Ein knappes halbes Jahr nach Ausrufung der Republik artikulierte Kraus hier die erste größere Kritik an ihr. Aber es handelte sich dabei immer noch um eine Kritik, die das Bestehende bessern wollte: »Es ist schmerzlich, vor dem Präsidenten der Republik bekennen zu müssen, daß die Leute hierzulande nie dümmer waren als seitdem es eine Republik gibt. Die Dummheit wird der Republik die Schuld geben. Denn sie, die in Sehnsucht nach den Zeiten lebt, die sie dumm gemacht haben, vermag den kürzesten Gedankengang nicht mehr zurückzulegen. Etwa so: Die Monarchie hat uns den Krieg gebracht, der Krieg den Ruin, der Ruin die Republik. Nein, sie gewahrt nur die Gleichzeitigkeit von Republik und Ruin: Die Republik hat uns den Ruin gebracht[8].«

Kraus hat seinen Lesern immer wieder erklärt, daß nicht die Republik die momentanen Übel, unter denen Österreich litt, verursacht habe, sondern daß diese ein unglückliches Erbe aus der Kaiserzeit seien. Die Verbreitung dieses Gedankens in möglichst perfekter Form war ihm ein Mittel zur Förderung der angestrebten republikanischen Gesinnung. Besonders in jenen Jahren, als es noch starke soziale Kräfte gab, die auf eine Restauration der Habsburger hofften, war diese Förderung ein wichtiges Gegengewicht zur monarchistischen Agitation. Seinen schönsten Ausdruck hat die republikanische Gesinnung des Satirikers in seiner Bearbeitung der *Vögel* von Aristophanes, *Wolkenkuckucksheim*, gefunden:

Wir sind erwacht. Behüten wir das Glück.
Wir träumten Macht. Wir leben Republik[9]!

Kraus war in jenen Jahren eine der stärksten antimonarchistischen Stimmen Österreichs. Die Monarchisten haben das auf ihre Art gewürdigt: seine Vorlesungen wurden mit Stinkbomben gestört, man versuchte ihn durch Drohungen zu erpressen, und im Strafverfahren gegen einen legitimistischen Gewalttäter kam zutage, daß sogar der abenteuerliche Plan bestanden hatte, Kraus, der zeitweise unter Polizeischutz stand, in das von einem »Reichsverweser« regierte benachbarte Ungarn zu entführen.

Neben der Presse und der menschlichen Dummheit war das dritte »Gespenst«, von dem Kraus die Republik bedroht sah, die politische Linke. Mit seiner Einstellung ihr gegenüber werden wir uns im nächsten Kapitel befassen.

Interessant ist, wie Kraus in seiner Antwort an Seitz nun sein Verhältnis zur Politik, die ja früher für ihn ein Unwert an sich gewesen war, definierte. Er behielt wohl formal die ästhetisierende Argumentation bei, ging auch weiterhin vom »Künstler« aus, kam jedoch inhaltlich zu ganz anderen Ergebnissen. Politik hatte von nun an für ihn die eingestandene Funktion eines Mittels: »Uns ist Politik nur ein Methode, das Leben zu besorgen, damit wir zum Geist gelangen[10].« Zu ihrer Beurteilung gibt es Kriterien; schlechte Politik kann unter anderem an dem erkannt werden, was sie verhindert: »Symphonien wachsen nur, wenn nicht daneben ein totwundes Leben um Erbarmen stöhnt[11].« Kunst und Gesellschaft waren in dieser Konzeption immer noch getrennte Bereiche, doch galt für Kraus eine geordnete Gesellschaft immerhin als Voraussetzung für kulturelle Leistung.

Sein Kriterium zur Beurteilung der Politik war in jener Zeit eindeutig humanistisch orientiert, zugleich aber unbestimmt und mit einer Tendenz zu Leerformeln belastet. Der ehemalige Antipolitiker hatte noch immer nicht gelernt, sich der Politik anders als mit einem abstrakten Vokabular zu nähern: »Nur eine Politik, die als Zweck den Menschen und das Leben als Mittel anerkennt, ist brauchbar. Die andere, die den Menschen zum Mittel macht, kann auch das Leben nicht bewirken und muß ihm entgegenwirken[12].« Die Vagheit dieser Konzeption bewirkte, daß Kraus sie in der Begründung seines Eintretens für den Austrofaschismus nicht zurückziehen mußte, ja sogar implizite mit ihr argumentieren konnte.

Die Besonderheit des Künstlers, ein gewisser Gegensatz zur »Masse« also, war weiterhin ein Ausgangspunkt von Kraus. Aber er interpretierte gerade diese Besonderheit als entscheidenden Grund dafür, daß der Künstler für eine Politik eintreten müsse, die den Menschen als Zweck sieht. Denn eine Politik, die ihn zum Mittel macht, so meinte Kraus, »schaltet um so mehr den gesteigerten Menschen, den Künstler, aus, während die nüchterne Ordnung der Lebensdinge ihm den naturgewollten Raum läßt. Jene gewährt eine rein ästhetische und museologische Beziehung zum geschaffenen Werk, sie bejaht, diesseits der Schöpfung, das Resultat als Ornament und lügnerische Hülle eines häßlichen Lebens, ja sie erkennt nicht einmal das Werk an, sondern eigentlich nur das Genußrecht der Bevorzugten an dem Werk, dessen Schöpfer vollends hinter dem fragwürdigen Mäzen einer im Besitz lebenden Welt verschwindet[13].«

Für jene erstrebte Politik, die den Menschen als Ziel hat, blieb allerdings der Kampf gegen die Presse eine unabdingbare Voraussetzung. Der Brief an Seitz schloß mit zwei Wünschen an die junge Republik, nämlich, daß sie, »die Blutsverwandtschaft erkennend, mit den hinterbliebenen Parasiten der Kaiserzeit wie mit den Mitessern der Revolution ein Ende mache; daß endlich Männerstolz vor Herausgeberthronen einem Gewerbe, welches unter dem ruchlosen Vorwand der Preßfreiheit das Volk in den Tod lügt, einer Industrie, der nichts übrigbleibt, als den Geist Müßiggang zu nennen, die Maschinen zerbreche. Dann erst — glaube ich, Herr Präsident — werden die Gespenster verjagt sein[14].«

Der Briefwechsel mit Seitz, eine Art Fürstenspiegel für einen Sozialdemokraten, ist nicht das einzige Dokument, das für die positive Einstellung Kraus' zu einzelnen republikanischen Spitzenpolitikern zeugt. Von ausländischen Politikern sind in diesem Zusammenhang Walter Rathenau und Thomas G. Masaryk, der Kraus empfing und mit ihm über Goethes *Pandora* diskutierte, zu nennen. Die Urbanität solcher Politiker verglich Kraus ironisch mit christlichsozialen österreichischen Politikern wie etwa Vaugoin, Ahrer und Seipel. Ein österreichischer Politiker, der in der ersten Zeit der Republik in der *Fackel* häufig gelobt wurde, war der damalige Polizeipräsident und spätere Bundeskanzler Johann Schober. Dessen Biograph Jacques Hannak bezeichnete ihn — unbeschadet der Tatsache, daß Schober später, soweit mir bekannt ist, als erster deutschsprachiger Politiker mit dem Slogan »Recht und Ordnung« warb — als »Repräsentanten der verlorenen Mitte«. Schobers Versuch, die österreichische Wirtschaft wiederaufzubauen, wird als konservatives Vorhaben mit republikanisch-demokratischer Grundhaltung bezeichnet. Diese Bezeichnung könnte mit Ausschluß des Wortes »demokratisch« auch auf die politische Konzeption der *Fackel* passen; es ist also verständlich, daß Schober Kraus eine Möglichkeit zur politischen Identifikation geboten hat. Kraus hatte den ausgezeichneten Polizeifachmann schon im Kriege als einen der wenigen Menschen in Österreich schätzen gelernt, »die Mut vor dem Armeeoberkommando bewiesen haben[15]«.

Auch Schobers energisches Durchgreifen gegen die radikale Linke, die Kraus ja damals für ein die Republik bedrohendes »Gespenst« hielt, gefiel diesem. Schober, der auf demonstrierende Arbeiter schießen ließ, war im Wien des Jahres 1919 zweifellos das, was Kraus sein Leben lang in der Politik schätzte: ein starker Mann. Vor allem aber tat er etwas in der Geschichte der *Fackel* Einmaliges: Als Kraus in einem empörten Brief an den Polizeipräsidenten in der *Fackel* einen Zeitungsbericht über einen Übergriff der Sittenpolizei zitierte, antwortete Schober und rechtfertigte — so die publizistische Legitimation der *Fackel* anerkennend — die Polizei. Was heute jedem Kolumnisten selbstverständlich erscheint, daß nämlich ein wegen eines konkreten Mißstandes angegriffenes staatliches Organ zu dem Angriff Stellung nimmt, hat Kraus außer in privaten Angelegenheiten nie erfahren. Allerdings durchschaute Kraus von Anfang an gewisse Schwächen Schobers, die später dazu beitrugen, daß er in ihm seinen Hauptgegner sah. So bedauerte er schon 1921, »daß der ehrliche Name eines Polizeipräsidenten sich dauernd zur Passivform von ›Schieber‹ machen läßt[16]«.

Freilich war auch der zweite und wichtigere Grund, der

zu dieser späteren Gegnerschaft führte, damals schon gegeben, ohne daß Kraus Schober deswegen attackierte. Jener hatte nämlich, wie erwähnt, keineswegs am 15. Juli 1927 erstmals auf Demonstranten schießen lassen. Schon am 15. Juni 1919 gab es bei kommunistischen Demonstrationen siebzehn Tote (woraus Kraus allerdings dem Polizeipräsidenten keinen Vorwurf machte). Schobers Verhalten am 15. Juli 1927 war in gewissem Sinne nur die konsequente Weiterverfolgung einer Politik, die Kraus anfangs bejaht hatte.

Wenn Kraus den Journalisten vorwarf, sie hätten es unterlassen, sich von ihrer früheren Haltung zu distanzieren, so könnte man ihm dies in geringerem Umfang ebenfalls vorwerfen, obwohl er wiederholt beteuerte, mit Kriegsbeginn umgedacht zu haben, und obwohl er bei Neuausgaben seiner Bücher mannigfache Korrekturen vornahm. Doch distanzierte er sich auf exemplarische Weise von seiner früheren, durch »Sehnsucht nach aristokratischem Umgang« bestimmten Haltung, indem er sich neuerlich mit Goethes politischem Verhalten beschäftigte. Wie erinnerlich, hatte Kraus das politische Verhalten Goethes und Schopenhauers zur Begründung seiner eigenen konservativen Grundhaltung herangezogen. Im Oktober 1921 nun nahm er in einer Rede über *Monarchie und Republik* auf die beiden Bezug und versuchte die »heute frappierende Erscheinung (zu) erklären, daß erlauchte Geister wie Goethe und Schopenhauer in ihrem Denken über die Dinge der Menschheit an irgendeinem Punkt durch den Kronreif beengt waren, der wertloseren Zeitgenossen auf der Stirne saß und dessen Vorstellung unsereinem nur den Atem behindert«. Zugleich stellte er fest, es sei vielleicht die gefährlichere Funktion der Monarchen, »daß sie, ohne ihre Henker zu bemühen, imstande waren, den denkenden Menschen um einen Kopf kürzer zu machen[17]«. In dem in der gleichen *Fackel*-Nummer erschienenen Gedicht *Er* griff Kraus Goethes Verhalten am Weimarer Hof scharf an:

Er trug ein Haupt, das ragte himmelan,
daß es im Götterkreise wohne.
Und keinem Gotte untertan,

neigt Goethe sich zu einer Fürstenkrone.
(...)
Er war nach oben und nach oben
ein immer strebender Vollender.
Wie war die Welt von Goethes *Faust* erhoben!
Und er von Gothas Hofkalender[18].

Damit kritisierte Kraus an Goethe dieselbe Haltung,
für die er ihn acht Jahre vorher gelobt hatte. Wollen wir
darin nicht eine äußerst problematische, selbstherrliche
Handlung sehen, dann müssen wir sie als satirische Imitation der von Kraus bekämpften journalistischen Unver-
schämtheit auffassen. Denn Kraus legte seiner Darstellung
nach gleichzeitig mit diesen unkommentierten Angriffen
eine Falle für jene, die den Herausgeber der *Fackel* für
einen Journalisten hielten, der je nach Opportunität seine
Meinung ändere. Er wartete auf den »Trottel«, den »Ge-
sinnungskontrollor«, der ihn auf den Widerspruch zwischen seiner früheren und seiner nunmehrigen Haltung
aufmerksam machen würde. Diesen Widerspruch leugnete
er: Zur Zeit der Abfassung seines Lobes auf Goethe sei
die Alternative Presseliberalismus oder Monarchie gewesen, heute hingegen sei sie Monarchie und Republik. Die
erste Alternative ist eindeutig falsch: Außer Monarchismus
und Presseliberalismus gab es in Kraus' konservativer
Periode schließlich auch noch die Sozialdemokratie. Aber
Kraus begründete sein politisches Verhalten gerne mit
falschen Alternativen, bis hin zu jener von »Hitler oder
Dollfuß«, mit der er sich für die Unterdrückung der österreichischen Arbeiterbewegung durch den Austrofaschismus
entschied. Bezüglich Goethes meinte Kraus nun, daß, selbst
wenn es Widersprüche in seiner Haltung gebe, ihm diese
immerhin das Ehrenzeugnis ausstellen würden, daß der
Weltkrieg auf ihn Eindruck gemacht hätte. Als Fazit dieses Eindrucks ist die Erklärung zu werten, daß er, »bevor
die stets verdammte Selbstentwertung konservativer Werte
das Ende herbeiführte, kein Republikaner« gewesen sei[19].
An das »Geschmeiß«, das seine Gesinnung kontrollierte,
adressierte er das folgende Geständnis: »Und wenns eben
dieses nicht anders kapiert, so sei ihm in Gottes Namen

zugestanden: Alles, was ich bis zum 1. August 1914 geschrieben habe, war, soweit es in Widerspruch steht zu
allem, was ich seit dem 1. August 1914 geschrieben habe,
und soweit es nicht als Vorwort dazu unmißverständlich
ist, falsch[20].«

Der Angriff gegen Goethe wurde von Kraus nicht nur
auf der politischen Ebene geführt, sondern auch auf der
ästhetischen. Er war über die Lektüre von Goethes patrio-
tischen Gelegenheitsgedichten, etwa jenen, die der Dichter
1810 anläßlich des Kuraufenthalts der österreichischen
Kaiserin in Karlsbad verfaßt hatte, ehrlich entsetzt. Ohne
daß Kraus es direkt aussprach, schwingt der Vorwurf der
geistigen Prostitution in seiner Analyse dieser Gedichte
mit.

Den Widerspruch, daß er in seiner konservativen
Periode erklärt hatte, der letzte, der gegen Goethe Gesinnung haben durfte, habe Börne geheißen (»Zuzug fernhal-
ten!«), erklärte Kraus nun so: »Hingegen habe ich schon
damals die grundsätzliche Möglichkeit jenes Einwands
gegen Goethe unbestritten gelassen und sie nur von der
Persönlichkeit dessen abhängig gemacht, der ihn wagt,
und wenn ich ihn oben noch Börne konzediert habe, so
wollte ich damit keineswegs gesagt haben, daß ich mir
selbst nicht das Recht zugestände, mich diesem anzureihen
und noch immer den Zuzug fernzuhalten[21].« Seine Haltung ist also merkwürdig ambivalent: Einerseits muß der
früher verehrte Goethe um der Erhaltung der Republik
willen kritisiert werden, andererseits sah Kraus außer sich
selbst kaum jemanden, der zu dieser Kritik legitimiert war.

Diese Kritik an Goethe war also kein Selbstzweck, sondern sie lag auf der Linie jener Funktion, die sich die
*Fackel* damals selbst zugeteilt hatte: der Erziehung des
Publikums zu republikanischer Gesinnung. Diese Erziehung vollzog sich auf mehreren Ebenen. Am wichtigsten
war die Erinnerung an all die Greuel, die der Krieg als
Folge der monarchischen Herrschaft mit sich gebracht
hatte, und der Kampf gegen jeden Versuch, die Greuel
und die dafür Verantwortlichen zu vergessen und diesen
dadurch ihre alte Macht wiederzugeben: »Denn über alle
Schmach des Krieges geht die der Menschen, von ihm nichts

mehr wissen zu wollen, indem sie zwar ertragen, daß er ist, aber nicht, daß er war[22]«, heißt es diesbezüglich im Vorwort der *Letzten Tage der Menschheit*. Und diese Schmach trachtete Kraus zu verhindern. Noch Jahre nach Kriegsende blieb der Krieg ein Hauptthema der *Fackel;* immer wieder zitierte Kraus aus seinem riesigen Archiv, was einzelne im Krieg gesagt oder getan hatten. Jeder Versuch, den Krieg zu bagatellisieren oder gar zu heroisieren, wurde von ihm bekämpft. Immer wieder mußte er daher gegen einzelne Verfälschungen des Kriegsgeschehens in den Zeitungen auftreten, so etwa gegen die peinliche Dolchstoßpropaganda der christlichsozialen *Reichspost.*

Zu jenem Vorwurf, der auch nach dem Ende des Zweiten Weltkrieges den Verfolgern der Schuldigen an den Nazigreueln gemacht wurde, äußerte sich Kraus anläßlich seiner ersten Prager Vorlesung nach dem Krieg: »Wo immer ich zu den Überlebenden sprach, habe ich den Vorwurf hören müssen, daß ich so wenig mit der Zeit fortschreite, weil ich mitten im Frieden noch immer vom Krieg spreche. Aber indem ich überzeugt bin, daß die Aktualität dieses Themas zwar kein ganzes Jahr nach Friedensschluß, aber doch ein volles Jahrtausend ausfüllen wird, sehe ich den Krieg eben dadurch entstehen, daß man ihn vergessen haben möchte, und so lange dauern, als diese Aversion gegen ein Thema dauert, dessen Erlebnis der überlebenden Menschheit durch Zeitungstitel vermittelt wurde. Denn ich weiß nicht, ob diese Menschheit, die vom Tode gelesen hat, nicht noch tiefer entartet ist, als jene, die von ihm gelebt hat. Sie haben es, um es sich nicht mehr vorstellen zu müssen und nie mehr vorstellen zu können, gelesen; und darum haben sie es schneller vergessen, als wenn sie es nie gelesen hätten. Sie haben vergessen, daß sie einen Krieg angefangen haben; sie haben vergessen, daß sie einen Krieg verloren haben; und sie haben sogar vergessen, daß sie einen Krieg geführt haben. Und eben darum müssen sie es erfahren, daß sie den Krieg nicht beenden werden. Ich sehe keinen Weg, aus diesem abgestandenen Thema mit heiler Haut herauszukommen[23].«

Hand in Hand mit der Erinnerung an die Kriegsgreuel geht der Kampf gegen das monarchistische Denken und

gegen restaurative Tendenzen. Die alte Kaiserhymne
wurde zu diesem Zweck von Kraus umgedichtet, der hier
wohl das einzige Mal in seinem Leben eine Tradition der
bürgerlichen Revolution 1848, in der solche Umdichtungen
zahlreich waren, fortsetzte:

> Gott erhalte, Gott beschütze
> vor dem Kaiser unser Land!
> Mächtig ohne seine Stütze,
> sicher ohne seine Hand!
> Ungeschirmt von seiner Krone,
> stehn wir gegen diesen Feind:
> Nimmer sei mit Habsburgs Throne
> Österreichs Geschick vereint[24]!

Immer wieder verwies Kraus auf die persönliche Minderwertigkeit der letzten deutschen und österreichischen
Monarchen und darauf, daß seiner Einschätzung nach der
monarchistische Gedanke »in dem Mißverhältnis zwischen
persönlicher Minderwertigkeit und der Verfügung über
das Schicksal von Millionen, deren Letzter mehr wert ist
als jener Erste«, beruhe[25].

Daß Kraus sich damit viele Feinde schuf, wurde schon
erwähnt. Die große Stunde seiner Gegner schlug in Innsbruck im Februar 1920. Dort gelang es der offensichtlich
paritätisch aus Antisemiten und Monarchisten zusammen-
gesetzten republikanischen Verwaltung, gegen den Widerstand der Sozialdemokraten eine von zwei Vorlesungen
Kraus', die Ludwig von Ficker und der *Brenner* für wohltätige Zwecke arrangiert hatten, zu verhindern. Kraus,
dessen Österreichbild immer auf Wien fixiert war, der
Wien absolut setzte und auch später bei seinen Ansprüchen an die Sozialdemokratie, deren überproportional
große Macht in Wien er für den Ausdruck der realen Macht-
verhältnisse in Österreich hielt — ein Fehler, den er mit
vielen Historikern des österreichischen Sozialismus teilte —,
lernte hier erstmals etwas von der politischen Eigenstän-
digkeit gewisser österreichischer Bundesländer kennen und
erfuhr so die Realität der Republik. Wenn man heute die
in der *Fackel* abgedruckten Tiroler Pressestimmen liest[26],

dann versteht man die Tragödie der Ersten Republik und, bei allen Fehlern der Sozialdemokratie, die Frage nach der Schuld an ihrer Zerstörung wohl besser. Die Art, wie man Kraus in Innsbruck behandelte, erinnert fatal an das Schicksal der österreichischen Juden am Tage nach dem sogenannten Anschluß. Da gibt es eine Stellungnahme des »Tiroler Antisemitenbundes«, dazu die Anschuldigung der Christlichsozialen, der Vortrag des Satirikers sei »pornographisch«, da gibt es den Vorwurf der Liberalen, die Kraussche Vorlesung sei »widerlich, jedes deutsche Empfinden verletzend« gewesen — kurz, das Spektrum reicht bis zur Schlagzeile der *Tiroler Bauernzeitung:* »Jüdische Beleidigung des deutschen Volkes in Innsbruck. Die Tiroler Sozi helfen den Juden!«

Der Innsbrucker Vorfall rief einen großen, die Verwaltung des heiligen Landes Tirol allerdings nicht weiter tangierenden österreichischen Skandal hervor, es kam sogar zu einer parlamentarischen Anfrage der Sozialdemokraten, die sich hinter Kraus stellten.

Kraus' ehedem positive Einstellung zur Republik verschlechterte sich allmählich infolge einer ganzen Reihe von Affären. Einen deutlich sichtbaren Bruch hat es nicht gegeben, wohl aber eine Affäre, die unter den anderen an Wichtigkeit deutlich hervorragt und an der sich das Umschwenken in seiner Einstellung zur Republik gut aufzeigen läßt. Es handelte sich dabei um die Durchführung des neuen Pressegesetzes. An das von Kraus erträumte Gerichtsverfahren gegen kriegshetzerische Journalisten war, wie schon erwähnt, nicht zu denken, doch gab sich Kraus in gewissem Sinne damit zufrieden, daß die Sozialdemokratie die Schaffung eines neuen Pressegesetzes forderte, das die ärgsten Auswüchse des Wiener Pressewesens beseitigen sollte. Eine entscheidende Rolle bei der Schaffung dieses Pressegesetzes spielte der mit Kraus befreundete sozialistische Publizist und Abgeordnete Friedrich Austerlitz, der auch bemüht war, soweit wie möglich Krausches Gedankengut in das neue Gesetz einfließen zu lassen. Das fertige Gesetz, das Bundesgesetz vom 7. April 1922 über die Presse, war in seiner Endfassung keineswegs besonders sozialistisch (oder gar revolutionär) und entsprach natürlich ebensowenig völlig den Krausschen Vorstellungen. Doch enthielt es immerhin Bestimmungen, die die Pflicht zur Veröffentlichung einer Entgegnung sowie die Verantwortlichkeit für den Inhalt einer Druckschrift in einer Weise regelten, mit der Kraus einverstanden sein konnte. Vor allem aber enthielt der § 26 eine unter Strafsanktion gestellte Bestimmung, die eine schon von dem jungen antikorruptionistischen Publizisten erhobene Forderung erfüllte: Entgeltliche Mitteilungen in Zeitungen mußten als solche gekennzeichnet werden. Damit sollte dem Mißbrauch gesteuert werden, daß eine Redaktion den guten Glauben, den sie bei ihren Lesern genoß, durch eine vorgebliche Tatsachenmeldung zur Förderung geschäftlicher oder politischer Interessen nutzte. Der Effekt dieser Regelung war, daß die Leser der Presse erkannten — wie Kraus hämisch bemerkte —, »ein wie geringer Teil ihres Textes im Grunde doch unbezahlt ist[27]«. Vor allem die vielen als Berichte getarnten Inserate von Aktiengesellschaften, neue Projekte, erhöhte Dividenden und ähnliches betreffend, fielen unter diese Regelung, die für die Presse sehr unangenehm war.

Die nichtsozialistischen Wiener Zeitungen versuchten nun auf die verschiedensten Arten das Gesetz zu umgehen. Da das Gesetz wohl die Kennzeichnungspflicht festsetzte, nicht aber erklärte, wie ihr nachzukommen sei, einigten sich die Zeitungen untereinander darauf, wider den Sinn des Gesetzes die entgeltlich aufgenommenen Texte nicht direkt als solche zu kennzeichnen, sondern nur durch ein Kreuz. An einer versteckten Stelle des Blattes wurde dann in einem verklausulierten, nur dem Kenner des Pressegesetzes, nicht aber dem einfachen Zeitungsleser verständlichen Text auf diese Bedeutung des Kreuzes hingewiesen. Kraus war empört über diesen Mißbrauch des Kreuzes, das für ihn, der ja damals noch Katholik war, ein heiliges Symbol darstellte. Vor allem erbitterte ihn, daß sich auch vorgeblich katholische Zeitungen dieser Usance anschlossen.

Daneben versuchten die Zeitungsherausgeber noch auf verschiedene andere Arten das Gesetz zu umgehen, so etwa, indem sie das Kreuz erst am Ende aller Inserate setzten. Daraufhin erhob die Staatsanwaltschaft in einigen Fällen gegen Zeitungsherausgeber Anklage. Die Presse begann eine intensive Kampagne gegen die an dieser Anklage beteiligten Justizfunktionäre. Kraus hingegen jubilierte geradezu: Zum erstenmal hatte eine österreichische Behörde den Mut gehabt, gegen die Presse vorzugehen. Es ist gar nicht vorstellbar, was das für ihn bedeutete. In gewissem Sinne stellte dieses Strafverfahren für ihn die wichtigste Einlösung der Versprechen, die die Republik gemacht hatte, dar. »Die Hoffnung, daß wir in Österreich leben, wo man keinen Richter brauchen wird, weil man sich's im äußersten Notfall selbst richten kann, und wo ein Pressegesetz doch selbstredend nicht gegen die Presse angewendet werden wird, weil sie ja mächtiger ist als Parlament und Regierung, und weil speziell diese sie zur Verschönerung der Situation und zur Verschleierung der Genfer Untat wie die Bevölkerung einen Bissen Brot braucht — diese Hoffnung, die im Gerichtssaal von zwei Verteidigern der Korruption ehrlich ausgesprochen werden konnte, hat sich zunächst einmal nicht erfüllt[28].«

Nur: die Analyse der Verteidiger war richtig. In der zweiten Instanz erfolgte ein Freispruch, die Zeitungen schlugen Radau über die Rechtsunsicherheit, die durch unklare Bestimmungen des an sich durchaus klaren Gesetzes, das wo nur möglich zu umgehen sie entschlossen waren, entstanden sei. Und so ergab sich schließlich die absurde Situation, daß die von einem Gesetz Betroffenen gemeinsam mit der judikativen und der exekutiven Gewalt einen Vergleich aushandelten, wie sie das Gesetz zu befolgen hätten. Das Kreuz, dessen Sinn allerdings mittlerweile dank der durch die Prozesse verursachten öffentlichen Diskussion klar war, blieb das anerkannte Zeichen für entgeltliche Berichte.

Kraus hatte sich, wie erwähnt, schon vorher negativ über die Republik geäußert. Bereits im April 1919, bald nach ihrer Ausrufung, hatte er erklärt, daß zu ihrer »Definierung bis heute nichts Positiveres angeführt werden könnte, als daß kein Habsburger an ihrer Spitze stehe[29]«. Aber all das wurde immer wieder durch positive Stellungnahmen aufgewogen, war pädagogische Kritik, die den

Kritisierten zur Besserung aufforderte. Doch jetzt hatte Kraus — seinem Gedankengebäude nach — erleben müssen, daß die Behörden und Gerichte der Republik genauso vor der Presse zu Kreuze krochen wie die der Monarchie.

Mit dieser Affäre und der damit verbundenen totalen Enttäuschung erreichte Kraus neuerlich ein Stadium, in dem er Kritik für sinnlos hielt und von ihrer sozialen Relevanz nicht mehr überzeugt war. Sein Kommentar zum freisprechenden Urteil des Obersten Gerichtshofes, betitelt *In eigener Sache*, enthält den folgenden vernichtenden Satz: »Diesem Staat dringt die Ehrlosigkeit aus allen Poren[30].«

Mit der Enttäuschung wegen des Nachgebens der Presse gegenüber geht die Periode der positiven Einstellung zu Ende. Kraus faßte seine Erfahrungen mit Österreich in dem Gedicht *In diesem Land* zusammen. Das Phänomen des *An-der-Heimat-Leidens* ist in Österreich wohl stärker ausgeprägt als in anderen Ländern, daher hat es auch häufig dichterischen Niederschlag gefunden. Trotz dieser großen Konkurrenz ist das Gedicht von Kraus wohl einer der stärksten Texte gegen Österreich:

> In diesem Land wird niemand lächerlich,
> als der die Wahrheit sagte. Völlig wehrlos
> zieht er den grinsend flachen Hohn auf sich.
> Nichts macht in diesem Lande ehrlos.
> (. . .)
> In diesem Land münzt jede Schlechtigkeit,
> die anderswo der Haft verfallen wäre,
> das purste Gold und wirkt ein Würdenkleid
> und scheffelt immer neue Ehre.
> (. . .)
> In diesem Land triffst du in leere Luft,
> willst treffen du die ausgefeimte Bande,
> und es begrinst gemütlich jeder Schuft
> als Landsmann dich in diesem Lande[31].

Den für das politische Geschehen verantwortlichen Parteien der Republik — mit Ausnahme der Sozialdemokratie — stand Kraus absolut negativ gegenüber. Vor allem die Christlichsozialen lehnte er ab. Nach dem Wahlsieg dieser Partei, die er für einen der Hauptschuldigen am Ersten Weltkrieg hielt, schrieb er im Oktober 1920: »Denn das Einzige, was sich nirgendwo in der Welt vorstellen, aber hierzulande erleben läßt, ist geschehen: daß sie eine Partei, die ihr Vaterland an eine Mörderbande verkauft hat, die Urheberin und Zutreiberin all der vernichtenden Siege, nicht zerbrochen haben, sondern ihr wieder einen dieser Siege erringen halfen, vor denen uns nichts rettet als der Tod. Daß Schwarz und Gelb sich in solidum des österreichischen Schmutzes verbanden und ein Christentum, vor dem uns Gott erhalte, Gott beschütze, mit Hilfe der jüdischen Presse einen Sieg errang, der auf der Börse mit einer stürmischen Hausse begrüßt wurde. Ich habe mich mein Lebtag geschämt, ein Österreicher zu sein, und nie mich dieser Scham geschämt, wissend, daß sie der bessere Patriotismus sei[32].«

Das Erstarken der Christlichsozialen war zweifellos eine wichtige Ursache für die zunehmende Enttäuschung, die Karl Kraus empfand. Die Christlichsoziale Partei stellte für ihn damals die organisierte Verkörperung aller Mächte des österreichischen Ungeists dar; sie bot dem Monarchismus, dem Antisemitismus, dem antirepublikanischen Denken, der in der Ersten Republik gigantischen Korruption, der Förderung des Egoismus der Besitzenden hilfreiche Unterstützung. Auch die christlichsoziale Presse beurteilte Kraus ähnlich. Seiner Einschätzung nach hatte sie alle Fehler der jüdischen, aber ohne deren unleugbare Qualitäten. Friedrich Funder von der *Reichspost* spielte für Kraus als negative Leitfigur eine ähnliche Rolle im christlichsozialen Pressewesen wie etwa Moriz Benedikt im liberalen.

Ebenso kompromißlos lehnte Kraus den christlichsozialen Parteiführer und zeitweiligen Bundeskanzler, Prälat Ignaz Seipel, ab, der zwar eine problematische Persönlichkeit, aber zweifellos einer der bedeutendsten Politiker der Ersten Republik war. Kaum einen Politiker hat Kraus von seinem ersten Auftreten an bis zu seinem Abgang von der politischen Bühne so sehr mit Spott und Verachtung bedacht wie Ignaz Seipel. Für ihn verkörperte er nur das österreichische Mittelmaß, sein Ruhm ließ sich, meinte Kraus, nur »aus dem Bedürfnis Österreichs erklären, nach so langer Zeit wieder einen Staatsmann zu haben[33]«. Monarchismus, Opportunismus, Antisemitismus, Humorlosigkeit, Mittelmäßigkeit, Publicitysucht — das sind die markantesten Züge des Bildes, das Kraus von dem »Gefilmten des Herrn« zeichnete. Darin, daß dieser gleichzeitig Priester und Politiker war, sah Kraus eine Profanierung beider Berufe. Wesentlich für seine Ablehnung Seipels dürfte wohl auch gewesen sein, daß dieser wahrscheinlich indirekt verantwortlich war für den Sturz der Regierung Schober, von der wir annehmen können, daß Kraus ihr positiv gegenüberstand. Im Kampf gegen Seipel stand Kraus auf der Seite der Sozialdemokraten. Doch dürfte auch die Ablehnung der Politik Seipels personalistisch motiviert gewesen sein: als Dollfuß gewissermaßen das Vermächtnis Seipels vollstreckte, nahm Kraus es hin.

Die Frontstellung gegen den politischen Katholizismus bewirkte auch eine solche gegen die Instanz, die diesen legitimierte: die katholische Kirche. Schon während des Weltkrieges hatte Kraus die Gewohnheit des Waffensegnens, der bluttriefenden, chauvinistischen Predigten einzelner Priester vehement angegriffen. Das ganze irdische Wirken der katholischen Kirche war ihm suspekt. Dieses Wirken konkretisierte sich ihm in Ereignissen wie etwa der kirchlich sanktionierten Verleihung einer italienischen Tapferkeitsmedaille an die Mutter Gottes, in der Politik des Priesters Seipel, in antirepublikanischen Polemiken des Wiener *Kirchenblattes* und in einer Ansprache des Bischofs von Limburg, der Spenden für die Presse als gottgefällige Gaben bezeichnete, die den Interessen der Seelen besser dienten als etwa gottesdienstliche Feiern. Überall sah Kraus eine Identifizierung der Kirche mit jenen herrschenden Verhältnissen, die er bekämpfte. Exemplarisch dargestellt hat er diese Identifizierung, wie es seiner Eigenart entsprach, an einer mit dem kulturellen Bereich zusammenhängenden Affäre.

In Kulturfragen blieb Kraus zeit seines Lebens konservativ. Der Stil des alten Burgtheaters, eines reinen Schauspielertheaters, lieferte ihm den Maßstab zur Beurteilung jedes Theaterereignisses. Großen Schauspielerpersönlichkeiten, die durch das Medium der Sprache dem Autor dienen sollten, Raum zur Entfaltung zu geben — das war für Kraus die Funktion des Theaters. Diese Einstellung ist die Wurzel seiner Gegnerschaft zu allen theaterreformatorischen Bestrebungen der zwanziger Jahre, vor allem zum linken Tendenztheater Piscatorscher Prägung und zum Regie- und Ausstattungstheater Max Reinhardts. Diesen, den er noch in der letzten Nummer der *Fackel* bekämpfte, sah Kraus nur als Bluffer, als Exponenten der Kultur der von ihm bekämpften »neuen Reichen«, der Kriegs- und Inflationsgewinnler, und als Geschäftsmann an. Die Salzburger Festspiele, damals von Reinhardt mit viel Aufwand ins Leben gerufen, während das Volk hungerte, galten ihm als Deckmantel zur Befriedigung der Geschäftsinteressen der Salzburger Hotellerie. Und für diese Geschäfte, für die Aufführung von Hofmannsthals *Großem Welttheater*, stellte nun der katholische Klerus die Salzburger Kollegienkirche zur Verfügung! »Aber eine Kirche, deren guter Magen diesen Salzburger Sommer überstanden hat, wo an der Kirchenpforte, mit der kein Bühnentürl mehr konkurrieren könnte, sich statt der Bettler die Schmöcke gedrängt haben, eine Kirche, die derartige Greuel vor dem Herrn mit sich selbst geschehen ließ und schlimmere, als sie je getan, je geduldet und gesegnet hat, sie hat es verwirkt, daß man ihre Angelegenheiten, die sich in der Regel mit solchen des Herzens und des Gewissens gedeckt haben, noch mit Ehrfurcht unerörtert lasse oder mit Delikatesse erörtere[34]« — so kommentierte Kraus die Verquickung von Kultstätte, Kunst und Kommerz. Nachdem die Kunst schon »im Dienst des Kaufmannes« gestanden sei, habe sich nun auch noch die Kirche hinzugesellt.

Kraus nahm diesen Vorfall zum Anlaß, um in der *Fackel* zu erklären, daß er, um »die letzte Gemeinsamkeit mit den Literaturschwindlern zu verlassen[35]« seinen Kirchenaustritt, den er schon im Krieg geplant habe, nunmehr vollziehen werde: Von März 1923 bis zu seinem Lebensende war er wieder ohne religiöses Bekenntnis. Dieser Austritt ist nicht als Absage an das Christentum aufzufassen, sondern Kraus distanzierte sich öffentlich von einer Institution, deren öffentliches Wirken er nicht mehr akzeptieren konnte. Er blieb Christ, stand aber außerhalb der kirchlichen Organisation, die zu seinen Gegnern hielt. Wie Kraus selbst das Verhältnis zwischen seiner Religiosität und seinem Kirchenaustritt gesehen hat, darüber gibt am besten das folgende Zitat aus dem Jahre 1929 Auskunft: »Es mag zwar schon vorgekommen sein, daß man, um sein Christentum zu retten, aus der Kirche austrat[36].«

Sich aus der Institution zurückzuziehen, um sein Innerstes zu retten — dieser Gedanke zeigt, daß Kraus, enttäuscht von der Entwicklung der Außenwelt, sich auf dem Rückzug, auf dem »Weg nach innen« befand. Das wichtigste Dokument dieses Rückzugs ist die Sprachlehre, die von 1921 an regelmäßig im Rahmen der *Fackel* erschien. Die Energien, die Kraus vorher auf den sozialen Bereich verwendet hatte, steckte er von nun an in seinen Kampf um die Reinheit der deutschen Sprache. Allerdings: was sprachliche Reinheit für Kraus bedeutete, ist inhaltlich nicht genau umreißbar. Seine Sprachlehre war ähnlich subjektiv wie seine sonstigen Auffassungen. Obwohl Kraus seine sprachlichen Erkenntnisse mit dem Anspruch auf absolute Gültigkeit verkündete, stehen sie, wie in einer neueren Studie festgestellt wird, häufig im Widerspruch zur modernen Grammatik, mit der Kraus sich offensichtlich überhaupt nicht beschäftigt hat. Viele seiner Meinung nach von ihm entdeckte grammatikalische Probleme wurden in Wirklichkeit schon seit Jahrzehnten diskutiert[37].

Doch trotz dieses teilweisen Rückzugs verließ Kraus zeit seines Lebens nie gänzlich den sozialen Bereich. Dennoch ist er in jener Zeit politisch resignativ. »Die Zeit ändert an Dreck«, ist der Titel einer Zeitstrophe.

Später sah Kraus klar das Unzureichende der »österreichischen Revolution« von 1918, nachdem er, wie noch zu zeigen sein wird, mitgeholfen hatte, eine wahre Revolution zu verhindern. Geändert hatten sich nur die Herrschenden, die Herrschaft war geblieben:

Immer tiefer sich zu bücken
das verlernt die Menschheit nie

und sie trifft es zum Entzücken
selbst in der Demokratie.
Das ist der wahren Freiheit Sinn:
jeder kann in Republiken
jeden andern unterdrücken,
so verlangt's die Disziplin!
Einstmals machte Idioten
die Geburt zur Majestät.
Das ist heutzutag verboten,
weil der Wind jetzt anders weht.
Von solchem Wahn ist frei die Welt!
Heut tun sich die Leute lieber
bücken vor dem Börsenschieber.
Jetzt regiert allein das Geld[38].

## ANMERKUNGEN

1 F 508—513, 6.
2 F 501—507, 18.
3 F 508—513, 1.
4 F 508—513, 7.
5 *Worte in Versen*, a. a. O., 464.
6 F 554—556, 47.
7 Brief Seitz' vom 1. Mai 1919, F 514—518, 21.
8 F 514—518, 23.
9 Karl Kraus, *Wolkenkuckucksheim*, Wien-Leipzig 1923, 120.
10 F 514—518, 34.
11 F 514—518, 47.
12 F 514—518, 46.
13 F 514—518, 47.
14 F 514—518, 86.
15 F 508—513, 99.
16 F 557—560, 4.
17 F 577—582, 2.
18 F 577—582, 66.
19 F 577—582, 12.
20 F 577—582, 11.
21 F 583—587, 17.
22 *Die letzten Tage der Menschheit*, a. a. O., VIII.
23 F 546—550, 21.
24 F 554—556, 59.
25 F 568—571, 4.
26 Siehe F 531—543.
27 F 601—607, 62.

28  F 601—607, 60.
29  F 508—513, 36.
30  F 608—612, 1.
31  F 622—631, 2.
32  F 554—556, 2.
33  F 640—648, 41.
34  F 601—607, 3.
35  F 601—607, 3.
36  F 811—819, 174.
37  Siehe dazu Peter Faessler, *Studien zur »Sprachlehre« von Karl Kraus,* Zürich 1972, besonders 35, 41 f.
38  *Zeitstrophen,* a. a. O., 79 f. Die komplizierten Wiederholungszeichen des Originals wurden nicht abgedruckt.

# Ein Künstler und Kämpfer

In der bisherigen Darstellung jenes kurzen Zeitraumes nach dem Ende des Ersten Weltkrieges, in dem Kraus sich mit der jungen Republik identifizierte, haben wir sein Verhältnis zu jener politischen Kraft, die für ihn am ehesten die positiven Möglichkeiten der Republik verkörperte, nämlich der Arbeiterbewegung, ausgespart.

Die Zeit nach dem Ersten Weltkrieg war auch in Österreich von intensivsten Klassenauseinandersetzungen geprägt. Der Krieg und die durch ihn ausgelöste Russische Revolution hatten eine tiefe Krise des kapitalistischen Systems im internationalen Maßstab hervorgerufen, die von den Marxisten herbeigewünschte Weltrevolution schien damals so nahe wie noch nie. Österreich spielte in der internationalen revolutionären Situation eine wichtige Rolle: Es war zeitweilig von der ungarischen und der Münchener Räterepublik flankiert; eine »Räterepublik Österreich« hätte möglicherweise die Zerschlagung dieser beiden isolierten Experimente verhindert und vielleicht den Anstoß zu einer weiteren revolutionären Entwicklung im Weltmaßstab gegeben. In Österreich gab es starke Kräfte, die für eine solche »Räterepublik« eintraten; die Sozialdemokratie ließ sie nicht wirksam werden, indem sie sie integrierte. Jedenfalls hatte die bürgerliche Herrschaft in Österreich knapp nach dem Ende des Weltkrieges ihre schwerste Stunde, ihr Fortbestand war gefährdet wie noch nie.

Angesichts dieser speziellen historischen Konstellation ist das politische Verhalten von Karl Kraus in jenen Jahren für unsere Untersuchung höchst interessant. Wäre er wirklich der Feind der Bourgeoisie gewesen, als den er sich sah und als den ihn seine linken Anhänger zeitweise einschätzten, dann hätte diese Feindschaft in einer historischen Situation, wo die Möglichkeit bestand, die Macht des Bürgertums zu brechen, ihren Niederschlag finden müssen.

Doch war sein Haß gegen das Bürgertum wirklich so radikal? Seiner Selbsteinschätzung nach war er es. In einer im November 1922 gehaltenen Rede erklärte Kraus selbstbewußt, er hasse »das Bürgertum in allen Gestalten und in seinem ganzen Ausdruck im Presse- und Staatsleben mit einem Hasse, der ihm durch Generationen anhaften wird[1]«. Doch darf uns diese Selbsteinschätzung nicht täuschen. Ähnlich wie in den Anfangsjahren der *Fackel,* als wir uns hüten mußten, sozialistische termini technici zu überschätzen, weil ihr Inhalt bei Kraus von der soziologischen Relevanz losgelöst und ein rein subjektiver war, verhält es sich auch mit dem nunmehr oft auftauchenden Begriff des Bürgertums. Kraus meinte damit nicht die herrschende Klasse Österreichs, sondern bestimmte Einzelpersonen, deren Verhalten ihm etwa als besonders inhuman auffiel. So identifizierte er das Bürgertum häufig mit gewissen markanten Vertretern der »neuen Reichen«, der Kriegsgewinnler und Spekulanten also, die sich von den »alten«, noch eher an der Aristokratie orientierten Reichen durch ihre Kulturlosigkeit und besondere Skrupellosigkeit unterschieden.

Auswüchse des Bürgertums stehen daher im Zentrum des folgenden Gedichts *An den Bürger:*

Daß im Dunkel die dort leben,
so du selbst nur Sonne hast;
daß für dich sie Lasten heben,
neben ihrer eignen Last;
daß du frei durch ihre Ketten,
Tag erlangst durch ihre Nacht:
was wird von der Schuld dich retten,
daß du daran nie gedacht[2]!

Es ging Kraus trotz seines vermeintlichen Hasses gegen alles Bürgerliche nicht um die Ablösung bürgerlicher Herrschaftsformen, sondern um die Korrektur der ärgsten Übel bürgerlicher Herrschaft. Auch diese Korrektur sollte seiner Vorstellung nach nicht durch Klassenkampf erreicht werden. Die letzten Zeilen des zitierten Gedichts deuten viel eher darauf hin, daß Kraus von den Angehörigen seiner Klasse erwartete, sie würden in sich gehen und sich ändern. Nur für den Fall ihrer Unbelehrbarkeit wird der Arbeiterbewegung die Funktion eingeräumt, durch eigene Initiative die Auswüchse des Bürgertums zu korrigieren. Das Bürgertum kann also in der Konzeption seines selbsternannten Feindes Karl Kraus, wenn es sich nur auf die wahren, ursprünglichen Formen des Menschentums besinnt, noch eine historische Funktion ausüben. Kraus appellierte in gewissem Sinne an seine Klassengenossen, gleich ihm die Verwandlung vom Bourgeois zum Citoyen durchzumachen. Daß er einerseits diese Wandlung, losgelöst von den sozio-ökonomischen Grundlagen, noch für möglich hielt, andererseits aber sich in seinem ahistorischen Denken eine andere Herrschaftsform als die gewohnte bürgerliche nicht vorstellen konnte, bewirkte, daß er sich in jener entscheidenden Stunde auf die Seite seiner Klasse stellte.

Die absurde Komponente im Verhältnis des Satirikers zur Sozialdemokratie liegt wohl darin, daß in der historisch entscheidenden Situation von 1918/1919 beide Teile einhellig das taten, was sie einander später vorwarfen: Sie betrieben mit großem verbal-radikalem Aufwand eine reformistische Politik. Kraus, der später von einem scheinbar linken Standpunkt aus der Sozialdemokratie ihre historischen Versäumnisse in der Zeit des Umsturzes vorwarf, war zu jener Zeit ein entschiedener Gegner einer auch inhaltlich linken Politik und stand, wenn man ihn überhaupt in das politische Denken der Sozialdemokratie einordnen kann, in deren Spektrum eher rechts. Die Sozialdemokratie wieder, aus deren Reihen später der Vorwurf kam, Kraus sei kein Revolutionär, verhielt sich in jener Situation alles andere als revolutionär, ja sie geriet, wie Julius Deutsch später eingestand, »zeitweise in gefährliche Nachbarschaft zur bürgerlichen Ordnungsmacherei[3]«.

Die Ereignisse von 1918/1919 mit ihrer Polarisierung der Klassengegensätze bedeuteten nicht nur für die vermeintliche Antibürgerlichkeit von Karl Kraus, sondern auch für einige andere seiner neugewonnenen Konzeptionen den Prüfstein der Praxis. Unter diesen Konzeptionen sind beispielsweise sein im Krieg wiederholt artikulierter

Antikapitalismus, der ja letztlich nur vom Sozialismus einlösbar ist, und sein Mitleid mit dem Proletariat, eine der wichtigsten Grundlagen eines ethisch motivierten Sozialismus, zu verstehen. Wären jene Konzeptionen derart konsequent und radikal gewesen, wie sie wirken, wenn man sie nur im Lichte der Krausschen Kritik an der Sozialdemokratie in den zwanziger Jahren betrachtet, dann hätte Kraus sich der radikalen Linken anschließen müssen. Viele seiner Anhänger, die von einer ähnlichen theoretischen Basis ausgingen wie er, haben das getan; die revoltierende Jugend der Jahre 1918/1919 handelte in gewissem Sinne im Namen von Karl Kraus und mit seinen Argumenten — aber sie tat es ohne seine Unterstützung, ja sie mußte ihn sogar auf der Seite ihrer Gegner sehen.

Denn der Wandelbare hatte sich wieder einmal geändert. Ähnlich wie der Kriegsbeginn auf Kraus seinem eigenen Geständnis nach »Eindruck« gemacht hatte, bewirkte auch das Kriegsende eine Änderung seiner Anschauungen und entschärfte sie weitgehend. Die Umwandlung der Monarchie in eine Republik mit dem rechten Sozialdemokraten Renner als Kanzler genügte Kraus in gewissem Sinne: auf *politischem* Gebiet wollte er nicht mehr erreichen. Das soll nicht heißen, daß Kraus mit der Republik zufrieden war, aber als institutionellen Rahmen hielt er sie für ausreichend. Das nächste Ziel sollte seiner Vorstellung nach keine weitere Veränderung der politischen oder der sozio-ökonomischen Struktur sein: das wäre für den ehemaligen Antipolitiker eine unzulässige Ausweitung dieser Bereiche gewesen. Die wesentliche Frage für die nächste Zeit war seiner Vorstellung nach die Verbesserung des Menschen, und für diese Verbesserung schien ihm die Republik den hinreichenden institutionellen Rahmen zu liefern. Für den ehemaligen Konservativen, der sich ja von seinem Konservativismus nie ganz gelöst hatte, ging es jetzt darum, die Möglichkeiten des Erreichten — also der Republik — zu nutzen, und nicht darum, diese nur als ein Übergangsstadium, als optimalen Kampfboden für eine sozialistische Demokratie zu betrachten.

Aus dieser Einstellung heraus revidierte Kraus nach Kriegsende jene Positionen, die er mit der radikalen Linken geteilt hatte. Seinen Antikapitalismus gab er kommentarlos auf: Dieser war offensichtlich derart an das negative Erlebnis des Krieges gebunden, daß Kraus, sobald der Krieg beendet war, auch keinen Anlaß mehr zur Attacke auf das ihm zugrunde liegende Gesellschaftssystem sah. Die pazifistisch-humanistischen Positionen der Kriegsjahre behielt er wohl bei, doch dienten sie ihm in der Folgezeit hauptsächlich zur Ablehnung revolutionärer Gewalt. Das Mitleid mit dem Proletariat bestimmte wohl weiterhin sein Denken und Handeln, doch erfüllte die Sozialpolitik der SDAP, die die Lage der Arbeiterklasse nach 1918 erheblich verbesserte, offensichtlich seine diesbezüglichen Erwartungen. Was der radikale Kraus der Kriegsjahre gewissermaßen versprochen hatte, war der Kraus der Friedensjahre nicht einzulösen bereit. Sein politisches Verhalten in der Zeit nach Kriegsende war so von zwei prinzipiellen Gegnerschaften bestimmt: jener zu allen Kräften, die seiner Meinung nach an der Katastrophe des Krieges schuldig waren — also die Presse, die Monarchisten und so weiter — und jener zu den politischen Kräften, die versuchten, die Entwicklung über die bürgerliche Demokratie hinauszutreiben. Diese beiden Gegnerschaften bewirkten, daß Kraus in engen Kontakt mit der politischen Macht trat, die er für geeignet hielt, die beiden bekämpften Mächte — jene, die in die Vergangenheit, und jene, die in die Zukunft strebten — in Schach zu halten: mit der Sozialdemokratie.

Diese Parteinahme für die Sozialdemokratie basierte also nur auf der Existenz gemeinsamer Gegner, nicht auf dem Vorhandensein gemeinsamer Ziele. Kraus übernahm weder die Gesellschaftsanalyse des Austromarxismus noch dessen politische Zielvorstellungen. Die Sozialdemokratie war für ihn als notwendiges Instrument legitimiert, das jene Erscheinungen beseitigen sollte, die er subjektiv für Auswüchse hielt. Daraus ergab sich ein sonderliches Bündnis, dessen Partner mit der gleichen Widersprüchlichkeit behaftet waren: sie repräsentieren in einem eine Kraft der Vergangenheit wie der Zukunft. Sobald einer der beiden Partner die wohlausgewogene Balance der gemeinsamen Anliegen durchbrach, kam es zum Konflikt. Wenn also die Sozialdemokratie, ihrer Widersprüchlichkeit folgend, entweder nach rechts oder nach links hin Kompromisse einging, wurde ihr das von Kraus vorgehalten. In diesem Zusammenhang muß auch berücksichtigt werden, daß die Gegnerschaft der Sozialdemokratie zur radikalen Linken aus anderen Quellen gespeist war als die des Satirikers. Gegen ein Räte-Österreich hatte sie nicht die gleichen, eher konservativen Einwände wie dieser, sondern sie hielt ein solches Experiment wegen der ihrer Meinung nach wahrscheinlichen Intervention der Alliierten für aussichtslos und daher für unverantwortlich. Umgekehrt hingegen mußte die Sozialdemokratie gegen Kraus auftreten, sobald dieser — wie etwa in der Bekessy-Affäre — versuchte, ihr eine bestimmte Rolle aufzuzwingen.

Das wichtigste Dokument von Kraus' Einschätzung der Sozialdemokratie nach Kriegsende ist sein zweiter und letzter Wahlaufruf zugunsten der SDAP anläßlich der ersten Wahlen in der Republik im Februar 1919. Kraus ging davon aus, daß die beiden Internationalen, die katholische und die proletarische, im Weltkrieg versagt hätten, »diese, indem sie die Waffen nicht zerbrach, jene, indem sie sie segnete[4]«. Ihr Wesen bewährt — also das getan, was man von ihr erwartet hatte — habe nur die journalistische Internationale. Damit gab Kraus zu verstehen, daß es für ihn keine politisch »reine« Kraft gab, mit der er sich hätte identifizieren können. Doch die Frage nach solch einer reinen Kraft stand seiner Meinung nach bei dieser Wahl gar nicht zur Debatte. Es handle sich jetzt auch nicht um die Frage nach der künftigen Gesellschaftsordnung oder um das, was einer positiv wolle, im Gegenteil, die Abstimmung hatte nach Kraus den »stärksten Sinn, den je eine politische Abstimmung hatte: den negativen«. Die im Augenblick wichtigste Frage sei die, »welche politische Partei hierzuland mit dem größten, welche mit dem geringsten Anteil, tätig oder duldend, der Hinrichtung der Menschenwürde beigewohnt« hätte[5]. Und diese Kraft, diese relativ legitimierte Kraft, deren Schwächen von vornherein feststanden und einstweilen in Kauf genommen wurden, war für Kraus zu jenem Zeitpunkt die Sozialdemokratie. Nur mit dieser Argumentation, in der erstmals das Argument vom »kleineren Übel« mitklingt, rechtfertigte Kraus sein Eintreten für die Sozialdemokraten.

Wesentlich war ihm also nicht die Entscheidung für diese, sondern die gegen die Christlichsozialen und natürlich auch gegen die anderen Parteien, die Kommunisten inbegriffen. Die Alternative des Wählers und ihre Konsequenzen stellten sich für Kraus so dar: »Denn seine Stimme sei nicht mehr und nicht weniger als das Bekenntnis, daß er einer provisorischen Sicherheit seiner Geldtasche zuliebe die Blutschuld übernimmt, oder sie, für Vergangenheit und Zukunft, abweist. Jener wird christlichsozial, dieser sozialdemokratisch wählen. Jener wird sein Scherflein zu dem Eindruck beitragen, daß ein ›unschuldiges Volk‹ die Tat seiner abgehausten Regenten nachträglich gutheiße und ihrem fortzeugenden Fluch nicht entgegenzutreten gesinnt und gesonnen sei. Der andere wird sich, mögen ihn alle Interessen oder Ideale einer Friedenswelt von der Sozialdemokratie scheiden, und auch der Antipolitiker, für den der Gedanke erst jenseits der Gemeinschaft anfängt, zu einer Partei bekennen, welche nicht größere Kriegsschuld belastet als eine Menschheit, deren Seelenkraft keinen hinreichenden Schutz, keinen mehr, keinen noch, gegen Mitrailleusen gewährt hat; welcher aber das Verdienst zuzusprechen ist, die große Zeit der Entehrung sehend durchlebt und dem vaterländischen Zwang ihre Gesinnung verweigert zu haben[6].«

Trotz des in diesem Aufruf anklingenden Lobes der humanen Substanz der Sozialdemokratie überwiegt wohl der kritische Teil, der durch die Distanzierung von ihren Zielen ausgedrückt wird, wie seinerzeit im ersten Aufruf. Für die Sozialdemokratie, die auf den Stimmzettel schwur, ging es bei dieser Wahl um die Erfüllung eines Programms, dem fernzustehen Kraus ausdrücklich erklärte. In späteren Zeiten hat Kraus häufig Postulate, die von der realen Praxis und den Bedürfnissen der Arbeiterbewegung weit entfernt waren, als die Erfüllung eines »wahren Sozialismus« bezeichnet. 1919 gab er sich dieser Täuschung noch nicht hin und war sich des Trennenden durchaus bewußt. Das geht nicht nur aus seinem zitierten Wahlaufruf hervor, sondern auch aus seiner Reaktion auf ein Lob Friedrich Austerlitz'. Kraus bat nämlich diesen »als Chefredakteur der *Arbeiter-Zeitung,* die Ignorierung meiner Tätigkeit lieber als ihr Lob zu wagen[7]«. Zwischen ihm und einer Zeitung könne es ganz einfach kein Bündnis geben, da die *Arbeiter-Zeitung,* um über ihn korrekt — und das hieß bei Kraus, in seinem Sinne — zu berichten, sich grundlegend ändern müßte.

Kraus hielt also der Partei gegenüber wohlwollend Distanz. Er sah sich als Einmannpartei, als außenstehendes kritisches Korrektiv, das aber ansonsten in keinerlei Verbindung zur Organisation stand. Diese Haltung hatte vor allem den Vorzug, daß jene Reibungsfläche, die Kraus zur Entwicklung seiner polemischen Energie brauchte, und die durch ein Naheverhältnis in der Regel verursacht wurde, gänzlich fehlte. Auch verwahrte sich Kraus entschieden gegen den Versuch, das Gedankengut der *Fackel* für den Sozialismus zu reklamieren: »Schon aus dem Grunde, weil der Versuch, sie um ihrer Rebellion gegen die bürgerliche Weltordnung willen und ihres Weckrufs an die kriegsentehrte Menschheit für einen politischen Standpunkt zu reklamieren, eine Verzerrung des geistigen Bildes ergibt, und weil der Ausweg, den oberflächlichen Widerspruch zwischen einem Konservatismus der Naturwerte und der radikalen Absage an die entgötterten Formen zugunsten eines Parteiglaubens aufzulösen, zwar leicht gangbar ist, aber nicht ins Freie führt, sondern ins Leere[8].«

Das ist eine ganz wesentliche Erkenntnis, und man kann nur bedauern, daß die Sozialdemokratie sie nicht überdachte. Denn diese begann nun, vielleicht in dem Bestreben, den deklarierten Außenseiter zu intergrieren, die wesentlichen Unterschiede zwischen ihren Zielen und denen des Satirikers zu ignorieren und ihn als einen der Ihrigen zu behandeln. Die Folge war, daß sie ihm gegenüber weder jene Vorsicht noch jene Rücksicht anwandte, die Außenseitern gegenüber angebracht ist. Einerseits ließ sie dadurch, daß sie es auf Jahre hindurch verabsäumte, die Unterschiede zwischen ihr und Kraus klarzustellen, zu, daß zahlreiche ihrer Anhänger den sozialen Protest des Satirikers mit allen seinen teils spekulativen, teils konservativen Implikationen für sozialistisch hielten. Da Kraus von der Partei und ihrer Publizistik so behandelt wurde, als ob beide dasselbe wollten, hielten seine sozialistischen Hörer und Leser das Gedankengut der *Fackel* für sozialistisches Gedankengut. Dadurch gewann Kraus unter Sozialisten einen Einfluß, der ihm von einer politischen Warte her gesehen gar nicht zustand.

Erst als sich deutlich abzeichnete, daß die Krausschen Maßstäbe sich auch gegen die Partei richten konnten — und es auch ansatzweise taten —, war die Partei gezwungen, diesen Unterschied klarzustellen; die Rolle des bewußten oder unbewußten Exekutors eines Parteiauftrages übernahm Oscar Pollak. Doch besorgte er diese Klarstellung dann in einer unnötig aggressiven Weise, die dazu beitrug, daß es zu einer neuerlichen Gegnerschaft zwischen Kraus und der Partei kam. Zudem war es, nachdem die Kraus-Anhänger jahrelang unwidersprochen an die Identität der Lehren von Kraus und jener des Sozialismus geglaubt hatten, schwer, ihnen nunmehr das Gegenteil zu beweisen. Kraus war so durch Mangel an Vorsicht seitens der Partei zu einem innerparteilichen Problem geworden. Die Sozialdemokratie ließ es auch, wie erwähnt, an der einem Außenstehenden zukommenden Rücksicht fehlen; sie behandelte Kraus als einen der Ihren und stellte an ihn Ansprüche, die der unabhängige Einzelgänger nie einlösen konnte: so etwa die absurde Forderung, Kraus möge sich diszipliniert verhalten und seinen persönlichen Kampf mit den Beschlüssen und Zielen der Parteiführung in Einklang bringen.

Wesentlich für das positive Verhältnis des Satirikers zur Partei und für die unkritische Identifizierung seiner Ziele mit denen der Sozialdemokratie war auch seine persönliche Beziehung zu Friedrich Austerlitz. Die beiden, die einander — so Kraus — »in der schmutzigsten Umgebung als rein« erkannt hatten[9], schätzten einander sehr, ja es dürfte zwischen Kraus und dem um zwölf Jahre älteren Abgeordneten und Chefredakteur der *Arbeiter-Zeitung* in jenen Jahren eine Freundschaft bestanden haben, über deren Beginn wir nichts Näheres wissen und die endete, als Kraus mit der Partei brach. Als Beleg für die Intensität dieser Freundschaft kann ein Bericht von Karl Adler, dem Sohn Victor Adlers, dienen, demzufolge Kraus, der Junggeselle und Nachtarbeiter, Austerlitz täglich um drei Uhr morgens in der nicht weit von seiner Wohnung gelegenen Redaktion besuchte. Adler behauptete sogar, Kraus hätte sich dort »seit Monaten zur Empörung aller alten Redakteure als Oberzensor eingenistet[10]«. Nun, diese Behauptung ist gewiß falsch: Eine von Kraus zensurierte *Arbeiter-Zeitung* hätte im Guten wie im Schlechten wohl anders ausgesehen. Doch auch wenn wir Adlers Bericht für wertlos halten, so bezeugen doch Äußerungen von Kraus wie von Austerlitz, daß die beiden einander zumindest aufrichtig achteten. Sie hatten auch viele gemeinsame Interessen: Austerlitz war ebenso von der Sprache besessen und kämpfte — allerdings mit geringerem Erfolg — für sprachliche Sauberkeit. In der sozialistischen Publizistik gibt es nicht wenige Berichte über die legendären Wutanfälle, mit denen Austerlitz auf Sprachschlampereien in der *Arbeiter-Zeitung* reagierte[11]. Auch Austerlitz lebte nur für seine Arbeit und hatte fast kein Privatleben, war ein entschiedener Gegner der bürgerlichen Presse, hatte ein starkes Rechtsempfinden und liebte das juristische Denken — der Autodidakt brachte es sogar zum Mitglied des Verfassungsgerichtshofes —, und auch sein Sozialismus war aus ähnlichen Quellen gespeist wie das soziale Engagement Karl Kraus': aus dem Gefühlsleben.

Austerlitz unternahm nun — genauso wie früher Robert Scheu — den Versuch, ganz offensichtlich von Kraus stammendes Gedankengut mit sozialistischem zu kombinieren. Abgesehen von seinen sprachlichen Bemühungen ist das wichtigste Dokument dieses Versuchs eine Rede, die er als Abgeordneter am 18. November 1918 in der Nationalversammlung hielt. Er sprach dort unter der protokollarisch vermerkten »lebhaften Zustimmung« von der »großen Schuld der Presse an dem Ausbruch des Weltkriegs, an seiner Dauer und seinem entsetzlichen Ausgang[12]«.

Wie Kraus stellte Austerlitz die Zeitungsschreiber mit den Diplomaten und Monarchen in eine Linie und rief aus: »Dieselben Hetzer, die diesen Weltkrieg mit der Schürung aller Hassesinstinkte hervorgerufen haben, die spreizen sich weiter, teilen Zensuren aus und hofmeistern[13].« Austerlitz hatte sogar den Mut — man kann allerdings auch sagen, das taktische Ungeschick —, nicht nur die Pressegegnerschaft des Satirikers ausdrücklich im Parlament zu loben, sondern auch die Kraus verhaßte Institution der Pressefreiheit wegen des Treibens der Presse in Frage zu stellen. Die konkreten Maßnahmen, die er gegen die Presse vorschlug, waren allerdings weniger radikal: »Wir wollen nichts gegen die Presse unternehmen, was nur im geringsten ein Ausnahmsgesetz wäre, wir scheiden jeden Druck der Staatsgewalt vorweg aus, wir wollen aber der Öffentlichkeit selbst die Möglichkeit geben, über die Presse zu urteilen, und das ist nur möglich, wenn wir der kapitalistischen Presse die Maske vom Gesicht reißen und wenn wir es ihr unmöglich machen, sich in einen anonymen Verlag zu flüchten[14].« Das Resultat dieser Bestrebungen, die auf die bis heute noch nicht erreichte Transparenz der Besitzverhältnisse an Zeitungen abzielten, war dann das im vorigen Kapitel erwähnte neue Pressegesetz.

Interessant an Austerlitz' Rede ist auch der folgende Teil, der austromarxistisches und Krausches Gedankengut miteinander vermischt: »Das Kapital hat seine Herrschaft über die Gesellschaft schon verloren, es ist unfähig, auch nur einen einzigen Abgeordneten zu dieser Nationalversammlung zu schicken, aber es hat natürlich die Möglichkeit, (...) Zeitungen zu gründen, denn um Zeitungen zu gründen, dazu braucht man nichts anderes als Kapital, und mit dieser Macht ausgestattet, kann es die Gehirne der Menschen überlisten, verblenden, betäuben[15]...«

Diese Einschätzung des österreichischen Kapitalismus war natürlich falsch, das Kapital war geschwächt, aber immer noch präsent, und es kam, dank den Unterlassungen der Sozialdemokratie, schnell wieder zu Kräften. Die Überbewertung der »österreichischen Revolution« war jedoch ein wichtiger Bestandteil des austromarxistischen Denkens. Gehen wir von der Annahme aus, daß Kraus von Austerlitz beeinflußt war, dann hätten wir sogar eine Erklärung, warum er nicht mehr vom Kapitalismus sprach:

Er hielt ihn ebenso wie Austerlitz für bereits überwunden und für noch in der Presse präsent. Das wäre dann einer jener Punkte, wo Kraus' politischer Werdegang eng mit der österreichischen Misere zusammenhing: während Bertolt Brecht immerhin einen Karl Korsch zum marxistischen Lehrer hatte, lernte Kraus den Sozialismus nur in der problematischen Version Friedrich Austerlitz' kennen.

Dessen Rede und die vielfachen Würdigungen in der *Arbeiter-Zeitung* waren nicht die einzigen Ehrungen, die Kraus seitens der Sozialdemokratie erfuhr. Die beiden Gratulationen von Karl Seitz wurden schon erwähnt; daneben äußerte sich so mancher sozialdemokratische Schriftsteller lobend über Kraus, und Otto Bauer schrieb in seinem Buch *Die österreichische Revolution* über die Kriegs- und Nachkriegsdichtung: »Hoch ragt aus ihnen Karl Kraus' Dichtung *Die letzten Tage der Menschheit* hervor, in ihrer grauenvollen Wahrheit und Fülle das gewaltigste Denkmal des Krieges[16].«

Das wichtigste Bindeglied zwischen Kraus und der Sozialdemokratie waren die Vorlesungen des Satirikers vor proletarischem Publikum. Kraus las anläßlich der Republikfeier oder des 1. Mai in Volksheimen oder Arbeiterheimen in der Vorstadt; diese Vorlesungen wurden veranstaltet von der sozialdemokratischen Kunststelle, einer Parteiorganisation, die Kraus später ihrer angeblich unsozialistischen Kulturpolitik wegen bekämpfte. Schon zu Beginn seiner Vorlesungen lobte er wohl das Publikum, distanzierte sich aber von den Veranstaltern. Kraus hat dieses Publikum oft als sein »dankbarstes« bezeichnet; er wurde in den Vorlesungen stürmisch gefeiert und war als Vortragender so gefragt, daß er viele Einladungen von Parteiorganisationen wegen Terminschwierigkeiten ablehnen mußte. Ganz erklärlich ist der Erfolg dieser Vorlesungen unter der Annahme eines rein proletarischen Publikums nicht. Kraussche Prosatexte und Lyrik zu verstehen, ist schwer; sie sind voll von Wortspielen, politischen, literarischen und mythogischen Anspielungen, die Sätze sind lang und kompliziert. Da Kraus für die Vorlesungen aus eigenen Schriften vor Arbeitern keineswegs ein besonderes Programm auswählte — etwa eines, das nur seine populäreren Sachen umfaßt hätte —, bestand zwischen ihm und seinem proletarischen Publikum sicherlich eine gewaltige Sprach- und Bildungsbarriere. Der Erfolg ist also nur so zu erklären, daß entweder seine vis comica und sein persönlicher Einsatz die Schwerverständlichkeit der Texte wettmachten, oder aber — und ich neige eher zu dieser Erklärung — daß seine intellektuellen Anhänger ihm in die Vorstädte folgten und dort einen Teil des Publikums bildeten. Ein nicht geringer Teil seiner Anhänger war auch in der Sozialdemokratie organisiert, viele von ihnen waren offensichtlich aktive Kulturfunktionäre der Bewegung. Doch ob nun das Publikum dieser Vorlesungen zur Gänze oder nur zum Teil aus Arbeitern bestand, feststeht, daß Kraus auch in Arbeitern jene geradezu religiöse Begeisterung auslöste, die für seine Anhänger typisch war. Als Zeugnis dafür sei ein Brief eines seit drei Jahren arbeitslosen Schriftsetzers anläßlich des 60. Geburtstages von Karl Kraus im Jahre 1934 zitiert: »Vor 34 Jahren traten Sie, dieses unerhörte, nie zu erfassende Wunder, in sein Leben. (...) Seitdem, was auch immer in seinem Leben war, es erhielt erst Weihe und Wert, wenn es in Beziehung zu Ihnen gebracht werden konnte. Durch sein ganzes Leben war das Bewußtsein Ihrer Gegenwart Beschwichtigung, Trost und Verheißung; doch hatte er es nie gewagt, persönlich Ihre Nähe zu suchen. Wie oft in diesen furchtbaren Jahren der Kriegs- und Nachkriegszeit (...) betete er mit der ganzen Inbrunst seiner Seele: ›Karl Kraus! Sprich Du zu uns! Laß Du uns nicht verzweifeln!‹ (...) In diesem Sinne dulden Sie den Dank des Namenlosen, der in Ehrfurcht Ihre Hand faßt, die ihm aus der Trostlosigkeit des Erwerbslebens und der noch größeren des öffentlichen Lebens in das Reich des Geistes die Bahnen wies[17].«

Kraus sah in jenem Proletariat, das ihm so huldigte, den langgesuchten Träger einer gereinigten, neuen Kultur. Losgelöst vom tatsächlichen Proletariat und seinen Bedürfnissen, konstruierte er für sich einen mythischen Proletariatsbegriff, dessen Träger alle seine Träume realisieren sollten. Karl Kraus und der Austromarxismus waren sich einig in der theoretischen Erkenntnis des grundlegenden

Unterschieds zwischen proletarischer und bürgerlicher Kultur; Diskrepanzen gab es allerdings in der Frage des Inhalts dieser Kultur. Die damals vor allem in Deutschland unternommenen Versuche, eine proletarische Kultur zu schaffen, lehnte Kraus, sofern er sie zur Kenntnis nahm, von seinem kulturkonservativen Standpunkt aus ab. Sein Kulturbegriff blieb auch in jener Zeit an den alten Bildungsgütern, die sich in den Werken Goethes, Shakespeares, Nestroys, Offenbachs und anderer manifestieren, orientiert. Proletarische Kultur bedeutete für ihn »echte« Kultur, und diese Echtheit maß er an seinem Kulturbegriff. Jedes kulturpolitische Unterfangen, das außerhalb der Welt der *Fackel* lag, war ihm daher suspekt.

Zeitlich parallel zu seiner Kritik an der Republik begann Kraus auch die Sozialdemokratie ein wenig zu kritisieren. Dies bezog sich anfangs hauptsächlich auf die Kulturpolitik der Partei; der *Arbeiter-Zeitung* warf Kraus schon früh ihre »fragwürdige Kunstrubrik« vor. Aber das geschah vorerst nur in Nebensätzen. Abgesehen von der Haltung ihrer Publizistik hat Kraus in jenen Jahren der Sozialdemokratie noch keinen der Punkte, die später im Zentrum seiner Kritik an ihr standen und sich auf die Zeit nach 1918 bezogen, vorgeworfen. So hat er etwa zur Zeit, als Otto Bauer, der damals Außenminister war und erfolglos den Anschluß an Deutschland betrieb, dazu keine Stellung bezogen, während er 1934, als der Anschlußgedanke für die österreichische Sozialdemokratie angesichts der politischen Verhältnisse in Deutschland längst erledigt war, ihr ständig zu Unrecht vorgeworfen, sie wolle den Anschluß an Hitler-Deutschland. Auch seine spätere Feststellung der »historischen Schuld der sozialistischen Partei«, der Vorwurf des »Paktierens und Koalierens in den Umsturztagen[18]«, kamen erst post festum und waren dadurch entwertet, daß Kraus in jener kritischen Zeit die Partei aufgefordert hatte, sich von der radikalen Linken zu distanzieren. Zunächst aber griff Kraus die Partei noch nicht grundsätzlich an.

Der erste größere Angriff kam nicht von Kraus, sondern von der Sozialdemokratie. Im *Kampf,* dem theoretischen Organ der Partei, erschien 1923 ein Artikel von

Oscar Pollak unter dem Titel *Ein Künstler und Kämpfer*. Dieser Artikel löste in der Parteipresse eine jahrelange Debatte über die Stellung des Satirikers zur Sozialdemokratie aus — sicherlich ein Unikum in der Geschichte der europäischen Arbeiterbewegung. Die Motive, die Pollak zur Abfassung seines Artikels veranlaßten, sind uns unbekannt. Sicher spielte das Bedürfnis, sich als Marxist, als der Pollak sich damals fühlte, von einem bürgerlichen, in der Partei aber einflußreichen Schriftsteller abzugrenzen, eine große Rolle. Die Kraus-Anhänger stellten schon damals innerhalb der SDAP eine Art »Unterpartei« dar; dieser Umstand gewann später, als es zwischen Kraus und der Partei zu Auseinandersetzungen kam, große Bedeutung. Den Mitgliedern dieser »Unterpartei« verständlich zu machen, daß ihre Mitgliedschaft in dieser mit den Prinzipien des Sozialismus schwer vereinbar sei, war ein legitimes politisches Anliegen, das wir Pollak zubilligen können. Aber ebensowenig darf übersehen werden, daß es zwischen Pollak und seinem Chefredakteur, Friedrich Austerlitz, dessen Funktionen er später übernehmen sollte, damals einen gewissen Antagonismus gab: Indem Pollak nachwies, daß Kraus sozusagen auf der anderen Seite stand, griff er zugleich jenen Mann an, der hauptverantwortlich war für die falsche Gleichsetzung des Krausschen und des sozialistischen Denkens. Ein weiteres Motiv war wohl auch die persönliche Aversion, die Pollak offensichtlich gegen Kraus hegte; sie erklärt manche unnötig aggressiven und falschen Behauptungen Pollaks, die es seinen Gegnern leicht machten, wesentliche Teile seines Aufsatzes zu ignorieren und sich auf die Widerlegung der offenkundigen Unrichtigkeiten zu konzentrieren. Denn das muß bezüglich des Ergebnisses der Kraus-Debatte in der österreichischen Sozialdemokratie vorweggenommen werden: ihre Teilnehmer redeten aneinander vorbei. Trotz einer großen Anzahl von Artikeln und Analysen ist der Austromarxismus zu keiner historisch haltbaren kritischen Einschätzung von Karl Kraus gelangt.

Pollak analysierte Kraus auf drei Ebenen. Er fragte zunächst nach der Eigenart des Künstlers, dann nach seiner bewußten Beziehung zu Welt und Werk, die sich im

Schaffen manifestiert — also nach der subjektiven Intention —, und schließlich nach der unbewußten Wirkung des Schaffens, also der objektiven Funktion. Wie so viele Sozialisten nach ihm, die den entsprechenden Teil des Krausschen Werkes entweder nicht gekannt oder nicht durchdacht haben, akzeptierte Pollak pauschal den gesamten Ideenbereich von *Sittlichkeit und Kriminalität.* Auch das Wirken des Satirikers im Weltkrieg beurteilte er positiv: »Und hätte er nichts getan, als daß er den Inhalt dieses Krieges in das eine Wort vom ›Schlachtbankier‹ gefaßt hat, das die erlogene Wehr in den wahren Wucher auflöst — er wäre unseres Dankes wert[19].«

Aber an dieses Lob schloß der erste persönliche Angriff auf Kraus an, ein Angriff, der das Wertvolle des Aufsatzes aufhob, weil er offenkundig falsch war, und der zudem das größtenteils sozialistische Publikum der Kraus-Vorlesungen unverdienterweise beleidigte: »Wie, und all das, diese künstlerische Echtheit und Ehrlichkeit in einem Manne, dessen menschliche Selbstgefälligkeit aus ungezählten Seiten seines papierenen Lebenswerkes spricht? Den seine Einsamkeit immer mehr in Eigenheit und Eitelkeit verstrickt, weil der Einzelgänger immer lauter zu sich selber spricht, der nur den Widerhall seiner eigenen Stimme hört? Der, um das Totschweigen der Journaille um so lauter zu brechen, nicht nur Vorlesungen vor einem Publikum hält, das aus den treuesten Abonnenten der *Neuen Freien Presse* und den grauslichsten Literaturjüngeln besteht, die er je erfinden könnte, sondern sich vor diesem Publikum, das er verachten müßte, auch noch verbeugt, und sich den Beifall zwar verbeten, aber sich ihm noch nie entzogen hat[20]?«

Mit der Etikettierung des größtenteils sozialistischen Publikums der Vorlesungen Kraus' als »grausliche Literaturjüngel« hat es Pollak seinen Gegnern unverdient leicht gemacht: In den Auseinandersetzungen um seinen Aufsatz nahm dann diese Behauptung eine zentrale Stellung ein. Kaum beachtet wurde hingegen der wichtigere Teil des Aufsatzes, in dem Pollak das wesentliche Problem des Verhältnisses zwischen konservativer und sozialistischer Kulturkritik herausarbeitet. Beiden gemeinsam ist die Gegnerschaft zum Kapitalismus, zum Bürgertum und zum Liberalismus; doch sie verfolgen mit ihrer Kritik diametral entgegengesetzte Intentionen. Kraus verwarf, wie Pollak anschaulich zeigte, im Gegensatz zum Sozialismus »den Liberalismus als den Zerstörer einer vergangenen, aus der beschaulichen Primitivität der feudalen Ausbeutung erwachsenden Einzelkultur, anstatt ihn als die Halbheit künftiger allgemeiner Höhe ungenügend zu finden[21]«.

So konnte Pollak Kraus vom sozialistischen Standpunkt aus mit Recht vorwerfen, er orientiere sich immer noch an der Vergangenheit, der Sozialismus hingegen an der Zukunft. Sein Idealismus, seine Verachtung des Versuches, durch eine Veränderung der materiellen Struktur der Gesellschaft, also der Produktionsverhältnisse, zu einer anderen Qualität der geistigen Beziehungen zu gelangen, sein Pessimismus, seine Fortschrittsfeindlichkeit — all das trennte Kraus nach Pollaks Meinung vom Austromarxismus. In seiner Analyse der Subjektivität des Künstlers kam Pollak daher zu dem Schluß: »Karl Kraus war nie Sozialist[22].« Das klingt wie eine Selbstverständlichkeit, doch darf man nicht übersehen, daß der Adressatenkreis von Pollaks Aufsatz zu einem nicht unbeträchtlichen Teil aus Kraus-Anhängern bestand, die diesen sehr wohl für einen Sozialisten hielten.

Auf der zweiten Ebene seiner Analyse, der von Kraus' objektiver Bedeutung, definierte Pollak den Satiriker als Totengräber einer Kulturepoche, als ersten Herold, der durch seine Kritik an der untergehenden Klasse von fern den Aufstieg der neuen kündet. Diese Einschätzung bezieht sich vornehmlich auf den Kraus der Vorkriegszeit. Dessen Pressekampf, Kulturkritik, Aufdeckung der Beziehungen zwischen Presse und Kommerz faßte er zwar als eine »persönliche Angelegenheit«, aber — und hier stimmte er mit Kraus' Selbstinterpretation überein — er billigte diesen Kämpfen, obwohl sie nicht bewußt für die Sache des Proletariats geführt wurden, objektive Relevanz für diese zu: »Er erkannte nicht, daß es ihr Klasseninteresse sei, das das Unrecht, welches sie verüben, bedingt... Er tat es nur gegen das Unrecht, gegen sie. Und es geschah doch — für das Proletariat[23].« Im Weltkrieg, meint Pollak, sei der soziale Nutzen des Krausschen Wirkens noch höher gewesen; auch hier habe Kraus, obwohl er die wahren Mechanismen, die den Krieg verursachten, nicht erkannte, Wichtiges geleistet: »An der geistigen Vorbereitung des Umsturzes, der Habsburgs feudale Militärmonarchie begrub, hat Karl Kraus' Wort im Krieg gewirkt[24].« Aber seit dem Ende des Weltkrieges hätten die Verhältnisse sich geändert; da aber Kraus seine Kampfziele und Methoden nicht geändert habe, sei seine objektive Bedeutung nicht mehr fortschrittlich, sondern rückschrittlich. Jetzt gehe es nicht mehr um eine die Umwälzung im geistigen Bereich vorbereitende Kulturkritik, vielmehr sei die Chance dieser Umwälzung nun da, und die Verschärfung der Klassenkämpfe nach 1918 zwinge auch den Künstler, Farbe zu bekennen und nicht in Vorgeplänkeln stehen zu bleiben. Kraus tue gerade das, und das distanziere ihn vom Sozialismus: »Die Schlacht, die jetzt kommt, wird nicht mehr um die Vorstellungen der bürgerlichen Geistigkeit, sondern um die Hauptstellungen der kapitalistischen Wirtschaftsmacht geschlagen. *Dieser Kampf gegen das Kapital findet Karl Kraus nicht mehr an der Front*[25].« Das Proletariat brauche jetzt keine ethisch motivierten, sondern kämpferische Mitstreiter. Von diesem Gesichtspunkt aus verwarf Pollak Kraus: »Darum steht er der Arbeiterklasse, der er objektiv, nicht subjektiv, geschichtlich, nicht absichtlich dient, durchaus fremd gegenüber; und darum ist er auch (...) in der Arbeiterklasse durchaus unpopulär[26].« Und das war der zweite unerklärliche Fehler in Pollaks Analyse: Der Beweis, daß Kraus in der Arbeiterklasse durchaus »populär« war, wurde in der Folgezeit wiederholt erbracht; viele sozialdemokratische Organisationen luden Kraus ein, bei ihnen Vorlesungen zu halten, und die Zuhörer feierten ihn enthusiastisch.

Die Kraussche Sprachlehre und sein Bemühen um richtiges Deutsch hielt Pollak für »jetzt überflüssig«. Diese Einschätzung scheint die These, daß der Angriff Pollaks auf Kraus in gewissem Sinne auch Friedrich Austerlitz galt, zu bestätigen; wir haben ja schon erwähnt, mit welcher Intensität dieser sich um ein korrektes Deutsch in der *Arbeiter-Zeitung* bemühte, und es ist wohl auch anzunehmen, daß auch Oscar Pollak unter diesen Bemühungen des cholerischen Chefredakteurs zu leiden hatte.

Pollak billigte Kraus nur eine Funktion zu: nämlich die, für Intellektuelle ein Durchgangsstadium auf dem Weg zum Sozialismus zu bilden. Diese Funktion erfüllte Kraus tatsächlich; besonders in jenen Jahren, als es zwischen ihm und der Partei engere Kontakte gab, haben viele Intellektuelle durch ihn zur sozialdemokratischen Arbeiterbewegung gefunden. Der ehemalige Kraus-Anhänger Albert Fuchs, der später Sozialdemokrat und nach 1934 Kommunist wurde, gibt allerdings eine andere Einschätzung von der Funktion seines einstigen Vorbilds: »Die Suggestivkraft seiner Philosophie hatte eine soziale Basis. Diese Philosophie übte in meinem Dasein eine bestimmte soziale Funktion aus. Sie erlaubte mir, die bürgerliche Existenz zu führen, die meine Eltern für mich vorgesehen hatten, und doch vor mir selbst zu bestehen ( . . . ). Ich hielt mich der Arbeiterbewegung fern. Damit stellte ich den Vater im Hauptpunkt zufrieden. Die Kraussche Lehre war nicht verletzt. Ich versenkte mich in reine Dichtung, suchte Gott in meinem Herzen. Damit gehorchte ich der Krausschen Lehre. Der Vater brauchte hievon gar nichts zu erfahren. Auf Grund meiner geistigen Haltung war ich in den Augen der Krausschen Philosophie unbürgerlich, was ich gerne sein wollte. Der Vater fand mich mit Vergnügen und mit weit mehr Recht bürgerlich. Kraus lieferte mir eine Ideologie, die mir erlaubte, das zu tun, was das Leichteste war: im Einklang mit dem Vater zu leben[27].«

Der Widerspruch zwischen den beiden Einschätzungen — der von Pollak und der von Fuchs — ist wohl so aufzulösen, daß beide offensichtlich richtig sind. Die Kraussche Gesellschaftskritik war in gewissem Sinne politisch unverbindlich, doch war sie derart anachronistisch und auf Kraus' höchstpersönliche Bedürfnisse zugeschnitten, daß sie einer Ergänzung bedurfte. Diese Ergänzung lieferte vielen jungen Menschen die sozialistische Gesellschaftstheorie, die zugleich bewirkte, daß sie sich wie Fuchs ein wenig von Kraus lösten. Im Lichte dieser Erklärung bleibt also auch Pollaks Einschätzung haltbar. Pollak sah in Kraus einen Weggefährten auf Zeit, dem man dankbar sein und vor dem man sich zugleich in acht nehmen müsse, denn: »nicht er schafft die neue Kunst, wir aber schaffen die neue Zeit[28]«.

Kraus reagierte auf diesen Artikel mit einem Brief an die Veranstalterin seiner Vorlesungen, die Kunststelle der Bildungszentrale der SDAP, der in der *Fackel* unter dem bezeichnenden Titel *Unpopuläres und anderes* erschien. Er nahm darin die persönlichen Angriffe auf sich und sein Publikum zum Anlaß, um, »solange die darin an seinen Vorlesungen geübte Kritik den unwiderlegten Anschein einer parteioffiziellen Meinung bewahrt«, das Abhalten von Vorlesungen für die Kunststelle und andere sozialdemokratische Organisationen für unmöglich zu erklären[29]. Mittlerweile war die Angelegenheit von bürgerlichen Zeitungen weidlich ausgeschlachtet worden. Die Kunststelle versprach eine Erwiderung, und als solche können wir den Aufsatz von D. J. Bach auffassen, der unter dem bezeichnenden Titel *Der unpopuläre Kraus* in der nächsten Nummer des *Kampf* erschien. Das, was an Pollaks Aufsatz gedanklich interessant war, berührte Bach in seiner Antwort nicht. Dies hatte wohl mehrere Gründe. Zum einen war Bach weitaus pragmatischer orientiert als Pollak und an theoretischen Erörterungen weniger interessiert. Zum anderen aber ging es ihm wohl nicht um eine Diskussion über das Phänomen Kraus, sondern darum, diesen zu versöhnen. Auch später hat Bach zwischen Kraus, den er als Vortragenden in Veranstaltungen der Kunststelle nicht verlieren wollte, und der Partei vermittelt. Da Kraus ziemlich genau angegeben hatte, welche Stellen von Pollaks Angriff ihn am meisten gestört hatten, ging Bach primär auf diese ein. Seine Darstellung beschränkte sich also hauptsächlich darauf, anhand der vielen Einladungen, die Kraus erhielt, zu beweisen, daß dieser in der Arbeiterklasse populär sei; Bach behauptete, das Kraussche Publikum setzte sich »in immer größerer Zahl aus Arbeitern zusammen«. Auf die theoretische Grundlage von Pollaks Aufsatz zielte Bach nur insofern, als er sich von Pollaks Marxismus distanzierte: »Die Tatsachen sind auch stärker als eine Theorie, welche die Arbeiterschaft von einer lebendigen geistigen Kraft der Gegenwart künstlich zu trennen unternimmt[30].«

Fürs erste war damit auf jeden Fall der Angriff Pollaks abgewehrt, erst 1926 folgte ein weiterer. Als Beleg für die Haltung der Partei zu Kraus kann der große Huldigungs-artikel gelten, den Friedrich Austerlitz aus Anlaß von Kraus' fünfzigstem Geburtstag in der *Arbeiter-Zeitung* erscheinen ließ und den er auch in der Zeit der offenen Feindschaft zwischen Kraus und der Partei nie widerrufen hat. Der Artikel enthält eine Menge von Material, über das Kraus sich gewiß gefreut hat, Würdigungen, in denen der Würdigende den Maßstab des Gewürdigten anlegte. So bezeichnete Austerlitz Kraus als einen revolutionären Geist: »Er ist ein revolutionärer Geist, weil er alles haßt und verachtet, was als verworfenes Unkraut aus der kapi-talistischen Welt emporgeschossen ist[31].« Mit diesem An-satz ging die Diskussion weit hinter Pollak zurück. Die von diesem angeschnittene Frage des Verhältnisses der sub-jektiven Intention zur objektiven Funktion sowie die des Verhältnisses zwischen konservativer und sozialistischer Kulturkritik wurden von Austerlitz zugunsten einer un-kritischen Gleichsetzung von Krausschem und sozialisti-schem Denken ignoriert. Auch Austerlitz war trotz des verbalen Bekenntnisses zum Marxismus kein Marxist, seine politische Energie bezog er, wie schon erwähnt, aus einer an Rebellentum grenzenden, gefühlsmäßig motivier-ten Rechtlichkeit. Da er den Begriff der Revolution seines konkreten sozialen Gehaltes entkleidete, war es ihm leicht möglich, Kraus pauschal zum Revolutionär zu erklären: »Und da in Wahrheit alles Revolution ist, was die Er-bärmlichkeiten hinwegfegt, mit denen die menschliche Ver-nunft beleidigt und das menschliche Gefühl vergewaltigt wird; da alles Revolution ist, was die Altäre niederreißt, an denen den Aftergrößen dieser verrotteten Welt gehul-digt wird, so ist Karl Kraus, dessen Wort alle Spitzen der kapitalistischen Gesellschaft ins Mark trifft, ein echter Revolutionär[32].« Austerlitz ignorierte auch, was Pollak wohl schon vorausgeahnt hatte: daß die Krausschen Wert-maßstäbe derart beschaffen sind, daß sie keineswegs nur »das Gespreizte und Mißgestaltete, von dem die kapi-talistische Welt voll ist«, treffen und entlarven, sondern daß diese Wertmaßstäbe sich durchaus auch gegen die

Arbeiterbewegung und vor allem deren sozialdemokratischen Flügel richten können und später auch richteten.

In seinem Huldigungsartikel hat Austerlitz einen Satz niedergeschrieben, den er nie widerrief und auf den Kraus in seinen Auseinandersetzungen mit Parteijournalisten immer wieder genüßlich hinwies: Er erklärte Kraus zum »Wertmesser der Literaten: ob sie echt und wahr, oberflächlich oder erlogen sind, das erkennt man daran, wie sie zu Karl Kraus stehen[33]«. Die Kraus-Debatte in der Sozialdemokratie brach an dieser Stelle — wir sind mittlerweile im Jahr 1924 angelangt — ab, wurde jedoch später wieder aufgenommen.

Die Darstellung der Beziehung des Satirikers zur Arbeiterbewegung in der Zeit nach der Gründung der Ersten Republik wäre unvollständig, würde sie nicht auch auf sein Verhältnis zur radikalen Linken eingehen. Diese hatte, wie schon erwähnt, damals ihre große Stunde: Wenn je der Sturz des Bürgertums und eine sozialistische Revolution in Österreich möglich war, dann damals. Ein großer Teil der neugewonnenen Kraus-Anhänger aus der Kriegszeit stand auf seiten der Linken und erhoffte von Kraus zumindest publizistische Unterstützung.

Doch das genaue Gegenteil geschah: Kraus war in jener Zeit ein entschiedener Gegner der Linken, sie war für ihn genauso ein zu verjagendes »Gespenst« wie die Presse oder die Monarchisten. Die Sozialdemokratie bedeutete für ihn nicht nur die Kraft, die sich im Krieg relativ bewährt hatte, sondern auch einen Damm gegen die radikale Linke.

Grob gesehen, bestand das, was Kraus als radikale Linke wahrnahm, damals wohl aus drei Gruppierungen: aus jenen Teilen des Proletariats, die — anfänglich größtenteils in der Sozialdemokratie organisiert — mit der Rätebewegung verbunden waren, aus der im November 1918 gegründeten KPDÖ und aus jenen mit den beiden ersten Gruppierungen in gewissem Kontakt stehenden Schriftstellern und Intellektuellen, die sich zeitweilig von der damaligen revolutionären Stimmung mitreißen ließen, im Grunde aber eher unpolitisch waren und, wie etwa Franz Werfel, in der Mehrheit bald nach 1919 ihre revolutionäre

Pose aufgaben. Und diese letzte Gruppierung stand bei Kraus stellvertretend für die ganze Linke. Die Fehler und Unzulänglichkeiten dieser (im heutigen Sprachgebrauch) »Chaoten« dienten ihm zur Diskreditierung der gesamten radikalen Linken. Der österreichische Linksradikalismus jener Zeit wurde daher von Kraus primär als neue literarische oder journalistische Mode bekämpft; der Kommunismus war für ihn eine Bewegung der Kaffeehäuser. Daher ist — so verwunderlich es klingt — seine Auseinandersetzung mit dem Kommunismus in gewissem Sinne mit seiner Beziehung zur jungen, größtenteils im Banne des Expressionismus stehenden Dichtergeneration zu sehen.

Kraus und die Expressionisten hatten ursprünglich den gleichen Ausgangspunkt[34]. Mit vielen jungen deutschen und österreichischen Dichtern unterhielt er auch persönliche Beziehungen. Die zu den deutschen kühlten allerdings ab, als Kraus in seiner Auseinandersetzung mit Alfred Kerr nicht die erwünschte Unterstützung fand. In Österreich hatte Kraus unter anderem Albert Ehrenstein, Franz Werfel und Georg Trakl gefördert und war auch mit einigen anderen jungen Schriftstellern befreundet. Dann kam der Krieg. Ein großer Teil der jungen Literaten legte trotz abstrakter Kriegsgegnerschaft im Konkreten eine gewisse opportunistische Anpassungsbereitschaft an den Tag, die Kraus ihnen nie verzieh. Auch persönliche Freundschaften zerbrachen, und wie meist im Leben des Satirikers ging das nicht still vor sich, sondern unter Freisetzung vieler öffentlich artikulierter Aggressionen. So soll beispielsweise Werfel Klatsch über Sidonie Nádherný verbreitet haben, worauf Kraus ihn »verstieß«, ein Ereignis, unter dem Werfel, dessen Werk voll von Anspielungen auf Kraus ist, fast ein Leben lang litt[35]. Sowohl seine überschwenglichen Briefe an Kraus als auch die erwähnten Anspielungen auf diesen in Werfels Werk sind wichtige Illustrationen zur Psychopathologie der Kraus-Verehrer.

Nach dem Krieg waren nun jene Dichter, die als unbekannte von Kraus gefördert worden waren, auf einmal berühmt und damit ein Bestandteil der von ihm bekämpften Kulturszene. Zugleich gerierte ein großer Teil von

ihnen sich als politisch links stehend. Kraus setzte nun ihr
literarisch opportunistisches Verhalten im Sinne seiner
Auffassung von der Einheitlichkeit des Menschen zu ihrem
politischen Verhalten in Bezug und verwarf es — bei
einigen sicherlich zu Recht. So hatte etwa der heute ver-
gessene Georg Kulka einen Abschnitt aus Jean Pauls *Vor-
schule der Ästhetik* unter seinem Namen in den *Blättern
des Burgtheaters* erscheinen lassen. Als Kraus das Plagiat
aufdeckte, rechtfertigte sich Kulka mit der absurden Begründung, er führe seit Jahren mit Verlegern einen Kampf
um Jean Paul und habe nun, um diesen durchzusetzen,
eine Arbeit Jean Pauls mit seinem Namen gezeichnet. Der
früher von Kraus geförderte Albert Ehrenstein übernahm
die publizistische Verteidigung Kulkas und warf Kraus
eine »unsaubere Haltung« im Krieg vor. Zu erwähnen ist
in diesem Zusammenhang auch das Verhalten des heute
ebenfalls fast vergessenen anarchistischen Schriftstellers
Hugo Sonnenschein, des »weltvergessenen Sonka«, der bei
aller Weltvergessenheit geschäftüchtig genug war, aus
einer ironisch-abwertenden Kritik in der *Fackel* einige
Worte herauszunehmen, so daß sie wie ein Lob klangen,
und diese Montage dann als Inserat abdrucken zu lassen.
Dieses Verhalten junger Linksradikaler bestärkte Kraus
in seiner Auffassung, daß jedes kommunistische Engagement aus Opportunismus komme und daß Kommunismus
und Journalismus im Grunde identisch seien. Diese Auffassung äußerte er in seinem Leben häufig, so schon in den
Vorkriegsjahren, als er feststellte, es herrsche Mangel an
Kommis, weil alles sich zur Sozialdemokratie und zum
Journalismus dränge. 1934 attackierte er dann die gesamte
sozialistische Arbeiterbewegung mit ähnlicher Entschiedenheit, besonders, wie 1918 bis 1919, ihren radikalen Flügel.
Den Prototyp seines Gegners zeichnete er damals in seiner
Antwort auf die persönlichen Anspielungen, die Franz
Werfel im *Spiegelmensch*[36] auf ihn gemacht hatte, in sei-
nem 1921 erschienenen Schlüsselstück *Literatur oder Man
wird doch da sehen*. Darin tritt ein solcher radikaler Lite-
rat auf, der es trefflich versteht, sein politisches Engagement mit seinen geschäftlichen Interessen zu verknüpfen:
»Ich mache gar keine Pläne. Ich weiß um die unbestimm-

ten Dränge der Zeit und vertraue ihnen. In mir ballt es sich. Zähne zusammenbeißen und dastehen. Bereit sein. Auf das Opfer kommt es an. Ich mache gar keine Pläne. Wenn es zu einer Rätediktatur kommt — wenn es mir bestimmt ist, mein Golgatha zu finden — also wenn es soweit kommt —, Sonnenschein hat mir versprochen — das Ressort für die Sozialisierung der Luxusdrucke[37] — «.

Ihren satirischen Ausdruck fand Kraus' Ablehnung jener linken Literaten in der Polemik um die »Proteste«. Als man in München den Rätekommunisten und Literaten Ernst Toller nach Zerschlagung der Räterepublik verhaftete, wurde von Wien aus ein Telegramm abgesandt, dessen Unterzeichner gegen die »Hinrichtung« Tollers protestierten. Ganz so absurd, wie Kraus es darstellte, war der Protest gegen die Hinrichtung eines gerade erst Verhafteten, der noch nicht einmal vor Gericht gestanden war, in Anbetracht der damaligen deutschen Rechtsverhältnisse, die ihren Niederschlag etwa in der Ermordung Rosa Luxemburgs, Karl Liebknechts und Gustav Landauers fanden, nicht. Doch selbst wenn dieser verfrühte Protest ein Schönheitsfehler war, dann war er bei weitem nicht der wichtigste des Telegrammes. Wichtiger war, daß keiner der angeblichen Unterzeichner das Telegramm vor seinem Abdruck in der Presse je gesehen hatte. Karl Seitz, Otto Bauer, Friedrich Adler, Arthur Schnitzler, Hermann Bahr, Richard Beer-Hoffman, Stefan Zweig und andere zogen auch ihre Unterschrift zurück. Franz Blei, Albert Ehrenstein, Alexander Moissi, Albert Paris Gütersloh, Hugo Sonnenschein und Franz Werfel zogen ihre Unterschrift nicht zurück, sondern erklärten, sie hätten den Protest zwar nicht unterzeichnet, wollten aber dem mutigen Anonymus den wärmsten Dank für seine Handlung aussprechen.

Einige Tage später ging der Wiener Presse neuerlich ein von den gleichen Protestierenden unterzeichnetes Flublatt zu: »Wir wollen fortan keine der ungezählten Gelegenheiten, die eine mit Todesurteilen verschwenderische Gegenwart dem in ihr noch Lebenden bietet, vorübergehen lassen, ohne unsere Stimmen zu einem weltbrüderlichen Protest zusammenzuschließen . . .«, hieß es darin, und zugleich wurde ein neuerlicher Protest angemeldet, diesmal aber gegen angebliche Greueltaten der Ungarischen Räterepublik. Ihre Haltung im Krieg erklärten die Verfasser so: »Wir benützen die Gelegenheit, um zu versichern, daß unsere Proteste gegen die Millionen Morde und Hinrichtungen Unschuldiger, die zwischen dem Kriegsbeginn und dem Zusammenbruch der Militärmonarchie erfolgt sind, nur deshalb nicht laut werden konnten, weil damals Schweigen geboten war und wir, mit Ausnahme des Kriegsfreiwilligen Moissi, uns alle in Positionen befanden, die wir andernfalls gegen die Aussicht eingetauscht hätten, unsere eigene körperliche Sicherheit zu gefährden. Hätte damals ein mutiger Anonymus unter seine Proteste gegen die Kriegsgewalt unbekümmert unseren Namen gesetzt, so wären wir geradezu gezwungen gewesen, ihn zu desavouieren. Genauso wie wir ihn heute, wenn er etwa diesen Protest gegen eine blutdürstige Rätediktatur an unserer Stelle abgefaßt hätte, nur von ganzem Herzen dankbar sein müßten[38].« Trotz des Stils und vor allem trotz des Schlußsatzes fiel die Wiener Presse auf diesen Grubenhund herein, nahm ihn ernst, druckte ihn ab und erfuhr erst im nachhinein, daß der Verfasser Karl Kraus war.

In diesem satirischen Protest sind seine beiden Hauptvorwürfe gegen die Linke zusammengefaßt: zum einen, daß sie während des Krieges nicht mit jener Unbedingtheit protestierte, die sein Schaffen auszeichnete, zum anderen, daß dort, wo ihre Intentionen realisiert wurden, unmenschliche Verhältnisse herrschten. Denn Kraus war ein entschiedener Gegner der räterepublikanischen Experimente in Ungarn und München.

Wie ist diese Gegnerschaft zu erklären? Gerade die bayerische Räterepublik, mit ihren teilweise recht unpolitischen Ausdrucksformen, ist vielen Krausschen Forderungen entgegengekommen. Nicht nur, daß sich unter ihren Führern der *Fackel* nahestehende Personen wie Erich Mühsam und Ret Marut, der in München eine Imitation der *Fackel*, den *Ziegelbrenner,* herausgab und sich später B. Traven nannte, befanden, sondern man ging dort auch mit Entschiedenheit gegen Kraus' Hauptgegner, die Presse, vor. Ret Marut übernahm sogar jenes Amt, von dem Kraus satirisch träumte, die Pressezensur. Aber Kraus honorierte diese Versuche nicht. Wie in seiner abweisenden Antwort an Robert Scheu, worin er behauptete, dem Künstler gegenüber werde auch das Proletariat zur Bourgeoisie, ging er auch jetzt von einer Identität der beiden angeblichen Gegner, des Kommunisten und des Bürgers, aus: »Das einzige gute Werk, mit dem sich die Rätediktatoren bisher eingeführt haben, war der Entschluß, die Zeitungsdruckereien der bürgerlichen Presse zu sistieren, den sie aber durch den Vorsatz, sie für die kommunistische Presse wieder in Gang zu setzen, leider wettgemacht haben[39].«

Mit dieser Argumentation stand Kraus dort, wo der Versuch gemacht wurde, die Herrschaft seines angeblichen Hauptfeindes, des Bürgertums, zu brechen, objektiv auf dessen Seite. Er, der seine Leser gelehrt hatte, der bürgerlichen Presse mit Mißtrauen zu begegnen und ihr vor allem in jenen Bereichen, wo es um ihre eigenen Interessen ging, nicht zu glauben, er bezog nun seine Informationen über den Versuch, die Macht der bürgerlichen Presse zu brechen, aus dieser selbst — und glaubte sie. Aufgrund von Greuelberichten, etwa im *Wiener Tagblatt,* von dem Kraus behauptete, es seit Jahren nicht zu lesen, kam er zu dem Ergebnis, »daß die k. u. k. Feldgerichte Asyle der Rechtsfindung waren gegenüber den Blutgerichten der ungarischen Freiheit[40]«. Nur wenn man weiß, was Kraus in den *Letzten Tagen der Menschheit* über diese k. u. k. Feldgerichte geschrieben hat, kann man ermessen, was diese Einschätzung bedeutet. In seiner Darstellung waren die revolutionären Rätepolitiker allesamt nur Mörder — so sprach er etwa vom »Mordpolitiker« Ernst Toller.

Der unmittelbare Anlaß dieser Einschätzung waren die sogenannten Münchner Geiselmorde. Acht Mitglieder einer rechtsradikalen Vorläuferorganisation der NSDAP, der Thule-Gesellschaft[41], waren im Zuge der revolutionären Ereignisse in München als Geiseln getötet worden. Das europäische Bürgertum bekam daraufhin Angst. Viele, die bisher mit der Revolution kokettiert hatten, schrien auf einmal nach Ordnung. Daß der weiße Terror den sogenannten roten um ein Vielfaches übertraf, zählte dabei nicht mehr. Die Klassensolidarität bewog das Bürgertum, den weißen Terror schweigend zu billigen. Joachim Fest hat diese angstbedingte Verzerrung der bürgerlichen Optik treffend geschildert: »Das halbe Hundert freigelassener russischer Kriegsgefangener, die bei Buchheim ermordet wurden; die an einem Bahndamm unweit von Starnberg kurzerhand niedergemachte Sanitätskolonne der Räte-armee; die einundzwanzig ahnungslosen Angehörigen des katholischen Gesellenvereins, die in ihrem Münchner Heim aufgegriffen, ins Gefängnis am Karolinenplatz geschafft und füsiliert wurden; ferner die zwölf unbeteiligten Arbei-ter aus Ferlach, die der spätere Untersuchungsbericht zu den einhundertvierundachtzig ›durch eigene Leichtfertig-keit oder tückische Zufälligkeit‹ umgekommenen Personen rechnete, sowie schließlich die erschlagenen oder erschos-senen Führer des Räteexperiments Kurt Eglhofer, Gustav Landauer und Eugen Leviné — sie waren alle alsbald Gegenstand interessierten Vergessens. Die acht Geiseln, Angehörige der verschwörerischen rechtsradikalen Thule-Gesellschaft, die im Keller des Luitpold-Gymnasiums fest-gehalten und als Reaktion auf jene Untaten von einem untergeordneten Funktionär liquidiert worden waren, blieben über Jahre hin eines der wohlbewahrten Schreck-bilder des öffentlichen Bewußtseins[42].«

Das Kraussche Bewußtsein machte hier keine Ausnahme. Gestützt auf humanistische und pazifistische Argumente, beklagte er die Münchener Geiseln, Vorläufer künftigen Schreckens, von denen er, gestützt auf Informationen aus der bürgerlichen Presse, ein idealisierendes Bild zeich-nete. Aber dieser humanistische Pazifismus bezog sich eben nur auf die Opfer aus seiner eigenen Klasse. Der Heraus-geber der *Fackel,* der den deutschen Intellektuellen Un-glaubwürdigkeit vorwarf, weil sie gegen die Münchener Geiselmorde nicht protestierten, schwieg zum weißen Ter-ror und machte einen Protest, der Ernst Toller präventiv retten sollte, lächerlich.

Daß Kraus seinen Pazifismus als Argument gegen die revolutionäre Gewalt einsetzte, muß deswegen festgehalten werden, weil man in dem Versuch, ihn für die Linke zu reklamieren, auf ein angebliches Bekenntnis Kraus' zur revolutionären Gewalt hinweisen könnte. Am Ende des 1922 geschriebenen *Traumstücks* heißt es tatsächlich: »Wär' hier Gewalt nicht frommen Werkes Walten[43]?« Aber erstens bleibt das angebliche Bekenntnis in Frageform und im Konjunktiv, zweitens war 1922 revolutionäre Gewalt — zumindest in Österreich — nicht mehr aktuell. Als Prüfstein für die Echtheit einer revolutionären Gesinnung können wohl nicht gelegentliche radikale Ausbrüche herangezogen werden, sondern nur die Praxis in historisch entscheidenden Situationen. Kraus hat sich in allen solchen für die Arbeiterbewegung wichtigen Zeiten (mit Ausnahme des Juli 1927), wie etwa im Kampf ums Wahlrecht, in der österreichischen Revolution 1918, bei der Ausschaltung des österreichischen Parlaments 1933, beim Februar-Aufstand der österreichischen Arbeiter 1934, entweder neutral erklärt oder sich ausdrücklich gegen die Arbeiterbewegung gestellt. Dazwischen gab es allerdings viele scheinradikale Ausbrüche: »Wann endlich putzt das Pack Proletenschuhe[44] ...«, hieß es dann. Aber diese Ausbrüche fanden nur in friedlichen Zeiten statt: hätte eine soziale Kraft tatsächlich den Versuch unternommen, das »Pack« zu zwingen, Proletenschuhe zu putzen, dann hätte Kraus sich ähnlich dagegen gestellt, wie er sich gegen die Ermordung von acht Rechtsradikalen im Zuge eines Kampfes, der auf seiten der Linken ein Vielfaches an Opfern forderte, gestellt hat.

In seinem schon erwähnten Brief an Seitz zählte Kraus daher die radikale Linke zu den die Republik bedrohenden »Gespenstern«. Die Konsequenz dieser Einschätzung war Kraus' Forderung an die Sozialdemokratie, die Linksopposition auszuschalten oder sich zumindest entschiedener von ihr abzugrenzen. Denn die Sozialdemokratie war eben nicht das, was Kraus sich von einer politischen Kraft erhoffte: der Ersatz für den gesuchten »starken Mann«. Seinem Vorwurf nach fehlte es ihr an Haltung, sowohl der Linken als auch der Rechten gegenüber: »Nun sei (...) mit aller klaren Entschiedenheit ausgesprochen, daß mir die Haltung der Sozialdemokratischen Partei einer solchen zu entbehren scheint und daß ich, anstatt Nachgiebigkeit gegenüber den bürgerlichen Gruppen durch Toleranz gegen die bolschewistischen Bestrebungen auszugleichen, empfehlen würde, eine Absage an die Gewalttäter durch die Unerbittlichkeit gegen die Kriegsschuldigen zu beglaubigen[45].« Die Erfüllung dieses Anspruches — zumindest der Linken gegenüber — brachte Kraus' späterer Hauptgegner Schober. Die Angriffe des Satirikers auf die Rätepolitiker hatten noch einen von ihm möglicherweise nicht angestrebten Nebeneffekt: Sie erschienen im August 1919, zu einem Zeitpunkt, als die Horthy-Regierung gerade von der österreichischen Regierung die Auslieferung der geflohenen Rätepolitiker verlangte[46], und hatten so möglicherweise einen gewissen Einfluß auf die Meinungsbildung.

Zu untersuchen sind in diesem Zusammenhang noch jene Äußerungen über den Kommunismus, die Kraus anhand eines in der *Arbeiter-Zeitung* abgedruckten Briefes von Rosa Luxemburg an Sonja Liebknecht machte. Rosa Luxemburg, für die das Schreiben zur Strategie des Überlebens im Gefängnis gehörte, schildert darin unter anderem das traurige Schicksal der zu Lastdiensten benützten, von den deutschen Soldaten »furchtbar geprügelten« Büffel, die sie auf ihrem Spaziergang sah. Kraus lobte sowohl die Verfasserin als »edelstes Opfer« wie auch den Brief enthusiastisch: »Schmach und Schande jeder Republik, die dieses im deutschen Sprachbereich einzigartige Dokument von Menschlichkeit und Dichtung nicht allem Fibel- und Gelbkreuzchristentum zum Trotz zwischen Goethe und Claudius in ihre Schulbücher aufnimmt und nicht zum Grausen vor der Menschheit dieser Zeit der ihr entwachsenden Jugend mitteilt, daß der Leib, der solch eine hohe Seele umschlossen hat, von Gewehrkolben erschlagen wurde. Die ganze lebende Literatur Deutschlands bringt keine Träne wie die dieser jüdischen Revolutionärin hervor und keine Atempause wie die nach der Beschreibung der Büffelhaut: ›und die ward zerrissen[47]‹.« Sicherlich schwingt hier ein großes Maß persönlicher Hochachtung mit — aber eben nur persönlicher. Der Mensch, die Frau, die Tierfreundin und das Opfer Rosa Luxemburg werden hier geehrt. Auf die lebende und vor allem auf die erfolgreiche Revolutionärin Luxemburg hätte nach Kraus' Kriterien das furchtbare Etikett der »Mordpoli-

tikerin« genauso gepaßt wie auf Ernst Toller. Erst die
tote Gegnerin, deren Bestrebungen ungefährlich geworden
waren, wurde ästhetisch und menschlich vereinnahmt:
denn sie war unser.

Auf dem Abdruck des Briefes in der *Fackel* erhielt Kraus
den anonymen Leserbrief einer Innsbrucker Adeligen, einer
früheren Abonnentin aus der konservativen Zeit der Zeitschrift. Der Brief enthält handfeste Verunglimpfungen der
ermordeten Rosa Luxemburg, die sich das »Kittchen« erspart hätte, wenn sie sich »statt als Volksaufwieglerin«
etwa als »Wärterin in einem zoologischen Garten oder
dergleichen betätigt hätte«, wobei sie dann auch gewiß
»keine Bekanntschaft mit Gewehrkolben« gemacht hätte[48].
Dann erklärte die »Unsentimentale«, daß Büffel die Prü-
gel sowieso nicht spürten, und stellte eine Analogie her,
derzufolge auch »eine Ohrfeige bei kräftigen Buben oft
sehr wohltätig wirkt[49]«.

Kraus reagierte auf dieses anonyme Dokument west-
österreichischer konservativer Geistigkeit mit einer seiner
schärfsten persönlichen Polemiken. Der »Megäre« und
»Bestie« aus Innsbruck stellte er die »gute Luxemburg«
vergleichend gegenüber, seinen Vorschlag, den Luxemburg-
Brief in Lesebüchern abzudrucken, ergänzte er wie folgt:
»Was ich meine, ist, daß neben dem Brief der Rosa Luxemburg, wenn sich die sogenannten Republiken dazu auf-
raffen könnten, ihn für ihre Lesebücher den aufwachsenden
Generationen zu überliefern, gleich der Brief dieser Megäre
abgedruckt werden müßte, um der Jugend nicht allein
Ehrfurcht vor der Erhabenheit der menschlichen Natur
beizubringen, sondern auch Abscheu vor ihrer Niedrig-
keit[50]. . .«

Hier finden wir eine zweite Vorbedingung des positiven
Eintretens Kraus' für einen Kommunisten: Wenn dieser,
ungefährlich wie die tote Rosa Luxemburg, sich im Konflikt mit einem Auswuchs der bürgerlichen Gesellschaft
befindet, kann er auf seine Unterstützung rechnen. In
Anbetracht der damaligen Ungefährlichkeit des Kommunismus in Österreich und des Triumphes dieser bürgerlichen Auswüchse revidierte Kraus daher auch seine Einstellung zum Kommunismus ein wenig: »Der Kommunis-

mus als Realität ist nur das Widerspiel ihrer eigenen
lebensschänderischen Ideologie, immerhin, von Gnaden
eines reineren ideellen Ursprungs, ein vertracktes Gegen-
mittel zum reineren ideellen Zweck — der Teufel hole
seine Praxis, aber Gott erhalte ihn uns als konstante Drohung über den Häuptern jener, so da Güter besitzen und
alle andern zu deren Bewahrung und mit dem Trost, daß
das Leben der Güter höchstes nicht sei, an die Fronten des
Hungers und der vaterländischen Ehre treiben möchten.
Gott erhalte ihn uns, damit dieses Gesindel, das schon
nicht mehr ein und aus weiß vor Frechheit, nicht noch fre-
cher werde, damit die Gesellschaft der ausschließlich Ge-
nußberechtigten, die da glaubt, daß die ihr botmäßige
Menschheit genug der Liebe habe, wenn sie von ihnen die
Syphillis bekommt, wenigstens doch auch mit einem Alpdruck zu Bette gehe! Damit ihnen wenigstens die Lust
vergehe, ihren Opfern Moral zu predigen, und der Humor,
über sie Witze zu machen[51].«

Der kämpferische Kommunismus, der vielleicht siegen
und die Gesellschaft seinen Intentionen gemäß umgestalten
könnte, ist im Rahmen dieser Argumentation ein Feind.
Der geschlagene, aber immer noch existierende Kommunismus wird zwar abgelehnt als »Widerspiel« einer »lebensschänderischen Ideologie«, es wird ihm aber immerhin ein
reinerer Ursprung zuerkannt sowie die Funktion, den
Herrschenden gegenüber eine Drohung darzustellen. Nicht
um die Aufhebung der Klasse der Gutsbesitzer ging es
Kraus, wer das versucht hätte, hätte in ihm einen ent-
schiedenen Gegner gefunden: Von einer im Zuge revolutionärer Kampfhandlungen in Innsbruck umgekommenen Gutsbesitzerin wie jener »Megäre« hätte er sicherlich
ein ebenso idealisierendes Bild gezeichnet wie von den
getöteten rechtsradikalen Geiseln in München. Kraus ging
es auch nicht um das Neue, sondern um die Bewahrung
der Werte des Alten. Die Kommunisten und jene Innsbrucker Gutsbesitzerin — beide sind sie vom »Ursprung«
weit entfernt. Die Politik, deren Bedeutung Kraus jetzt
eingesehen hat, hat für ihn nicht die Aufgabe, die Gesellschaft zu verändern, sondern die, innerhalb des Bestehenden Gegenkräfte zu bannen und so zu erreichen, daß die

gegebenen wertvollen Strukturen und Institutionen gestärkt werden.

Ich glaube, mit dieser Darstellung des Verhaltens von Karl Kraus in der Zeit nach 1918 genügend Material gebracht zu haben, um zu belegen, daß es eine äußerst problematische Angelegenheit wäre, Kraus für die Linke zu reklamieren. Als letztes Argument soll noch ein Kommentar des Satirikers zum Aufbau des Sozialismus in der Sowjetunion aus dem Jahre 1924 erwähnt werden. Kraus hatte große Summen für die Hungernden in Rußland gespendet und so diesen Aufbau indirekt unterstützt. In seinen Kommentaren zur russischen Hungersnot warf er gleichzeitig der Oberschicht des Westens ihr Wohlleben vor. Zugleich beschuldigte er allerdings sowjetische Diplomaten, an diesem Wohlleben teilgenommen zu haben. Er verwendete wieder sein Argument von der Identität der angeblichen Gegensätze: Zwischen dem Rußland des damals noch lebenden Lenin und dem Westen gab es seiner Behauptung nach keinen Unterschied. Als nun Kraus anläßlich des siebenten Jahrestages der Oktoberrevolution auf Anweisung Lunatscharskis eingeladen wurde, an einer Enquête über die Frage der Auswirkungen der russischen Revolution auf die Weltkultur beizuwohnen, gab er, sich genau an den Einladungstext haltend, die folgende Antwort:

Wien, 4. Oktober 1924

Sehr geehrter Herr Galkin!

Die Auswirkungen und Folgen der russischen Revolution für die Weltkultur bestehen meiner Auffassung nach darin, daß die hervorragendsten Vertreter auf dem Gebiet der Kunst und Literatur von den Vertretern der russischen Revolution aufgefordert werden, in zehn bis zwanzig Druckzeilen, wenn möglich mit ihrem Bild und Autogramm, das gleichzeitig veröffentlicht wird, also ganz im Geiste des vorrevolutionären Journalismus, ihre Auffassung von den Auswirkungen und Folgen der russischen Revolution für die Weltkultur bekanntzugeben, was sich manchmal tatsächlich in den vorgeschriebenen zehn bis zwanzig Druckzeilen durchführen läßt.

Hochachtungsvoll                    Karl Kraus[52].

# ANMERKUNGEN

1  F 608—612, 7.
2  F 622—631, 207.
3  Zitiert nach Arnold Reisberg, *Februar 1934, Hintergründe und Folgen*, Wien 1974, 96.
4  F 508—513, 30.
5  F 508—513, 31.
6  F 508—513, 31.
7  F 521—530, 56.
8  F 521—530, 58.
9  F 521—530, 56.
10 *Der Querulant*, Wien 1920, 43.
11 Eine Schilderung von Austerlitz, die diesen allerdings ein wenig durch die Krausche Brille sieht, findet sich in Ernst Fischer, *Erinnerungen und Reflexionen*, Reinbek bei Hamburg 1969, 154 ff.
12 F 521—530, 50.
13 F 521—530, 50.
14 F 521—530, 51.
15 F 521—530, 50 f.
16 Otto Bauer, *Die österreichische Revolution*, Wien 1923, 208.
17 *Stimmen über Karl Kraus, herausgegeben von einem Kreis dankbarer Freunde*, Wien 1934, 47 f.
18 So etwa F 608—612, 7.
19 Oscar Pollak, *Ein Künstler und Kämpfer*, in: *Der Kampf*, XVI, Wien 1923, 32.
20 Oscar Pollak, a. a. O., 33.
21 Oscar Pollak, a. a. O., 33, teils spationiert.
22 Oscar Pollak, a. a. O., 33.
23 Oscar Pollak, a. a. O., 35.
24 Oscar Pollak, a. a. O., 35.
25 Oscar Pollak, a. a. O., 35.
26 Oscar Pollak, a. a. O., 36.
27 Albert Fuchs, a. a. O., XX f.
28 Oscar Pollak, a. a. O., 36.
29 F 613—621, 159 f.
30 D. J. Bach, *Der unpopuläre Kraus*, in: *Der Kampf*, XVI, Wien 1923, 77—79, vor allem 79.
31 *Arbeiter-Zeitung*, 27. 4. 1924, Seite 3.
32 *Arbeiter-Zeitung*, 27. 4. 1924, Seite 3.
33 *Arbeiter-Zeitung*, 27. 4. 1924, Seite 3.
34 Näheres zu diesem Bereich siehe Michael Naumann, *Der Abbau einer verkehrten Welt, Satire und politische Wirklichkeit im Werk von Karl Kraus*, München 1969, und umfassend: Eduard Haueis, *Karl Kraus und der Expressionismus*, Nürnberg 1968.
35 Abgesehen von den vielen, zum Teil schon von Kraus herausgearbeiteten Anspielungen auf ihn, sei vor allem auf einen 1974 erstmals publizierten Romaneinfall aus Werfels Tagebuch 1920 verwiesen. Siehe dazu Karl Kraus, *Briefe...*, zweiter Band, a. a. O., 215.

36 Siehe Franz Werfel, *Der Spiegelmensch*, in: Franz Werfel, Dramen, Berlin-Weimar 1973, 192.
37 *Literatur*, oder *Man wird doch da sehen*, Wien 1921, 46.
38 Beide Zitate siehe F 514—518, 2.
39 F 514—518, 11 f.
40 F 514—510, 39.
41 Zu dieser Einschätzung der Thule-Gesellschaft siehe zusammenfassend Joachim Fest, *Hitler*, Berlin 1973, 168.
42 Fest, a. a. O., 162.
43 *Traumstück*, a. a. O., 23.
44 *Traumstück*, a. a. O., 23.
45 F 514—518, 67.
46 Siehe Yvon Bourdet, *Georg Lukács im Wiener Exil (1919—1930)*, in: *Geschichte und Gesellschaft, Festschrift für Karl R. Stadler*, Wien 1974, 299.
47 F 546—550, 5.
48 F 554—556, 6. In Kraus' Abdruck teilweise spationiert.
49 F 554—556, 7. In Kraus' Abdruck spationiert.
50 F 554—556, 8.
51 F 554—556, 8.
52 F 668—675, 81.

# Politisches Paktiererpack

Die letzten Reste einer positiven Beziehung zwischen Kraus und der Sozialdemokratie, deren Führer von ihm zum Schluß nur noch als »politisches Paktiererpack« eingeschätzt wurden, schwanden im Kampf des Satirikers gegen den Wiener Zeitungsherausgeber Imre Bekessy infolge der Art und Weise, wie die Partei sich in diesem Kampf verhielt.

Die Umstellungskrise nach dem Zusammenbruch der Donaumonarchie hatte weite Bereiche der österreichischen Wirtschaft einer neuen Schicht, bestehend aus Kriegsgewinnlern, Schiebern und Spekulanten, ausgeliefert. Deren Wirken machte das ausgepowerte Österreich für kurze Zeit zu einem Zentrum der internationalen Währungsspekulation. Ein großer Teil dieser »neuen Reichen« waren Kriminelle im Sinne des Strafgesetzbuches; ihre Verbrechen wurden allerdings häufig aus politischen Gründen nicht verfolgt. Der Einfluß dieser Schieber und Spekulanten wirkte sich auch auf den Wiener Pressemarkt aus. Nicht wenige Zeitungen profitierten von der Spekulation und deren Urhebern, teils indem sie deren Fischzüge publizistisch absicherten, teils indem sie sie mit der Drohung, ihre Schiebungen publik zu machen, erpreßten. Ein nicht unerheblicher Teil der Wiener Presse — oder zumindest der Wirtschaftsredaktionen — war ähnlich kriminell wie ein Teil der Geschäftswelt. Erst nach der Konsolidierung der österreichischen Wirtschaft im Gefolge der Genfer Sanierung um 1926, als der Wirtschaftskriminalität zum Teil der Boden entzogen worden war, kam es zu einigen Strafverfahren gegen Journalisten wegen Erpressung. Die in diesen Verfahren aufgedeckten Tatsachen ergaben, daß damals zwischen der Übernahme eines Inseratenauftrages durch eine Zeitung und einer Erpressung des Inserenten keine Grenze zu ziehen war.

In diesem korrupten System war die hervorstechendste Gestalt der Ungar Imre Bekessy, ein emigrierter ehemaliger Funktionär der Räterepublik, an der er wohl mehr aus Abenteurertum als aus Überzeugung teilgenommen hatte, vor allem aber ein genialer Zeitungsmacher, der binnen kurzem mit Unterstützung des Spekulanten Camillo Castiglioni in Wien ein Presseimperium errichtete. Dessen wichtigster Bestandteil war die 1923 gegründete Tageszeitung *Die Stunde,* die wohl das erste moderne Boulevardblatt Österreichs war. Auch Imre Bekessy war korrupt, bestechlich und ein Erpresser, doch bildete er unter den sonstigen kriminellen Wiener Journalisten insoferne eine wohltuende Ausnahme, als er — zumindest in seiner Anfangszeit, bevor sich die Staatsanwaltschaft ernstlich für sein Treiben zu interessieren begann — mit zynischer Unbefangenheit die Käuflichkeit sowohl seiner Berichte als auch seines Schweigens zugab. Er versteckte sich nicht hinter seiner vorgeblichen publizistischen Verantwortung und seiner »kulturellen Mission«, sondern ging sogar davon aus, daß nur die eingestandenermaßen korrupte Presse unabhängig sein könne. Als Publizist, so argumentierte er, unterliege er den Gesetzen des Kapitalismus, vor allem dem Zwang zur Gewinnmaximierung, und müsse daher an diesem partizipieren; dadurch aber, daß er seinen Lesern die Fäulnis des Kapitalismus transparent mache, bekämpfe er ihn zugleich. Das Eingeständnis seiner Korruption sichere ihn vor Gegenerpressungen. Diese opportunistische Konzeption rechtfertigte Bekessy mit seiner angeblich sozialistischen Gesinnung. Schlüssig war das natürlich nicht, die Bekessy-Presse war nur gelegentlich Trägerin antikapitalistischer Demagogie, sie infiltrierte in Wirklichkeit die Arbeiterschaft mit bürgerlichem Gedankengut. Später ging sie auch offen ins christlichsoziale Lager über, von dem sie trotz ihres verbalen Antikapitalismus — der sie nicht hinderte, gegen den angeblichen »Steuersadismus« des »roten Wiens« zu polemisieren —, politische Unterstützung erhalten hatte. Allerdings vertrat *Die Stunde* auf gesellschaftspolitischem Gebiet, so etwa in der Frage der Strafbarkeit der Abtreibung, die gleichen Positionen wie die Sozialdemokratie, ja manchmal stand sie links von dieser.

Karl Kraus, der, wie wir schon gezeigt haben, keineswegs jede Zeitung angriff, nahm *Die Stunde* bald nach ihrem erstmaligen Erscheinen in die Zahl der von ihm gelegentlich attackierten Zeitungen auf. Er kritisierte vorerst nur die auf die »neuen Reichen« zurechtgeschnittene ordinäre Philosophie des Gelderwerbs, die *Die Stunde* verbreitete, die *Metaphysik der Haifische* und die geradezu cäsarische Beweihräucherung der Schieber in den Spalten des Blattes. Aber diese Beweihräucherung war für Kraus kein spezielles Problem der *Stunde,* sondern eines der ganzen Republik. Für ihn standen die kulturellen und moralischen Auswirkungen der Pressekorruption zentral, die wirtschaftlichen Folgen waren ihm nur ein Nebenaspekt.

Doch der ungeheure wirtschaftliche Schaden, den Bekessy verursachte, veranlaßte den ersten wichtigen Angriff: Gustav Stolper, dem die Priorität des Auftretens gegen Bekessy zukommt und dessen Kampf gegen diesen indirekt auch das Eingreifen von Kraus auslöste, bezeichnete in dem von ihm herausgegebenen *Österreichischen Volkswirt,* der besten Wirtschaftszeitung der Ersten Republik, Bekessy als Schwindler und käufliches Subjekt. Bekessy klagte den *Volkswirt* wegen Ehrenbeleidigung, zog aber, als er merkte, daß seine Gegner ausreichendes Material für einen Wahrheitsbeweis hatten, die Klage zurück. Da er in seiner Zeitung Stolper ebenfalls beschimpft hatte, klagte dieser nun seinerseits, wurde jedoch von Bekessy auf eine für dessen Methoden typische Weise gezwungen, die Klage zurückzuziehen: Bekessy war es gelungen, einen Privatbrief, der in Stolpers Ehescheidung eine Rolle gespielt hatte, in die Hände zu bekommen, und erpreßte nun mit der Drohung, diesen Brief zu publizieren, von seinem Gegner die Einstellung des Verfahrens.

Trotz dieses empörenden erpresserischen Eingriffs in die Intimsphäre ist es fraglich, ob Kraus, dem fremde Polemiken, mochten sie auch noch so viel Aufsehen erregen, meist gleichgültig waren, sich in die Affäre eingemischt hätte, wenn Bekessy nicht etwas geradezu Selbstmörderisches getan hätte: Er berief sich auf Kraus, bezog dessen Ausspruch »Shakespeare hat alles vorausgewußt« auf seine Auseinandersetzung mit dem *Volkswirt,* stellte eine Beziehung her zwischen Kraus' Kampf gegen die Wiener Sexualheuchelei und seinem angeblichen Kampf gegen publizistische Heuchelei, und nahm die von Kraus zitierten Verse aus Shakespeares *Maß für Maß* (»Meiner Sendung Amt / Ließ manches mich erleben hier in Wien . . .«) für seine angemaßte »Sendung« in Anspruch.

Kraus mußte seiner ganzen Wesensart nach auf diese Anmaßung reagieren. Sobald jemand zu Unrecht versuchte, ihn für sich zu beanspruchen, war er offensichtlich geradezu gezwungen, sich auf besonders aggressive Weise von ihm abzugrenzen. So begann sein Kampf gegen Imre Bekessy mit dem Artikel *Bekessys Sendung* im Januar 1924 und endete erst mit der völligen Niederlage des Gegners im August 1926. Bis etwa März 1925 betrieb Kraus den Kampf gegen Bekessy nebenher, dann avancierte Bekessy zu seinem Hauptgegner. Seinen eigenen Angaben zufolge hat dieser Kampf, den er mit höchstem persönlichen Einsatz führte, ihn selbst 6700, seinen Rechtsanwalt Dr. Oskar Samek 1600 Arbeitsstunden lang beansprucht.

*Bekessys Sendung* verfuhr mit dem Angegriffenen im Vergleich zu den späteren Polemiken glimpflich, ja, Bekessy hatte anfänglich in der Darstellung des Satirikers sogar ein wenig die Züge eines sympathischen Schlingels. In gewissem Sinne repräsentierte die Bekessy-Presse ja gerade das, was Kraus von den Zeitungen immer gefordert hatte: Sie betrieb ihr unsauberes Geschäft ohne jedes schützende Argument. Kraus war daher fürs erste von ihrer Offenheit fast amüsiert. Der kriminelle Journalist, der Erpresser — das waren für ihn notwendige Produkte der Bürgerwelt und zugleich im satirischen Sinne nützliche Korrektive. Bekessys Sendung — das war nicht jene, die er sich anmaßte, sondern sie bestand darin, in seiner Person den moralischen Verfall seiner Zeit widerzuspiegeln.

Bekessy reagierte auf diesen Angriff nicht direkt, vergaß ihn aber sicherlich nicht. In der Folgezeit stichelte er in seinem Blatt gelegentlich gegen Kraus, versicherte aber ebensooft dem Autor von *Sittlichkeit und Kriminalität* seine Hochachtung. Bekessy, der in Wahrheit ein Vorläufer jener scheinbaren »sexuellen Revolution« war, die uns die Illustrierten in den sechziger Jahren bescherten, fühlte sich nämlich, was Kraus vehement zurückwies, als Vollstrecker der von diesem vertretenen Konzeptionen.

In der *Fackel* finden wir in den nächsten vierzehn Monaten zahlreiche Angriffe gegen *Die Stunde,* doch handelt es sich dabei noch um keine prinzipiellen Attacken. Mittlerweile wurde die Zeitung dank ihrem guten Werbeapparat, ihrem Leserservice und ihren pikanten Berichten zu einem einflußreichen Blatt. Und gerade diese pikanten Berichte lösten den nächsten größeren Angriff von Kraus aus. Unter dem Vorwand der Liberalisierung des Sexuallebens und des Kampfes gegen die Heuchelei verletzte *Die Stunde* die Intimsphäre der Objekte ihrer Berichterstattung in einem das damals übliche übersteigenden Ausmaß. Häufig berichtete sie aus dem Privatleben berühmter Leute selbstfabrizierte, falsche Sensationen — ein Verfahren, das damals auf dem Wiener Pressemarkt noch neu war. Derartige Sensationsberichte, dazu ein Bericht über den Tod eines Kindes, den Bekessy für seine ordinäre Geldphilosophie publizistisch auszuwerten versuchte, und wohl auch das aus Sticheleien und Anbiederungen gemischte Verhalten der *Stunde* lösten die Kampfansage des Satirikers aus, einen Text, der mit jener Wucht und Dramatik geschrieben ist, deren Kraus sich bediente, wenn er den Gegner vernichten wollte:

»Aus dem Blutdunst einer Epoche, die den Heldentod als Vorwand zum Betrug an der Menschheit gebraucht hat, ist ein Raubtiergesicht aufgestiegen, ein nachsintflutliches Ungeheuer, nur vergleichbar dem Trachodom, dem Triceratops und den anderen dinosaurischen Schiebern aus der Kreidezeit: der Castiglioni aus der Tintenzeit. Seine Züge sind die Schriftzüge einer erbarmungslosen Journalistik, die dieses Gesicht rehabilitiert und selbst dort noch erkennend verklärt, wo ein zerfleischter Kindesleichnam zum Fraß ihrer Betrachtung dient. Seine Stimme ist der Schrei von den Lettern, die die Welt bedeuten[1].«

Bekessy hätte, da der Angriff eine Reihe von Verbalinjurien enthielt, Kraus klagen können. Aber nach den schlechten Erfahrungen, die er in seiner Auseinandersetzung mit dem *Volkswirt* gemacht hatte, war er während seiner ganzen Wiener Zeit nicht in den Gerichtssaal zu bringen, er scheute ihn wegen der Möglichkeit eines Wahrheitsbeweises. Seine Kampfmittel waren ökonomischer Druck, wobei ihn sein Financier Castiglioni unterstützte, und publizistische Diffamierung. Zur Erreichung seines nunmehr eingestandenen Zieles, Kraus das Handwerk zu legen, konnte er sich, da dieser tatsächlich unabhängig war, nur der zweiten Methode bedienen. Eine gewisse Publizität ist ja für jeden, der im öffentlichen Leben steht, tödlich. Gerade diese Publizität hat Bekessy in seinen Fehden immer wieder skrupellos eingesetzt. So hat er etwa dem jungen Benedikt, dem Sohn und Erben des Herausgebers der *Neuen Freien Presse,* Onanie vorgeworfen und die Person Friedrich Austerlitz' mit dem Treiben eines Kinderschänders verknüpft. Mit ähnlichen publizistischen Mitteln ging er nunmehr gegen Kraus vor: unwahre Angaben über einen angeblichen Erbschaftsprozeß zwischen dem Satiriker und dessen Schwester wurden publiziert; ein zur Verspottung und wohl auch zur Mobilisierung antisemitischer Instinkte raffiniert verstümmeltes Kinderbild, das einen bösartig dreinblickenden Kraus mit vergrößerten Ohren, riesigen Füßen, einem schiefen Mund und der Andeutung eines Judensterns zeigte und nur für den, der Kraus kannte, als Fälschung erkennbar war, erschien auf der Titelseite der *Stunde.* Photomontagen, die einen betrunken wirkenden Kraus vor dem Hintergrund eines Nachtlokals zeigten, wurden verbreitet, das Vermögen und der Buckel des Satirikers wurden in Kommentaren vergrößert, und so fort.

Aber auch Kraus nahm den Kampf mit aller Energie auf: Er begann das Vorleben Bekessys zu erforschen und versuchte ihm seine Erpressungen nachzuweisen. Und wieder einmal war er bereit, vom Prinzip des Einzelkämpfertums abzugehen, und abermals wurde er in seinem Wunsch nach Verbündeten enttäuscht. Kraus suchte überall Unterstützung gegen den Erpresser, bei den Parteien, bei der Presse und bei den Behörden. Aber die Wiener Öffentlichkeit und ihre Organe zerfielen offensichtlich in zwei Teile: in Komplicen Bekessys und in solche, die ihn fürchteten. Abgesehen von einigen Freunden, seinem Anwalt und seinen Hörern und Lesern, blieb Kraus allein. Nicht wenige Wiener Journalisten, wie etwa Felix Salten und Anton Kuh, waren froh, daß endlich jemand gegen den unbequemen Satiriker vorging, und unterstützten Bekessy.

Dieses Auf-sich-gestellt-Sein im Kampf gegen einen übermächtigen und scheinbar unüberwindlichen Gegner stachelte die Energie des Satirikers ungeheuer auf. Eine Parole für den Kampf war bald gefunden. Als Bekessy einige ihm schwer verständliche Texte von Kraus in der *Stunde* unter dem Titel »Wos will er?« abdruckte, antwortete Kraus: »Hinaus aus Wien mit dem Schuft! Dos will er.« Diese Parole wurde in der *Fackel* verbreitet, in den Vorlesungen von einer erregten Zuhörerschaft gebrüllt und durch angeblich sogar unter Aufsicht des Satirikers affichierte Plakate kolportiert. Und das Unvorstellbare gelang: Mit seinen beschränkten Mitteln gelang es Kraus, etwas zu initiieren, das ausländische Blätter als Massenbewegung bezeichneten. Allerdings nur ausländische — in Österreich fand die Affäre, wie gesagt, kaum Resonanz, der Name des Erpressers wurde in den Wiener Zeitungen nicht erwähnt, sein Träger avancierte zum »Nichtgenannten«. Über die Institutionen, die verpflichtet gewesen wären, Bekessy zu bekämpfen, schrieb Kraus später: »Sie alle standen mir, wenn's keiner sah, mit ihren wärmsten Wünschen bei, beschuldigten einander der Feigheit, und durchdrungen von der Not, der ich den Ausgang schaffen sollte, waren sie alle².«

Ja, Parteien und Behörden blieben nicht einmal neutral, sondern förderten den Erpresser sogar. Vor der speziellen Förderung, die der Wiener Polizeipräsident Bekessy angedeihen ließ, wird noch die Rede sein. Politiker aller großen Parteien empfingen Bekessy, gaben ihm Informationen und Interviews, ließen sich mit ihm photographieren, schrieben in seinen Zeitungen, ja, der christlichsoziale Finanzminister Kollmann nahm an einem Ausflug, den *Die Stunde* für ihre Leser arrangiert hatte, zu einem Zeitpunkt teil, als gegen Bekessy bereits Vorerhebungen liefen.

Gegenüber einem derart von Amts wegen geförderten

Verbrecher hatte Kraus als Privatmann außer der Mobilisierung der Öffentlichkeit wenig Mittel zur Hand. Sein Versuch, Bekessy in den Gerichtssaal zu bringen, scheiterte. Kraus nannte ihn wohl Erpresser, Schuft und Betrüger, ja, er publizierte auch konkrete Angaben über Bekessys Delikte, um ihn zu einer Ehrenbeleidigungsklage zu veranlassen, doch Bekessy klagte ihn nicht. Auch die Publikation der Leumundsnote Bekessys, die mehrere Erpressungen, Verleumdungen, Betrügereien und einen Diebstahl aufwies, nützte nichts. Die Behörden waren trotz Kraus' konkreter Angaben über Bekessys Verbrechen nicht bereit, gegen diesen vorzugehen; Kraus' Position schien also aussichtslos. Dennoch wurde letztlich gegen Bekessy ein Strafverfahren wegen Erpressung eingeleitet; dieser aber, der natürlich schon vorher informiert war, entzog sich dem Zugriff der Gerichte.

Wie ist das zu erklären? Zwei Ansätze gibt es. Des einen bedienten sich Kraus und ein Teil seiner Biographen: Bekessy sei durch Kraus vertrieben, der Wiener Boden sei ihm durch die fortwährenden konkreten Anschuldigungen zu heiß geworden, auch die Behörden hätten schließlich auf diese konkreten Anschuldigungen reagieren müssen. Doch dieser Ansatz erklärt nicht, wieso Bekessy nicht schon früher vertrieben wurde, wieso die Behörden so lange zu den konkreten Anschuldigungen des Satirikers schwiegen. Den zweiten Ansatz hat Bruno Frei in einem Artikel in der *Weltbühne* vertreten: »Nicht die wilde Feder des Wiener Kierkegaard Karl Kraus« habe Bekessy vertrieben, sondern der »Tiefpunkt des wirtschaftlichen Niederganges[3]«. Kraus konnte demgegenüber zu Recht einwenden, daß, wenn er nicht eingegriffen hätte, Bekessy noch lange in Wien hätte erpressen können. In Wirklichkeit müssen wir sowohl das Wirken des Satirikers als auch die ökonomischen Verhältnisse als Gründe für die Flucht des Erpressers sehen. Die Konsolidierung der österreichischen Wirtschaft infolge der Genfer Sanierung hatte Bekessys Financiers die Macht entzogen. Sie konnten ihm keinen Schutz mehr gewähren, und das Wissen über sie war nun wertlos. Damit war Bekessy angreifbar geworden. Hätte Kraus ihn allerdings nicht derart konsequent attackiert, dann hätte die Öffentlichkeit weiter geschwiegen, und der Wendige hätte bei den Christlichsozialen neuen Rückhalt gefunden.

Im August 1926 floh Bekessy nach Paris: »Der Schuft ist draußen!« konnte Kraus triumphierend feststellen. Und nun begannen auch die Wiener Zeitungen die Untaten Bekessys zu kommentieren. Er wurde zum »Vielgenannten«. Einhellig schimpften die Zeitungen über die Feigheit der Österreicher, die sich den »Schuft« und »Erpresser« so lange hatten gefallen lassen. Dafür hatten die Wiener Blätter — im Gegensatz zur ausländischen Presse — einen neuen »Nichtgenannten«: Karl Kraus. Dennoch war die Vertreibung Bekessys für Kraus ein Erfolgserlebnis ersten Ranges, nur vergleichbar mit jenem am Ende des Weltkrieges und wohl auch — sieht man von der von Kraus initiierten Offenbach-Renaissance ab — der letzte größere Erfolg in seinem Leben. Sein Versuch, Bekessy nach Österreich zurückholen zu lassen, damit alle Affären, in die dieser verwickelt war, gerichtlich geklärt werden könnten, scheiterte allerdings.

Bevor wir nun im folgenden die Haltung der Sozialdemokratie in Kraus' Auseinandersetzung mit Bekessy darstellen, müssen wir einige einleitende Bemerkungen über die damalige Situation der Partei machen. Mit Seipel war ein bürgerlicher Politiker an die Macht gekommen, der nicht nur willens, sondern auch imstande war, seinem Anspruch gemäß die sozialen und politischen Errungenschaften der Arbeiterklasse, den »revolutionären Schutt«, zu beseitigen. Im Zuge der von Seipel initiierten Genfer Sanierung und der damit verbundenen involutionären Entwicklung der zwanziger Jahre verlor die Sozialdemokratie nach und nach ihre früheren Machtpositionen. Die Flucht in die Gegenwelt der zahlreichen, alle Lebensbereiche umfassenden Organisationen des Austromarxismus bewirkte, daß dieser Machtverlust der Partei nur ungenügend zum Bewußtsein kam[4]. Mit radikalen Phrasen und dem funktionierenden Apparat einer der größten Massenparteien Europas täuschte man sich vor, die alte Stärke wäre ungebrochen. Diese beiden Umstände determinierten das Verhalten der Partei im folgenden. Einerseits wäre sie, selbst wenn sie gegen Bekessy hätte auftreten wollen, für einen Pressekrieg gegen eine Zeitung, die noch dazu in ihrer eigenen Bezugsgruppe einflußreich war, ja von der sie sich sogar punktuelle Unterstützung erhoffen durfte, zu schwach gewesen. Andererseits konnte und durfte sie sich diese Schwäche nicht eingestehen und mußte daher zu komplizierten theoretischen Konstruktionen Zuflucht nehmen, um ihre Passivität zu rechtfertigen.

Kraus wandte sich schon zu Beginn seines Kampfes an die Sozialdemokratie und forderte sie auf, ihn zu unterstützen. Anläßlich des hundertsten Geburtstages von Ferdinand Lassalle druckte er neun Seiten mit Aussprüchen Lassalles über die Presse ab, wofür der folgende als repräsentatives Beispiel stehen soll: »Unser Hauptfeind, der Hauptfeind aller gesunden Entwicklung des deutschen Geistes und des deutschen Volkstums, das ist heutzutage die Presse! . . . Halten Sie fest, mit glühender Seele fest an dem Losungswort, das ich Ihnen zuschleudere: Haß und Verachtung, Tod und Untergang der heutigen Presse[5].« Die Zusammenstellung der aus dem Kontext gerissenen Zitate war zweifelsohne einseitig, aber Kraus hatte damit immerhin die immanente Legitimität seines Anliegens im Rahmen der sozialistischen Theorie bewiesen. Zu Beginn seines Kampfes ging es ihm noch nicht darum, Bekessy aus Wien zu vertreiben, sondern, wie in seinen vorhergegangenen Polemiken, darum, die Leute vom Lesen der Bekessy-Blätter abzubringen. Hiebei hätte ihn die Sozialdemokratie mit ihrem riesigen publizistischen und politischen Apparat und ihrem ungeheuren Einfluß auf die Massen unterstützen können, wenn sie etwa — was sie dann letztlich ja auch tat — die Arbeiter aufgefordert hätte, die Bekessy-Blätter zu meiden.

Aber die Partei war zu dieser Form der Unterstützung nicht bereit. Sie kämpfte zwar auf vielen Ebenen gegen die Castiglionis und deren unheilvollen Einfluß auf das Wirtschaftsleben, zu einem konsequenten Boykottaufruf gegen deren Presse war sie aber offensichtlich nicht imstande. Man kann annehmen, daß ihr das politische Risiko einer solchen Kampagne im Vergleich mit dem politischen Nutzen zu gering erschienen ist. Die *Arbeiter-Zeitung* beschränkte sich daher, als die Kampagne der *Fackel* gegen Bekessy schon auf vollen Touren lief, auf gelegentliche Sticheleien und nahm auch davon Abstand, als Bekessy mit unerwarteter Heftigkeit reagierte. Kraus sprach die Partei daraufhin direkt an: »Ich, der für alle tut, was er für sich tut, brauche keine Hilfe, nicht von der stärksten Macht, die sie gewähren könnte. Aber schonungslos mache ich das Zaudern hier zum Maß und werde die Geister und Herzen nach ihrem Verhalten zum Übel richten, so lange sie nicht mindestens den Mut aufbringen, mich zum Narren zu stempeln, weil ich es überschätze und weil ich wichtig nehme, was ein Wicht schreibt. Daß eine Publizistik, welche von der Schadenfreude lebt und von einer Gleichgültigkeit, die sich die Pein der Bedrohten nicht einmal vorstellt — daß sie ein beherrschender Teil der öffentlichen Meinung sei, ist eine Möglichkeit, die das sozialistische Wien als seiner unwürdig von sich abtun muß! Es mache tabula rasa mit dem frechen Vorwand einer linksradikalen Gesinnung, die sich für das Parasitentum am Kapitalismus die Gunst der herrschenden Partei sichern möchte, ganz wie sie sich von ihr die Einbürgerung des Parasiten erschlichen hat, damit er der ihm zukommenden Seßhaftigkeit entgehe".« In diesem Zitat klingt schon an, daß Kraus nicht bereit war, der Partei ihr Taktieren, ihre Mittelstellung zwischen Bekessy und ihm, durchgehen zu lassen. Er duldete es nicht, daß einerseits sein sittlicher Kampf phrasenhaft gewürdigt wurde und gleichzeitig das Objekt dieses sittlichen Kampfes bei sozialistischen Politikern ein gern gesehener Gast war. Kraus verlangte von der Partei immer wieder, sich zwischen Bekessy und ihm zu entscheiden, entweder ihn zum Narren oder Bekessy zum Erpresser zu erklären. Auch Bekessy stellte der Partei solche ultimativen Forderungen, und wir werden noch zeigen, wie sie darauf reagierte.

Der Standpunkt, den die Sozialdemokratie Bekessy gegenüber einnahm und mit dem sie ihre Passivität in Hinkunft verteidigte, war, den Gegner, dem sie in Wirklichkeit nicht gewachsen war, als zu gering hinzustellen. Es wisse ohnedies jeder, daß Bekessy ein Erpresser sei, was er schreibe, nehme keiner ernst — mit solchen Argumenten tröstete sich die Partei über ihre tatsächliche Unfähigkeit, diesen Kampf durchzustehen, hinweg. Aber Kraus war nicht bereit, diese Argumente zu akzeptieren. Einerseits sah er nicht die erwähnte Schwäche der Partei, die sie am Kampf behinderte: Ähnlich wie die Parteiführung ließ er sich durch die funktionierende Gegenwelt der Massenpartei und die radikale Phrase des Austromarxismus täuschen. Andererseits hätte Kraus diese Schwäche als Entschuldigung niemals akzeptiert: Wenn er als einzelner gegen Bekessy kämpfen konnte, wie konnte dann eine Partei dazu zu schwach sein? Aufgrund dieser Überlegungen maß er von nun an die Legitimation der Sozialdemokratie zur Gesellschaftsveränderung an ihrem Verhalten in der Affäre Bekessy und verneinte sie.

Gleichzeitig wandte sich Kraus an alle Sozialisten unter seinen Anhängern sowie an alle jene führenden Sozialdemokraten, die — wie etwa Otto Bauer, Karl Seitz und Friedrich Austerlitz — sich früher positiv zu seiner sittlichen Mission geäußert hatten. Auf die Dauer konnte sich die Partei diesen Appellen, deren Nichtbefolgung sie unglaubwürdig machte und die in den Parteisektionen, vor allem in Wien, großen Widerhall fanden, nicht entziehen. Aber von der anderen Seite her begann nun auch Bekessy auf die Sozialdemokratie Druck auszuüben.

Kraus las, wie schon erwähnt, häufig und mit großem Erfolg vor den Wiener Arbeitern. Bekessy behauptete nun in der *Stunde*, Kraus sei »den Arbeitern via Kunststelle als Vortragskünstler aufgezwungen« worden. Um diese falsche Behauptung richtigzustellen, hätte die sozialdemokratische Kunststelle sich öffentlich, sei es in Form eines Leserbriefes, sei es in Form einer Berichtigung, zu Kraus bekennen und dessen Beliebtheit erklären müssen. Das hätte zweifelsohne von seiten Bekessys Sanktionen nach sich gezogen, er hätte etwa die von der Kunststelle organisierten Theateraufführungen in seinen Zeitungen verreißen lassen können. Die Kunststelle zog es daher vor, zu schweigen. Kraus erklärte daraufhin im Juli 1925, er werde bei der nächsten Republikfeier im November nicht über Vermittlung der Kunststelle vor Arbeitern lesen, falls keine Klarstellung erfolge: »Ich werde ihr raten, jenen statt meiner am Tag der Republik und am 1. Mai, falls sie es schon mit den Herren Hofmansthal und Werfel nicht wagen kann, einen so ausgesprochenen Linksradikalen wie Bekessy zu bieten, und wenn ich dann nur dem direkt an mich ergehenden Ruf der Arbeiter Folge leisten werde, so werde ich auch dies nicht tun, ohne die Arbeiter zu fragen, ob sie wirklich, wie jener behauptet, ungehalten sind, sobald sich einmal ihre Zeitung aufklärend mit der Besudelung eines Schriftstellers befaßt, der bisher als der einzige in Betracht kam, wenn es galt, an ihren Festtagen zu ihnen zu sprechen[7].« Doch die Kunststelle schwieg weiterhin, die Behauptung der *Stunde* wurde nicht berichtigt.

Einige Tage vor der Republikfeier erhielt Kraus vom Leiter der Kunststelle, David Josef Bach, jenem Funktionär, der schon einmal zwischen Kraus und der Partei vermittelt hatte, eine Einladung, vor der Wiener Arbeiterschaft zu lesen. Kraus erklärte sich nur dann bereit, die Einladung anzunehmen, wenn die Kunststelle noch vor der Vorlesung erklärte, daß Kraus den Arbeitern nicht aufgezwungen werde. Bach lehnte das ab. Seine Antwort ist ein peinliches Dokument voll von Ausreden, wie etwa jener, er, Bach, habe die fragliche Notiz in der *Stunde* nicht gelesen, er habe Kraus erst deswegen so spät eingeladen, weil er nicht gewußt habe, ob dieser in Wien sei (obwohl in der von ihm redigierten Kunstrubrik der *Arbeiter-Zeitung* Kraus-Vorlesungen für diesen Zeitraum angekündigt waren), und schließlich, es erscheine ihm nicht opportun, etwas so lange Zurückliegendes klarzustellen.

Kraus entlarvte in seiner ungeheuer erbosten Antwort Bachs Ausreden und gab als wahres Motiv für dessen Verhalten das folgende an: »Warum Sie die Einladung tatsächlich in letzter Stunde an mich ergehen ließen, kann ich, der die diplomatischen Mittelchen einer vom Umsturz nur scheinbar ausgerotteten Verkehrsverbindlichkeit aktiv wie passiv verschmäht, mit der denkbar größten Offenheit sagen: Sie wußten ganz genau, welche Bedingungen ich an die Abhaltung des Vortrages knüpfen würde, und dachten gar nicht daran, mich zu einer Mitwirkung einzuladen, die Ihnen längst eine weit höhere Unbequemlichkeit als Weihe ihrer Feste bedeutet. Natürlich wissen wir beide, daß die Behauptung des Revolverblattes *Die Stunde,* ich sei von der Kunststelle den Arbeitern aufgezwängt worden, eine bewußte Lüge ist, wie Alles, was sie von mir behauptet. *Die Wahrheit ist vielmehr, daß ich der Kunststelle von den Arbeitern aufgezwängt wurde,* daß zahlreiche Mahnungen und Erkundigungen aus den Kreisen der Arbeiter Sie gezwungen haben, mich ›in letzter Stunde‹ aufzufordern[8].«

Abgesehen davon, daß es wohl nicht die Arbeiter waren, die Kraus der Kunststelle aufgezwungen hatten, sondern die Bildungsfunktionäre in den Sektionen, entspricht der letzte Satz der Wahrheit. Auf Kraus' Ankündigung, er würde ohne Vermittlung der Kunststelle vor Arbeitern lesen, erhielt er eine Fülle von Einladungen sozialdemokratischer Organisationen, unter anderem von Sektionen des Republikanischen Schutzbundes (des Wehrverbandes der Sozialdemokratie), vom Verband der sozialistischen Arbeiterjugend, von Parteisektionen, Volksbildungsvereinen und einer Vielzahl anderer der alle Lebensbereiche umfassenden sozialdemokratischen Institutionen.

Kraus war damit endgültig zu einem innerparteilichen Problem geworden. In jener Partei, deren Einheitsdenken so stark war, daß es fast bis zu ihrem Untergang eine organisierte innerparteiliche Opposition oder Fraktionsbildung verhinderte, gab es auf einmal eine diffuse, an Kraus orientierte Opposition. Für bestimmte Schichten der Parteimitglieder wurde das Bekenntnis zu Kraus von nun an zu einem Mittel, das »Unbehagen in der Partei«, für das es kein Ventil gab, zu artikulieren. Diese Kraus-Opposition war ideologisch völlig uneinheitlich, gemeinsam war ihr nur der am Aktivismus des Satirikers orientierte Protest gegen den mechanistischen Determinismus des Parteivorstandes.

Auch die Parteiführung hatte in der Auseinandersetzung zwischen Kraus und Bekessy keinen einheitlichen Standpunkt. Austerlitz etwa, ein Mann mit ausgeprägtem Rechtsempfinden und hohen moralischen Ansprüchen, lehnte die *Stunde* aus ähnlichen Gründen ab wie Kraus. Er blieb jedoch in der Parteiführung in der Minderheit und fügte sich wider sein Gewissen aus Disziplin der Par-

tei. Kraus hat diese Haltung später in der Inschrift
*Disziplin* verurteilt:

Wenn es in Reih und Glied auch glänzend steht,
das äußre Ansehn deckt nicht innere Schwächen.
Ohne moralisches Alphabet,
kann man selbst nicht politisch sprechen[9].

Auch als die *Stunde* Austerlitz' Beziehung zu Kraus in
den Kampf einbezog, reagierte die *Arbeiter-Zeitung* nicht
entsprechend, die Taktik erlegte — laut Kraus — »den
Redlicheren das Opfer des moralischen Selbstmordes[10]«
auf. Aber Austerlitz war nur ein Teil der sozialdemokratischen Führung. Ein anderer Teil, mit Oscar Pollak an der
Spitze, sah es gar nicht ungern, daß der unbequeme Kritiker einen ihm möglicherweise gewachsenen Gegner gefunden hatte. Pollak übernahm auch die später noch dar-
zustellende offizielle theoretische Begründung der Passivität der Partei. Und für einen nicht unerheblichen Teil der
Parteiführung war der Kampf gegen Bekessy wohl überhaupt unverständlich: Man nahm bereits so viele Übel in
Kauf, warum sollte man nicht eines tolerieren, das einen
wenigstens bei Wahlen unterstützte? Hans Habe, der Sohn
Imre Bekessys, behauptete allerdings, einen anderen Grund
für das Schweigen der Sozialdemokratie zu kennen: Der
Erpresser Bekessy soll auch die Parteiführung in der Hand
gehabt haben. Auch Kraus deutet manchmal die Kenntnis
eines derartigen heute unüberprüfbaren, aber eher unwahr-
scheinlichen Umstandes an. Habe will Zeuge eines Gespräches gewesen sein, in dem der Schieber Bosel Habes
Vater erzählte, er hätte den Sozialdemokraten Geld gegeben. Die Gewerkschaft hätte dafür Konkurrenzbanken
des Bosel zu einem für diesen günstigen Zeitpunkt be-
streikt[11].
Der offizielle Standpunkt der Partei, sozusagen die
Resultante aus den widersprüchlichen Tendenzen in ihrer
Mitte, war die, daß sie Bekessy sozusagen »selbstverständlich« mißbilligte. Das gab ihr die Möglichkeit, unter Auf-
rechterhaltung ihrer Selbstachtung passiv zu bleiben. Der
Kampf Kraus' wurde als Überschätzung Bekessys und als

Ausfluß der Eitelkeit des Satirikers hingestellt. Die sozialistischen Kraus-Anhänger wurden an die Parteidisziplin erinnert.

Um dieser Parteidisziplin willen mußten sie sich allerdings viel gefallen lassen. Bekessy, der offensichtlich besser eingeschätzt hatte, welche Macht der publizistische Apparat der Partei gegen ihn haben könnte, wenn er sich nur traute, versuchte immer wieder, die Partei auf seine Seite zu ziehen. So erklärte er etwa in seinen Blättern, maßgebende Sozialdemokraten würden ihn unterstützen und ihm gegebenenfalls auch Rückendeckung gegen die *Arbeiter-Zeitung* geben. Und diese ließ sich kompromittieren: Auf Kraus' private Erkundigung, ob diese Behauptung stimme, wurde ihm versichert, sie sei lächerlich; offiziell aber schwieg die Zeitung und ließ sich so von Bekessy festlegen. Tatsächlich genoß die *Stunde* die nicht unbeträchtliche Gunst sozialdemokratischer Spitzenfunktionäre, die ihr besondere Informationen zukommen ließen, ja sogar in ihr Artikel veröffentlichten. Zumindest in einem Fall muß es auch zu einem aktiven Zusammenwirken eines führenden Sozialdemokraten mit Bekessy gegen Kraus gekommen sein: Im Zuge der Durchleuchtung des Vorlebens von Karl Kraus waren die Mitarbeiter der *Stunde* auch auf dessen Auseinandersetzung mit der Sozialdemokratie um 1900 gestoßen. Nun hatte damals Wilhelm Liebknecht einen Brief von Kraus an Victor Adler weitergegeben. Dieser Brief befand sich in dem sorgsam gehüteten und sicherlich nicht jedem zugänglichen Nachlaß Adlers, erschien aber plötzlich mit einem entstellenden Kommentar in der *Stunde*. Entweder hatte Bekessy sich diesen Brief auf unkorrekte Weise verschafft, wobei ihn allerdings jemand unterstützt haben mußte, der zu Adlers Nachlaß Zutritt hatte, oder er hatte ihn von einem Kraus-Gegner in der Parteiführung erhalten.

Doch welches waren nun die Argumente, mit denen die Partei es ablehnte, gegen Bekessy entschiedener aufzutreten? Oscar Pollak hat den offiziellen Standpunkt der Partei — und damit die Absage auf Kraus' Bitte um Unterstützung — dahingehend formuliert, die Sozialdemokratie als »revolutionäre Partei« habe »andere Sorgen«. Kraus hat diesen Ausspruch immer wieder ironisch zitiert und die sonstigen Aktivitäten der Partei, die mit der Existenz der zahlreichen angeblich politischen Vereinigungen, also mit den »anderen Sorgen«, verknüpft waren, an seinem Kampf gegen Bekessy gemessen. Zusammengefaßt hieß das bei Pollak so: »Und daß man den Bekessy aus Wien ausweisen soll: nun, das ist für die Revolution ein bißchen zu wenig Programm. Wir Sozialisten sind revolutionär, weil wir eine neue Gesellschaft wollen[12].«

Aufs erste klingt diese Argumentation innerhalb der sozialistischen Theorie recht schlüssig: Bekessy wird sozusagen als Auswuchs des Kapitalismus hingestellt; ein Revolutionär hat nicht die Aufgabe, solche Auswüchse zu beseitigen, sondern das ihnen zugrundeliegende gesellschaftliche System, das solche Erscheinungen mit Notwendigkeit hervorbringt. Diese Argumentation verliert allerdings ihre Legitimation, wenn man sie im Kontext sieht: Revolutionär waren an der österreichischen Sozialdemokratie nur ihre Phrasen, ihre Praxis war rein reformistisch. Sie hat zahllose derartige Auswüchse in durchaus verdienstvoller Weise beseitigt; die Argumentation, daß derartiges nicht Aufgabe einer revolutionären Partei sei, steht ihr daher nicht zu. Im konkreten Fall diente die Berufung auf die Revolution also nur dazu, den politisch durchaus vertretbaren Anspruch des Satirikers zu diffamieren.

Aber auch vom revolutionären Standpunkt her ist Pollaks Argumentation nicht schlüssig: Bekessys Treiben spielte sich nicht in einem Bereich ab, der der Arbeiterbewegung fern lag, im Gegenteil, unter den Lesern der Bekessy-Presse gab es nicht wenige Proletarier. Kraus hatte recht, wenn er in diesem Zusammenhang von der »fortwährenden Annäherung des bürgerlichen Abschaums an die Arbeitersache[13]« sprach: Bekessy infiltrierte genau jene mit bürgerlichem Gedankengut, die berufen waren, dieses zu überwinden. Daß sich dieses bürgerliche Gedankengut zeitweise linksradikal gab, machte es besonders gefährlich. Daß Arbeiter keine bürgerlichen Zeitungen, schon gar nicht solche wie die *Stunde,* lesen sollen, ist ein altes Anliegen der Arbeiterbewegung; die Berufung auf die Revolution kann daher nicht dazu herangezogen werden,

den Kampf gegen ein solches Organ als unerheblich darzustellen. Die Möglichkeit, daß die Bekessy-Presse bei ihrer späteren Hinwendung zum Heimwehrfaschismus proletarische Leser mitzog, ist nicht auszuschließen. Pollaks Argumentation wäre nur dann stichhaltig gewesen, wenn sie dazu herangezogen worden wäre, um zu erklären, daß der Kampf der Partei gegen Bekessy sich in anderen Bahnen abspiele als der von Kraus, daß zwischen einer moralischen und einer politischen Kampagne ein unaufhebbarer Unterschied bestehe — in diesem Falle wäre auch der Hinweis auf die »anderen Sorgen« gerechtfertigt gewesen.

Doch nicht nur in der Verbindung von Verbalradikalismus und Opportunismus kam die Affäre Bekessy der austromarxistischen Denkweise entgegen. Diese war von einem deterministischen Geschichtsdenken beherrscht, demzufolge der Kapitalismus zwangsläufig untergehen und die Herrschaft des Proletariats ebenso zwangsläufig eintreten würde. Ein großer Teil der Praxis des Austromarxismus bestand daher weniger aus dem direkten Kampf an der Klassenfront als aus der Schaffung einer Gegenwelt, die nach der notwendigerweise eintretenden »Stunde X« die alte Welt ersetzen sollte. Eine derart offenkundige Korruption wie die Bekessys wurde als Systemkrise gedeutet, die den baldigen Zusammenbruch des Kapitalismus signalisierte.

Kraus warnte vor einer solchen Denkweise und betonte demgegenüber, seiner Veranlagung entsprechend, den Primat der Praxis: »Denn nichts wäre verderblicher als die Fortfristung durch die Zuversicht, daß die Laus im Gürtelpelz der kapitalistischen Gesellschaft deren Verfall beschleunige. Solcher Hilfe, die gefährlicher ist als die Gefahr, bedarf's nicht, wohl aber, und ganz losgelöst von meinem Fall und meinem Kampf, bedarf es der Entschlossenheit[14]. . .«

Dieses Beispiel zeigt anschaulich, daß es Kraus trotz seines apolitischen Denkens gelungen ist, in Einzelfragen politische Schwächen des Austromarxismus, die dessen Niederlage mitverursachten, aufzudecken.

Was auch immer die Argumentation der Partei zur Erklärung ihres Verhaltens Bekessy gegenüber war — Kraus war nicht bereit, sie zu akzeptieren. Die Grundlage jenes begrenzten Bündnisses zwischen Kraus und der Sozialdemokratie, die darin bestand, daß Kraus von ihr erwartete, daß sie die ärgsten Übel der Gesellschaftsordnung im Zaum halte, war nicht mehr vorhanden. Die Unfähigkeit der Sozialdemokratie, gegen den Erpresser effizient vorzugehen, hat das weitere Verhältnis zwischen Kraus und ihr entscheidend geprägt.

Kraus machte seine Drohung, in von der Sozialdemokratischen Kunststelle organisierten Vorlesungen nicht mehr zu sprechen, wahr, ebenso sein Versprechen, direkt vor der Arbeiterschaft zu lesen. Am 9. Dezember 1925 hielt er im Wiener Arbeiterbezirk Favoriten als Ersatz für die ausgefallene Republikfeier eine »nachträgliche Republikfeier«. Er erklärte dabei seinem proletarischen Publikum sein Verhältnis zur Partei, die Bedeutung seines Kampfes gegen Bekessy und die Gründe seiner Ablehnung, an Veranstaltungen der Kunststelle mitzuwirken. Seine Rede war ein fundamentaler Angriff auf die Parteiführung, ihre Verbürgerlichung, ihre Feigheit und ihre Halbheit. Von nun an kritisierte Kraus die Partei mit einem scheinbar linken Vokabular. Er wandte sich gegen die »rechtssozialistischen Politiker, denen heute die kapitalistische Presse auf die Schulter klopfen darf, weil sich mit einem ›Sozialisten auf lange Sicht‹ zusammenleben lasse zum Wohl aller Gesellschaftsschichten[15]«.

Kraus hat allerdings, außer im Fall des berüchtigten Berliner Polizeipräsidenten Zörgiebel, nie präzisiert, wen er für einen Rechtssozialisten hielt. In Zusammenhang mit diesem befand er, daß es »auf Erden unter allen Lebewesen, die sich nach rechts und links zugleich krümmen können, nebst dem Regenwurm nichts annähernd so Erbärmliches wie einen Rechtssozialisten gebe[16]«. In Österreich wäre diese Entscheidung auch schwerer gefallen als in Deutschland, die SDAP verstand sich trotz ihrer reformistischen Praxis als linke Partei, auch ihre rechten Exponenten, wie etwa Renner, legitimierten ihre politischen Vorstellungen mit der Berufung auf Marx. Mit dem linken Flügel, der von Max Adler repräsentiert wurde, hatte Kraus nichts gemeinsam. Sein Angriff gegen Rechtssozialisten ist also auf keinen Fall als Parteinahme für den Linkssozialismus auszulegen. Kraus hielt damals seine Position für eine linke; es sei auch zugestanden, daß sie die aktivistischere und in vielen Fragen radikalere war, doch ändert das nichts daran, daß Kraus in fundamentalen politischen Fragen allen relevanten Beurteilungskriterien nach weder damals noch später eine Position links von der Sozialdemokratie eingenommen hat. Schließlich ist ja auch der Vorwurf, daß die Sozialdemokratie nicht revolutionär sei, politisch neutral: auch der aufsteigende Faschismus argumentierte so gegen sie.

Nachdem Kraus nun in der erwähnten »nachträglichen Republikfeier« von der verhängnisvollen Anbiederung Bekessys an die Sozialdemokratie gesprochen hatte, kam es auf einmal zu einem Eklat: Ein Funktionär ließ mitten in Kraus' Rede den Vorhang herunter. Kraus konnte nicht weitersprechen, das tausendköpfige Publikum war empört. Erst nach einer halben Stunde gaben die Funktionäre dem Druck des Publikums nach und ließen Kraus seine Rede beenden.

Der Hauptteil dieser Rede war allerdings nicht mehr dem Verhältnis der Sozialdemokratie zu Bekessy gewidmet, sondern einem Komplex, der zu einem der Hauptansatzpunkte seiner Kritik an der Partei werden sollte: der sozialdemokratischen Kulturpolitik, repräsentiert vor allem durch das Wirken der schon erwähnten Kunststelle. In der organisatorischen Gegenwelt des Austromarxismus war diese eine der wichtigsten Institutionen, oblag ihr doch die kulturelle Betreuung der Arbeiterklasse. Die Kritik des Satirikers konzentrierte sich vor allem auf die Tätigkeit der Kunststelle als Vermittlerin billiger Theater- und Operettenbesuche. Wenn man nur die Zahl der von ihr organisierten Theaterbesuche von Arbeitern als Erfolgskriterium nimmt, dann hat die Kunststelle auf diesem Sektor Großartiges geleistet. Ihren eigenen Angaben nach wurden beispielsweise in der Saison 1924/25 an sämtlichen Wiener Bühnen für sie elfhundertachtzehn Vorstellungen veranstaltet, die von etwa 373.000 Mitgliedern besucht wurden. Allerdings war der Inhalt des Anbots teilweise äußerst problematisch: Neben den obligaten Klassikern wurden den organisierten Proletariern auch die übelsten Produkte bürgerlicher Kultur, wie etwa drittklassige Operetten oder Salonstücke, gezeigt. Kraus hat zur Charakterisierung dieses Programms die Titel der Stücke angeführt, die die Kunststelle ihren Mitgliedern anläßlich einer »künstlerischen Republikfeier« angeboten hat: *Traumulus, Die Wette, Der Autowildling* und *Die weiße Fracht.*

Mit dem Vorwurf an den Austromarxismus, die politische Dimension der Kultur nicht gesehen zu haben, ist diese Angelegenheit nicht erklärt; viel eher können wir auch hierin wieder die den Austromarxismus auszeichnende merkwürdige Koexistenz von radikaler Phrase und anpassungsbereiter Praxis finden. Theoretisch ging man durchaus von der Notwendigkeit der Schaffung einer eigenen, von der bürgerlichen deutlich abgehobenen proletarischen Kultur aus. In der Praxis beschränkte man sich allerdings größtenteils darauf, den Arbeitern bürgerliche Kultur zu vermitteln, ohne so wie etwa Kraus auf die Qualität Bedacht zu nehmen.

Wie weit die Praktiker der Kunststelle von den radikalen Überlegungen der Theoretiker im *Kampf* entfernt waren, zeigt ihre Antwort auf die Vorwürfe des Satirikers. Darin wurde hauptsächlich auf die nie in Frage gestellten quantitativen Leistungen der Organisation, also auf die hohe Zahl an vermittelten Theaterbesuchen, verwiesen. Die Partei reagierte vorerst gar nicht auf Kraus' Vorwurf, die bürgerliche Kultur impliziere ein politisches Element, und — so Kraus — »selbst wenn der Eintritt (in die bürgerlichen Theater, A. P.) gratis erfolgte, würde ich darin einen Plan der finstersten Reaktion erkennen, ausgeheckt, um die politische Drohung, um den Ernst der Forderung nach Brot durch Spiele abzulenken, durch Spiele, deren Sinn selbst nichts anderes ist als die Ablenkung des geistigen Anspruchs einer aufstrebenden Menschheit durch die schnöden Tändeleien der herrschenden Gesellschaft[17]«.

Dabei war die Partei sonst keineswegs lax, wenn es darum ging, ein schöpferisches Produkt als »bürgerlich« zu etikettieren. Als beispielsweise Oscar Pollak ein zweites Mal Karl Kraus vom sozialistischen Standpunkt aus verurteilte, stützte er sich — wie noch zu zeigen sein wird — darauf, daß Kraus kein Revolutionär sei. Dieser Standpunkt hat eine gewisse Berechtigung, wird aber fragwürdig, wenn man ihn nur auf den unbequemen Kraus anwendet, während man ohne solche Bedenken einem proletarischen Publikum den übelsten bürgerlichen Operettenkitsch vorsetzt.

Kraus sah gerade in dem, worauf die Kunststelle mit Recht stolz war, nämlich in der großen Zahl der von ihr vermittelten Theaterbesuche, eine Möglichkeit, den verhaßten Wiener Kulturbetrieb radikal zu verändern. Er fragte daher, »warum man mit dem Einsatz von Hunderttausenden Theaterbesuchern die Chance nicht ergreift, sich zum Intendanten der Wiener Theater aufzuschwingen, statt sich zu deren zweitem Kassier zu erniedrigen[18]«. Doch das Verhalten der Kunststelle den Wiener Theaterdirektionen gegenüber war wohl von der ähnlichen radikalen Schwäche geprägt wie das der Parteiführung Bekessy gegenüber: Einen »Kulturkampf« mit den Wiener Theaterdirektionen hätte die Kunststelle sicherlich nicht durchgestanden, darum tröstete sie sich mit theoretischen Rechtfertigungen ihrer Passivität. Die Folge dieser Passivität war allerdings, daß die Theaterleiter, die ohne die fix vorgeplanten Aufführungen der Kunststelle nicht hätten existieren können, ihr Arbeiterpublikum verachteten.

Im Leiter der Kunststelle, dem schon mehrfach erwähnten D. J. Bach, kritisierte Kraus die seiner Meinung nach für einen sozialdemokratischen Funktionär typische Mentalität, nämlich den Verzicht auf die sozialistische Substanz, die man sich erst erkämpfen müßte, zugunsten eines Postens. Da heißt es: »Nichts ist freilich bequemer, nichts der Würde eines verantwortlichen Kunstleiters wohltätiger, als sie ohne Kampf einzunehmen und sie auszuüben in dem Bewußtsein, daß man sie hat. Nichts aber auch fahrlässiger und sündhafter, als das, was auf diesem Kunstniveau nun einmal gegeben ist, zu nehmen, jene damit zu beglücken, die das Bessere nicht kennen, und dem kleinbürgerlichen Drang zu den Unterhaltungen und Schaustellungen, zu den Prostituierungen einer verfaulten Gesellschaft, dem Drang, der sich nur zu leicht der eindrucksfähigen und eindruckswürdigen Gemüter bemächtigt, freien Lauf zu lassen aus dem kulturellen Entbehren. Daß es eben der wahre sittliche Inhalt der Verantwortlichkeit wäre, solchen Drang gar nicht erst aufkommen zu lassen, ihn, wo er sich regt, zu hemmen und das Erholungsbedürfnis, radikaler als vom Kneipengenuß, von diesen erbärmlichen Surrogaten der Kunst abzulenken; daß ein Sozialismus der künstlerischen Erziehung den Besuch der so beschaffenen Theater erschweren müßte statt erleichtern, wenn er schon nicht imstande wäre, die Produktion zu verbessern — das eben hat man im Kampf um die politischen, sozialen und gewerkschaftlichen Errungenschaften vergessen und, wo man sich besann, durch eine Doktrin von der Minderwertigkeit der kulturellen Dinge vergessen wollen[19].«

Auch diese Argumente gegen die bürgerliche Kulturpolitik der Partei klingen »links«. Aber Kraus ging es nicht um das, was wir heute zusammenfassend als die Versuche auffassen, in den zwanziger Jahren eine proletarische Kultur zu entwickeln; er stand diesen Versuchen — man denke nur an seine Einstellung zu Piscator — zeitlebens ablehnend gegenüber. Im kulturellen Bereich blieb Kraus zeitlebens ein Konservativer, seine Kritik an der bürgerlichen Kulturpolitik der SDAP ist unter diesem Aspekt zu verstehen. Daß Kraus der Sozialdemokratie im kulturellen Bereich zu Recht den Vorwurf der Verbürgerlichung machen konnte, ist also weniger für seine Einstellung aufschlußreich als vielmehr für die Praxis der Sozialdemokratie.

Die parteiamtliche Antwort auf diese Angriffe übernahm Friedrich Austerlitz. Das hat symbolische Bedeutung: Die gegenseitige Wertschätzung der beiden einander in manchen Bereichen recht ähnlichen Männer, war lange Zeit das wichtigste Bindeglied zwischen Kraus und der Partei. Dadurch, daß diese jetzt Austerlitz gegen ihn auftreten ließ, der das sicher nicht freudigen Herzens tat, weil manches, was er in seiner Antwort schrieb, zu dem, was er früher geschrieben hatte oder später noch schreiben sollte, in Widerspruch stand, war wohl auch dieses Band gerissen. Interessant ist Kraus' Reaktion: Ehemalige

Freunde, »abgefallene« oder »verstorbene«, wurden in der *Fackel* stets am aggressivsten angegriffen — man denke nur an Harden, Werfel oder Ehrenstein. Austerlitz hingegen wurde von Kraus geschont, weil der Satiriker, der von seiner »Hemmung« Austerlitz gegenüber sprach, diesem »den Widerspruch zu mir leichter machen (wollte) als zu sich selbst[20]«. Sein Bedauern, daß ein »lebendiger Mensch (...) aus lebendigem Glauben die löbliche Unterverfung vollzieht[21]«, drückte er zusammen mit vielen Äußerungen seiner Hochachtung vor Austerlitz aus. In Austerlitz sah er eine Existenzform des Schreibenden, die er für sich zwar nicht gewählt hatte, deren Berechtigung er aber anerkannte. Auch Austerlitz schrieb, wie die von Kraus bekämpften Journalisten, manchmal gegen seine Überzeugung. Aber zum Unterschied von diesen hatte er sich nicht kaufen lassen, sondern sich freiwillig einer Partei unterworfen, in deren Willensbildung er in der Minderheit geblieben war. Die Bindung an den Willen einer Partei hätte Kraus für sich nie akzeptiert: Gerade sein Wissen darum, wie schwer Austerlitz seine Antwort fiel, war ihm eine Bestätigung für die Richtigkeit seiner Wahl, aber er achtete dessen Entschluß — im Gegensatz zu seiner antipolitischen Periode — moralisch.

Austerlitz ging in seiner Antwort zunächst auf die trotz Kraus' Wunsch unterlassene Klarstellung der Behauptung der *Stunde* ein, Kraus werde den Arbeitern aufgezwungen. Seine Antwort ist typisch für sein Taktieren zwischen Kraus und der Partei, das er notgedrungen bis zu seinem Tod betreiben mußte. Er deckt zwar die Partei, indem er erklärt, eine Klarstellung hätte den Kraus gewiß nicht willkommenen Eindruck der Gefälligkeit ihm gegenüber erweckt, und die Vorwürfe der *Stunde* seien so unsinnig, daß sie keine Widerlegung verdienten. Aber indem er das sagte und zugleich hinzufügte, es sei doch hinreichend bekannt, daß die *Stunde* über Kraus nur Lügen berichte, stellte er sich nun endlich, fast ein Jahr nach dem Vorfall, als Chefredakteur der *Arbeiter-Zeitung* vor Kraus. Bekessy hat ihm das nie verziehen — es ist wohl kein Zufall, daß er seine Wendung nach rechts mit einem persönlichen Angriff auf Austerlitz einleitete.

Die Praxis der Kunststelle verteidigte Austerlitz mit einem Argument, welches das sozialistische Grundanliegen der Weltveränderung völlig aufgab: Das Programm der Wiener Theater, an die die Kunststelle ihre Mitglieder vermittle, sei vorgegeben, für die Verschlechterung der Operetten könne man die Kunststelle nicht verantwortlich machen. Kraus zitierte als Antwort einen zur gleichen Zeit im *Kampf* erschienenen Artikel von Walter Fischer, der eine »nichtbürgerliche Weltanschauung« für notwendig erklärte und eine eigene proletarische Kultur forderte. Daß für jeden dieser divergierenden Standpunkte mit großer Selbstgerechtigkeit ein scheinbar unwiderlegbares theoretisches Gerüst aufgeboten wurde, hat Karl Kraus als Außenstehenden besonders empört. Bezüglich des speziellen Kampfes gegen Bekessy erklärte Austerlitz die *Arbeiter-Zeitung* ausdrücklich für neutral. Der allgemeine Kampf gegen die Pressekorruption allerdings würde auch die Sozialdemokraten an der Front finden, doch würde sie diesen nicht auf persönlicher Ebene führen, sondern eher versuchen, eine Verschärfung der Strafsanktionen gegen Erpressung und eine Verbesserung des Schutzes der Ehre zu fordern.

Auch diese Erklärungen stellten Kraus nicht zufrieden. Mitten in seinem Kampf gegen Bekessy begann er nun einen — im Ausmaß allerdings geringeren — Kampf gegen die Führer der Sozialdemokratie. Vor allem die Kunststelle wurde eine ständige Zielscheibe seines Spottes. In einer Zusatzstrophe zu einem Nestroy-Couplet heißt es:

Die Kunststelle — bitte darf ich? — ich sag's — mit
  Vergunst —
Das ist, mein' ich, etwas an Stelle der Kunst.
Damit nicht bloß die Bürger den Dreck immer hätten,
Bringt sie siebenmal in der Woch'n dem Volk Operetten.
Doch das darf man nicht sagen; denn als Sozialist
Muß man allen doch wünschen gleichen Anteil am Mist.
Sagt man's doch, wird man grob eines Bessren
  belehrt . . .
Dieses G'fühl — ja da glaubt man, man sinkt in die
  Erd'[22]!

Und vor allem wandte sich Kraus neuerlich an seine sozialistischen Anhänger und forderte sie auf, ihn zu unterstützen. Und damit, mit dem Entstehen eines manifesten Konflikts zwischen Kraus und der Sozialdemokratie, begann deren Dilemma.

Sowohl Kraus als auch der Austromarxismus verfügten bei ihren Anhängern über starke Bindungsmechanismen. Solange nun zwischen den beiden Ersatzreligionen offiziell Frieden war, befanden sich die sozialistischen »Krausianer« in keinem Zwiespalt, sie konnten die gelegentlichen wechselseitigen Angriffe der beiden noch verdrängen. Nun aber, da ein offener Konflikt ausgebrochen war und die Alternative auftauchte, entweder Sozialist oder Kraus-Anhänger zu sein, begann für die Betroffenen das schwierige Unterfangen, der Partei und — was am schwierigsten war — Kraus zu beweisen, daß man gleichzeitig konsequent beides sein könne: ein guter Genosse und ein Kraus-Anhänger. Die »Krausianer« begannen daher innerhalb der Partei im Krausschen Sinne zu wirken. Der Republikanische Schutzbund in Wien forderte die Unterstützung des Satirikers gegen Bekessy, in Zeitschriften von Parteiorganisationen erschienen positive Berichte über Kraus, und die »nachträgliche Republikfeier« sowie die Hörer eines Vortrags von Fritz König — des späteren spiritus rector der sozialdemokratischen *Vereinigung Karl Kraus* — in der Wiener Sektion Wieden forderten in einer Resolution an den Parteivorstand »die energische Unterstützung der Partei für Karl Kraus in seinem Kampf gegen die bürgerliche Zeitungspest, der kein persönlicher, sondern ein eminent sittlicher ist«. Weiters verlangten sie, »daß kein Führer der Partei einem Mitarbeiter der *Stunde* Gelegenheit zu einer Unterredung geben wird[23]«.

In dieser Situation, als Kraus zu einem schwierigen innerparteilichen Problem geworden war, wurde die Kraus-Debatte im *Kampf* wiederaufgenommen. Eröffnet wurde sie neuerlich von Oscar Pollak mit dem Beitrag *Noch einmal Karl Kraus*. Pollak faßte zunächst die Ergebnisse seiner schon besprochenen Arbeit aus dem Jahre 1923 zusammen. Mittlerweile seien allerdings die Ansprüche an einen Schriftsteller noch höher geworden. Es habe sich nämlich herausgestellt, daß die soziale Revolution kein punktuelles Ereignis, sondern ein Prozeß von Jahrzehnten sein werde. Im Zuge dieses Prozesses hätte das Eindringen der Arbeiterklasse in alle gesellschaftlichen Bereiche an Wichtigkeit gewonnen. Und dieses Eindringen, das eine spezielle Nähe zur bürgerlichen Kultur mit sich bringe, stelle die Abgrenzungsproblematik ganz besonders in den Vordergrund. Die Kernfrage für das Verhältnis eines Künstlers zur Partei sei daher die, ob er ein Revolutionär sei. Ein solcher sei Kraus — und hierin ist Pollak recht zu geben — auf keinen Fall. Fragwürdig sind allerdings die Kriterien, nach denen Pollak einen Revolutionär maß: Ein solcher müsse das Bekenntnis zum Ziel ablegen, er müsse das Mittel zu dessen Erreichung, die Revolution, bejahen und die Disziplin der revolutionären Klasse einhalten. Im Kontext des Austromarxismus bedeuten diese formalen, von der tatsächlichen revolutionären Praxis abstrahierenden Forderungen nichts anderes als Verbalradikalismus und innerparteiliches Wohlverhalten. Tatsächliche revolutionäre Praxis wäre in der reformistischen SDAP eher unerwünscht gewesen. Pollak selbst hat sich zweifellos für einen Revolutionär gehalten. Zur Widerlegung dieser Selbsteinschätzung braucht gar nicht auf seine Tätigkeit als Chefredakteur der *Arbeiter-Zeitung* nach dem Zweiten Weltkrieg, in der Zeit des Kalten Krieges, der großen Koalition und der Sozialpartnerschaft verwiesen werden. Josef Buttinger, der Führer der österreichischen Revolutionären Sozialisten in der Illegalität, ein Mann, dem in jener Zeit das Prädikat »revolutionär« wohl mit Recht zugestanden werden konnte, urteilte über das Revolutionäre an Pollak und einem anderen Parteipublizisten wie folgt: »Sie hielten alles, was sie taten, für revolutionäe Politik, oder wenigstens für die Vorbereitung einer revolutionären Politik (. . .) In ihrem ganzen jahrelangen Tun und Wirken war aber nichts zu entdecken, was revolutionär genannt werden könnte. Sie wußten gar nicht, worin eine revolutionäre Haltung besteht . . . Darum konnten sie auch kein Gefühl für die Unwahrheit haben, die ihr ganzes politisches Leben durchzog[24].« Das Wort »revolutionär« war so in der Praxis des Austromarxismus zu einer Leerformel geworden, mit der man verdienten Funktionären Lob spendete und Aufsässige denunzierte.

Die zweite Frage, die Pollak anschnitt, war die, ob Kraus überhaupt legitimiert sei, über die Kulturpolitik der Partei zu urteilen. Er verneinte diese Frage mit einem für Bürokraten und Apparatschiks typischen Argument: Kritisieren dürfe nur der, welcher selber in der kritisierten Institution arbeite. Geradezu hymnisch verteidigte Pollak die Parteiarbeit und die Parteiliteratur und sprach auch ihr gegenüber einem Außenstehenden das Recht auf Kritik ab: »Nur Sozialdemokraten, die selbst erst nach der Heroenzeit der Partei zu ihr gestoßen sind und denen kein Schauer der Ehrfurcht, des brennenden Neides ans Herz greift, wenn die alten Genossen von den alten Zeiten erzählen, nur sie können den Kritiker über die dogmatische Beschränkung der Partei spotten hören (. . .), ohne stolz in der Stärke einer Gebundenheit, die wir um keinen Preis gegen seine Ungebundenheit eintauschen möchten, zu dem Dogma zu stehen, das die Partei groß gemacht hat[25].« Ein Sozialist hätte vor jenen »alten Genossen« derart große Hochachtung, daß er auch in Funktionären, »wenn der Weg, der sie dorthin geführt hat, ihnen selbst heute nicht mehr in allen Einzelheiten lebendig ist« — wenn sie also nach Kraus' Analyse total verbürgerlicht sind —, »die Verwalter unseres Vertrauens hätte erkennen können[26]«. Damit gab Pollak jeglichem Substanzverlust, der durch den Apparat verursacht wurde, sein Placet. Pollaks stärkster Angriff galt allerdings den Kraus-Anhängern, den, wie Josef Luitpold Stern sie genannt hatte, »Kraus-Narren«, der »Kraus-Seuche«.

Die Verteidigung des Satirikers übernahm Friedrich Austerlitz in einem Essay über den »wahren Kraus«. Hierin zeigt sich neuerlich die fast unhaltbare Mittelstellung Austerlitz' zwischen Kraus und der Partei: Er durfte und mußte den jeweils Angegriffenen verteidigen. Schrieb Kraus gegen die Partei, so mußte Austerlitz die Anschuldigungen zurückweisen. Trat dagegen Pollak im Namen der Partei gegen Kraus auf, sprach Austerlitz für diesen. Austerlitz faßte Pollaks Kritik — sie gewissermaßen in der persönlichen Dimension entschärfend — so zusammen, als hätte jener dem Satiriker nur vorgeworfen, kein Parteimitglied zu sein, was wohl im Kontext des Austromarxismus ein gutes Äquivalent war für den Vorwurf, kein Revolutionär zu sein. Alle anderen Vorwürfe Pollaks ließen sich seiner Meinung nach aus diesem einen ableiten. Auch für Austerlitz war es ein »Defekt, wenn jemand, dessen Klassenbewußtsein es nicht ausschließt, wer immer es sei, der Partei nicht angehört[27]«. Wesentlich sei aber nicht dieser Formalakt der Mitgliedschaft, sondern die objektive Funktion. Die Funktion von Kraus sah Austerlitz darin, daß jener ein »Antibourgeois« sei. Der Kampf für eine andere Welt sei nicht auf die Arbeiterklasse beschränkt: Bauern, Intellektuelle, Zwischenschichten und so weiter seien ebenso Opfer des Kapitalismus, sie glaubten aber noch an die bürgerliche Kultur. Wer also mithelfe, diesen Glauben zu zerstören, sei ein Verbündeter der Partei.

Austerlitz war damit immerhin von der früher betriebenen unreflektierten Gleichsetzung des Krausschen und des sozialistischen Denkens abgerückt. Das grundsätzliche Problem der Stellung der beiden antibürgerlichen Kulturkritiken zueinander — der konservativen zur sozialistischen — ignorierte er allerdings wieder. Im Gegensatz zu seiner früheren Stellungnahme in der *Arbeiter-Zeitung* bewertete Austerlitz nun auch, allerdings indirekt, den Kampf des Satirikers gegen die Kunststelle positiv. Losgelöst von dessen konkreten Forderungen, bezeichnete Austerlitz nun als den Kern der Kritik des unbequemen Weggenossen die Warnung: »Assimiliert euch nicht!« Zu dieser Mahnung an die Arbeiterbewegung meinte Austerlitz, sei jeder berechtigt, sie könne überflüssig sein, nie aber schädlich. Im Gegensatz zu Pollak sah Austerlitz daher in Kraus einen Revolutionär, weil er alles hasse, was die Arbeiterbewegung hasse, und Krieg gegen alles führe, was diese besiegen wolle.

Auch Hans Menzinger sprach sich in seinem Aufsatz im *Kampf* über *Karl Kraus und die Arbeiterschaft* für Kraus aus[78]. Sein Beitrag war dem Phänomen Kraus gegenüber eher unkritisch; er akzeptierte sowohl dessen Analyse des Bestehenden als auch seine konkreten Forderungen und gelangte dann auf der Basis des kategorialen Rahmens und der Selbsteinschätzung von Karl Kraus zu dem Ergebnis, daß dieser ein Revolutionär sei.

Das Schlußwort der Debatte, die von der Redaktion, offensichtlich im Bestreben, die vielen schreibenden Kraus-Anhänger unter den Genossen nicht zu Wort kommen zu lassen, abrupt beendet wurde, erhielt wieder Oscar Pollak[29]. Er wiederholte seine alten Argumente und attackierte neuerlich die Kraus-Freunde sowie den Personenkult, der um Karl Kraus getrieben wurde.

Die Kraus-Debatte fällt allerdings schon in die Zeit nach der Vertreibung Bekessys. Einstweilen war dieser noch da, doch war seine Macht bereits erheblich angeschlagen, sein finanzieller Rückhalt schwand in dem Maß, wie Castiglioni an Macht verlor, andere Zeitungen machten Bankrott, seine eigenen Redakteure erklärten öffentlich, die *Stunde* sei ein »Banditenblatt«, und die Behörden hatten sich endlich aufgerafft und gegen einige erpresserische Journalisten Anklage erhoben. In dieser Situation, als es nun nicht mehr darum ging, der *Stunde* Leser abspenstig zu machen, sondern darum, Bekessy zu vertreiben, bat Kraus die Sozialdemokratie neuerlich erfolglos um Unterstützung. Sie versagte ihm nicht nur diese Unterstützung, sondern mißachtete auch in einem Bericht in der *Arbeiter-Zeitung* über einen Ehrenbeleidigungsprozeß zwischen Kraus und einem Mitarbeiter der *Stunde* die von ihr erklärte Neutralität zuungunsten des Satirikers. Kraus bestellte daraufhin ab 1. Mai 1926 die *Arbeiter-Zeitung* ab — ein Schritt von ähnlicher symbolischer Bedeutung, und auch ebenso öffentlich vorgenommen, wie seinerzeit der Kirchenaustritt.

Inzwischen aber hatte der gefährdete Bekessy auf der Suche nach politischem Schutz seinen schon erwähnten Rechtsruck vollzogen. Eine der Folgen dieses Rechtsrucks war wohl ein Bericht in der *Stunde,* der eine Personenbeschreibung Friedrich Austerlitz' mit der Meldung über das Treiben eines Kinderschänders verknüpfte. Auf diesen Angriff, ganz kurz bevor Bekessy Wien endgültig verließ, reagierte Austerlitz so, wie Kraus es zu Anfang von ihm verlangt hatte: Er rief zum Boykott der *Stunde* auf.

In der *Arbeiter-Zeitung* hieß es nun: »Wer ein Blatt wie die *Stunde* wie immer fördert, sie kauft oder ihr Geld gibt; wer ihr Artikel zuwendet oder ihr Informationen liefert; wer sich in diesen Spalten photographieren läßt oder dort inseriert; wer ihr auch nur die geringste Unterstützung zuwendet, der macht sich, indem er mithilft, sie am Leben zu erhalten, an der Ehrlosigkeit, die sie darstellt, mitschuldig, gefährdet die eigene Ehre und belädt sich selbst mit der Schuld, die dort am Tage bloßgeht[30].« Nun erst, nahezu am Ende des Kampfes, zu einem Zeitpunkt, als Bekessy einerseits schon geschwächt war, anderseits einen verzweifelten Angriff gegen die SDAP unternahm, und nach dem Scheitern des Versuches, zwischen Kraus und Bekessy zu taktieren, war die Partei bereit, Kraus' anfängliche Forderung zu erfüllen. Doch dieses Taktieren der Partei zwischen Kraus und Bekessy hat ihr nichts eingebracht: Weder hat Bekessy es honoriert — er ging schließlich zum politischen Gegner über —, noch hat Kraus die späte Erfüllung seiner Forderung positiv gewertet: ihm war es ja mittlerweile nicht mehr um den Boykott, sondern um die Strafverfolgung Bekessys gegangen. Den Boykott hatten inzwischen auch andere Kräfte, wie etwa der Reichsverband der öffentlich Bediensteten, gefordert. Auch das parteiamtliche Argument, der Kampf des Satirikers sei ein rein persönlicher, war nun hinfällig geworden: Der Boykottaufruf Austerlitz' hatte ebenfalls persönliche Motive.

Die sozialistischen Blätter des Auslands würdigten Kraus' Erfolg. In Österreich geschah das Gegenteil: Die Partei usurpierte den fremden Erfolg für sich. Oscar Pollak, jener Pollak, der von den »anderen Sorgen« des Proletariats gesprochen hatte, behauptete plötzlich, nicht Kraus, sondern Austerlitz hätte Bekessy vertrieben, und sprach von dem »Sieg, . . . den der Sozialdemokrat über die kapitalitische Pressekloake erfocht[31]«.

Männer wie Pollak wurden nunmehr für Kraus zu negativen Symbolfiguren der Sozialdemokratie, sein Kampf richtete sich nun gegen den »Mißwuchs, der da unter parteiamtlicher Ägide hochkommt, um die letzte menschheitliche Zukunftshoffnung zur Spekulation des menschlichsten, bürgerlichsten, literatenhaftesten Ehrgeizes zu machen[32]«. Die Sozialdemokratische Parteiführung ist der Adressat von Kraus' haßerfülltem Gedicht *Weg damit!*:

Die ihr errungnes Gut geschändet habt,
bezwungnes Böses nicht beendet habt,
der Freiheit Glück in Fluch gewendet habt;
Hinaufgelangte, die den Wanst gefüllt,
vor fremdem Hunger eigne Gier gestillt,
vom Futtertrog zu weichen nicht gewillt;
Pfründner des Fortschritts, die das Herz verließ,
da Weltwind in die schlaffen Segel blies,
vom Bürgergift berauschte Parvenüs,
die mit dem Todfeind, mit dem Lebensfeind
Profit der Freiheit brüderlich vereint,
die freier einst und reiner war gemeint —
mein Schritt ist nicht dies schleichende Zickzack,
mein Stich ist nicht dies zögernde Tricktrack:
er gilt politischem Paktiererpack[33]!

ANMERKUNGEN

1 F 679—685, 133 f.
2 F 730—731, 5.
3 Abgedruckt in *Fackel* 743—750, 70.
4 Zum Austromarxismus siehe umfassend N. Leser, a. a. O.
5 F 679—685, 1 und 9, im Original teilweise spationiert.
6 F 691—696, 123 f.
7 F 691—696, 110.
8 F 706—711, 65 f.
9 F 735—742, 1.
10 F 717—723, 125.
11 Siehe Hans Habe, *Ich stelle mich,* Wien-München-Basel 1954, 102.
12 Oscar Pollak, *Noch einmal Karl Kraus,* in: *Der Kampf,* XIX, 1926, 265.
13 F 697—705, 156.
14 F 697—705, 174.
15 F 712—716, 2.
16 F 811—819, 2.
17 F 712—716, 3.
18 F 712—716, 6.
19 F 712—716, 7.

20 F 712—716, 73.
21 F 712—716, 74.
22 F 712—716, 45.
23 F 706—711, 59.
24 Josef Buttinger, *Das Ende der Massenpartei, Am Beispiel Österreich*, Frankfurt 1972, 585 f.
25 Oscar Pollak, *Noch einmal Karl Kraus,* a. a. O., 266.
26 Oscar Pollak, *Noch einmal Karl Kraus,* a. a. O., 266.
27 Friedrich Austerlitz, *Der wahre Kraus,* in: *Der Kampf,* XIX,
1926, 310.
28 Siehe Hans Menzinger, *Karl Kraus und die Arbeiterschaft,* in: *Der
Kampf,* XIX, 1926, 349—356.
29 Oscar Pollak, *Noch einmal die Kraus-Anhänger,* in: *Der Kampf,*
XIX, 1926, 353 ff.
1926, 353 ff.
30 F 732—734, 14. Im Original teilweise spationiert.
31 Oscar Pollak, *Noch einmal die Kraus-Anhänger,* a. a. O., 353.
32 F 735—742, 59.
33 *Worte in Versen,* a. a. O., 469.

# Ich fordere Sie auf, abzutreten!

Das Verhalten der Sozialdemokratischen Partei während des Kampfes, den Kraus gegen Imre Bekessy führte, hatte bewirkt, daß jene zu Kraus' Hauptgegner avancierte. Aber diese Gegnerschaft, die konsequent in seinen Kommentar zu den Ereignissen des Jahres 1934 und zum Austrofaschismus mündete, erfuhr noch einen etwa einjährigen Aufschub durch die blutigen Ereignisse des 15. Juli 1927.

Bei einem der in der Ersten Republik häufigen Zusammenstöße zwischen sozialdemokratischen und bürgerlichen Formationen in der burgenländischen Ortschaft Schattendorf hatten am 30. Januar 1927 Angehörige der Frontkämpferorganisation einen Kriegsinvaliden und ein Kind getötet. In der Folgezeit verschärften sich die Klassenkämpfe in Österreich erheblich, die direkten Konfrontationen zwischen der organisierten Arbeiterbewegung und Staatsorganen oder präfaschistischen Organisationen nahmen an Zahl und Ausmaß zu. Obwohl ein Großteil der bürgerlichen Parteien bei den bald darauf stattfindenden Wahlen als »Antimarxistische Einheitsliste« kandidierte. gewann die Sozialdemokratie erheblich an Stimmen. Dieses Wahlergebnis bestärkte einerseits die Sozialdemokratie in dem Glauben, in absehbarer Zeit mehr als 50 Prozent der Stimmen und damit ihrer Vorstellung nach im Wege von Wahlen die Macht im Staate erreichen zu können, andererseits gab es auch den antidemokratischen Kräften im Bürgertum, die eben dies fürchteten, starken Auftrieb.

In diesem innenpolitischen Klima wurden am 14. Juli 1927 die Mörder von Schattendorf von einem Geschworenengericht freigesprochen. Friedrich Austerlitz schrieb — ähnlich mitgerissen wie zu Kriegsbeginn — einen glühenden Leitartikel, und ohne Weisung der Parteiführung kam es zu spontanen Demonstrationen der Wiener Arbeiterschaft, in deren Verlauf der Justizpalast von der empörten Menge in Brand gesteckt wurde. Die Polizei eröffnete das Feuer, tötete etwa hundert Menschen und verletzte mehr als tausend — darunter Frauen, Kinder und unbeteiligte Passanten. Die Sozialdemokratie reagierte auf diesen Vorfall nur geringfügig. Für ihre Gegner war ihre Schwäche jetzt offenkundig — Österreichs Weg in den Faschismus begann.

Wie zu Beginn des Weltkrieges war es keineswegs klar vorhersehbar, wie Kraus auf den 15. Juli reagieren würde. Seine Gegnerschaft zur Sozialdemokratie, seine früheren Sympathien für den Polizeipräsidenten Johann Schober, der sich nun neuerlich als »starker Mann« gezeigt hatte, ließen es nicht ganz unmöglich erscheinen, daß er zu diesen Ereignissen schweigen würde. Das Bürgertum, das Schober enthusiastisch feierte, hatte angesichts des brennenden Justizpalastes wieder Angst vor der »roten Gefahr«; diese Angst hatte es schon 1919 gehabt, und Kraus hatte sie damals, wie wir anhand seiner Reaktion auf die Münchner Räterepublik gezeigt haben, geteilt. Diesmal aber stellte sich Kraus wider Erwarten auf die Seite der Arbeiterbewegung und nahm in der Beurteilung der Ereignisse den gleichen Standpunkt ein wie die Sozialdemokratie. Im folgenden »Jahr der großen Trauer« enthielt er sich fast völlig jeder Polemik gegen die Partei. Welches die Motive seines neuerlichen Engagements für die Sache der Arbeiterbewegung waren, ist leicht herauszufinden, wenn wir das Ausmaß dieses Engagements betrachten: Kraus stand nicht auf seiten der Sozialdemokratie als der Vertreterin einer konkreten, in die Zukunft weisenden Konzeption, das hatte er ja nie getan. Er stand aber auch nicht mehr wie 1919 auf der Seite einer relativ legitimierten Partei, einer Partei, deren Zielvorstellungen er zwar nicht teilte, die sich aber immerhin von den anderen Parteien positiv abhob. Seiner nunmehrigen Auffassung nach war die Sozialdemokratie ja verbürgerlicht und daher von den anderen Parteien nicht mehr zu unterscheiden. Die Basis für sein Engagement war also nur ‚daß die Sozialdemokratie die Partei der Opfer des 15. Juli war, über deren Tod Kraus menschlich zutiefst betroffen war. Er identifizierte sich mit diesen Opfern einer wildgewordenen Polizeimaschinerie, und auch diese Identifikation ist leicht erklärlich: entweder handelte es sich ja überhaupt um Unschuldige, um

Frauen, Kinder und Passanten, die zufällig getötet oder verwundet wurden — dann betrachtete Kraus ihren Tod von der Warte desjenigen, der leicht, als Spaziergänger etwa, ein derartiges Schicksal hätte erleiden können. Oder aber es handelte sich bei den Opfern um Demonstranten, dann hatten sie für ihre Tat ein Motiv, das Kraus akzeptieren mußte, weil es auch vielen seiner Handlungen zugrunde lag: sie hatten aus Rechtsgefühl gehandelt, hatten gegen ein offenkundig ungerechtes Urteil eines der ihm zeitlebens suspekten Geschworenengerichte protestiert. Der 15. Juli entsprach in gewissem Sinne in all seiner sinnlosen Radikalität — sinnlos deshalb, weil dieser spontane Ausbruch, da er nicht die Basis weiterer Aktionen bildete, nur zu einer blutigen Niederlage führte —, in seiner sinnlosen Radikalität also entsprach dieses Ereignis dem zeitweiligen Radikalismus, der Kraus auszeichnete. Er konnte sich also sowohl mit den tätigen als auch mit den leidenden Hauptpersonen des 15. Juli identifizieren. Dort, wo es um die von der bürgerlichen Presse als Vorbestrafte geschmähten Toten ging, um die Anklage gegen die an ihrem Tod schuldtragenden Uniformierten und um die Linderung des Leides des 15. Juli durch Wohltätigkeit, stand Kraus auf seiten der Arbeiterbewegung. Doch war das nur eine ganz geringe Basis für ein politisches Engagement — dort, wo die Sozialdemokratie die Traditionen des 15. Juli, jene Lernprozesse, die sie seiner Meinung nach hätte durchmachen müssen, aufgab, stellte Kraus sich neuerlich vehement gegen sie.

Kraus reagierte auf den 15. Juli nicht sofort — wie immer bei Ereignissen, die ihn erschütterten, war er zuerst sprachlos. Dann, ohne vorherige Ankündigung in der *Fackel*, wurde vom 17. bis 19. September 1927 in Wien das folgende Plakat affichiert:

> An den Polizeipräsidenten von Wien
> Johann Schober.
> Ich fordere Sie auf,
> abzutreten.
>
> Karl Kraus
> Herausgeber der Fackel[1].

Das war wohl eine nicht nur für Wien ungewohnte Aktion: Ein Privatmann, ohne einen anderen Rückhalt als seine moralische Autorität, forderte einen amtierenden Polizeipräsidenten zum Rücktritt auf.

Die Wiener Öffentlichkeit reagierte: In den bürgerlichen Zeitungen wurde Kraus Geltungssucht und einseitige Parteilichkeit für die Sozialdemokratie vorgeworfen. Bundeskanzler Seipel nahm eines von Schobers periodisch eingebrachten Pensionsgesuchen, durch deren Ablehnung sich der Eitle seine Wichtigkeit bestätigen ließ, zum Anlaß, um diesem im Namen der Bevölkerung das uneingeschränkte Vertrauen auszusprechen, ihm neuerlich seine Unentbehrlichkeit zu bestätigen und ihn aufzufordern, das Gesuch zurückzuziehen.

Diese Reaktionen waren von Kraus einkalkuliert, nicht jedoch eine andere, die den moralischen Wert seines Plakates der Lächerlichkeit preisgab: Ein stadtbekannter Sonderling, ein Geschäftsmann namens Winkler, in Wien als »Goldfüllfederkönig« bekannt, ließ — so Kraus — vom »beifälligen Grinsen der Bürgerwelt begleitet«, die Aufforderung an Schober, im Amt zu bleiben, plakatieren. Aus Kraus' exemplarischer Aktion zur Wiederherstellung der politischen Moral in Österreich war so für die Öffentlichkeit das humoristische Duell zweier nach ihren Produkten benannten Personen geworden: »Fackelkraus« gegen »Goldfüllfederkönig«. Winkler behauptete etwa ein Jahr danach in einem Brief an Kraus, er hätte »auf Verlangen von oben[2]« gehandelt. Der Zeugniswert dieses Briefes ist allerdings gering: sein Verfasser saß zur Zeit der Abfassung im Irrenhaus.

Erst im Oktober 1927 erschien dann Kraus' Kommentar zu den Juliereignissen: ein Fünffachband der *Fackel* mit dem Titel *Der Hort der Republik*. Dieser Titel spielt auf Seipels Lob der Polizei nach den Ereignissen an. Der erste Teil des Heftes ist eine Zusammenstellung von Zitaten, die sich fast so schauerlich lesen wie *Die letzten Tage der Menschheit*. Auch hier wird versucht, die anerkannte Hilflosigkeit der Sprache dem blutigen Ereignis gegenüber dadurch auszugleichen, daß dieses — in Form des Zitates — selbst zu Wort kommt. Da finden sich Augenzeugenberichte über den Polizeiterror, über die Ermordung von Kindern und die Schüsse auf unbeteiligte Passanten, abgelöst von der Begeisterung bürgerlicher Zeitungen über die Polizei; unwürdige parlamentarische Debatten, in denen die Regierung die Zahl der Toten zu verringern suchte und sie als einen Haufen von vorbestraften Kriminellen darstellte, stehen neben Erklärungen derselben Regierung, es gebe keinen Grund zur Besorgnis für den Fremdenverkehr. Berichte über Strafverfahren wegen Erpressung gegen Personen, die Besitzer von Privatautos gezwungen hatten, Verwundete ins Spital zu bringen, wechseln ab mit amtlichen Bescheiden, in denen die Obrigkeit sich weigerte, gegen die wenigen uniformierten Mörder, die namhaft gemacht werden konnten, vorzugehen. Eingerahmt ist die Zitatensammlung mit Glückwünschen Seipels und des Innenministers Hartleb an Schober und mit Zitaten aus jener berüchtigten Seipel-Rede, die diesem den Beinamen »Prälat ohne Milde« eingetragen hat.

Der zweite Teil des Heftes enthielt Kraus' Versuch, seine Empörung zum Ausdruck zu bringen. Die politische Dimension des Ereignisses, die Bedeutung einer derartigen Niederlage der Arbeiterbewegung spielen in seinem Kommentar keine Rolle. Die wesentliche Frage, ob die SDAP sich an die Spitze der Demonstranten hätte stellen und die Waffen, über die sie verfügte, hätte ausgeben sollen, statt abzuwiegeln — diese Frage ignorierte Kraus. Das wird hier nicht erwähnt, um Kraus wegen seiner apolitischen Betrachtungsweise einen Vorwurf zu machen, sondern deshalb, weil Kraus später in seiner Kritik an der Partei und deren »Tiktaktiker« Otto Bauer diesem ein laxes Auftreten am und nach dem 15. Juli vorwarf — eine Kritik also, die er ebenso wie einst seine retrospektive Kritik an den Ereignissen von 1918/19 zum Zeitpunkt der Ereignisse nicht geäußert hatte.

Die moralisierende Kritik des Satirikers richtete sich zunächst gegen die Geistesverfassung des Staates und des ihn vornehmlich repräsentierenden bürgerlichen Lagers, welche die Katastrophe seiner Auffassung nach ermöglicht hatte: »Hier haben das povere Hirn der Vorschriftsmäßigkeit, die sanierte Dreckseele, das Fibel-Christentum — mit dem die Luft einer Friedenswelt zu atmen schon tödlich war —, hier hat eine Menschenart, die in ihrer unbesiegbaren Jämmerlichkeit doch den Phönix des Weltbrands vorstellt, hier hat der überschüssige Haß der besiegten Nation, die Rache der geistigen Unterernährung, das dumpfe Gefühl, die anrüchige Spezialität der europäischen Zivilisation zu bilden — hier haben sie, im Bunde und Dienste welttüchtigerer Mächte, befohlen, gebilligt und bejubelt: daß hundert Herzen zu schlagen aufhören, Hunderte aus den Qualen der furchtbarsten Verwundung bleibendes Siechtum davontragen und Invalide eines Polizeikriegs, vom Vaterland preisgegebener als seine ruinierten Beschützer auf den Straßen betteln werden, über die ihr Blut geronnen ist. Das ist geschehen, wir haben es erlebt, und wir fliehen nicht zu den Wölfen vor einer Mitbürgerschaft, der das Herz in der Tasche sitzt und die sich mit Diebsfingern die Ohren zuhält vor jedem Menschenton der Klage und Anklage, um tagtäglich die Litanei der Ordnung zu plärren; vor diesem schmählichen Blutbündnis berufsmäßiger Gottesdiener mit den Idealisten des Besitzes, denen das Leben des Nächsten nichts gilt, wenn es gilt, den Raub am Nächsten zu schützen[3].«

Kraus' Hauptangriff aber richtete sich gegen den Wiener Polizeipräsidenten Schober. Der 15. Juli 1927 war das Produkt der allmählichen Verschärfung des innenpolitischen Klimas in der Ersten Republik. Das Ausmaß der Katastrophe wurde zudem noch vergrößert durch das Hinzutreten des für Wien typischen »Ballawatsch« (Otto Bauer), nämlich einer Kette von Mißverständnissen, die möglicherweise sogar die Zustellung der Widerrufung des Schießbefehls verhindert hatten. Unter diesen Umständen eine persönliche Verantwortung für das Ereignis zu konstatieren, ist sehr schwer. Kraus belastete die Sozialdemokratie mit keinerlei Schuld an dem Vorfall. Man könnte ja argumentieren, die Polizei sei der brandstiftenden Menge gegenüber prinzipiell im Recht gewesen und habe nur unverhältnismäßige Mittel angewandt. Doch Kraus sprach den Ordnungskräften, die gegen einen Bekessy nichts unternommen hatten, das Recht ab, gegen die Demonstranten vorzugehen. Er sah die Schuld nur bei den bürgerlichen Staatsorganen. Aus heutiger Sicht müßten wir unter diesen die Verantwortung gleichmäßig auf drei Personen aufteilen: auf Bundeskanzler Seipel, auf Innenminister Hartleb und auf den Wiener Polizeipräsidenten Schober. Für Kraus hingegen war Schober der Hauptverantwortliche. In den nächsten Jahren bis zu Schobers frühem Tod 1932 war dieser daher eines der Hauptangriffsziele der *Fackel*. Kraus führte gegen Schober nicht nur dessen Vorgehen am 15. Juli ins Treffen, sondern er erhob — und bewies sie zum Teil auch — schwere Anschuldigungen gegen ihn, Anschuldigungen, die bis zum Vorwurf kriminellen Verhaltens gingen.

Obwohl die moralische Entrüstung des Satirikers über den 15. Juli so stark war, daß er nicht imstande war, das Ereignis unmittelbar politisch zu analysieren, hatte es dennoch großen Einfluß auf die weitere Entwicklung seines politischen Denkens. Nach dem Weltkrieg war Kraus zu einer teilweisen Bejahung der Politik des Staates und seiner Institutionen gelangt, als deren wesentliche Aufgabe er die Herstellung akzeptabler Existenzbedingungen für alle angesehen hatte. In diesem Sinne hatte er an der Republik in ihren Anfangsjahren nur Randerscheinungen kritisiert. Jetzt aber war ihm klar geworden, daß auch die Republik nicht imstande war, solche Existenzbedingungen herzustellen. Ähnlich wie im Krieg kamen am 15. Juli schuldlose Unbeteiligte — etwa zufällige Spaziergänger — zu Schaden. Kraus hatte die Erfahrung gemacht, daß die bürgerliche Demokratie in Krisenzeiten nicht mehr funktioniert — von nun an war er radikalisiert.

Die tatsächlich Radikalen haben das gemerkt: Die kommunistische Zeitung *Berlin am Morgen* reklamierte Kraus' Schlüsselstück über Schober und Bekessy, *Die Unüberwindlichen,* für die Sozialfaschismus-Theorie, der Kraus in modifizierter Form später tatsächlich zuneigte. Und die nationalsozialistische *Deutsche Zeitung* charakterisierte das gleiche Stück trotz Einwänden gegen den letzten Akt ganz zurecht als »Stück gegen die Mitte, gegen diese faule Koalition von Schiebungen und Erpressungen, die sich in demokratischen Zeiten überall findet[1]«.

Einstweilen blieb die Radikalität des Satirikers, seine

Gegnerschaft zur Mitte, noch in der Negation stecken, sie hatte weder ein Ziel noch einen Bündnispartner. Der Weg nach rechts war ihm einstweilen durch die Abneigung gegen die Personen, die die politische Rechte für ihn repräsentierten, gegen die Seipel und Vaugoin, sowie durch die Blutschuld vom 15. Juli versperrt. Der Weg zur Sozialdemokratie stand ihm ebenfalls nicht mehr offen; mit der Kommunistischen Partei hat Kraus sich ihrer vergleichsweise geringen Bedeutung im politischen Leben der Ersten Republik wegen nicht auseinandergesetzt. Das Atypische an seinem Radikalismus liegt darin, daß er den bloß verbalen Revolutionarismus jener Partei, die in der Kräftekonstellation der Ersten Republik als einzige Veränderungen des Systems hätte bewerkstelligen können, der Sozialdemokratie, schon zu einem Zeitpunkt, nämlich vor dem 15. Juli, durchschaut hatte, als er den bürgerlichen Staat, den jene zumindest ihrem Programm nach überwinden wollte, noch für instande hielt, seinen Bürgern ein menschliches Leben zu sichern. Der Umstand, daß er zuerst das Subjekt einer möglichen Änderung als dazu nicht legitimiert erkannte und dann erst die Notwendigkeit dieser Änderung einsah, bewirkte eine vorläufige Richtungslosigkeit seines Radikalismus. Die Geschichte seines politischen Denkens der nächsten Jahre bestand darin, diesem Radikalismus, ausgelöst durch äußere Ereignisse, wie etwa der Umstrukturierung der österreichischen Rechten, der Zunahme des Hasses gegen die Sozialdemokratie, der Bedrohung durch Hitler und, vermittelt durch Rückgriff auf ein in den ersten Jahren der Republik explizite nicht verwendetes Gedankengut der Vorkriegsjahre, eine bestimmte Richtung zu geben. Die Mitte, der man Kraus in den Anfangsjahren der Republik trotz gelegentlicher verbalradikaler linker Ausbrüche einerseits und gewisser konservativer Grundeinstellungen anderseits cum grano salis zurechnen konnte, blieb für ihn erledigt. Es ist kein Zufall, daß Kraus gerade jenen Schober so heftig attackierte, der von seinem Biographen Jacques Hannak als »Repräsentant der verlorenen Mitte« apostrophiert wird[5].

Schober wurde von Kraus nicht nur wegen des 15. Juli

angegriffen, diese Ereignisse bildeten nur den blutigen Hintergrund. Denn Schober war nur wehrlosen Demonstranten gegenüber stark gewesen, in einer anderen Affäre hatte er Schwächen gezeigt: in Kraus' Auseinandersetzung mit Bekessy. Doch die Natur seines Amtes als Polizeipräsident hatte es mit sich gebracht, daß es nicht bei der Schwäche geblieben war. Kraus zufolge hat Schober in der Affäre Bekessy sich der Verbrechen des Betrugs und des Mißbrauchs der Amtsgewalt schuldig gemacht. Kraus hatte schon in einem seiner letzten Kommentare zur Bekessy-Affäre ähnliche, allerdings recht vage Angriffe gegen Schober erhoben. Dieser hatte Kraus daraufhin durch einen Beamten anrufen lassen und ihm privat Aufklärung angeboten. Kraus hatte sich damals geweigert, Aufklärung »bloß auf gesellschaftlicher Basis« zu empfangen, und darauf hingewiesen, daß es solchen Anschuldigungen gegenüber, wenn sie gegen einen öffentlichen Funktionär erhoben werden, nur zwei mögliche Reaktionen gebe: Entweder die Beschuldigung stimme, dann müsse Schober pensioniert werden. Oder aber sie stimme nicht, dann müsse die Behauptung der *Fackel* amtlich berichtigt und gegen ihren Urheber — also gegen Kraus — strafrechtlich vorgegangen werden.

Kraus hatte, vielleicht in der Erwartung, Bekessy doch noch vor Gericht zu sehen, vorerst seine konkreten Vorwürfe Schober gegenüber verschwiegen. Erst nach dem 15. Juli schilderte er in einem eigenen Heft der *Fackel* sein *Abenteuer mit Schober*. Seiner Schilderung nach hatte er sich im Oktober 1925, nach dem Scheitern seines Versuchs, die Sozialdemokratie gegen Bekessy zu mobilisieren, mit Schober in Verbindung gesetzt. Dank der Recherchen seiner Anwälte und dank Informationen aus dem Leser- und Freundeskreis der *Fackel* hatte er eine Fülle von Material über Verbrechen, die Bekessy begangen hatte, in der Hand. Vor Gericht hätte dieses Material, das hauptsächlich aus Mitteilungen aus zweiter Hand bestand, wenig Beweiskraft gehabt. Der Polizei gegenüber ist dieses Argument aber nicht angebracht. Da sie vom Grundsatz der Amtswegigkeit beherrscht ist, muß sie auch einen Sachverhalt, der noch nicht stichhaltig bewiesen ist, wie das bei Kraus' Vorwürfen der Fall war, untersuchen und Beweise sammeln. Verdachtsgründe gegen Bekessy, die eine Untersuchung gerechtfertigt hätten, gab es ja hinreichend. Auch der ehedem von der Wiener Polizeidirektion verfertigten Leumundsnote zufolge stand er eher belastet da. Für Kraus deckte sich daher das Ziel seines Kampfes, nämlich Bekessy durch den Beweis seiner Verbrechen aus Wien zu vertreiben, mit der Aufgabe der Polizei, einen begründeten Verdacht, der ihr unter Beistellung von Beweismaterial mitgeteilt wurde, zu untersuchen. Es kam auch zu persönlichen Kontakten zwischen Kraus und Schober in der Polizeidirektion, wo der Satiriker einen Polizeipräsidenten traf, der ihn begeistert empfing, ihm sogar zu seinem bereits vorhandenen Material Ergänzungen, Verbrechen Bekessys betreffend, lieferte und die Bereitschaft äußerte, alles nur Mögliche zu tun, allerdings mit einer Einschränkung: Er wolle nicht persönlich hervortreten. Schon diese Einschränkung ist nicht ganz klar; die Frage, ob eine bestimmte Person ein Verbrecher ist oder nicht, kann von der Polizei nicht informell geklärt werden. Kraus akzeptierte aber diesen Standpunkt, über dessen Konsequenzen er sich offensichtlich vorerst nicht klar war. Die gegenwärtigen Untaten Bekessys wurden ausgeklammert, man beschloß, sich auf seine Vergangenheit zu beschränken. Einige Tage später rief Schober Kraus an und teilte ihm mit, daß die günstige Budapester Leumundsnote, auf die Bekessy sich berufen hatte, erschlichen sei und daß es ihm gelungen sei, noch andere Dinge aus Bekessys Vorleben zu eruieren.

Gerade diese Leumundsnote war damals gerade von ungeheurer Wichtigkeit. In dem ersten, abgebrochenen Verfahren zwischen Stolper und Bekessy war eine Leumundsnote der Wiener Polizei vorgelegt worden, der zufolge Bekessy mehrfach vorbestraft war. Bekessy hatte diese Leumundsnote durch eine aus Budapest stammende zu entkräften versucht. Dem Kraus-Anhänger Leo Schmiedl war es, unterstützt von Kraus' Anwalt Oskar Samek gelungen, Bekessy als Beklagten vor Gericht zu ziehen. In diesem Verfahren war nun die einmalige Möglichkeit gegeben, zum einen Bekessys Vorleben zu erörtern und zum anderen ihn zwar nicht aus Wien zu vertreiben, aber doch seinen Wiener Opfern derart Mut zu machen, daß sie gegen ihn auszusagen gewagt hätten.

Doch nun merkte auch Bekessy, daß man sich für seine Vergangenheit interessierte, und begann seinerseits auf die Polizeidirektion Druck auszuüben. Schober berichtete Kraus, Bekessy sei in der Polizeidirektion bei Hofrat Pollak erschienen, »um eine Besserung seiner Lage herbeizuführen, wobei er so en passant auf das ›gebesserte‹ Betragen der *Stunde* gegenüber der Polizei hingewiesen habe; aber« — so Schober — »das nützte ihm nichts[6]«.

Doch offensichtlich hat dieser geringfügige Druck auf den eitlen, karrierebewußten Schober, der in Ermangelung einer politischen Hausmacht eine gute Presse brauchte, ausgereicht. Schober ging es weder, wie er in seinen Reden immer wieder beteuerte, um seine »Pflicht«, noch ging es ihm, wie Kraus, um ein moralisches Anliegen. Als Wiener Polizeipräsident in einer Epoche, in der sogar die Spitzen des Staates korrupt waren, hat er viel gewußt und zu vielem geschwiegen. Sein Ziel war also wohl, sich in der leidigen Affäre taktisch so zu verhalten, daß seine Karriere keinen Schaden nehmen würde. Sobald er nun merkte, daß Kraus allein stand, Bekessy aber sich im ungebrochenen Besitz seiner Machtmittel befand, war sein Verhalten vorgezeichnet: Er kam beiden entgegen, konferierte mit beiden, unterstützte aber im Konfliktfall den Mächtigeren. Daß sowohl die Regierung als auch die oppositionelle Sozialdemokratie Bekessy mehr oder minder direkt förderten, hat in seinem Kalkül gewiß eine wichtige Rolle gespielt.

Als das Gericht im Prozeß des Kraus-Anhängers Leo Schmiedl gegen Bekessy nun die Polizeidirektion um dessen mit Spannung erwartete Leumundsnote ersuchte, legte jene, obwohl Schober mittlerweile Kraus von neuen Delikten Bekessys privat Mitteilung gemacht und vom Budapester Polizeipräsidenten erfahren hatte, daß die positive Leumundsnote erschlichen war, eine Leumundsnote vor, die Bekessy vollkommen entlastete. Auch ihre eigenen Kommentare zur Budapester Leumundsnote, die noch aus der Zeit stammten, als die Polizeidirektion sich gegen die von den Sozialdemokraten betriebene Einbürgerung Bekessys gewehrt hatte, wurden nun zurückgezogen. Die ursprüngliche negative Leumundsnote war plötzlich verschwunden.

Schober hat also, sofern wir Kraus glauben wollen, obwohl er von Bekessys Vorstrafen und von dringenden Verdachtsmomenten gegen ihn wußte, diesem in einer Situation, wo die Erörterung dieser Fakten vor Gericht wesentlich war, durch eine entlastende Leumundsnote geholfen. Dieses Vorgehen interpretierte Kraus als Verbrechen des Mißbrauchs der Amtsgewalt. Er fühlte sich zudem von Schober betrogen, ja dessen Vorgehen hätte für ihn leicht böse Folgen haben können: Gestützt auf die Informationen von Schober und im Vertrauen auf dessen weitere Hilfe, hatte Kraus Bekessy zahlreicher Verbrechen beschuldigt; die Leumundsnote der Polizeidirektion wäre ein Gegenbeweis gewesen, der eine Verurteilung Kraus' wegen Verleumdung und so seine Mundtotmachung hätte bewirken können. Nur Bekessys Scheu vor dem Gericht hat Kraus vor einer solchen Niederlage, die seinen weiteren Kampf gegen den Erpresser unmöglich gemacht hätte, bewahrt.

Zu diesen Vorwürfen kam noch ein zweiter, der allerdings unbewiesen ist: Wie war es Bekessy möglich gewesen, zu entkommen? Mit der Ausstellung des Steckbriefes wurde so lange zugewartet, bis Bekessy, der sich offensichtlich in seinen letzten Wiener Tagen noch erbittert gewehrt hatte, aus Österreich abgereist war. Ein Auslieferungsansuchen wurde nie gestellt. Kraus behauptete, auch hierin sei die helfende Hand der Polizeidirektion zu verspüren gewesen.

Zusammengefaßt sehen die Vorwürfe des Satirikers gegen Schober so aus: ».. . daß die Polizeidirektion Mißbrauch der Amtsgewalt durch wissentliche Begünstigung des hier bekannten größten Erpressers der Wiener Zeitungswelt begangen hat, Vorschubleistung für seine weitere Wirksamkeit in dem Augenblick, da es dieser den Garaus zu machen galt, durch wahrheitswidrige Interpretierung seines Handwerks und durch listige, obschon vergebliche Umredigierung der ursprünglich ausgestellten Leumundsnote. Ich wiederhole ferner den Vorwurf: sie habe nachträglich, in einem Zeitpunkt, als sie wußte, daß die Enthüllungen dieser Praktiken bevorstand, in einer Zuschrift an den *Österreichischen Volkswirt* sich des untauglichen Mittels der Lüge und der Fälschung zu dem Zwecke bedient, den ihr vorgeworfenen Amtsmißbrauch zu verhüllen.« Weiter behauptete Kraus, Johann Schober habe an ihm »einen Akt der Felonie begangen[7]«.

Über die inhaltliche Berechtigung von Kraus' Vorwürfen kann hier kein endgültiges Urteil gefällt werden. Wesentlich an diesen Vorwürfen ist wohl ein anderer Aspekt: Was Kraus hier formulierte, war — sofern er es nicht beweisen konnte — als Beleidigung einer Behörde strafbar. Kraus erwartete daher neuerlich, daß Schober entweder amtlich berichtigen, ihn klagen oder zurücktreten werde. Nichts davon geschah. Im Gegenteil, das »Ereignis des Schweigens« (so der Titel des kommentierenden Heftes der *Fackel)* trat ein: Der eitle Schober, ansonsten einer der eifrigsten Leserbriefschreiber und Kommuniquéverfasser, sobald eine Zeitung über ihn nicht zufriedenstellend berichtete, schwieg zu den Anschuldigungen in der *Fackel,* und die Vorwürfe einer der meistgelesenen deutschsprachigen Zeitschriften blieben unwidersprochen. Ausländische Zeitschriften griffen die Affäre auf, Kraus sprach in Paris darüber, Schober jedoch schwieg weiter. Die österreichische bürgerliche Presse stand fast geschlossen hinter ihm, nur der *Österreichische Volkswirt,* jene Wirtschaftszeitung, die auch den Kampf gegen Bekessy begonnen hatte, fragte betroffen, ob Schober solche Vorwürfe schweigend hinnehmen könne. Auch Otto Bauer stellte in der *Arbeiter-Zeitung* am 5. Januar 1928 diese Frage und schrieb: »Man erwartet zumindestens, daß Herr Schober auf die schweren Beschuldigungen, die Karl Kraus gegen ihn erhoben hat, antworte! Aber man wartet vergebens[8].«

Kraus wiederholte nach Ablauf der Frist, innerhalb derer Schober eine Klage hätte einbringen müssen, seine Anschuldigungen, um Schober nochmals Gelegenheit zur Einleitung eines Strafverfahrens zu geben. Aber Schober, dessen Polizei sonst in unzähligen Fällen gegen ihre angeblichen Beleidiger vorging, scheute den Kampf gegen

Kraus, wohl wissend — so das ˙sozialdemokratische *Kleine Blatt* —, »daß er den Verhandlungssaal zwar als Polizeipräsident betreten, aber nicht mehr als Polizeipräsident verlassen würde[9]«. Das heißt, er scheute ihn nicht ganz. In einer Versammlung vor dem Gewerbeverein hielt er eine Rede, in der er sich über einige Blätter und »einige Personen« beklagte, die ihn »wider besseren Wissens« seit Monaten angriffen; es sei ihm unmöglich, sagte er, solchen Tadlern »das lose Maul zu verriegeln«. Die bürgerliche Presse feierte die völlig inhaltlose Rede Schobers, der seine Gegner nicht einmal beim Namen genannt hatte, als »mannhafte Selbstwehr«. Kraus aber, dem es bisher nicht gelungen war, von Schober geklagt zu werden und so eine gerichtliche Erörterung seiner Vorwürfe herbeizuführen, bezog die Beleidigung vom »losen Maul« auf sich und klagte seinerseits Schober. Dieser mußte jetzt entweder den Wahrheitsbeweis dafür antreten, daß Kraus ihn wider besseres Wissen angriff, also daß die Vorwürfe, die Kraus erhob, falsch waren; oder aber er mußte — gar nicht mehr mannhaft — erklären, daß er Kraus nicht gemeint hatte.

Dieser Prozeß, der ja juristisch äußerst fragwürdig war, zeigt, wie weit Prozesse bereits in die Krausschen Polemiken integriert waren, wie sehr er mit dem Auftreten vor Gericht darauf abzielte, seiner kämpferischen Satire die Pointe zu liefern. Schon die wahrscheinlich von Kraus selbst verfaßte Anklageschrift gegen Schober ist ein satirisches Meisterwerk. Vor allem führte Kraus in ihr neuerlich, sozusagen als Vorgeschichte der Beleidigung, seine sämtlichen Vorwürfe gegen Schober an, die dadurch gerichtsnotorisch wurden. Er stellte klar, daß er der einzige war, der den von der bürgerlichen Presse gefeierten Schober mit solcher Vehemenz angriff, und daß dessen Hinweis auf die »Angreifer wider besseren Wissens« sich daher nur auf ihn beziehen könne.

Und Schober lieferte durch seinen Anwalt in der Verhandlung Kraus die gewünschte Pointe: Er erkaufte sich den Freispruch »durch das im In- und Ausland vernehmliche Zugeständnis« (. . .): »Zu den ›Angriffen wider besseren Wissens‹, die er erdulden mußte, habe er nicht die gezählt, die sich auf den Vorwurf der Lüge, der Fälschung, der Felonie und des Mißbrauchs der Amtsgewalt, begangen durch Vorschubleistung für einen Erpresser, beziehen[10].« Ja, sein Vertreter mußte noch weiter gehen: Vom Richter gefragt, ob in der *Fackel* Verspottungen und Verhöhnungen Schobers vorgekommen seien, erklärte er, die *Fackel* hätte solche nicht enthalten, wohl aber ganz konkrete Anwürfe, über die Schober seiner vorgesetzten Stelle »pflichtgemäß« Bericht erstattet habe; damit sei die Angelegenheit für Schober erledigt gewesen. Daß Schober also von der Regierung gedeckt wurde, lieferte Kraus neue Argumente für seine These von der völligen Korrumpierung der Republik.

Daß dieser Prozeß für Kraus eine juristische Niederlage bedeutete, war ihm unwichtig angesichts des satirischen und moralischen Erfolgs: Nach Schobers Verhalten in diesem Verfahren wäre es für ihn unmöglich gewesen, irgendjemanden, der die Krausschen Angriffe wiederholt hätte, zu klagen. Die bürgerliche Presse feierte allerdings Schobers Freispruch als einen vollen Erfolg und als Niederlage des verhaßten Kraus.

Auch Imre Bekessy, mittlerweile längst wohletablierter Herausgeber von Skandalblättern in Budapest, schaltete sich in den Kampf ein: Er schickte Kraus von Budapest aus eine Berichtigung, in der er neben dem Versuch, den Vorwurf, er sei ein Erpresser, zu entkräften, auch sein Verhältnis zur Polizeidirektion darlegte. Schenkt man ihm Glauben, so hat er keineswegs die Polizeidirektion damit erpreßt, daß er drohte, schlecht über sie zu berichten, sondern diese hatte ihm angeboten, ihn gegen Kraus zu unterstützen, sofern er über die Polizei gut berichtete. Seiner Darstellung nach war die berüchtigte dritte positive Leumundsnote keineswegs ein Werk der Polizei, sondern er hatte das amtliche Dokument, daß über ihn Auskunft geben sollte, gemeinsam mit dem Chef der Staatspolizei, Hofrat Pollak, verfaßt. Die Arbeitsteilung zwischen Pollak und Schober stellte Bekessy so dar: »Herr Pollak hatte die Weisung, die Freundschaft mit mir aufrechtzuerhalten, dieweil sich Herr Schober persönlich bemühte, Herrn Karl Kraus zu ködern[11].«

Die Erfahrungen seines Kampfes gegen Schober und

Bekessy hat Kraus in dem Schlüsselstück *Die Unüberwind-
lichen* zusammengefaßt. Bekessy wird hier zum Barkassy,
Herausgeber der *Pfeife* (nach der Wien tanzt), der wackere
Schober heißt auch so, nämlich Wacker, der Schieber
Castiglioni wird zu Camillioni und aus Kraus wird Arkus,
der Herausgeber des *Pfeils*. Das Stück popularisiert in den
ersten drei Akten im wesentlichen die Darstellung der
*Fackel* von den Ereignissen auf äußerst wirksame komische
Weise. Die Entlarvung der negativen Helden vollzieht
sich aber nicht nur durch ihr Verhalten, sondern vor allem
durch ihre Sprache. Der fiktive vierte Akt, die Weih-
nachtsfeier in der Polizeidirektion im Jahre 1927 dar-
stellend, bringt die Juli-Ereignisse ins Spiel. In seiner Ein-
dringlichkeit wirkt er wie eine Fortsetzung des »Liebes-
mahls« im fünften Akt der *Letzten Tage der Menschheit,*
nur diesmal auf republikanisch. In diese Szene platzt —
erdichteter Schluß — der wieder heimgekehrte Barkassy.
Die »Unüberwindlichen«, Presse und Staatsgewalt, sind
wieder vereint: ihre gemeinsamen Verbrechen verbinden
sie.

Das satirische Porträt Schobers in der Rolle des
Wacker, die auf der Bühne in einer Schober-Maske gespielt
wurde, ist eine von Kraus' größten Leistungen. Der auch
im wirklichen Leben ständig von seiner »Pflicht« spre-
chende Schober, der womöglich Rückert zitierte und dem
selbst sein wohlwollender Biograph Hannak das »Selbst-
genügen« an einer »kleinbürgerlichen Idylle« attestiert
und den er mit Adjektiven wie »brav, bieder, wacker«
charakterisiert, ist in seiner phrasenreichen Hohlheit, die
schon im Satz den behaupteten Inhalt aufhebt, glänzend
getroffen. Vor allem wird die republikanische Einstellung
Schobers, des späteren Bundeskanzlers, den Kraus ehedem
als republikanischen Musterbeamten angesehen hatte, mit
Hilfe des Sprachduktus als verlogen und opportunistisch
denunziert. So sagt Wacker zu seinen beiden Beamten
Hinsichtl und Rücksichtl: »Sie sind sich hoffentlich klar
darüber, daß wir auf dem Boden der Republik stehen,
welche wir als eine geschichtlich gegebene provisorische
Tatsache hinzunehmen haben, an der wir beim besten
Willen nicht rütteln dürfen, wobei es uns nur obliegt, sich

dem roten Terror gegenüber unbeugsam zu erweisen und die an der Erhaltung der republikanischen Verfassung tätigen subversiven Elemente, die sich in die Wachmannschaft eingenistet haben, energisch und doch maßvoll auszurotten beziehungsweise den gewünschten Trennungsstrich zu ziehen, nicht ohne andererseits den uns gesinnungsmäßig nahestehenden Parteien mit jeder nur möglichen Konnivenz entgegenzukommen. Die Polizei übt eine überparteiliche Mission aus. Wenn es uns in derselben gelungen sein wird, der Personalvertretung, die im Widerspruch zu den geschworenen Dienstpflichten steht, tunlichst das Genick umzudrehen, so haben wir unsere Pflicht erfüllt, und sie wissen, meine Herren, daß ich seit jeher Pflichterfüllung für die oberste Pflicht erachte, die wir in unserem wahrlich nicht leichten Dienst zu erfüllen haben. Überzeugung ist Privatsache, und nichts liegt mir ferner, als aus dem, was meines Amtes ist, ein Politikum zu machen, fürwahr. Ich habe die Wahrnehmung gemacht, daß selbst höhere Verwaltungsbeamte nichts mehr daran finden, ihre parteimäßige Einstellung offen zur Schau zu tragen, ja daß sogar das Dienstgeheimnis nicht mehr ins Gewicht fällt, wenn es sich um ihre parteimäßige Einstellung handelt und Parteiinteressen betroffen sind. Ich führe in einem meiner Weihnachtsartikel, in welchem ich unverhohlen die Forderung nach Entpolitisierung vertrete, diesbezüglich aus, daß eine solche Verletzung der beschworenen Dienstpflicht sowohl eine Lockerung des traditionellen Pflichtgefühls der österreichischen Beamtenschaft beweist wie auch den Verpflichtungen widerspricht, zu welchen ein pflichtbewußter Beamtenstand verpflichtet ist. An der großdeutschen Gesinnung der mir nachgeordneten Funktionäre zu zweifeln, habe ich nie Veranlassung gehabt, sie muß sich aber insoweit den gegebenen Verhältnissen anpassen, als auch ein gewisses Verständnis für die nicht hoch genug anzuschlagenden Bestrebungen zu Tage tritt, dem angestammten Herrscherhaus zu dem ihm durch den Umsturz geraubten Rechten zu verhelfen, durch deren Raub bekanntlich die Republik entstanden ist, auf deren Boden zu stehen wir durch die beschworene Verfassung verpflichtet sind[12].«

Das Stück wurde in Deutschland aufgeführt. Schober, der in Österreich nichts gegen Kraus unternahm, gelang es allerdings, durch Intervention der österreichischen Gesandtschaft weitere Aufführungen zu verhindern. Vor allem von der Linkspresse gab es großen Beifall. Das war nicht verwunderlich, denn Kraus hat ja in seinem Kampf gegen Bekessy viel über das organische Zusammenspiel von Kapital — vertreten durch Bekessy und Castiglioni — und bürgerlichem Staat — repräsentiert durch Schober — gelernt und gab diese Erfahrungen in einer derart einprägsamen Weise weiter, daß das Stück, hätte es einen anderen positiven Helden als Arkus, für die Linke ein ausgezeichnetes Agitatorenstück gewesen wäre. So wird etwa der Zusammenhang zwischen dem Schutzbedürfnis des Kapitals und der faschistischen Heimwehr dargestellt, wenn Kraus den Schieber Castiglioni sagen läßt: »Solange ich mein Wiener Palais habe, lege ich den größten Wert darauf, daß die Heimwehren erstarken[13].«

Auch sonst kämpfte Kraus mit allen ihm zur Verfügung stehenden Mitteln gegen Schober, doch dieser reagierte weiterhin nicht. Die politische Karriere des zwischen Heimwehr und Sozialdemokratie, zwischen Staatsstreich und Republiktreue geschickt Taktierenden erlitt durch Kraus' Angriffe keinerlei Schaden: Schober wurde neuerlich Bundeskanzler, später Vizekanzler und Außenminister.

Für Kraus und eine heutige Betrachtungsweise, die die Zeitumstände ignoriert, ist manches am Fall Schober unvorstellbar: so etwa, daß ein Spitzenpolitiker zu derartigen Vorwürfen schweigen konnte und dennoch zu höchsten Ämtern aufstieg. Im Kontext gesehen, war das aber gar nicht so außergewöhnlich. Korruption war in der Ersten Republik an der Tagesordnung, man denke nur an Ahrer, Strafella, Rintelen und Pfrimer. Im Vergleich zu dem ungeheuren Schaden, den diese anrichteten, nimmt sich das, was Kraus Schober vorwarf, geringfügig aus. Auch daß Schober schwieg, ist nicht außergewöhnlich. Zum einen war der Leserkreis der *Fackel* doch begrenzt, und Schober durfte auf die Unterstützung der bürgerlichen und später, wie noch zu zeigen sein wird, auch der sozialdemokratischen Zeitungen rechnen; zum anderen gehört es zu den Schutzmechanismen eines der Korruption überführten Politikers, sich, solange es geht, nicht konkret zu äußern. Und daß Schobers Karriere weiterging — nun, an seiner Brauchbarkeit im Spiel der durch Seipel repräsentierten bürgerlichen Kräfte hatten die Enthüllungen der *Fackel* nichts geändert. Erwiesene Korruption hat kaum einem der Politiker der Ersten Republik in seiner Karriere geschadet.

Kraus betrachtete die Lage allerdings nicht so zynisch. Für ihn war der Umstand, daß der Staat bis an die Spitzen verfault war, nach Kierkegaard »das Zeichen, woran erkannt wird, ob ein gegebener Zustand reif ist zum Untergang«: »Wenn das Verhältnis in einer Zeit so ist, daß nahezu jeder privat weiß, daß das Ganze verkehrt ist, unwahr ist, während keiner offiziell es sagen will; wenn die Taktik, die von den Regierenden gebraucht wird, ist: Laßt uns die Sache bloß hinhalten, tun als wäre nichts, zu jedem Angriff schweigen, denn wir wissen nur allzugut selber, daß das Ganze faul ist, daß wir falsch spielen: Ja, dann ist ein solcher Zustand eo ipso kondemniert, er soll fallen[14].« Einen »Untergang«, nämlich damals den »Untergang der Welt durch schwarze Magie«, hatte Kraus schon einmal prophezeit, im Dezember 1912. Die Welt ist zwar nicht untergegangen, aber der Weltkrieg brach aus, und das, was für Kraus die Welt war, die Donaumonarchie, verschwand von der Landkarte. Auch diesmal sollte die Kraussche Prognose sich in einem ähnlichen Zeitraum erfüllen: Was in dem Kierkegaard-Zitat mit »Zustand« gemeint war, die bürgerliche Demokratie, hielt nur noch wenige Jahre, nämlich je nach Einschätzung entweder bis März 1933, also bis zur Ausschaltung des Parlaments durch Dollfuß, oder bis Februar 1934, bis zum Aufstand der österreichischen Arbeiter, dem Verbot der Sozialdemokratie und damit dem Übergang zur völligen Herrschaft des Austrofaschismus.

Aus den vorigen Kapiteln könnte der falsche Eindruck entstehen, als ob Kraus sich in den zwanziger Jahren nur in jenem mehr oder minder politischen Bereich, der durch die Affäre Bekessy und die Auseinandersetzungen mit

Schober und der Sozialdemokratie abgesteckt war, artikuliert hätte. Tatsächlich war sein Schaffen in den zwanziger Jahren von einer ungeheuren Vielfalt. Der damals im sechsten Lebensjahrzehnt stehende, auf dem Gipfel seiner Schaffenskraft befindliche Autor schrieb *Worte in Versen,* mehrere Dramen, entwickelte seine Sprachlehre, griff immer noch Einzelfälle auf, in denen der Bereich von »Sittlichkeit und Kriminalität« berührt wurde, kämpfte gemeinsam mit der Sozialdemokratie um die Aufhebung des Paragraphen 144, des österreichischen Abtreibungsparagraphen, und attackierte — in seinen Polemiken gegen Piscator, Reinhardt und Röbbeling — alle theaterreformatorischen Tendenzen der Zeit.

Als positives Korrelat zum herrschenden Theaterunfug entdeckte Kraus für sich aufs neue einen Helden seiner Jugend: Jacques Offenbach. Die Bedeutung, die dieser, seine Musik und die dazugehörigen Texte für Kraus hatten, ist für jemanden, der der Offenbachschen »Zauberwelt« so ferne steht wie der Verfasser, schwer nachvollziehbar. Aber mag Kraus in seiner Begeisterung für Offenbach auch übertrieben haben, wir verdanken ihm eine in unserem Sprachraum noch anhaltende Offenbach-Renaissance. Seine Bearbeitungen, die von ihm inszenierten Rundfunkaufführungen sowie die von ihm allein bestrittenen Vortragsabende, in denen er alle Rollen sang, haben diese Renaissance ermöglicht.

Neben diesen vielfältigen Aktivitäten war Kraus in eine Unzahl von Polemiken verwickelt. Erwähnt sei hier nur die inhaltlich umfangreichste gegen den von Kraus als »größten Schuft« apostrophierten Alfred Kerr. Wie in seiner Auseinandersetzung mit Bekessy hat Kraus auch hier Gedichte, Glossen und Essays mit juristischen Mitteln, wie Klagen, Schriftsätzen und Prozessen, sowie mit Lesungen, in denen er sein Publikum auf den Gegner hetzte, mit Plakaten, auf denen er den Gegner beschimpfte, und schließlich mit direkten Eingriffen in dessen Privatleben — Heinrich Fischer berichtete von anonymen Telephonanrufen bei Kerr — zu einer alle Lebensbereiche des Gegners erfassenden »totalen« Polemik verbunden, deren Endziel die moralische Vernichtung des Gegners war. Vor allem aber war diese Polemik für die politische Entwicklung des Satirikers wichtig: Kerr war in all seiner Widersprüchlichkeit dennoch ein repräsentativer Vertreter des positiven Teils der Weimarer Republik. Ähnlich wie die Polemik gegen Schober die Abkehr von der politischen Mitte markiert, steht die gerechtfertigte moralische Verwerfung Kerrs für die Entfremdung zwischen Kraus und jenen demokratischen bürgerlichen Schriftstellern, an deren Seite er eigentlich einige Jahre später gegen Hitler hätte kämpfen sollen. Die Rigorosität des großen Satirikers bewirkte so, daß es ihm nicht mehr möglich war, in seiner Gegnerschaft zu Hitler andere Bündnispartner zu finden als jene, die er schließlich wählte.

Die große Polemik gegen Kerr vor dem Ersten Weltkrieg haben wir erwähnt: Kerr war damals nahezu ruiniert. Der Weltkrieg sah ihn wieder oben; unter dem Sammelpseudonym »Gottlieb«, das mehrere Autoren benutzten, war er einer der eifrigsten Produzenten patriotischer Kriegslyrik. Diese Gedichte sind äußerst widerlich: sprachlich gelungene, aufpeitschende nationalistische Haßgesänge, voll von einem unangenehmen, sadistischen Humor. Allerdings schrieb Kerr schon im Krieg neben seiner blutrünstigen Gebrauchslyrik auch pazifistische Gedichte. Nach dem Ersten Weltkrieg wandelte er sich endgültig zum Pazifisten und bemühte sich um die Versöhnung Deutschlands und Frankreichs. Kraus hat ihm sein Wirken im Weltkrieg, das er ja auch in den *Letzten Tagen der Menschheit* verewigte, nie verziehen; und als Kerr an einer Vorlesung von Kraus auf schnoddrige Weise Kritik übte, begann der Satiriker ihn in der *Fackel* und in Vorlesungen anzugreifen, wobei er besonders die kriegerische Vergangenheit Kerrs, von der dieser sich nie distanziert hatte, aufs Korn nahm. Kraus verstand es, ein Publikum zu fanatisieren; der Angriff in einer Vorlesung war eine seiner schärfsten Waffen. Elias Canetti hat dieses Publikum definiert als eine »Hetzmasse aus Intellektuellen (...), die sich bei jeder Lesung zusammenfand und so lange akut bestand, bis das Opfer zur Strecke gebracht war[15]«. Der Schriftsteller Ferdinand Ebner war von den »buchstäblich hysterischen Schreien einiger Frauenzimmer«

am Ende der Kraus-Vorlesungen unangenehm berührt[16]. Als Roda-Roda eine taktlose Anekdote über ein angebliches galantes Abenteuer mit der ermordeten serbischen Königin Draga veröffentlichte, griff Kraus ihn in einer Vorlesung, in der Roda-Roda unter den Zuhörern saß, derart vehement an, daß das Publikum diesen zwang, den Saal zu verlassen. Diese Waffe setzte Kraus nun gegen Kerr ein.

Dieser antwortete auf Kraus' öffentliche Angriffe zunächst nur beiläufig. In einem Feuilleton sprach er etwa von »Karlchen Kraus, welcher die verbitterte Lustigkeit eines Dorfkrüppels irrig als Rechtsgefühl ausbietet[17]«. Doch als Kraus in seinen Vorlesungen und in der *Fackel* immer wieder auf Kerrs Kriegslyrik zurückkam, wurde das für diesen immer peinlicher: In Paris kam es bei einem Vortrag Kerrs über *Die Kunst als Mittel der Annäherung der Völker* sogar zu einem Skandal, als serbische Studenten ihm seine Kriegsgedichte vorhielten. Kerr, der ja schon einmal von Kraus fast ruiniert worden war, bekam daraufhin offensichtlich eine tödliche Angst. Nur so sind seine Reaktionen erklärlich: Einerseits wehrte sich der ansonsten sprachsichere und elegante Stilist derart plump, daß Kraus neuerlich nur Kerrs Angriffe auf ihn abzudrucken brauchte, um diesen lächerlich zu machen; andererseits gab er in seiner Verteidigung freiwillig seine politischen Prinzipien preis: in einem seiner Prozesse mit Kraus ging er so weit, sich vor dem Gericht, auf dessen »Deutschtum« er wohl zu Recht spekulierte, der Urheberschaft an jenen Kriegsgedichten zu rühmen; ja der Jude Kerr entblödete sich nicht, »Stimmen aus Tirol«, die die Kriegshaltung des Satirikers angriffen, zur Bestätigung seiner Einschätzung zu zitieren.

Diese »Stimmen aus Tirol« waren nichts anderes als die schon erwähnten Schmähungen des »Tiroler Antisemitenbundes«.

Kerr war ein Opportunist, er änderte sein Verhalten je nach der Lage — diesen Schluß zog Kraus aus der Auseinandersetzung. Damit war jede Sache, die Kerr und andere — etwa Kurt Tucholsky und Walter Mehring, die Kraus allerdings aus weniger überzeugenden Gründen ablehnte — betrieben, diskreditiert, selbst wenn es der gemeinsame Kampf gegen die organisierte Bestialität der Nazis war.

## ANMERKUNGEN

1 Abgedruckt in F 766—770, 46.
2 F 781—786, 91.
3 F 766—770, 49 f.
4 F 827—833, 26.
5 Siehe Jacques Hannak, *Johannes Schober, Mittelweg in die Katastrophe, Porträt eines Repräsentanten der verlorenen Mitte,* Wien 1966.
6 F 771—776, 61.
7 F 777, 9 f. Im Original teilweise spationiert.
8 Zitiert in F 777, 13.
9 F 778—780, 2. Im Original teilweise spationiert.
10 F 778—780, 19. Im Original teilweise spationiert.
11 F 778—780, 53. Im Original teilweise spationiert.
12 Karl Kraus, *Die Unüberwindlichen, Nachkriegsdrama in vier Akten,* Wien-Leipzig 1928, 44 f.
13 *Die Unüberwindlichen,* a. a. O., 87.
14 F 777, 16. Im Original teilweise spationiert.
15 Elias Canetti, a. a. O., 28.
16 Zitiert in Schick, a. a. O., 98.
17 F 686—690, 30. Im Original spationiert.

# Das Jahr der großen Trauer ist vorüber

Nach den blutigen Ereignissen des 15. Juli 1927 stellte Karl Kraus, wie erwähnt, seine Kritik an der Sozialdemokratie etwa ein Jahr lang ein. Er erklärte sich solidarisch mit der Partei, die die Opfer des 15. Juli repräsentierte, und kämpfte wie sie gegen den Polizeipräsidenten Johann Schober. Das gemeinsame Andenken an die Opfer und der Kampf gegen Schober bildeten neuerlich ein Bindeglied zwischen dem Satiriker und der Partei. Diese griff in der ersten Zeit die Attacken, die Kraus gegen Schober führte, interessiert auf, sozialdemokratische Politiker nahmen zu ihnen Stellung, kurz, es hatte den Anschein, als ob Kraus für die Partei — nicht diese für ihn! — wieder das geworden wäre, was er vor der Affäre Bekessy für sie gewesen war. Aber gerade an der Stellung der Sozialdemokratie zum gemeinsamen Hauptgegner Schober entzündete sich der letzte und heftigste Kampf zwischen Kraus und der Partei. Dieser Kampf begann nach dem Ende des »Jahres der großen Trauer« und dauerte von 1928 bis zu Kraus' Tod im Sommer 1936; er füllte mehr als ein Fünftel der 37 Erscheinungsjahrgänge der *Fackel*. Anfangs wandte sich Kraus nur gegen die Verbürgerlichungstendenzen in der Sozialdemokratie und gegen deren »relative Moral«; am Ende sprach er jeder sozialdemokratischen Arbeiterbewegung die Existenzberechtigung ab und verteidigte das Verbot der sozialdemokratischen Organisationen durch das austrofaschistische Regime. Keine seiner Polemiken hat Kraus mit solchem Haß und solcher Aggressivität geführt, in keiner hat er sich, wie noch zu zeigen sein wird, derart unredlicher Mittel bedient, und letztlich hat er in keiner historisch so sehr unrecht behalten wie in dieser. Im folgenden wird darzustellen sein, wie diese Polemiken, die das Lebensgefühl des Satirikers entscheidend beeinflußten und für die tiefe Verzweiflung, die ihn zu Beginn der dreißiger Jahre erfaßte, hauptsächlich verantwortlich waren, sich aus teils politischen, teils persönlichen Faktoren entwickelten.

Solang die Sozialdemokratie Schober wegen seiner Rolle am 15. Juli bekämpfte, stand Kraus voll und ganz auf ihrer Seite und lieferte ihr mit der Schilderung seiner »Abenteuer mit Schober« Material. Doch die Haltung der Partei Schober gegenüber änderte sich zwangsläufig bald. Während nämlich die Sozialdemokratie aus der Katastrophe des 15. Juli kaum etwas lernte, zogen ihre politischen Gegner daraus die wichtige Erkenntnis, daß jene entweder nicht bereit oder nicht imstande war, ihre Macht einzusetzen, daß sie es also im Ernstfall bei Drohungen bewenden lassen würde. Dieses Bewußtsein von der tatsächlichen Ungefährlichkeit des Gegners gab den rechtsstehenden Kräften, an deren Spitze ein so realistischer und machtbewußter Politiker wie Ignaz Seipel stand, starken Auftrieb. Die Gruppierungen, die eine Zerschlagung der Demokratie und den Übergang zu autoritären Regierungsformen forderten, wurden im bürgerlichen Lager immer stärker. In dieser neuen Kräftesituation war ein Politiker wie Johann Schober, der sich trotz gelegentlicher, historisch noch nicht ganz geklärter Kontakte zu putschistischen Kräften wenigstens verbal zur Demokratie bekannte, für die sich am Parlamentarismus orientierende Sozialdemokratie eindeutig das kleinere Übel und daher einer Unterstützung wert. Ihr politisches Trachten war nunmehr darauf gerichtet, zu verhindern, daß jene politische Mitte, die Schober repräsentierte, nach rechts rutschte. Zudem ging sie offensichtlich davon aus, daß Schober nur einen Teil der Schuld an dem blutigen 15. Juli trug, und daß es unklug wäre, den Wiener Polizeipräsidenten und präsumptiven Bundeskanzler durch Angriffe auf seine Person dem Gegner in die Arme zu treiben, statt zu versuchen, die Spannungen innerhalb des Bürgertums auszunützen und sich durch die Unterstützung eines bürgerlichen Kanzlerkandidaten einen gewissen Freiraum zu schaffen. Schober ließ sich diese mehr oder minder direkte Unterstützung durch die Sozialdemokratie während seiner Kanzlerschaft 1929/1930 gefallen, ohne sie allerdings zu honorieren.

Und diese Unterstützung, die auch ihren publizistischen Niederschlag in der *Arbeiter-Zeitung* fand, die das Kabinett Schober als eine »Regierung gegen den Staatsstreich« begrüßte, entzweite Kraus und die Sozialdemokratie vollends. Kraus konnte das politische Kalkül, das dieser Unterstützung zugrunde lag, nicht nachvollziehen: selbst wenn es ihm gedanklich möglich gewesen wäre, hätte er eine solche Denkweise nicht akzeptiert. Und so geriet nun die Sozialdemokratie in die Mitte zwischen die beiden Gegner Kraus und Schober. Auf der einen Seite verzieh Kraus ihr die Tolerierung des seiner Meinung nach Hauptverantwortlichen für das Massaker des 15. Juli nicht, er registrierte einen neuen Fall »relativer Moral«. Auf der anderen Seite war die Sozialdemokratie durch Schober in eine ähnliche Zwickmühle geraten wie seinerzeit in der Bekessy-Affäre: Kraus' Aktivitäten waren zu einem beträchtlichen Teil gegen Schober gerichtet — hätte nun die *Arbeiter-Zeitung,* und sei es auch nur auf der Kulturseite, über diese Aktivitäten berichtet, dann hätte der eitle Schober, den zu verärgern die Partei sich damals nicht mehr leisten konnte, das als Angriff aufgefaßt. Sowohl Kraus als auch Schober übten so auf die Sozialdemokratie und ihre Publizistik Druck aus, sich bindend für einen von ihnen zu entscheiden. Jene Neutralität, die die *Arbeiter-Zeitung* so gerne geübt hätte — nämlich Schober mit Einschränkungen in der politischen Sphäre zu unterstützen und gleichzeitig mit Einschränkungen das künstlerische und moralische Wirken von Karl Kraus zu loben —, wurde ihr von den beiden Streitteilen nicht gestattet. In dieser Situation entschieden sich die Partei und ihre Presse politisch — das heißt für Schober und gegen Kraus. In der *Arbeiter-Zeitung* wurde nunmehr ein nicht geringer Teil des Krausschen .Wirkens aus Rücksicht auf Schober totgeschwiegen. *Die Unüberwindlichen,* das Schlüsselstück gegen Schober, wurde von der sozialdemokratischen Publizistik, die bisher jedes neue Werk von Kraus angekündigt hatte, ignoriert.

Kraus sah sich daher in seinem Kampf gegen Schober isoliert und verraten, ähnlich isoliert und verraten wie weiland im Kampf gegen Bekessy. Aber Totschweigen allein reichte nicht: Aus Loyalität zu Schober war die Partei gezwungen, Kraus' Kampf gegen diesen dort, wo er an ihrer Einflußsphäre rührte, zu behindern. So wurde etwa dem jungen Schriftsteller Franz Leschnitzer, der damals Kraus noch verehrte, von der Redaktion der *Arbeiter-Zeitung* aus einem Essay über George eine Anspielung auf den Kampf des Satirikers gegen Schober gestrichen. Vor Gericht erklärte der Vertreter der Redaktion, diese lehne es ab, im Literaturteil gegen Schober zu polemisieren. Daneben versuchte die Partei, gewitzigt durch die negativen Erfahrungen mit den von sozialdemokratischen Stellen veranstalteten Kraus-Vorlesungen, zu verhindern, daß einzelne Sektionen Kraus als Vortragenden einluden. Sie hätte ja sonst riskiert, daß Schober vielleicht sogar unter dem Beifall der Zuhörer auf einer Parteiversammlung beschimpft worden wäre.

Am meisten aber empörte Kraus der folgende Zwischenfall: Kolporteure der *Roten Hilfe,* einer offiziell überparteilichen proletarischen Hilfsorganisation, die aber von Kommunisten dominiert wurde, hatten sich bereit erklärt, sein Spottlied gegen Schober, dessen Ertrag den Opfern des 15. Juli 1927 gewidmet war, beim Arbeitersängerfest zu verkaufen. Obwohl dieses Vorgehen absolut legal war, gingen Polizisten rechtswidrig gegen die Kolporteure vor und wurden dabei von sozialdemokratischen Funktionären unterstützt. In Kraus' Optik verriet damit die Partei die Opfer des 15. Juli und machte mit den Schuldtragenden gemeinsame Sache. Diese Angelegenheit hatte noch ein publizistisches Nachspiel: Die *Arbeiter-Zeitung* bezeichnete den Bericht in der *Fackel* als erlogen und stellte unwahre Behauptungen über die *Rote Hilfe* auf. Als ihr diese eine Berichtigung schickte, weigerte sich die *Arbeiter-Zeitung* in dem berechtigten Vertrauen, daß eine proletarische Organisation nicht vor ein bürgerliches Gericht gehen werde, diese Berichtigung, zu deren Veröffentlichung sie verpflichtet gewesen wäre, zu bringen. Eine Berichtigung zu verweigern, wenn man weiß, daß der Gegner aus welchen Gründen auch immer den Prozeßweg scheut, ist ein Verhalten, das Kraus in seinen Kämpfen gegen bürgerliche Zeitungen oft erlebt hatte. Daß allerdings eine sozialistische Zeitung Genossen gegenüber das gleiche Verhalten an den Tag legte, war für ihn neu. Für seine Einschätzung der Sozialdemokratie hatte dieses Verhalten die Konsequenz, daß er ihre Identität mit der bekämpften Bürgerwelt noch stärker betonen konnte. Der Sozialdemokratie innerhalb seines Wertsystems wenigstens einen gewissen sittlichen Vorsprung vor den anderen Parteien zuzubilligen, war ihm nach solchen Erfahrungen nicht mehr möglich. Seiner Einschätzung nach unterdrückte sie in jenem Bereich, wo sie Macht hatte, oppositionelle Bestrebungen genauso, wie ihre Gegner es taten. Die später im Zuge seiner Schlußabrechnung mit der Sozialdemokratie zutage tretende prinzipielle Mißachtung gewisser sozialdemokratischer Zielwerte — wie etwa Freiheit und Demokratie — hat ihren Ursprung nicht nur darin, daß diese Werte für Kraus an sich nicht sehr wesentlich waren, sondern auch darin, daß er aus Vorfällen wie dem vorhin erwähnten schloß, es handle sich dabei nur um Phrasen, diese Werte würden in der Praxis der Sozialdemokratie nicht hochgehalten, und das Ziel dieser Praxis sei nur die Realisierung der persönlichen Herrschaft des in dem Gedicht *Weg damit!* angegriffenen »politischen Paktiererpacks«.

Der erste große Angriff des Satirikers gegen die Parteiführung erfolgte im September 1928. In einem gesprochenen »Rechenschaftsbericht« versucht er sein hauptsächlich aus jungen Sozialisten bestehendes Publikum gegen die Parteiführung zu mobilisieren, und warf dieser neuerlich Verbürgerlichung vor. Allerdings hatte Kraus einen sehr eigenwilligen Begriff vom »Bürger«. Seine Angriffe gegen die Verbürgerlichung der Sozialdemokratie zeigen daher ähnliche Eigenschaften wie etwa seine Pressekritik oder seine Auseinandersetzung mit dem Problembereich von Sittlichkeit und Kriminalität: Eine Fülle von scharfsinnigen und richtigen Einsichten in Detailfragen koexistiert mit einer prinzipiell falschen Gesamtschau. Dort, wo Kraus eine Verbürgerlichung der Sozialdemokratie feststellt, stimmt das meistens. Aber der Schluß, den er daraus zieht, die völlige Gleichsetzung von Sozialdemokratie und Bürgertum, die Gründe, die er dafür nennt und die Vorschläge zur Änderung — all das entbehrt jedes Realitätsbezugs. Kraus' Kritik an der Sozialdemokratie muß auch im folgenden mit dieser Einschränkung gesehen werden. Legitimiert ist sie dennoch durch ihre Unmittelbarkeit und Echtheit; sie kommt aus einer Erfahrung, die Kraus in dem folgenden bitteren Satz zusammenfaßt: »Ich habe auf der Seite, auf der ich stehe, wenn es den Kampf gegen Willkür, wenn es die Rettung des Menschenlebens vor Not und Gewalt betrifft, nichts Erfreulicheres erlebt, als auf der Feindesseite, Unerfreulicheres, weil dieser doch die bürgerliche Lumperei legitim zusteht, die sich jene erst anmaßen mußte[1].«

Und mögen die Schlußfolgerungen, die Kraus aus seiner Einschätzung der Sozialdemokratie zieht, hundertmal falsch sein, der folgende Vorwurf, wird ihr vor der Geschichte anhaften bleiben: »Aber das Schlimmste von allem ist, daß sich unter den Augen einer Partei, deren Macht selbst bei einem Mindestmaß von revolutionärer Entschlossenheit den Mißwuchs der alten Welt im Bann der Furcht halten müßte, dieser schamloser ausbreiten darf als jemals unter ungeteilter politischer Herrschaft der Bourgeoisie[2].«

Fürs erste antwortete die Partei mit einer gründlichen »Auseinandersetzung mit Karl Kraus«. Deren Autor, Friedrich Austerlitz, versuchte vor allem Kraus' Vorwurf zu entkräften, sein Werk werde von der *Arbeiter-Zeitung* nicht beachtet. Er hielt dem entgegen, daß Kraus unter »beachten« nicht Kritik, sondern unbedingtes »Mittun« verstehe. Das ist sicherlich richtig; vorzuwerfen ist Austerlitz nur, daß gerade unter seiner Führung die *Arbeiter-Zeitung* früher dieses unbedingte Mittun praktiziert hatte und es erst nun, da es nicht mehr in ihr tagespolitisches Konzept paßte, zurückwies. Den Kampf des Satirikers gegen Schober hielt Austerlitz für sinnlos: »Aber wenn Kraus meint, daß Herr Schober, den sich die Bourgeoisie nach dem 15. Juli zum Idol erkoren hat, von irgendeiner Bürgerlichkeit mit den Hinweisen auf seine Felonie gegenüber Kraus zu erschüttern gewesen wäre, so kennt er die Bürgerlichkeit, gegen die er durch Jahrzehnte mit allen Waffen seines Geistes kämpfte, herzlich schlecht.« Das ist die Kehrseite der radikalen Phrase des Austromarxismus: Solange die SDAP stark war, begründete sie ihre Weigerung, etwa gegen Bekessy zu kämpfen, mit ihrer revolutionären Mission. Nunmehr, nach der Niederlage des

15. Juli, ist die revolutionäre Phrase der fatalistischen Berufung auf die angebliche Sinnlosigkeit des Kampfes gewichen.

Austerlitz' Beitrag war — trotz des Vorwurfes an Kraus, er lasse es »in höchstem Maß an Gerechtigkeit fehlen« — immer noch eine positive Würdigung, die von dem Bemühen getragen war, beim anderen Verständnis zu erreichen. Es war der letzte vergebliche Versuch des damals schon alten Austerlitz, Karl Kraus und die Partei einander näher zu bringen, und auch dieser Versuch endete mit der resignierten Feststellung: »So wird man doch wohl sagen dürfen, daß es mit Karl Kraus manchmal ein schweres Leben ist[3].«

Bei den anderen sozialdemokratischen Publizisten fand Kraus nicht mehr solches Verständnis wie bei dem geistesverwandten Gefühlssozialisten und Sprachfanatiker Austerlitz. Oscar Pollak etwa, dessen Einfluß in der sozialdemokratischen Publizistik stetig zunahm, erklärte in einer Rezension von Remarques Roman *Im Westen nichts Neues,* es gäbe kein österreichisches Kriegsbuch, das diesem vergleichbar wäre — eine Behauptung, die den Autor der *Letzten Tage der Menschheit* so vergrämte, daß er schließlich sogar sein Werk auf den »sozialdemokratischen Index« kommen sah.

Gegen das Totschweigen und die Diffamierung seiner Werke durch die sozialdemokratische Presse wehrte sich Kraus auf satirisch fruchtbare Weise. Wieder zielte seine Kritik vor allem auf den Umstand, daß der Inseratenteil der *Arbeiter-Zeitung* nicht mit deren Zielsetzungen übereinstimmte. Kraus machte sich den Widerspruch zwischen redaktionellem und Anzeigenteil zunutze: dieselben Werke, die im Textteil herabgesetzt oder totgeschwiegen wurden, wurden im Inseratenteil gegen Entgelt gelobt. Das Inserat der *Unüberwindlichen* etwa enthält neben dem Hinweis auf Schober die auch die *Arbeiter-Zeitung* betreffende Anspielung, das Stück werde »von der gesamten bürgerlichen Presse totgeschwiegen«. *Die letzten Tage der Menschheit* wurden mit dem Lob Bauers, Seitz' und Austerlitz' annonciert, denen als abschreckendes Gegenbeispiel Pollaks Urteil beigegeben wurde.

Oscar Pollak war nicht der einzige publizistische Wider-
sacher des Satirikers, ebenso wesentlich war die Gegnerschaft des Musikkritikers der *Arbeiter-Zeitung,* Wolfgang
Amadeus Pisk. Dieser ignorierte — inwieweit ist allerdings strittig — die Offenbach-Abende, auf die Kraus
besonders stolz war. Austerlitz begründete dies damit, daß
die Sozialdemokratie »diese Kunst aus dem Geiste des
dritten Kaiserreiches (für) verklungen und vertan« halte[4].
Dagegen ist manches einzuwenden: Offenbach ist durch
Kraus' Verdienst in unseren Breiten heute noch lebendig.
Auch Pisk hatte vor dem parteiamtlichen Quasi-Boykott
der Kraus-Vorlesungen begeistert über diese berichtet.
Wollte man Austerlitz zubilligen, daß er sich, in schemati-
sierender Anwendung des Begriffes »bürgerliche Kunst«,
gegen Offenbachs Werk als Produkte einer solchen aus-
sprach, dann muß ihm der schon von Kraus festgestellte
Widerspruch vorgehalten werden, daß er es in der gleichen
*Arbeiter-Zeitung* tat, die »dem letzten bürgerlichen Ope-
rettenmist ihre erstaunliche Kunstrubrik offenhält[5]«.
Jedenfalls antwortete auf die Einschätzung der Offenbachschen Musik als »verklungen und vertan« ein inter-
nationales Gelächter, das auch in der sozialdemokratischen
Presse Deutschlands und der Tschechoslowakei seinen
Niederschlag fand. Die *Arbeiter-Zeitung* modifizierte
daraufhin ihren Standpunkt: »Offenbachs Musik ist und
bleibt lebendig«, hieß es auf einmal. Dagegen behauptete
die Zeitung nunmehr, nachdem sie das dreißigste Erschei-
nungsjahr der *Fackel* und die 500. Vorlesung von Karl
Kraus ignoriert hatte, sie hätte immer positiv über Karl
Kraus berichtet und stünde auch Offenbach positiv gegenüber. Doch jetzt erhob der Musikkritiker Wolfgang
Amadeus Pisk, den Kraus mittlerweile in einer Zusatzstrophe ein »Schlieferl« genannt hatte, musikalische Einwände: Kraus könne nicht singen. Das Lob von Musikern
wie Alban Berg, Rudolf Kolisch und Eduard Steuermann,
welches die Tatsache einbezog, daß Kraus keine Noten
lesen konnte, entlarvt Pisks Kritik als Beckmesserei. Kraus
sah darin nur den »Versuch, Rache als Fachwissen zu ver-
kleiden und die verhatschte Parole eines Vorurteils in
die gesunde Petite eines Urteils umzubiegen[6]«. Die wech-

selnde Haltung der Partei hat er in einer seiner hinreißenden Zusatzstrophen verspottet:

> Offenbach, wer hört ihn an,
> er ist verklungen und vertan:
> so schrieben die Genossen nossen nossen nossen nossen.
> Doch daß ich selber schuld daran,
> weil ich nicht rhythmisch singen kann,
> ward später dann beschlossen schlossen schlossen schlossen schlossen[7].

Pisks Person mußte auch dazu dienen, zu belegen, daß die von Kraus behauptete Übereinstimmung von Sozialdemokratie und Bürgerwelt bis zu deren übelstem Auswuchs, dem Nationalsozialismus, ging. Der Sozialdemokrat Pisk schrieb nicht nur für die *Arbeiter-Zeitung,* sondern auch für die laut Kraus die Nazis unterstützende *Berliner Börsenzeitung.* Die Reaktion der Partei auf die Forderung des Satirikers und seiner Anhänger, Pisk möge seine Tätigkeit für das Berliner Blatt einstellen, war nicht geeignet, diesen zu versöhnen. Zuerst stritt man alles ab, dann — zu einem Zeitpunkt, als nach Kraus' Darstellung der Chefredakteur der *Börsenzeitung* schon als möglicher Ministerkandidat der Nazis im Gespräch war — stellte man diese als harmlos hin, später erklärte man die Vorwürfe für unberechtigt, weil Pisk sowieso nicht mehr mitarbeitete. In der Darstellung des Satirikers argumentierte die Partei so: »Wie, ihr könnt glauben, daß sie ein Hakenkreuzler-Blatt ist und daß ein Sozialdemokrat an so einem mitarbeitet? Erstens ist sie bloß ein Blatt des Finanzkapitals, zweitens arbeitet er nicht mit, denn drittens hat er soeben die Mitarbeit aufgegeben, weil es ein Hakenkreuzler-Blatt ist und ein Sozialdemokrat so etwas nicht tut, ihr Herren, wenn man ihm draufkommt[8]!«

Neben sozialdemokratischen Journalisten und der Kulturpolitik der Partei waren die publizistischen Prinzipien der *Arbeiter-Zeitung,* die Kraus in ihrem Inseratenteil verkörpert fand, einer seiner Hauptangriffspunkte. Wie erinnerlich, hatte ihn diese schon einmal beschäftigt, und obwohl es damals, um die Jahrhundertwende, zwischen ihm und der Partei zu einem Bruch kam, hat er später insofern recht erhalten, als die Parteipresse sich nach deutschem Vorbild weigerte, Annoncen von Großunternehmern zu akzeptieren. In den zwanziger Jahren kam es nun zu einer Neuauflage dieser Polemik: Abgesehen von politischen Inseraten, stand der Annoncenteil der *Arbeiter-Zeitung* jedem offen, der den Tarif zahlte und mit seiner Einschaltung kein Gesetz verletzte. Zwei Gruppen von Inseraten störten Kraus besonders: die Kurpfuscher-Anzeigen und die der Firma Krupnik.

Wie heute noch in gewissen Zeitungen, fanden sich auch in der *Arbeiter-Zeitung* zahlreiche Inserate, in denen, anonym und sicherlich nicht von Ärzten, marktschreierisch die Heilung von Lungenleiden und ähnlichen schweren Krankheiten gegen Einsendung von Geldbeträgen versprochen wurde[9]. Bei derartigen Erkrankungen kann die Befolgung der Anweisungen eines solchen Inserates dem Betreffenden, wenn er im Vertrauen auf das im Inserat ausgedrückte Versprechen keinen Arzt konsultiert, schweren, ja, irreparablen Schaden zufügen. Gerade der Kredit, den die *Arbeiter-Zeitung* im Proletariat hatte, machte sie einerseits für derartige Inserenten besonders attraktiv, andererseits aber machte er diese Inserate besonders fragwürdig: der Inseratenteil hob ja in gewissem Sinne die Erziehungsarbeit, die im redaktionellen Teil geleistet wurde, wieder auf. Ja nach den bürgerlichen Regeln des »redlichen Verkehrs« im Geschäftsleben wäre eine solche Aufklärungsarbeit nicht nur ein Vertragsbruch dem Inserenten gegenüber, sondern auch rechtswidrig gewesen. Die *Arbeiter-Zeitung* mußte sich in einem ähnlichen Fall vom Obersten Gerichtshof darüber belehren lassen. Sie hatte im Inseratenteil Romane der Courths-Mahler zum Verkauf angepriesen und war — von empörten Lesern gezwungen — einige Tage später im Textteil von diesen Inseraten abgerückt. Laut Entscheidung des Obersten Gerichtshofes stand ihr deswegen nicht nur der Betrag für das Inserat, den sie dennoch verlangte, nicht zu, sondern es hätte sogar die Möglichkeit einer Schadensersatzklage gegen sie gegeben[10]. Der Oberste Gerichtshof erklärte ausdrücklich, daß jemand, der eine Annonce zu Reklamezwecken übernimmt, sich ausdrücklich verpflichtet, alles zu unterlassen, was dem Werbezweck zuwiderlaufe.

Doch weder diese Belehrungen noch der intensive Kampf von Kraus und seinen Anhängern gegen die Kurpfuscherinserate bewirkte eine Änderung in der Redaktionspolitik der *Arbeiter-Zeitung*. Die Parteibürokraten, die ihr großes Ziel schon lange dem kleinen der Erhaltung ihrer eigenen Existenz untergeordnet hatten, leugneten teils die heute noch nachweisbare Existenz der Kurpfuscherinserate, teils beriefen sie sich auf die für Kraus zeitlebens unvorstellbare angebliche Trennung von Redaktion und Administration. Die Praxis hat bewiesen, daß es auch bei der *Arbeiter-Zeitung* diese Trennung nicht gab: Einem Bericht der *Vereinigung Karl Kraus* zufolge unterblieb im Sommer 1929 auf Weisung der Redaktion die Veröffentlichung eines von der Administration bereits angenommenen Inserates, das Kraus betraf. Doch selbst wenn diese Trennung bestanden hätte, die Kraus ironisch einen »schönen liberalen Besitz« nannte, so ist sie zweifellos für ein sozialistisches Blatt, das ein klares Ziel vertritt, dort dysfunktional, wo der Inhalt eines Inserates in irgendeiner Form den Zielen des Blattes zuwiderläuft.

Neben den Kurpfuscherinseraten waren es besonders die Anzeigen der Firma Krupnik, deren Existenz Kraus für Verrat an den Prinzipien der sozialistischen Bewegung hielt. Diese Firma betrieb in Wien ein gutgehendes Kaufhaus, in dem billige Massenmode angeboten wurde. Die Modelle wurden in Österreich hergestellt, und wenn wir dem Textteil der *Arbeiter-Zeitung* und der anderen sozialistischen Blätter glauben dürfen, wurden die mit der Produktion beschäftigten Arbeiterinnen geschunden, ausgenützt, es gab Lohndrückereien, Mißachtung der Arbeitsschutzbedingungen und so fort. Im Textteil bekämpfte die *Arbeiter-Zeitung* daher die Firma Krupnik. Doch der Kundenkreis Krupniks war das österreichische Proletariat, und um an dieses heranzukommen, mußte die Firma in der *Arbeiter-Zeitung* inserieren. Ja, Krupnik paßte sogar seine reißerischen, riesengroßen Inserate dem Jargon der *Arbeiter-Zeitung* an. So inserierte er etwa am 1. Mai mit dem Slogan: »Luxus für alle. Krupnik hat die Mode demokratisiert[11]«, solcherart die Idee der Demokratisierung für seine Geschäftszwecke mißbrauchend. Der ganze spezifische Sprach- und Ideenschatz der sozialistischen Bewegung diente dem findigen Werbechef der Firma Krupnik zur Stimulierung der Kaufgelüste des Proletariats. Kraus forderte daher, die *Arbeiter-Zeitung* solle von Krupnik keine Inserate mehr annehmen. Doch dessen Inserate erschienen immer häufiger und in solcher Größe, daß Kraus das Zentralorgan der österreichischen Sozialdemokratie nur noch ironisch das »Krupnik-Organ« nannte.

Die *Arbeiter-Zeitung* hatte wohl schon 1925 unter Hinweis darauf, daß Krupniks Kundenkreis aus Arbeitern bestand, erklärt: »Wenn die Herren nicht rechtzeitig zur Besinnung kommen und ihre Scharfmachereien nicht einstellen, wird man schließlich an diese Arbeiterkunden appellieren müssen, bei einer so ausbeuterischen Firma nicht zu kaufen und das Geschäft des Herrn Krupnik zu meiden[12].« Nun, diese angedrohte Maßnahme — ein Boykott des Kaufhauses — war weitaus radikaler als die Forderung Kraus', die ja nur die Ablehnung von Inseraten Krupniks beinhaltete. Aber schon die Formulierung der *Arbeiter-Zeitung*, ihr »wenn« und »wird man wohl«, zeigt, daß sie wieder einmal mit ihrem Radikalismus nur spielte und daß dieser in Wirklichkeit mit einer opportunistischen Praxis einherging.

Einen relativ geringen Raum in Kraus' Werk nimmt seine inhaltlich hochinteressante Kritik an Otto Bauer ein. Bauers Persönlichkeit war derart faszinierend, daß es nur wenig innerparteiliche Kritik an ihm gab. Erst nach dem 12. Februar 1934 kam es zu einer kritischen Analyse seiner historischen Rolle[13]. Kraus als Außenseiter hat es verstanden, sich der Suggestivkraft Bauers zu entziehen. Doch jener eigentümliche, den Wert seiner Kritik verringernde Umstand, daß die Gesamteinschätzung trotz richtiger Einschätzung im Detail falsch ist, prägte auch sein Urteil über Otto Bauer. Denn das Gedicht, in dessen Mittelpunkt Bauer steht, trägt den Titel *Der Führer*, einen Titel, der damals, 1930, schon einem ganz anderen »Führer« zustand, den Kraus, in die Fehler der Sozialdemokratie verbissen, nicht sehen konnte oder wollte.

Otto Bauer war für Kraus insofern ein leichtes Opfer, als seine radikalen Phrasen für den sprachfixierten Satiriker, der allerdings nicht politisch dachte, leicht durchschaubar waren. In seiner Begründung der Apathie der Sozialdemokratie in historisch entscheidenden Situationen stützte sich Bauer auf eine deterministische Einschätzung des gegenwärtigen Kapitalismus, von dem er annahm, er würde bald zusammenbrechen, und interpretierte dem Parteivolk jede politische Niederlage der Bewegung als Fortschritt, der über kurz oder lang unweigerlich zum entscheidenden Umschlag führen müsse. Kraus kritisierte von seinem aktivistischen Standpunkt aus diesen mechanischen Determinismus so:

Wellenberge sind Wellentäler,
viel verwickelt der Entwicklung Bänder:
vorgezeichnet zeigt er es dem Wähler
faktisch, praktisch, taktisch im Kalender.

Das Parteivolk, geblendet von der scheinbaren Stärke der Ersatzwelt von Organisationen, Maiaufmärschen und ähnlichem, verlor gemeinsam mit seinem Führer den Maßstab für seine tatsächliche Lage, für die reale Machtsituation in Österreich, und ließ sich auch noch Niederlagen als Siege einreden:

Anders noch als jenen frommen Springern
muß im Zickzackkurs es uns gelingen.
Diesen Fortschritt darf man nicht verringern,
wenn zwei vor und drei zurück wir springen.

Die ungeheure theoretische Potenz Bauers, die Suggestivkraft seiner Person und seiner Aussagen waren so für die in seinem Banne stehende Partei ein Hindernis bei der Bewältigung ihrer tatsächlichen Probleme. Selbst eine offenkundige Niederlage wie der 15. Juli war ihr kein Anlaß zur Selbstkritik, Bauer entwickelte eine »Theorie der Pause«, nach dem zwangsläufigen Ende dieser Pause sollte dann ebenso zwangsläufig dem Sieg des Sozialismus in Österreich nichts mehr im Wege stehen:

Daß der Feind heut frech, läßt sich erklären
und dazu noch mit Bestimmtheit sagen:
Wenn wir Sieger nicht besiegt nun wären,
könnten wir nicht einst ihn wieder schlagen.

Kraus erkannte schon früh, daß der Stolz der Partei,
der hohe Organisationsgrad der österreichischen Arbeiterklasse, ihre Disziplin und Kampfkraft von der Führung
nur zur Drohung eingesetzt wurde und daß diese Führung
im Ernstfall — wie etwa am 15. Juli 1927 oder im
Februar 1934 — die Massen entweder abwiegeln oder gar
im Stich lassen würde:

Wie wir haben in der Hand die Massen,
ja da kann der Gegner sich verstecken:
blind gehorchen sie, wenn wir sie lassen
stracks und imposant die Waffen strecken.

Zudem war diese verbale Stärke, die sich in Leitartikel-
überschriften wie »Sie sollen's nicht wagen!« (während
man sich tatsächlich nie wehrte, was der Gegner längst
durchschaut hatte) äußerte, meist mit einem aus der bürgerlichen Revolution entlehnten »Ihr-Herren!«-Pathos
verbunden, das Kraus nicht mochte:

Wißt ihr noch, ihr Herrn, wie nur erwogen
wir den Kampf, und schon ward er beschlossen.
Kaum war der Befehl zurückgezogen —
schon, ihr Herrn, gehorchten die Genossen.

Seht euch vor und kommt heran, ihr Herren,
da könnt ihr gleich wieder was erleben:
mögt ihr noch so dreist vom Siege plärren,
nun wohlan — wir werden uns ergeben!

Bauers Partei, die sich für berufen hielt, die österreichische Misere zu überwinden, war nach Kraus' Meinung
in Wirklichkeit ein vollendeter Repräsentant eben dieser
Misere:

Geht es gut, wir werden vorwärts schreiten!
Kommt es anders — nun, Sie werden lachen,
denn dann kommt aus längst verklungnen Zeiten
auch der Trost: Da kann man halt nix machen!

Was da ist, ihr Herrn, es ist gegeben;
so und so: es ist diktiert vom Datum.
Die Doktrin läßt vielen Spielraum eben
noch für's alte österreichische Fatum[14].

Kraus hatte die Parteiführung und die politische
Theorie des Austromarxismus verworfen, und dennoch
gab es noch ein wichtiges Bindeglied zwischen ihm und der
Partei: seine vielen Anhänger unter ihren Mitgliedern. An
sie wandte er sich mit seiner Kritik und forderte sie auf,
die Partei in seinem Sinne zu verändern. Das wichtigste
Dokument dieser Bemühungen ist die Rede *Demokrati-*
*sierung und Isolierung* vom Juni 1929, deren Titel die
angebliche Demokratisierung der Mode durch Julius
Krupnik zu der Isolierung des Satirikers innerhalb der
Partei in Bezug setzte. Kraus wandte sich nach einer neuerlichen Kritik an der publizistischen Praxis der *Arbeiter-*
*Zeitung* an seine jugendlichen Hörer, von denen er viele
dem Sozialismus zugeführt hatte: »Ich empfinde die Vorstellung als unerträglich, daß junge Menschen mir anhängen und zugleich widerspruchslos Genossen dieses Pollaks
sein, wehrlos einer Partei zugehören sollen, der solches
Unheil droht und die solche Geistigkeit unter ihre Fittiche
nimmt[15].« Er verlangte von der revolutionären Jugend
keinen Parteiaustritt, sondern daß sie »von ihrer Gesinnung den denkbar disziplinwidrigsten Gebrauch mache[16]«,
also innerparteilich opponiere. Wie immer, wenn er mit
jemandem kämpfte, akzeptierte er auch diesmal nicht die
Doppelrolle jener, die glaubten, sowohl ihm als auch
seinem Gegner anhängen zu können. Er verlangte daher
von seinen sozialdemokratischen Verehrern, sie sollten im
Konflikt zwischen ihm und der Partei für oder gegen ihn
Stellung nehmen. Als Sanktion für die Verweigerung des
Bekenntnisses zu ihm drohte er, in Hinkunft keine Vorlesungen aus eigenen Schriften mehr zu halten.

Die Betroffenen reagierten auf eine für den Austromarxismus typische Art: Sie gründeten einen Verein. Genossen rund um Fritz König, der Kraus schon im Kampf gegen Bekessy unterstützt hatte, Benedikt Fendrich, Hugo Nadler, Richard Kürt — alles Namen, die in der Parteigeschichte keine prominente Rolle spielen — gründeten die *Vereinigung Karl Kraus*. Diese Vereinigung ist ein Unikum in der Geschichte des österreichischen, wenn nicht sogar des internationalen Sozialismus. Es gibt in der Geschichte der Arbeiterbewegung sonst wohl kaum einen Fall, daß sich innerhalb der Partei eine Suborganisation bildete, die der Verbreitung der Ideen eines einzelnen, noch dazu eines der Partei kritisch gegenüberstehenden Nichtpolitikers, diente. Die *Vereinigung* zählte etwa zweihundert Mitglieder. Dem Statut nach durften nur organisierte Sozialdemokraten Mitglieder werden; die *Vereinigung* schützte sich bei Versammlungen durch strenge Kontrollen der Parteimitgliedsbücher vor dem möglichen Vorwurf der Partei, sie sei von außen unterwandert. Der Zweck des Vereines war es, nach Paragraph 2 des Statuts, »das Interesse der österreichischen werktätigen Bevölkerung für das Wirken und die Werke des Künstlers Karl Kraus zu fördern[17]«. Diesen Zweck zu erreichen, dürfte den Mitgliedern deshalb leicht gefallen sein, weil ein Großteil von ihnen nicht nur einfache Parteimitglieder, sondern auch Funktionäre von Suborganisationen der Partei waren, und zwar vor allem im kulturellen Bereich. Der tatsächliche Zweck des Vereins war es aber eher, den eigenen »tragischen Konflikt« der Mitglieder dadurch zu bereinigen, daß man Kraus mit der Partei wieder zu versöhnen trachtete. In ihrem Werbeblatt sprachen die Vereinsmitglieder die Hoffnung aus, daß Karl Kraus »in der schweren Bitternis seiner Erfahrungen (ihr) ehrliches und offenes Bemühen als etwas Versöhnliches empfinden« möge[18]. Das wichtigste Produkt der Vereinstätigkeit war die vom März 1930 bis Januar 1932 erschienene Vereinszeitung, das *Nachrichtenblatt der Vereinigung Karl Kraus* — ein Versuch, eine kollektiv gestaltete sozialistische *Fackel* zu schreiben. Obwohl Kraus die Verwendung seines Namens im Titel der Zeitung und des Vereins sowie den

Abdruck seiner Schriften gestattete, legte er immer wieder Wert auf die Feststellung, daß er zu der *Vereinigung* in keinerlei Verhältnis stehe.

Wenn man das Bewußtsein der Mitglieder der *Vereinigung* anhand ihrer Zeitung einschätzt, dann sieht man, daß trotz der behaupteten Synthese von sozialistischem und Krausschem Gedankengut dieses eindeutig die Oberhand hatte. Gleich vielen sozialistischen Kraus-Anhängern identifizierte die *Vereinigung* die Ziele ihres Vorbilds mit denen des Sozialismus. Eine größere politische Perspektive findet sich bei ihr kaum. Darin dürfte sich die *Vereinigung* allerdings nicht wesentlich von zahlreichen anderen Vereinen im Dunstkreis der SDAP unterschieden haben. Politische Ereignisse wurden in der Regel durch die Krausssche Brille gesehen, wobei die Vereinsmitglieder in manchen Fällen noch über Kraus hinausgingen. Seine Parteikritik wurde akzeptiert; und es wurde immerhin der interessante Versuch unternommen, ihre Legitimität innerhalb der sozialistischen Theorie zu beweisen.

Als Dokument für die merkwürdige Einstellung der *Vereinigung* zur Tagespolitik sei etwa ihre Stellungnahme zu den Wahlen im Jahre 1930 herangezogen. Kraus hatte im Zuge seines damaligen Rückgriffs auf seine früheren antipolitischen Positionen erklärt, er sei an diesen Wahlen nicht interessiert. Die *Vereinigung* agitierte nun mit Texten von Kraus, die auf Flugblättern verteilt wurden, für die SDAP und begründete dies folgendermaßen: »Was aber allein dem Genius eines *Karl Kraus* in seiner grandiosen Konsequenz erlaubt ist, das könnte nur Anmaßung gleicherweise auch für jedes kleine Einzel-Ich in Anspruch nehmen! Faschisten wollten unser Land erobern! Wiederholt war auch schon *Karl Kraus* das Ziel ihrer Drohungen und anonymen Schmähungen! Einem Sieg der Troglodyten am 9. November wäre vielleicht keine Vorlesung des Künstlers am 16. November mehr gefolgt! Wenn nicht noch Größeres, so galt es zumindest die *Freiheit seines Wortes zu erhalten*[19]!«

Der innerparteiliche Spielraum der *Vereinigung* war allerdings gering. Die Zugehörigkeit zur SDAP lähmte zunächst das Denken ihrer Mitglieder. Opposition war in dieser Partei, die den Einheitsgedanken geradezu fetischisierte, fast unvorstellbar. Die Partei unterließ es auch nicht, immer wieder moralische Verdammungsurteile gegen die Kritiker aus den Reihen der *Vereinigung* loszulassen und zu behaupten, daß innerparteiliche Kritik nur dem Gegner nütze. Als ein Mitglied der *Vereinigung* Kraus über beleidigende Äußerungen, die in einer Vertrauensmännerversammlung über ihn gefallen waren, Mitteilung machte, reagierte Wilhelm Ellenbogen in einem Zeitungsartikel mit Verbalinjurien wie »beispiellose Unanständigkeit«, »Vertrauensmißbrauch«, »Schändlichkeit« und ähnlichem[20]. Diese moralisierenden Verurteilungen allein wären nicht so arg gewesen, doch waren nicht wenige Mitglieder der *Vereinigung* ihren eigenen Aussagen nach »politisch oder gewerkschaftlich in Abhängigkeit« und daher für Pressionen seitens der Partei leicht zugänglich. Auch die Möglichkeiten der *Vereinigung,* in der Partei zu wirken, waren gering, ihre Mitglieder hatten nur einen gewissen Einfluß auf andere kleine Vereinsblättchen sowie das Mittel des informellen persönlichen Kontaktes. Die Parteipresse stand der *Vereinigung* nicht offen; unter Hintansetzung ihrer publizistischen Pflicht vermied es die *Arbeiter-Zeitung,* selbst über wichtige Aktivitäten der *Vereinigung,* wie etwa eine von mehreren hundert Genossen besuchte Gedenkfeier aus Anlaß des 15. Juli, zu berichten. Wenn wir die durchaus glaubhaften Erfahrungen der boykottierten *Vereinigung Karl Kraus* betrachten, müssen wir den Schluß ziehen, daß es um die innerparteiliche Demokratie und ihre Voraussetzung, das Recht auf innerparteiliche Diskussion, in der SDAP nicht zum besten stand.

Dementsprechend war die Tätigkeit des Vereins im ersten Jahr seines Bestehens eher die einer Organisation, die ihre Existenz und das reibungslose Funktionieren des Vereinslebens als Selbstzweck betrachtete. Auch damit unterschied sie sich wohl nicht von anderen Vereinen innerhalb der Sozialdemokratie. So wertete sie etwa — wie ein Briefmarkensammlerverein — das erstmalige Erscheinen ihrer Vereinszeitschrift als »Beweis, ... daß wir unseren richtigen Weg erkannt und unseren Willen zu einem zielbewußten und unbeugsamen gestaltet haben[21]«. Allerdings bildete sie dank ihrer Zeitung eine gewisse Gegenöffentlichkeit zur offiziellen Parteipublizistik, wirkte in den Sektionen, erreichte, daß andere Vereinsblätter, wie etwa der *Floridsdorfer Volksbote*, die *Vorarlberger Wacht* oder der *Arbeiterradfahrer*, Schriften von Kraus abdruckten, veranstaltete Vorträge über Themen wie *Karl Kraus und der Klassenkampf*, organisierte *Fackel*-Lesezirkel — aber all diese Aktivitäten hatten noch einen starken Anstrich von Vereinsmeierei.

Doch Kraus beendete dieses Idyll. Seine Forderung, sich entweder für oder gegen ihn zu entscheiden und im ersteren Falle in seinem Sinne innerhalb der Partei zu wirken, erachtete er durch die bisherige Tätigkeit der *Vereinigung* als nicht erfüllt. Er konzedierte ihr zwar, daß ihr ein Einbruch in die seitens der Partei geübte Totschweigetaktik gelungen sei, doch seien seine Forderungen, die zur Gründung der *Vereinigung* geführt hatten, weiter gegangen: »Kampf gegen die den sozialistischen Hörern vorgewiesenen Parteiübel, nicht den um das Recht, sich innerhalb der Partei, mag diese weiter von den Pollaks den Krupniks zugänglich gemacht werden, zum Werk der *Fackel* zu bekennen[22]« — darum sei es ihm gegangen. Als Sozialdemokraten dem Werk der *Fackel* anzuhängen — sofern dies keine Änderung des Verhaltens zur Folge hätte —, sei ihnen von der Partei nie verwehrt worden. Sofern sie allerdings weiter nichts unternähmen, würde es ihnen bald von der *Fackel* verübelt werden, als deren Anhänger der SDAP anzugehören.

Diese Kritik bewirkte in der *Vereinigung*, die offensichtlich während der ganzen Zeit ihres Bestehens ein ziemlich zerstrittenes Häufchen war, eine gewisse Richtungsänderung. Sie versuchte nun, ihren innerparteilichen Aktionsradius zu vergrößern, indem sie an die Parteizeitungen im Falle von unrichtigen oder diffamierenden Berichterstattungen Proteste richtete und überhaupt gezielt gegen die von Kraus aufgewiesenen Übel opponierte. Die Partei ignorierte diese Bemühungen konsequent. Im Februar 1931 richtete die *Vereinigung* an den Parteivorstand ein Schreiben mit einem Katalog von Forderungen, die in einer

Mitgliedervollversammlung beschlossen worden waren. Diese Forderungen sind ein hochinteressantes Dokument einer innerparteilichen Opposition, die von einem radikaldemokratischen Teil der Basis getragen wurde. Erstmals scheint darin die von der *Vereinigung* angestrebte Synthese von Krausschem und sozialistischem Gedankengut in einigen Punkten erreicht. Verkürzt lauten diese Forderungen so:

— Diskussionsfreiheit in der Parteipresse;
— Schaffung einer Parteistelle, die die Einhaltung sozialistischer Prinzipien durch die Funktionäre überwacht;
— Abbruch der Beziehungen zur bürgerlichen Presse;
— Verbot der Mitarbeit von Genossen an arbeiterfeindlichen Blättern;
— statt Nachahmung — Bekämpfung der Methoden der bürgerlichen Journalistik;
— Einstellung der Kartenvermittlung durch die Sozialdemokratische Kunststelle für der kapitalistischen Weltanschauung dienende Theaterstücke; Erzwingung eines einwandfreien Kulturprogramms durch Boykott;
— Kampf gegen kulturwidrige Tendenzen in den der Partei gehörenden Kinos, Theatern und sonstigen Unternehmungen;
— Zensur des Inseratenteils der Parteipresse vor allem gegen Kurpfuscherinserate, Inserate von Unternehmern, die ihren Arbeitern gewerkschaftlichen Schutz vorenthalten, und Annoncen, in denen minderwertige Waren angepriesen werden;
— Beeinflussung aller Parteiangehörigen im Sinne einer von bürgerlichen Unsitten freien Lebensführung[23].

Offensichtlich waren diese Forderungen doch zu stark, um übergangen zu werden, denn nach einem mehr als einmonatigen Schweigen beantwortete sie Zentralsekretär Robert Danneberg im Namen der Partei. Auch er warf in seiner Antwort der *Vereinigung* wieder Disziplinlosigkeit vor: Es sei ein »ungehöriges Vorgehen« gewesen, daß die *Vereinigung* ihren Brief, ohne die Antwort abzuwarten, veröffentlicht habe. Die *Vereinigung* konnte sich allerdings darauf berufen, daß noch keiner ihrer Briefe je beantwortet worden war und daß drei Wochen wohl eine ausreichende Wartezeit seien. Dannebergs Antwort stellte teilweise den Versuch dar, den Genossen von der *Vereinigung* die politische Dimension, die ihnen bei der Abfassung ihrer Forderungen verloren gegangen war, wieder ins Gedächtnis zu rufen, etwa indem er konstatierte, daß ein Boykott der bürgerlichen Theater in der gegebenen Situation undurchführbar wäre. Größtenteils jedoch leugnete er die Berechtigung der vielfach erwiesenen Anschuldigungen der *Vereinigung:* Es gebe keine Kurpfuscherinserate, kein Genosse schreibe für arbeiterfeindliche Blätter usw. Eine Diskussion zwischen der Partei und der *Vereinigung* war damit eigentlich unmöglich geworden, doch es dauerte noch einige Zeit, bis die *Vereinigung* das begriff. Ab 1932 gab es in ihr heftige Fraktionskämpfe. Ihrer eigenen Darstellung nach zerfiel sie in »Optimisten« und »Nörgler«. Die »Optimisten« hielten den Konflikt zwischen dem Satiriker und der Partei für eine Folge von Mißverständnissen, für eine Personenfrage, die noch lösbar sei. Sie wollten daher Oscar Pollak zu einer Diskussion einladen und gingen davon aus, daß Pollak und die anderen Gegner des Satirikers letztlich nur Einzelpersonen seien. Für die »Nörgler« war der Konflikt ein Symptom der Verbürgerlichung der Partei: »Sie sehen in den Konflikten zwischen der offiziellen Partei und Karl Kraus nichts als Symptome einer tiefer liegenden Ursache: der Verbürgerlichung des Parteiapparates. Sie sagen sich: Durch die vielfache Verquickung mit dem kapitalistischen Interessenkreis ist die offizielle Partei heute von ihrem Programm, also von der Idee des Sozialismus, ebenso weit entfernt, wie die Kirche von der Religion. Welcher führende Sozialdemokrat denkt noch im Ernst an den Sturz der herrschenden Gesellschaftsordnung? Die ganze Tätigkeit richtet sich auf die Sicherung des bestehenden Parteiapparates, auf das normale Funktionieren von Parteibetrieben, Gewerkschaften, Genossenschaften, Krankenkassen, wozu als erste Voraussetzung ›Ruhe und Ordnung‹ erforderlich sind. Das sind die sehr realen Ursachen, warum der Parteiapparat Karl Kraus, den ›Friedensstörer‹, wie er sich nennt, ablehnen muß[24].«

Offensichtlich haben die »Nörgler« sich durchgesetzt.

Wir verdanken ihnen vor allem die letzte Nummer des Nachrichtenblattes im Januar 1932, in der unter dem Titel *Parteiprogramm und Parteipraxis* die antidemokratischen und verbürgerlichenden Tendenzen in der Sozialdemokratie aufgezählt werden. Ausgangspunkt dieser Darstellung, der man eine politische Perspektive nicht absprechen kann, ist eine realistische Analyse der damaligen historischen Situation — realistisch schon deshalb, weil die »Nörgler« im Gegensatz zur Parteiführung einen möglichen Sieg des Faschismus in Betracht zogen. Schuld an der Entwicklung war ihrer Auffassung nach das Versagen des Parteivorstandes, der die Verbürokratisierung und Verbürgerlichung der Partei, die konkret in den Bereichen Kultur und Parteipresse dargestellt wurden, nicht verhinderte. Detailliert zeigten die »Nörgler« Widersprüche zwischen Programm und Praxis sowie die Tendenzen zur Unterdrückung der innerparteilichen Demokratie in der Sozialdemokratie auf.

Mittlerweile war das Verhältnis zwischen Kraus und der Sozialdemokratie so schlecht geworden, daß der »tragische Konflikt« für die Mitglieder der *Vereinigung* sicher nicht mehr erträglich war. Wann und nach welchen Ereignissen sie sich aufgelöst hat, ist mir nicht bekannt. Im September 1932 hat sie noch bestanden, weil Kraus in einer Rede die ihm anhängende sozialistische Jugend fragte, »ob sie es noch immer für vorstellbar erachtet, die Zugehörigkeit zu dieser Partei und die Anhänglichkeit an den Namen eines bekannten ›Einzelgängers‹ in veritabler Vereinigung zu umschließen[25]«. Kraus forderte den Parteiaustritt seiner Anhänger, und an dieser Forderung, der die »Nörgler« sich möglicherweise gefügt haben, wird die *Vereinigung* wohl zerbrochen sein. Kraus nahm ihre ehemaligen Mitglieder später von seinem Groll gegen alles Sozialistische nicht aus. In seiner großen Abrechnungsschrift mit der Sozialdemokratie (1934) sprach er nur noch von der »sagenhaften« *Vereinigung*. Ihr Ziel, Kraus mit der Partei zu versöhnen, hatte diese auf keiner Seite erreicht. Kraus' Beziehungen zur Partei hatten sich auch so entwickelt, als ob es die *Vereinigung* gar nicht gegeben hätte.

Schließlich starb auch noch das letzte Bindeglied zwi-

schen Kraus und der Arbeiterbewegung: Friedrich Austerlitz. In seinem Nachruf, der die »Tragödie« Friedrich
Austerlitz' kommentierte, griff Kraus vehement den in
der nunmehr von Oscar Pollak geleiteten *Arbeiter-Zeitung*
herrschenden Stil an. Daß Pollak, der laut Kraus alle
publizistischen Prinzipien, die Austerlitz hochzuhalten
versucht hatte, über Bord warf, um diesen trauerte, empörte Kraus. Er behauptete später sogar, Austerlitz hätte
eine Art Testament hinterlassen, in dem er sich (ähnlich
wie Lenin über Stalin) abfällig über seinen Nachfolger
Pollak geäußert habe[26]. Jedenfalls änderte sich die *Arbeiter-Zeitung* unter Pollaks Leitung erheblich. Während
Austerlitz ein belehrendes Blatt, das sich jeder Sensations-
hascherei enthielt, gemacht hatte, erklärte Pollak, es müßte
das richtige Verhältnis »zwischen Sozialismus und Sensation« gefunden werden. Und weiter: »Der Leser hat
keine Zeit; er will rasch erfahren, was vorgefallen ist, er
will es anschaulich haben, will Bilder und nicht Belehrung.
Früher galt der Gedanke, jetzt glänzt höchstens der Einfall, früher wirkte das Wort, jetzt entscheidet der
Titel[27] . . .« Damit hatte in Kraus' Interpretation die
*Arbeiter-Zeitung* im Konkurrenzkampf mit der bürgerlichen Boulevardpresse freiwillig alles aufgegeben, was sie
früher von jener positiv unterschieden hatte.

So gelangte Kraus zu einer neuerlichen Vertiefung seiner Überzeugung, Sozialdemokratie und Bürgertum seien
identisch; zugleich nahm er endlich eine Gefahr zur Kenntnis, die er bisher wegen seiner Fixiertheit auf die Fehler
der Sozialdemokratie nicht beachtet hatte: die wachsende
Macht der Nazis. In dieser Situation hielt er im September
1932 seine berühmte große Rede gegen die Sozialdemokratie: *Hüben und drüben*. Seiner Auffassung nach gebührte
der Sozialdemokratie — und darin ist die erwähnte Modi-
fikation der Sozialfaschismustheorie zu sehen — das
»Hauptverdienst« an der Erschaffung der Hakenkreuzler.
In geraffter Form faßte er in seiner Rede alle bisherigen
Angriffspunkte gegen die Sozialdemokratie zusammen und
erweiterte sie. Neuerlich fragte er die ihm anhängende Jugend, wie sie der Sozialdemokratie noch treu bleiben könne.
Die Partei hatte in seiner Einschätzung keinerlei gesell-

schaftsveränderndes Potential mehr, er sah sie nur noch als
»staatlich konzessionierte Anstalt für Verbrauch revolutionärer Energien«, ihre Existenz sei nur noch Selbstzweck
und eigentlich unbegreiflich: »In welcher Fabrik der Atem
hergestellt wird, der die Sozialdemokratie am Leben
erhält, ist ihr Parteigeheimnis. Sie ist die lebendig gewor-
dene Langeweile, der organisierte Aufschub, unterbrochen
von Inseraten der Bourgeoisie und dem meinem Sprach-
schatz entnommenem Witz über dieselbe. Ich verleugne
mein Blut! Nicht fremder Spott, mit dem sie ihrer selbst
spottet, nicht die Zutat der optimistischen Phrase, nicht
Kampf noch Hoffnung ziemt Lemuren, die ihr eigenes
Grab schaufeln. Sie ist in keinem Geist zu Hause — sie
geht uns nichts mehr an[28]!«

Auch im Vergleich mit dem Kommunismus zieht die
Sozialdemokratie den kürzeren, ohne daß Kraus allerdings
für diesen eintritt: »Die geistige Welt des Kommunismus — in einem kürzeren Moratorium, vor dessen Ablauf
das Machtmittel den Zweck verzehren könnte —, sie
organisiert sich doch aus dem Gedanken jener letzten Hoffnung, die die Verzweiflung bietet, und der Mut seiner
Bekenner, der volle Einsatz auf einer Barrikade, die die
Sozialdemokratie vor der Stirn hat, verbindet ihn wie mit
dem Tod auch mit dem Leben. So widermenschlich alles
Parteiische sein mag, an jeglichem hat die Natur noch mit
Blut oder Schlamm ihren Anteil[29].«

Eine besondere Rolle spielte Kraus' Kritik an den in
der Sozialdemokratie damals aktuellen Tendenzen zu
einem Anschluß an Deutschland. Er interpretierte dies als
eine opportunistische Anpassung an das deutschnationale
Pathos der Nazis: »Marx nimmt Turnunterricht bei Vater
Jahn, eine Spezialität, wie sie die Kulturgeschichte bisher
kaum aufzuweisen hatte[30].« Nachdem allerdings Hitler
Kanzler geworden war, nahm die SDAP vom Anschluß-
gedanken Abstand; es war ihr ja um ein *sozialistisches*
Großdeutschland gegangen.

Im Gegensatz zur Meinung der Partei, daß auf ein
Wellental automatisch ein Wellenberg folgen müsse, hielt
Kraus die Sache der Arbeiterbewegung — nicht Öster-
reich! — für verloren. Das muß hier festgehalten werden,

einerseits, weil es eine realistischere Einschätzung war, als die Arbeiterbewegung selbst sie hatte, andererseits, weil sie erklärt, warum Kraus dort, wo es um seine Eigeninteressen ging, nicht mehr auf die Sozialdemokratie setzen konnte.

*Hüben und drüben* war wohl als Abschied des Satirikers von der Politik gedacht. Noch ein letztes Mal und endgültig sollte der Gegner — nämlich die Sozialdemokratie — attackiert werden, dann wollte sich der resignierende Achtundfünfzigjährige wohl von der Politik zurückziehen. Er, der schon 1929 in einem Brief erklärt hatte, daß er »zu Hause im Feindesland lebe[31]«, kehrte immer mehr zur Haltung der ostentativen Antipolitik zurück. Wie vor dem Ersten Weltkrieg war ihm die Verfassungsreform egal, die Frage Monarchie oder Republik ebenso — es regiere ja auf jeden Fall die Presse. Er, der immer wieder aus Details die Gefahren, die der Republik drohten, vorhergesehen hatte, sah jene große Gefahr, die damals drohte, nicht mehr. Im März 1932, genau ein Jahr vor der Ausschaltung des Parlaments in Österreich, zehn Monate vor Hitlers Machtergreifung in Deutschland sprach der niederösterreichische Landeshauptmann Karl Buresch von dem »Abgrund«, vor dem Österreich stehe, was eine recht realistische Einschätzung war. Doch Kraus spottete nur darüber: »Der Abgrund, vor dem man steht, ist eine ständige Redensart, die beinahe einmal auf das Versinken neugierig machen könnte[32].«

Parallel zur Abwendung von der Politik beschäftigte sich Kraus immer mehr mit seinem Shakespeare-Zyklus, den er für eine Waffe gegen Hitler hielt, mit seinem Theater der Dichtung, für das er vergeblich Geld — »sauberes« Geld — suchte, um es auszubauen, und vor allem mit seiner Sprachlehre: Sprachpraxis als letztes und einziges Mittel der Gesellschaftsveränderung. Erich Heller hat ein Zitat von Konfuzius gefunden, das Kraus sozusagen für sich und seine Konzeptionen adoptierte: »Wenn die Begriffe nicht richtig sind, so stimmen die Worte nicht; stimmen die Worte nicht, so kommen die Werke nicht zustande; kommen die Werke nicht zustande, so gedeihen Moral und Kunst nicht; gedeihen Moral und Kunst nicht, so trifft die

Justiz nicht; trifft die Justiz nicht, so weiß die Nation nicht, wohin Hand und Fuß setzen. Also dulde man nicht, daß in den Worten etwas in Unordnung sei. Das ist es, worauf alles ankommt[33].«

## ANMERKUNGEN

1 F 795—799, 14.
2 F 795—799, 14.
3 *Arbeiter-Zeitung*, 23. Dezember 1928, 7—8.
4 Auch zitiert in F 800—805, 69.
5 F 800—805, 70.
6 F 811—819, 88.
7 *Zeitstrophen*, a. a. O., 163.
8 F 876—884, 9.
9 Eine kleine Zusammenstellung dieser Inserate, deren Existenz von der Partei immer vehement bestritten wurde, findet sich in: *Nachrichtenblatt der Vereinigung Karl Kraus*, Nr. 1, 1932, 9 f.
10 Entscheidung des Obersten Gerichtshofes vom 12. Juni 1930; siehe dazu F 873—875, 6 f.
11 *Arbeiter-Zeitung*, 1. Mai 1929.
12 *Arbeiter-Zeitung*, 2. Mai 1925.
13 Siehe dazu Josef Buttinger, a. a. O., und als Beispiel einer heutigen Kritik an Otto Bauer: Leser, a. a. O.
14 *Worte in Versen*, a. a. O., 476 f.
15 F 811—819, 174.
16 F 811—819, 174.
17 Siehe Werbeblatt der *Vereinigung Karl Kraus*, 1.
18 Siehe Werbeblatt, 1.
19 Siehe *Nachrichtenblatt...*, Nr. 6, 1930, 1.
20 Siehe *Nachrichtenblatt...*, Nr. 5, 1930, 6.
21 Siehe *Nachrichtenblatt...*, Nr. 1, 1930, 1.
22 F 834—837, 38.
23 Siehe *Nachrichtenblatt...*, Nr. 1, 1931, 1 f.
24 Siehe *Nachrichtenblatt...*, Nr. 2, 1931, 4.
25 F 876—884, 2.
26 F 890—905, 247.
27 Zitiert im *Nachrichtenblatt* Nr. 3, 1931, 1.
28 F 876—884, 6 f.
29 F 876—884, 6.
30 F 876—884, 11.
31 Brief an Germaine Goblot vom 24. Juli 1929, zitiert in Kraft, 1956, a. a. O., 26.
32 F 868—872, 50.
33 Zitiert bei Kraft, a. a. O., 1956, 190.

# Warum die »Fackel« nicht erscheint

Ende Dezember 1932 erschien noch ein letztes Heft der *Fackel*, bevor in Deutschland und in Österreich die Katastrophe ihren Lauf nahm. Von Politik war in diesem Heft nicht mehr die Rede: der wichtige Essay *Die Sprache*, eine Prager Offenbach-Aufführung, das Gedenken an die Schauspielerin Rachel und vor allem Kraus' Kritik an Stefan George, die durch seine der Georgeschen gegenübergestellte Nachdichtung der Sonette Shakespeare's ergänzt ist, bildeten die Schwerpunkte dieses 64 Seiten starken Heftes. Und dann begann, wie immer bei Ereignissen, die ihren Herausgeber erschütterten, eine längere Periode, in der die *Fackel* nicht erschien.

In dieser Periode ereignete sich viel: Im Januar 1933 wurde Adolf Hitler Reichskanzler, im März wurde in Deutschland das Parlament durch das Ermächtigungsgesetz ausgeschaltet. Parallel dazu benützte in Österreich die Regierung Dollfuß, die vor ihrem politischen Bankrott stand, am 4. März 1933 eine Geschäftsordnungspanne im österreichischen Nationalrat, um das Parlament auszuschalten und von nun an autoritär zu regieren[1].

Die österreichische Sozialdemokratie reagierte auf diesen Staatsstreich von oben, der an sich den im Linzer Parteiprogramm (1926) vorgesehenen Anlaß zu jener »defensiven« Form der Diktatur des Proletariats, zu der die Sozialdemokratie sich bekannt hatte, darstellte, nur mit leeren Drohungen. Die Regierung machte sich die Passivität der Sozialdemokraten zunutze, um diese aus den letzten Machtpositionen, die sie noch innehatten, zu vertreiben. Parallel dazu wurden die Einrichtungen des Rechtsstaates und der bürgerlichen Demokratie liquidiert. Dann, am 12. Februar 1934, unternahm das geschwächte, von Heimwehr und autoritärer Staatsgewalt provozierte österreichische Proletariat, von seinen sozialdemokratischen Führern teils im Stich gelassen, teils nur halbherzig unterstützt, einen heroischen, aber sinnlosen Aufstandsversuch: in

Europa fielen die ersten Schüsse gegen den Faschismus. Infolge der verfehlten defensiven Taktik der österreichischen Arbeiter fiel der Regierung die Niederschlagung des Aufstandes leicht. Die Arbeiterbewegung hatte mehr als tausend Tote zu beklagen, ihre Organisationen waren zerstört, ihre Führer teils in die Illegalität und ins Exil getrieben, teils verhaftet; einige wurden hingerichtet.

Kraus hatte zur Machtübernahme Hitlers, jenes Hitler, den er lange Zeit nicht ernstgenommen hatte, geschwiegen. Erst im Oktober 1933, nach zehnmonatiger Pause, erschien das dünnste Heft der *Fackel;* es enthielt auf vier Seiten nur die Grabrede auf Adolf Loos und das folgende Gedicht:

Man frage nicht, was all die Zeit ich machte.
Ich bleibe stumm;
und sage nicht, warum.
Und Stille gibt es, da die Erde krachte.
Kein Wort, das traf;
man spricht nur aus dem Schlaf.
Und träumt von einer Sonne, welche lachte.
Es geht vorbei;
nachher war's einerlei.
Das Wort entschlief, als jene Welt erwachte.[2]

»Das Wort entschlief, als jene Welt erwachte« — damit lieferte Kraus eine erste Begründung für sein Schweigen zu Hitler, später sollte er noch klarere geben. Alle Interpreten dieses Schweigens haben sich — ob apologetisch oder kritisch — auf dieses Gedicht konzentriert und dabei übersehen, daß die Hefte der *Fackel* in der Regel eine Einheit bildeten und daß Kraus indirekt auch in der Grabrede für Loos über sein Schweigen sprach. Wir haben schon erwähnt, daß Kraus sich in gewissem Sinne mit Loos identifizierte, daß er das Reinigungswerk, welches dieser im architektonischen Bereich vollbrachte, mit seinem eigenen sprachlichen Erneuerungswerk gleichsetzte. Was Kraus daher in seiner Grabrede über Loos' architektonisches Wirken sagte, können wir in gewissem Sinne als eine Aussage über den Stellenwert, den er seinem Werk der Sprachreinigung beimaß, interpretieren: »Was Du bautest, war, was Du dachtest; Dein Beruf Ausdruck und Siegel der Berufung, *in der Wohnstatt die Welt einzurichten, mag auch zwischen diesen Räumen Wirrnis herrschen durch Politik.* Vorteil und Anschauung menschlicher Kraftersparnis gewährend, hast Du Symbole des zweckhaft vereinfachten Lebens gestellt; handelnd gabst Du Regeln; und Dein Genius, zierhaftes Hindernis der Schönheit entfernend, war Befreier des Lebens aus der Sklaverei der Mittel, Ablenker vom Umweg, dem tödlichen der Seele, die nicht zu sich kommt, doch von sich weg. Mit der Tat, die innen und außen Ordnung und Übereinstimmung schafft, warst Du dem überzeitlichen Sinn des Daseins gewachsen, nicht seinen sozialen Verwirrern[3].« Dieser Nachruf, der zeigt, wie lebendig jenes Gedankengut, das wir im Kapitel *Sehnsucht nach aristokratischem Umgang* darstellten, für Kraus noch war, ist zugleich das letzte Dokument der zweiten antipolitischen Periode im Leben von Karl Kraus: die ordnende Tätigkeit in einem Teilbereich der ansonsten verwirrten Welt wird hier ein letztes Mal von einer überzeitlichen Warte aus für wichtiger erklärt als die der Politik.

Hier, im Oktober 1933, ist die letzte wichtige Zäsur im Leben des großen Satirikers. Wäre er nach diesem schweigenden und dadurch besonders beredten Protest gegen Hitler gestorben oder endgültig verstummt, dann wäre seinem Andenken und uns die Peinlichkeit seines Alterswerkes erspart geblieben. Aber Kraus überlebte und schrieb weiter; in den zweieinhalb Jahren bis zu seinem Tod erschienen noch mehr als 600 Seiten der *Fackel* und seine Shakespeare-Nachdichtungen, und er schrieb die postum erschienenen Werke *Die Sprache* und *Die dritte Walpurgisnacht.* Trotz seines beträchtlichen Umfanges soll dieses Alterswerk hier nur kurz erörtert werden. Als Begründung sei Hans Weigel zitiert, der über den wichtigsten Teil dieses Werkes sagte, er möchte es gern im Gesamtbild von Karl Kraus vermissen, denn es wäre entbehrlich und sei nur im Rahmen der Krankengeschichte von Karl Kraus relevant[4].

Die berechtigte Angst vor dem Nationalsozialismus und der Haß gegen die verbalradikale Sozialdemokratie, deren

Versagen nunmehr offenkundig war, prägte die politische Einstellung von Karl Kraus in seinen letzten Lebensjahren. Vielleicht hätte er trotzdem verzichtet auf jenes 316 Seiten starke Pamphlet gegen alles, was sich sozialistisch oder kommunistisch nannte — also nicht nur gegen die österreichische Sozialdemokratie! —, das im Juli 1934 unter dem Titel *Warum die Fackel nicht erscheint* herauskam, wäre er nicht von seinen größtenteils exilierten, aber immer noch schreibenden linken Anhängern und Gegnern tödlich gereizt worden. Denn diese waren nicht bereit, die Begründung, die Kraus in seinem kurzen Gedicht für sein Schweigen gegeben hatte, zu akzeptieren. In den Emigrantenblättern erhob sich ein Sturm der Entrüstung, die gegen Hitler kämpfenden Publizisten konnten Kraus sein Schweigen nicht verzeihen. Seine Gegner interpretierten es als eine Bestätigung ihrer Einschätzung, seine Anhänger fühlten sich von Kraus in ihrem schriftstellerischen Kampf gegen den Faschismus im Stich gelassen. Eine Auswahl von Titeln der Artikel, die Kraus in einem *Nachrufe auf Karl Kraus* überschriebenen Heft gesammelt hat, soll die Stimmung in den Emigrantenblättern dokumentieren: *Karl Kraus' Abschied, Warum schweigt Karl Kraus?, Zwei Grabreden auf Karl Kraus, Trauriges Ende des Karl Kraus*[5]. Das ging bis zu der Verdächtigung, Kraus schweige, weil ihm sein Leben lieb sei und er auch sonst Rücksicht zu nehmen habe. Auch Kraus' kleines Gedicht wurde imitiert:

> *Wir* fragen ihn, was all die Zeit er machte.
> Und bleibt er stumm,
> so sagen *wir*, warum
> er schweigsam wurde, da die Erde krachte:
> Er floh in Schlaf,
> nur weil *sein* Wort nicht traf!
> Die Fackel starb. Die Sonne Hitlers lachte.
> Karl Kraus? Vorbei.
> Uns ist's nicht einerlei,
> Daß er einschlief, als Barbarei erwachte[6].

Die Enttäuschung der linken Kraus-Anhänger führte zu Ergüssen wie dem folgenden: »Hat ein Karl Kraus in einer

Zeit, in der kleinere Geister schmählich versagten, nichts zu sagen? Diese Frage stellen tagtäglich wir vielen tausend kleinen unbekannten Soldaten der Freiheit und des Fortschrittes, die sich früher sicher und beglückt um den großen Generalissimus des Geistes scharten und denen heute dieser Generalissimus abhanden gekommen ist[7].«

Die Grundannahme aller dieser Aufforderungen, die zum Teil in sektiererischen Kleinblättern gestellt wurden, war die, daß Worte des Satirikers gegen den Nationalsozialismus noch eine Funktion hätten, daß es jetzt noch darauf ankäme, »die läppischen Widersprüche teutonischen Wesens zu polemischer Schärfe zuzuspitzen[8]«, wie ein unter dem Pseudonym Lucien Verneau schreibender Verfasser meinte. Kraus teilte, in realistischer Einschätzung der Grenzen seines Schaffens — die er allerdings irrtümlich als Grenzen der Sprache und der Satire auffaßte —, diese Ansicht nicht, er ging davon aus, daß gegen Hitler nur noch Waffengewalt helfe.

Auch eine Neuauflage der marxistischen Auseinandersetzung um Karl Kraus gab es in den Exilblättern: Ein Autor mit dem Pseudonym Arnold warf Karl Kraus vor, er hätte »jahrzehntelang junge, unzufriedene Intellektuelle zu einer ebenso heulmeierischen wie selbstgefälligen Passivität verleitet[9]«. Botho Laserstein, Kraus' ehemaliger kommunistischer Berliner Anwalt, der ebenfalls emigrieren mußte, verteidigte den Satiriker mit ähnlichen Argumenten wie seinerzeit Friedrich Austerlitz. Er wies dabei auf die Kraussche Pressekritik hin, die »das stärkste (sei), was jemals gegen den bürgerlichen Pressesumpf geschrieben wurde«. Kraus sei kein Marxist, doch habe er viele junge Menschen dem Sozialismus zugeführt, und seine Sprachkritik sei »letzten Endes sozialistische Gesellschaftskritik[10]«. Arnold entgegnete, »viel richtiger und wertvoller (haben) alle marxistischen Schriftsteller uns über Wesen und Gefährlichkeit der bürgerlichen Presse aufgeklärt«. Er warf Kraus vor, daß die *Fackel* im Weltkrieg vier Jahre lang legal erschienen sei. Dies sei ein Beweis dafür, daß »die Bourgeoisie sich durch Kraus' Wirken nicht gefährdet sah«, denn: »Eine Klasse läßt sich nicht betrügen.« Kraus habe dem Sozialismus nicht viele junge Menschen zugeführt, er habe viel eher die bereits Unzufriedenen der revolutionären Bewegung abspenstig gemacht. An diesen Kommentar schloß Arnold die folgende Aufforderung an Kraus: »Er sollte zu seinem Trost langsam anfangen, Marx zu lesen. Und vor allem die Sprache wieder finden[11].«

Diese Auseinandersetzung um die Relevanz von Kraus' Werk für den Sozialismus fällt weit hinter das seinerzeit im *Kampf* Geleistete zurück. Vor allem aber ist ihr Ergebnis dadurch belastet, daß, während gläubige Krausianer den Satiriker noch für den Sozialismus reklamierten, dieser bereits an jener Schrift arbeitete, die zumindest für die damalige Zeit ein derartiges Unterfangen ad absurdum führte.

Bert Brecht war einer der wenigen Linken, die die »Bedeutung des zehnzeiligen Gedichtes in der 888. Nummer der *Fackel*« richtig zu würdigen wußten. Sein diese Bedeutung kommentierendes, in einer Festschrift aus Anlaß des sechzigsten Geburtstages von Karl Kraus erschienenes Gedicht hat zwei Adressaten. Zunächst Kraus' linke Angreifer: ihnen gegenüber verteidigte Brecht das Schweigen des Satirikers auf eindrucksvolle Weise, ohne dabei Kraus gleich zum Sozialisten zu erklären:

Als der Beredte sich entschuldigte
Daß seine Stimme versage
Trat das Schweigen vor den Richtertisch
Nahm das Tuch vom Antlitz und
Gab sich zu erkennen als Zeuge.

Ebenso aber enthält das Gedicht eine Botschaft an Kraus. Brecht, der möglicherweise in Wien Zeuge der Vorarbeiten zur *Dritten Walpurgisnacht* war, teilte im Gegensatz zu vielen Linken Kraus' pessimistische Einschätzung der deutschen Verhältnisse:

Der Sieg der Gewalt
Scheint vollständig.
Nur noch die verstümmelten Körper
Melden, daß da Verbrecher gehaust haben.
Nur noch über den verwüsteten Wohnstätten die Stille
Zeigt die Untat an.

Aber gleichzeitig kannte Brecht den einzigen ernstzunehmenden Gegner des Faschismus: die Arbeiterklasse.

Aber die das Essen heranschleppen
Vergessen nicht das Gewicht der Brote; und ihr Hunger
  bohrt noch
Wenn das Wort Hunger verboten ist.
(. . .)
Ehe die Gewalt ihr äußerstes Maß erreicht hat
Beginnt auf's neue der Widerstand[12].

Brechts Gedichte, verfaßt zu einem Zeitpunkt, als der Beschluß des Satirikers, den einen Faschismus durch die Unterstützung des anderen zu bekämpfen, noch nicht schriftlich fixiert war, enthält also die Aufforderung an Kraus, nicht in Fatalismus zu verfallen, zu lernen und den richtigen Bündnispartner zu wählen.

Auf die Anflegeleien der emigrierten Sozialisten reagierte Kraus, indem er zu Gericht ging. Jede Unrichtigkeit in den Berichten über ihn und jeden fehlenden Beistrich beim Abdruck des Gedichtes *Man frage nicht* verfolgte er durch mehrere Instanzen. Und seine Gegner verschafften ihm ein letztes Mal eine traurige Bestätigung seines Vorurteils von der Identität der sozialistischen mit der bürgerlichen Presse: Sie verschanzten sich hinter ihren Pseudonymen oder hinter den verantwortlichen Redakteuren. Sein 1919 gegebenes Versprechen, daß er noch »im Erdensturz den Umbruch einer Zeile« zugewandt sein wolle, hat Kraus mit diesen Prozessen um ein Komma, während sich ringsum jener Erdensturz vorbereitete, konsequent eingehalten.

Und dann, Ende Juli 1934, erschien jenes stärkste Heft der *Fackel*, die Nummer 890 bis 905, die erklären sollte, »warum die Fackel nicht erscheint«, und zugleich durch ihren Umfang dieses Nichterscheinen wiedergutmachen und die Präsenz ihres Herausgebers dokumentieren sollte. Uns soll fürs erste nur dessen Stellungnahme zu den Ereignissen in Österreich interessieren. Denn der Wandelbare hatte sich unter dem Eindruck der deutschen Katastrophe neuerlich geändert: Kraus, der noch 1932 die Sozialdemokratie mit einem linken Vokabular kritisiert und ihr

Mangel an revolutionärem Geist vorgeworfen hatte, stand nun, nachdem dieser früher vermißte revolutionäre Geist am 12. Februar 1934 ansatzweise in Erscheinung getreten war, auf der anderen Seite, nämlich rechts.

Womit begründet nun Kraus sein Eintreten für den Austrofaschismus? Seiner eigenen Darstellung nach verband ihn mit der Rechten, mit dem »kleinen Retter Dollfuß«, nichts als die »erkannte österreichische Notwendigkeit«. Hitler und sein mörderisches Regime bedrohen alle — das ist sein durchaus richtiger Ausgangspunkt. Alles, nur nicht Hitler — das ist sein ebenso richtiger und verständlicher Schluß aus dieser Bedrohung, doppelt verständlich, weil er von einem an Leib und Leben unmittelbar bedrohten Juden gezogen wurde. Kraus glaubte mit diesen beiden Argumenten die Berechtigung aller Maßnahmen der Dollfuß-Regierung schlüssig nachgewiesen zu haben. Aber können wir ihm hier — wie so viele seiner Biographen und Kommentatoren — folgen? Rechtfertigt man nicht, wenn man Kraus' Haltung im Jahre 1934 akzeptiert, den Austrofaschismus?

Zur kritischen Darstellung seiner Haltung muß daher zunächst festgestellt werden, daß die Basis seiner Argumentation, die verlockende, überzeugend klingende Formel: »Alles, nur nicht Hitler«, nicht ganz stimmt, daß Kraus dieses »Alles« auf den Austrofaschismus reduzierte. Kraus hat wohl, um zu untermauern, daß es ihm mit dieser Formel ernst sei, mehrmals behauptete, daß er sogar eine Regierung des ihm verhaßten (damals allerdings schon verstorbenen) Schober akzeptiert hätte. Einem Bericht von Dr. Zdenka Münzer, der Witwe des Übersetzers der *Letzten Tage der Menschheit* ins Tschechische, Jan Münzer, zufolge soll Kraus sich 1934 sogar für eine Rückberufung der Habsburger als Waffe gegen Hitler ausgesprochen haben[13]. Aber in dieser Konzeption des »Alles, nur nicht Hitler« fehlte eine politische Kraft, und zwar paradoxerweise die stärkste und zugleich jene, die immer noch die entschiedenste Gegnerin Hitlers war: die Arbeiterbewegung. Alles — unter Ausschluß der verhaßten Sozialdemokratie und der mittlerweile ebenso verhaßten Kommunisten, deren Verbot und Unterdrückung Kraus als funktionale Notwendigkeit des Kampfes gegen Hitler bejahte, das war in Wirklichkeit seine Formel.

Als Gegenbeispiel sei hier der Soziologe Ernst Karl Winter zitiert, der in jener Situation trotz seiner monarchistischen Grundeinstellung genauso wie Kraus erkannt hatte, daß Hitler für alle ein Übel war und daß daher ein »Alles, nur nicht Hitler« das Programm der Stunde für Österreich zu sein habe. Aber Winter erkannte, daß ein diktatorisches Regime, das nur von einem Teil der Bevölkerung unterstützt würde, nicht imstande war, Österreichs Unabhängigkeit zu verteidigen, und daß daher die Ausschaltung der Sozialdemokratie nur Hitler den Weg ebnete. Dieser Einsicht hat Kraus sich verschlossen. Winter proklamierte daher anstelle der austrofaschistischen Diktatur die »österreichische Front von rechts bis links« unter Einschluß der Arbeiterbewegung und bei gleichzeitiger schrittweiser Demokratisierung des Systems. Zweifellos: angesichts der Mentalität der austrofaschistischen Führer, denen in Wirklichkeit der Kampf gegen die Arbeiterbewegung mehr am Herzen lag als die Abwehr des Nationalsozialismus, war eine solche Forderung utopisch. Aber es war eine bürgerliche Position, die uns heute noch Respekt abfordert, einen Respekt, den wir Kraus und seiner uneingeschränkten Unterstützung des Austrofaschismus versagen müssen. Am Beispiel des Monarchisten Winter zeigt sich, daß Kraus eine Konzeption unterstützte, die sogar im bürgerlichen Lager umstritten war und deren angebliche österreichische Notwendigkeit wohl nicht haltbar ist.

Die tiefe Tragik im Verhältnis des großen Satirikers zur Politik liegt darin, daß der wandelbare Neinsager, der ebenso ein großer Jasager war, sich aber von dem jeweiligen Objekt seiner Zustimmung immer wieder vehement distanzierte, sein letztes Ja nicht widerrufen konnte. Kraus hat in seinem politischen Leben keiner Bewegung einen solchen Kredit eingeräumt wie dem Austrofaschismus. Der Mann, der die Sozialdemokratie kleinster Verfehlungen wegen beißend kritisierte, hat für den Austrofaschismus, unter dessen Herrschaft er etwa drei Jahre lebte, nie ein kritisches Wort gefunden.

Kraus zeichnete in seinen Stellungnahmen ein Bild des Austrofaschismus, das von der Realität weit entfernt war. Er interpretierte ihn *nur* als Gegner des Nationalsozialismus; was unter Dollfuß und dessen Nachfolger Schuschnigg ansonsten geschah, ignorierte er. Das Regime selbst interpretierte sich etwas anders: Es behauptete, der Linken und der Rechten gegenüber Äquidistanz zu halten. Die neuere Forschung bezweifelt auch diese Äquidistanz: Von den Nazis, mit denen es eine Fülle von Gemeinsamkeiten hatte, grenzte sich das Regime keineswegs mit der gleichen Entschiedenheit ab wie von der Sozialdemokratie. Verhandelt wurde nur mit den Nazis[14]. In heutiger Sicht hat der Austrofaschismus, der 1938 das Land entgegen Kraus' Erwartungen kampflos den Nationalsozialisten übergab, es für diese sturmreif machte. Der angebliche Kampf gegen links und rechts war für das Regime nur eine propagandistische Formel, mit der es eine Politik verdeckte, die im Ergebnis jener der Nazis ähnelte. Auf einem Regierungsflugblatt etwa hieß es: »Auf der einen Seite steht die Regierung, die Euch eingliedern will in das große Werk der Erneuerung Österreichs. Auf der anderen Seite stehen die verrotteten, bankrotten Parteibonzen des Marxismus, denen Ihr nur Ausbeutungsobjekte wart, und die braunen Legionen der SA, die blutgefleckten Henker des Nationalsozialismus (...), die danach lechzen, Euch vollständig niederzuknüppeln und zu entrechten[15].«

Diese propagandistische Formel, die in gewissem Sinne die Legitimationsbasis des Austrofaschismus darstellt, hat Kraus unkritisch übernommen. Den tatsächlichen sozialen Gehalt des Austrofaschismus hat er nicht gesehen: Eine unmittelbare Folge der Zerschlagung der Organisationen der Arbeiterbewegung und des Rechtsstaates waren Aufkündigung der Kollektivverträge, Erhöhung der Arbeitszeit, Kürzungen der Bezüge, Verletzungen des Nachtarbeitsverbotes für Kinder und damit eine allgemeine Verschlechterung der sozialen Lage der Arbeiterklasse[16]. Jener »revolutionäre Schutt« — die sozialen Errungenschaften der Arbeiterklasse nach 1918 —, der schon Seipel ein Dorn im Auge gewesen war, wurde nun endgültig beseitigt. Und darin liegt auch die große Übereinstimmung zwischen der deutschen und der österreichischen Spielart des Faschismus, wobei dieser allerdings eingeräumt werden muß, daß sie sich weniger brutaler Mittel bediente als jene.

In gewissen Bereichen konnte allerdings auch Kraus das umfangreiche Sündenregister des Austrofaschismus nicht ignorieren. Immerhin wurde unter dessen Herrschaft die Arbeiterklasse brutal unterdrückt, die Todesstrafe wiedereingeführt, das öffentliche Leben klerikalisiert — was Auswirkungen auf den Bereich von »Sittlichkeit und Kriminalität« hatte —, Arbeiter, die friedlich des für sie und für Kraus so wichtigen 15. Juli 1927 gedenken wollten, getötet[17] und sogenannte »Anhaltelager«, Vorläufer der späteren Konzentrationslager, geschaffen. Auch der traditionelle Antisemitismus des katholischen Österreichs blühte zu jener Zeit. Die Maßnahmen gegen Juden in Deutschland wurden von den austrofaschistischen Antisemiten wohl getadelt — aber wegen zu geringen Ausmaßes! Die Antisemiten von der christlichen Arbeiterbewegung warfen ihren deutschen Konkurrenten vor, ihr »Maulantisemitismus« sei durch das laxe Vorgehen in Deutschland blamiert. In der *Christlichsozialen Arbeiterzeitung* heißt es nach einer Kritik am »Versagen« der deutschen Antisemiten: »Wir machen die obige Feststellung besonders gegenüber den österreichischen Nationalsozialisten, die trotz der bitteren Erfahrung ihrer deutschen Brüder noch immer tun, als ob sie den Antisemitismus gepachtet hätten[18].«

Aber wo Kraus solche Übel eingestehen mußte, relativierte er dieses Eingeständnis sofort, indem er — zweifellos mit Recht — darauf hinwies, daß diese Übel in Deutschland noch ärger seien, daß der Austrofaschismus daher das »kleinere Übel« darstelle. »Der einfachste soziale Sachverhalt: daß man, wo zwischen zwei ›Übeln‹, denen man sich ausgesetzt fühlt, zu wählen ist, das ›kleinere‹ zu wählen hat, wenn man ihm schon nicht im Innersten für die Abwehr des größern dankbar sein will, und daß man, wenn man sie durch einen Angriff gegen das kleinere stört, des Erfolges gegen beide gewiß sein muß . . .[19]«

Gegen dieses Prinzip muß allerdings zweierlei eingewandt werden: Erstens, daß gerade Kraus der Sozialdemokratie immer wieder ihre Befürwortung des »kleineren Übels«, wie etwa der Bundeskanzlerschaft Schobers, vorgeworfen hat, während er nun selbst eine solche »relative Moral« vertrat. Zweitens, daß die Berufung auf das kleinere Übel, die mit Kraus' Behauptung, er sei für »Alles, nur nicht Hitler«, in engem Zusammenhang steht, dann fragwürdig wird, wenn derjenige, der mit ihr argumentiert, selbst die künstliche Alternative von den zwei Übeln dadurch geschaffen hat, daß er eine bessere Lösung — etwa Ernst Karl Winters Vorschlag — von vornherein ausschloß. Ein sozialistischer Kritiker Kraus' hat daher mit Recht festgestellt, »daß die Phrase vom kleineren Übel nicht das Einmaleins wiederherstellt, sondern eine Legende (ist), eine Vernebelung, hinter der es sich gut im Trüben fischen läßt[20]«.

Auf all die sonstigen positiven Urteile über den Austrofaschismus und seine Repräsentanten, die Kraus mündlich oder schriftlich abgab, soll hier nicht näher eingegangen werden. Es wäre ein allzu billiges Rechthaben einem Toten gegenüber, all das, was Kraus selbst über die bösen Geister des Austrofaschismus, über die Fey und Starhemberg sowie über Innitzer und die anderen österreichischen Bischöfe, über den sozialen Sinn der Machthaber und über ihren Widerstand gegen Hitler geäußert hat, mit ihrem tatsächlichen Verhalten in der Folgezeit zu kontrastieren. Vielmehr muß nach den Gründen dieser Fehleinschätzungen gefragt werden. Als solche Gründe sehe ich die berechtigte Lebensangst des Juden Kraus, seinen Haß gegen die Sozialdemokratie, die persönliche Verehrung für den Kanzler Engelbert Dollfuß sowie eine gewisse ideologische Nähe zum Regime an.

Kraus wußte im Gegensatz zu vielen Juden, die Hitler für einen bloß verbalradikalen Antisemiten hielten, was ihm unter der Herrschaft der Nazis blühen würde. Die aus dieser Einsicht resultierende Angst bewirkte, daß manch einer, der ansonsten die Ziele des Austrofaschismus ablehnte, diesen bejahte. Sigmund Freud etwa, der noch 1927 einen Wahlaufruf zugunsten der Sozialdemokratie unterzeichnet hatte, schrieb am 20. Februar 1934 an seinen Sohn Ernst: »Die Zukunft ist ungewiß, entweder ein österreichischer Faschismus oder das Hakenkreuz. Im letzten Fall müssen wir weg; vom heimischen Faschismus wollen wir uns allerlei gefallen lassen, da er uns kaum so schlecht behandeln wird wie sein deutscher Vetter. Schön wird er auch nicht sein, aber in der Fremde ist es auch nicht schön[21] (. . .)« Das ist eine vorsichtige, sehr distanzierte Bejahung, die aufgrund des verständlichen Eigeninteresses den Austrofaschismus, den man ansonsten ablehnte, in jenem Bereich billigte, wo er wirklich das kleinere Übel darstellte. Aber ein solches vom Standpunkt einer rigorosen Moral bedenkliches Argument hätte Kraus sich wohl kaum gestattet; zudem hätte es eben nur ein begrenztes Eintreten für den Austrofaschismus, eine distanzierte Bejahung in einigen Bereichen erlaubt, und es wäre unmöglich gewesen, die Unterdrückung der Arbeiterbewegung zu rechtfertigen. Aber Kraus' Haß gegen die Arbeiterbewegung hatte damals solche Ausmaße angenommen, daß er ein völlig realitätsfernes Bild von ihr zeichnete und auf der Basis dieses Bildes die Zerschlagung der sozialistischen Arbeiterbewegung in Österreich — also auch der freien Gewerkschaften und der Kommunistischen Partei — für eine Notwendigkeit des Kampfes gegen Hitler erklärte. Es wäre unzulässig, in Kraus nur den Kritiker der Sozialdemokratie zu sehen, sein Haß galt in jener Periode, als er das »Moskauderwelsch« seiner ehemaligen linken Anhänger angriff und Stalin mit Hitler gleichsetzte, genauso den Kommunisten wie den Sozialdemokraten. In einem Brief an Sidonie Nádherný heißt es: »Weißt Du, wie sich die Vertreter der Humanität, die Soz. und die Komm., gegenseitig des Verrats und der Gesinnungslumperei beschuldigen? Sie haben beide recht[22].«

Von den Arbeitern verlangte Kraus die völlige Distanzierung von ihren Führern und ihren Organisationen — vor allem von dem »Henker« Otto Bauer[23] — und ihre Unterordnung unter das Regime. Nach Kraus' Meinung würden sie dabei nichts verlieren, weil sogar — und das ist nur eine von mehreren Stellen, wo Kraus nicht nur auf die österreichische, sondern auch auf ausländische Arbeiterbewegungen anspielt — die sozialpolitischen Dinge bei den Kardinälen Faulhaber, Innitzer und Mercier in besserer Obhut sein dürften als bei den Sozialdemokraten Hilferding, Bauer und Blum[24] und weil der »Bauernsohn« Dollfuß sicherlich besser mit dem einfachen Landarbeiter »reden« könnte als der Fabrikantensohn Otto Bauer.

Daß die österreichische Sozialdemokratie an ihrem Unglück nicht unschuldig war — diese Erkenntnis wird wohl niemand bestreiten können. Doch das hätte ihre Unterdrückung nicht gerechtfertigt; die Frage, warum es nicht zu der Front von rechts nach links, die Winter vorgeschlagen hatte, gekommen ist, wäre dann immer noch offen geblieben. Kraus mußte daher ein Bild von der Sozialdemokratie zeichnen, demzufolge diese absolut nicht bereit war, gemeinsam mit dem bürgerlichen Lager gegen Hitler zu kämpfen.

Man hat Kraus immer wieder vorgeworfen, er sei ein »bewußter Giftmischer« (so Willy Haas) gewesen, er sei, um einen Gegner zu bekämpfen, auch vor bewußten Unwahrheiten nicht zurückgeschreckt, er habe falsch zitiert und aus diesen falschen Zitaten diffamierende Schlüsse gezogen. Ein solcher schwerer Vorwurf ist nichtig, wenn er nicht bewiesen ist, und diesen Beweis ist Willy Haas schuldig geblieben. In Kraus' letzter Polemik gegen die Sozialdemokratie ist eine solche Verfälschung allerdings nachweisbar. Kraus zitierte zur Begründung, warum Dollfuß die »unbelehrbare«, »nicht verhandlungsbereite« Sozialdemokratie zerschlagen mußte, einen Satz seines alten Gegners Oscar Pollak: »Die Partei muß ausdrücklich erklären, daß sie zu Verhandlungen nicht bereit ist[25].« Hätte Pollak das tatsächlich gesagt, dann wäre die von Winter vorgeschlagene »österreichische Front« wegen des Widerstandes der Sozialdemokratie unmöglich gewesen. Tatsächlich hat Oscar Pollak im *Kampf* geschrieben: »Die Partei muß ausdrücklich erklären, daß sie zu Verhandlungen nicht bereit ist, *solange das Parlament und die Verfassung ausgeschaltet sind*[26].« Der unterschlagene Nebensatz gibt Pollaks Forderung einen ganz anderen Sinn: Die Partei, die vor dem 12. Februar 1934 größte Nachgiebigkeit an den Tag gelegt hatte, war offensichtlich zu Verhandlungen bereit, doch forderte sie als Voraussetzung dieser Verhandlungen die Rückkehr zu verfassungsmäßigen Zuständen.

Ein weiterer wichtiger Faktor, der Kraus' Einstellung zum Austrofaschismus prägte, war seine große persönliche Verehrung für den Diktator Engelbert Dollfuß. Das Bild, das Kraus von jenem zeichnete, ist ähnlich verzerrt wie das von der Sozialdemokratie — allerdings ins Positive. Der historische Dollfuß, selbsternannter »Führer« des konservativen Österreichs, gemeinsam mit dem Nazi Seyß-Inquart Mitglied des antisemitischen Geheimbundes *Deutsche Gemeinschaft*[27], Exekutor der Anordnungen Mussolinis, Exekutor der Konzeption des von Kraus bekämpften Seipel, ein Mann, der sich gerne in Uniform zeigte, sein »Fronterlebnis« hochschätzte und die Politik mit »Frontgeist« erfüllen wollte — dieser Mann wäre in der satirischen Welt der *Fackel* viel eher für einen Platz unter den Offizieren im Personenregister der *Letzten Tage der Menschheit* prädestiniert gewesen. Aber Kraus war diesen Offizieren nicht immer ablehnend gegenübergestanden, wir haben seine schwärmerischen Auslassungen über den Offiziersstand knapp vor Beginn des Ersten Weltkrieges zitiert. Und an diese Einstellungen konnte er nun anknüpfen, denn Dollfuß kam Kraus in einem Bereich entgegen, in dem wir eine Kontinuität seines politischen Denkens seit der Zeit vor dem Ersten Weltkrieg feststellen können: Er war ein starker Mann« in der Politik und erfüllte damit einen Anspruch des Satirikers, den seine Vorgänger teils nicht einlösen wollten, wie die Sozialdemokraten, teils nicht einlösen konnten, wie Franz Ferdinand oder Schober. Dollfuß trat überdies zu einem Zeitpunkt auf, als der persönlich durch die Nazis bedrohte und die Sozialdemokratie hassende Kraus ein weitaus höheres Bedürfnis nach einem solchen »starken Mann« hatte als etwa vor 1914, als er in der *Fackel* für einen »voll verantwortlichen Absolutismus« eingetreten war.

Doch abgesehen von diesen persönlichen Faktoren darf auch nicht übersehen werden, daß es in den politischen Konzeptionen des Satirikers gewisse Parallelen zur austrofaschistischen Ideologie gab. Sicherlich: vom Ständewesen, vom Klerikalismus und vom Antisemitismus des Regimes war Kraus weit entfernt. Dennoch war sein Eintreten für den Faschismus kein Zufall, sondern das Produkt einer jahrzehntelangen Entwicklung. Die Übereinstimmungen liegen vor allem in jenem Bereich, wo Kraus auf seine konservativen Ansichten aus der Zeit vor 1914 zurückgreifen konnte; er selbst hat auf die Kontinuität hingewiesen. Antiparlamentarismus, Antiliberalismus, Pressezensur, ein autoritäres Regime — in allen diesen Bereichen ergaben sich Gemeinsamkeiten zwischen dem Austrofaschismus und Krausschen Konzeptionen. Kraus' Werk zeichnet sich ja durch ein generelles Defizit an emanzipatorischen Ansätzen aus; Kraus neigte zum Ideal eines aufgeklärten Absolutismus, der an die Herrschenden die höchsten Anforderungen stellt und von ihnen verlangt, alles für das Volk zu tun, dieses aber nicht an der Machtausübung beteiligt. Freiheit und Selbstbestimmung des Menschen waren für ihn daher zeitlebens keine wesentlichen Werte; dabei hat zweifellos die Erfahrung, daß — wie ihm schien — weder die Liberalen noch die Sozialdemokraten diese Werte wirklich achteten, eine Rolle gespielt. Nun, angesichts der Bedrohung, war Kraus um so eher bereit, Unterdrückung — vor allem die Unterdrückung der Arbeiterklasse — und einen angeblich zeitweiligen Verzicht auf politische Freiheit als eine Notwendigkeit des Kampfes gegen Hitler zu rechtfertigen. Seine diesbezügliche Argumentation erinnert an die faschistische Gemeinschaftsideologie. Österreich wird als Schicksalsgemeinschaft verstanden, in der der Kampf gegen den gemeinsamen Feind Vorrang hat. Wer im Inneren kämpft — wie etwa streikende Arbeiter — stellt sich damit selbst außerhalb dieser Gemeinschaft. Diese Argumentation wäre vertretbar, wenn das austrofaschistische Regime tatsächlich das gewesen wäre, was Kraus in ihm sah: ein Regime gegen Hitler.

Die Rechte reagierte daher auf *Warum die Fackel nicht erscheint* zustimmend. Ein gewisser Vinzenz Bergwald etwa schrieb: »Endlich ist er zum Bewußtsein seines Wertes als guter Österreicher gelangt und bekennt sich daher offen, freimütig, klar, eindeutig, wie es seinem Mute und seiner — wie anerkannt werden muß — altgewohnten

Offenheit geziemt, zum autoritären Staat Österreich.«
Allerdings schränkte Bergwald sein Lob ein: »Karl Kraus
muß jetzt zusehen, diese nicht unbeträchtliche Sündenlast
(nämlich seine Vergangenheit, A. P.) in den Augen vater-
ländisch gesinnter Österreicher loszuwerden[28].« Kraus,
den in früheren Zeiten nichts so sehr aufgebracht hatte
wie anbiederndes Lob, schwieg dazu.

Die Linke reagierte teils entsetzt, teils polemisch. Auch
Bertolt Brecht, der noch kurz vorher Kraus verteidigt
hatte, nahm nun zum »schnellen Fall« des »guten Unwissenden« Stellung:

Als wir den Beredten seines Schweigens wegen ent-
    schuldigt hatten
Verging zwischen der Niederschrift des Lobs und seiner
    Ankunft
Eine kleine Zeit. In der sprach er.


Er zeugte aber gegen die, deren Mund verbunden war
Und brach den Stab über die, welche getötet waren.
Er rühmte die Mörder. Er beschuldigte die Ermordeten.
Den Hungernden zählte er die Brotkrusten nach, die
    sie erbeutet hatten.
Den Frierenden erzählte er von der Arktis.
Denen, die mit den Stöcken der Pfaffen geprügelt
    wurden
Drohte er mit den Stahlruten des Anstreichers.


So bewies er
Wie wenig die Güte hilft, die sich nicht auskennt
Und wie wenig der Wunsch vermag, die Wahrheit zu
    sagen
Bei dem, der sie nicht weiß.
Der da auszog gegen die Unterdrückung, selber satt
Wenn es zur Schlacht kommt, steht er
Auf der Seite der Unterdrücker.
Wie unsicher ist die Hilfe derer, die unwissend sind!
Der Augenschein täuscht sie. Dem Zufall anheimgegeben
Steht ihr guter Wille auf schwankenden Beinen.

Welch eine Zeit, sagten wir schaudernd
Wo der Gutwillige, aber Unwissende
Noch nicht die kleine Zeit warten kann mit der Untat
Bis das Lob seiner guten Tat ihn erreicht!
So daß der Ruhm, den Reinen suchend
Schon niemand mehr findet über dem Schlamm
Wenn er keuchend ankommt[29].

Kraus verlor fast alle seine linken Anhänger, ja, sogar die unpolitische Sidonie Nádherný warf ihm vor, er stünde nicht mehr dort, wo sie »gegen den Geist des Militärs, der Reichen, der Gewalt und der Ungerechtigkeit kämpfen[30]«.

Zu klären bleibt noch die Frage, warum Kraus zum Hitlerfaschismus geschwiegen hat und was er in seinem postum erschienenen Werk *Die dritte Walpurgisnacht* (aus der Teile in *Warum die Fackel nicht erscheint* veröffentlich wurden) tatsächlich zum Nationalsozialismus zu sagen hatte. Viele Autoren haben sich bemüht, dieses Schweigen und den Umstand, daß Kraus das Erscheinen der *Dritten Walpurgisnacht* verhindert hat, zu erklären. Dabei wird allerdings übersehen, daß die beiden Sätze, die das erste Teilstück von Kraus' Abrechnung mit dem Nationalsozialismus einrahmen — »Mir fällt zu Hitler nichts ein« und »Beim Weltuntergang will ich privatisieren« —, mehrere Funktionen haben. Zum einen sind sie Beispiele der von Kraus geschätzten Köder für Dummköpfe, von denen erwartet wird, daß sie über diesem satirischen Geständnis übersehen, daß es zu Beginn einer etwa 300 Seiten starken Abrechnung mit Hitler steht. Diese Falle hat sich bewährt. Aber zugleich drücken diese beiden Sätze auch Kraus' Sorge darüber aus, ob ein Geschehnis wie der Nationalsozialismus nicht überhaupt unfaßbar sei. Würden wir uns dieser Annahme anschließen, dann würden wir damit etwa Brechts *Furcht und Elend des Dritten Reichs* die Existenzberechtigung absprechen. Die Gründe dafür, daß Kraus bei der sprachlichen Bewältigung des Nationalsozialismus solche Schwierigkeiten hatte, sind also wohl eher auf seiner Seite zu suchen. Mir erscheint am wichtigsten der Grund, daß es zwischen Kraus und Hitler kaum ein satirisches Reibungsfeld gab. Zwischen den Schichten, die Kraus kannten und auf ihn hörten, und denen, die Nazis wurden, lag eine unüberbrückbare Kluft. Die sogenannten Krausianer kamen aus den verschiedensten politischen Lagern und sind in die verschiedensten weitergewandert, für den Nationalsozialismus war — mit Ausnahme Emil Franzels — kaum einer von ihnen anfällig. Im Kampf Kraus' gegen Schober, Kerr, die Sozialdemokratie und so weiter gab es stets gemeinsame Bezugsgruppen, an die Kraus appellieren und auf die er einwirken konnte, indem er sie vor die Alternative stellte: »Entweder der Gegner oder ich.« Im Fall der Nazis war das nicht so. Wer für Hitler anfällig war, der kannte Kraus höchstens als »Mitglied eines teilweise syphilitisch verseuchten Kreises von Wiener Literaten, in dem die Schändung arischer Frauenspersonen« betrieben wurde, und hörte daher gar nicht auf ihn. Umgekehrt hatte auch Kraus die Nazis, die »Schweißfüße« oder »Höhlenbewohner«, lange nicht ernst genommen.

Über die Sprache, die im Umgang mit den für den Nationalsozialismus anfällig gewordenen Schichten notwendig gewesen wäre, verfügte Kraus nicht. Sein Alterswerk ist stellenweise nahezu unverständlich. Christian Wagenknecht hat eine Verdoppelung der durchschnittlichen Zahl der Wortspiele in der *Fackel* festgestellt. Während im ersten Jahrgang auf zehn Seiten durchschnittlich 5,3 Wortspiele enthalten waren, stieg die Zahl der Wortspiele im letzten Jahrgang auf durchschnittlich 12 in der gleichen Einheit. Der letzte Aufsatz der *Fackel* enthielt auf 19 Seiten mehr als 70 Wortspiele. Wagenknecht spricht in diesem Zusammenhang zu Recht von der »wachsenden Hermetik des Stils« des alternden Satirikers[31].

Das ist die erste Hypothek, die auf Kraus' Abrechnung mit dem Nationalsozialismus lastet: Was in Deutschland geschah, war also nicht — wie Kraus behauptete — keine Angelegenheit der Sprache schlechthin mehr, sondern keine Angelegenheit *seiner* Sprache. Seine Annahme, daß das Dritte Reich keines Satirikers bedürfe, ist sicherlich falsch; er allerdings war dieser Satiriker nicht. Die zweite Hypothek liegt in dem von Brecht angesprochenen Umstand, daß Kraus eben ein »guter Unwissender« war. Betrachtet man nun das Werk des »guten« Mannes Kraus, dann ist die *Dritte Walpurgisnacht* großartig. Jede Berufung von Mitläufern der Nazis, sie hätten nichts von den Greueln des Regimes gewußt, ist durch dieses Buch widerlegt. Nur auf Zeitungsmeldungen und Selbstdarstellungen der Nazis gestützt, hat ein Außenstehender 1933 ein Panorama Hitlerdeutschlands entworfen, nach dessen Lektüre man erkennt, daß Auschwitz gegenüber den Ereignissen nach der »Machtübernahme« nur quantitativ, nicht qualitativ Neues geboten hat. Das und der humanistische Protest des Satirikers gegen die Hitlerbarbarei und ihre persönlichen Protagonisten sichert der *Dritten Walpurgisnacht* die Unsterblichkeit. Erwartet man allerdings — wie Brecht im zitierten Gedicht — von einem Schreibenden nicht nur, daß er gütig sei, sondern auch, daß er »sich auskenne«, dann ist sie ein enttäuschendes und unbeholfenes Buch. Der isolierte Kraus, der es nie verstanden hat, soziale Abläufe zu durchschauen, stand dem Nationalsozialismus hilflos gegenüber; woher er kam, wie man ihn bekämpfen konnte und welchen Beitrag ein Schreibender zu diesem Kampf zu leisten vermochte — alle diese Fragen mußte Kraus offenlassen. Für ihn, den »Unwissenden«, war der Faschismus geschichts- und traditionslos, ein unerklärliches, unfaßbares Phänomen. Neben Einzelpersonen, wie etwa Gottfried Benn, vermochte er nur eine einzige soziale Kraft für sein Entstehen haftbar zu machen: seine alte Gegnerin, die Presse. Wo Kraus Einzelfälle analysierte, kam ihm seine alte polemische Schärfe zugute. Die satirische Schilderung der Hitler, Göring, Goebbels und der anderen »Mittelstandsmachiavellis« ist ebenso großartig wie die ihrer literarischen Helfershelfer. Doch dort, wo Kraus versuchte, diese Einzelfälle zu systematisieren, »fiel ihm nichts ein«, ja er sprach sogar die Bürgerwelt von dem Vorwurf der Urheberschaft am Faschismus frei. Die *Dritte Walpurgisnacht* protokolliert so erstmals die Hilfosigkeit des Satirikers seinem Objekt gegenüber. Die Nazis hielten daher seine Werke nicht einmal der Verbrennung für wert. Denn Karl Kraus, der eine der stärksten antimonarchistischen Kräfte in Österreich gewesen war, dessen Wirken die mächtige Sozialdemokratie in Unruhe gebracht hatte, der einflußreiche Autoren wie Harden und Kerr ruinieren konnte — dieser Kraus war für die Nazis nahezu ungefährlich.

In den folgenden Jahren vereinsamte Kraus immer mehr. Seine Vorlesungen wurden von Sozialisten gestört, die *Fackel* wurde nicht mehr gelesen. Kraus und sein Verlag hatten ein gigantisches Defizit. Wäre Kraus nicht sozusagen zeitgerecht gestorben, hätte er wohl kaum noch eine weitere Nummer der *Fackel* herausgeben können. Seine politische Einstellung änderte sich nicht, die Anpassung an die kleineren Übel hielt er weiterhin für die beste Waffe gegen Hitler. Der Haß gegen die Linke blieb. Das letzte Wort der letzten geschriebenen Polemik bezog sich auf sie: »Trottel«.

Der einsame und verbitterte Mann flüchtete sich in die Krankheit: an sich unbedeutende Leiden, die aber aufgrund fehlender seelischer Heilungsbereitschaft geringe Heilungstendenzen zeigten, belasteten seine letzten Lebensjahre[32]. Den Tod hatte er früher immer gefürchtet, in seinem trotzigen Gedicht *Todesfurcht* hatte er gegen ihn rebelliert und das Weiterleben als seinen letzten Willen bezeichnet:

> Todesfurcht ist, daß Natur mich bringe
> einst um alles mir lebendige Grauen.
> Jener ewigen Ruh ist nicht zu trauen.
> Ich will leiden, lieben, hören, schauen:
> ewig ruhlos, daß das Werk gelinge[33]!

In seinem Testament war er nicht imstande, das Wort »sterben« hinzuschreiben: er schrieb stattdessen »leben[34]«. Doch nun setzte er seinen Erkrankungen keinen inneren Widerstand mehr entgegen. Am 12. Juni 1936 starb er.

Knapp bevor die Agonie einsetzte, bekräftigte der Sterbende noch einmal die Richtigkeit aller in seinem Leben geführten Kämpfe. Halb bewußtlos, gab er dem behandelnden Arzt die Schuld an seinem Zustand. Seine Pflegerin, Helene Kann, wollte ihn beruhigen und sagte: »Ach Karl, dem tust du auch Unrecht.« Im nächsten Augenblick setzte sich Karl Kraus mit einem Ruck auf und mit einer

Energie, die ihm niemand mehr zugetraut hätte. Sein Blick war plötzlich klar und kampfbereit, und mit drohender Stimme fragte er: »Wem habe ich denn jemals Unrecht getan[35]?«

Die sozialistische Exilpresse nahm vom Tode Karl Kraus' kaum Notiz. Eine Emigrantenzeitschrift kommentierte ihn unter dem Titel: »Ein Toter ist gestorben.«

Der Versuch des großen Satirikers, die Wirklichkeit mit seinen Kategorien auch politisch zu meistern — so unwesentlich ihm der politische Bereich auch zeitweise war —, ist gescheitert. Dieses Scheitern, integrierter Bestandteil der österreichischen Misere, soll uns zum Anlaß eines Lernprozesses dienen: es nimmt jedem Versuch, die Wirklichkeit mit Krausschen Kategorien zu bewältigen, die Legitimität. In diesem Sinne verstehe ich Walter Benjamin:

»Kein Posten ist je treuer gehalten worden und keiner je war verlorener. Hier steht, der aus dem Tränenmeer seiner Mitwelt schöpft wie eine Danaïde und dem der Fels, der seine Feinde begraben soll, aus den Händen rollt wie dem Sisyphos. Was hilfloser als seine Konversion? Was ohnmächtiger als seine Humanität? Was hoffnungsloser als sein Kampf mit der Presse? Was weiß er von den wahrhaft ihm verbündeten Gewalten? (...) Auf einem archaischen Felde der Ehre, einer riesigen Walstatt blutiger Arbeit rast er vor einem verlassenen Grabmonument. Die Ehren seines Todes werden unermeßlich, die letzten sein, die vergeben werden[36].«

## ANMERKUNGEN

1 Siehe dazu Peter Huemer, *Sektionschef Robert Hecht und die Zerstörung der Demokratie in Österreich*, Wien 1975.
2 F 888, 4.
3 F 888, 2, Unterstreichung von mir.
4 Hans Weigel, *Karl Kraus oder Die Macht der Ohnmacht*, Wien 1968, 324.
5 Siehe F 889.
6 F 889, 5.
7 F 889, 3.
8 F 889, 2.

9 F 889, 6.

10 F 889, 6.

11 F 889, 7 f.

12 Bertolt Brecht, *Gesammelte Werke in 20 Bänden,* Band 9, 502 f.

13 Briefliche Mitteilung von Frau Dr. Zdenka Münzer, New York, vom 27. Juni 1974, an den Verfasser. Original im Besitz des Verfassers.

14 Siehe Anton Pelinka, *Stand oder Klasse? Die christliche Arbeiterbewegung Österreichs 1933 bis 1938,* Wien 1972.

15 Zitiert nach Irmgard Bärnthaller, *Die Vaterländische Front, Geschichte und Organisation,* Wien 1971, 48.

16 Siehe dazu Fritz Klenner, *Die österreichischen Gewerkschaften,* 2. Band, Wien 1953, 1133 ff.

17 Siehe Buttinger, a. a. O., 141, sowie Walter Wisshaupt, *Wir kommen wieder, Eine Geschichte der revolutionären Sozialisten Österreichs 1934 bis 1938,* Wien 1967, 53, und Otto Bauer, *Die illegale Partei,* Frankfurt 1971, 16 f.

18 Zitiert nach Pelinka, a. a. O., 227 f.

19 19 F 890—905, 176.

20 *Letzten Endes. Eine Studie über Karl Kraus* von Jaromir (= Robert Ungar), Wien, ohne Jahreszahl.

21 Zitiert nach Michael Naumann, *Der Abbau einer verkehrten Welt, Satire und politische Wirklichkeit im Werk von Karl Kraus,* München 1969, 171.

22 *Briefe,* Band 1, 658.

23 *Briefe,* Band 1, 653.

24 F 890—905, 181.

25 F 890—905, 189, im Original teilweise spationiert.

26 Aufgedeckt wurde diese Fälschung von Jaromir, a. a. O., 23. Eine ähnliche Verfälschung weist J. W. Brügel in seinen hektographierten *Bemerkungen über die Erläuterungen zu den Karl-Kraus-Briefen,* London 1974, 5, nach.

27 Siehe dazu Wolfgang Rosar, *Deutsche Gemeinschaft, Seyß-Inquart und der Anschluß,* Wien 1971, vor allem 29 ff.

28 Vinzenz Bergwald, *Die letzten Tage des Karl Kraus,* in: *Zeitschau,* Wien, 1934, Heft 7, 14 und 17.

29 Brecht, a. a. O., 505 f.

30 Von Kraus zitiert in seiner Antwort, siehe *Briefe,* Band 1, 655.

31 Christian Johannes Wagenknecht, *Das Wortspiel bei Karl Kraus,* Göttingen 1965, vor allem 24 und 48.

32 In seinem Brief an Sidonie Nádherný vom 27./28. November 1934 berichtet Kraus, daß der Diagnose seines Arztes nach seine Krankheiten psychischen Ursprungs seien. Siehe *Briefe,* Band 1, 666.

33 *Worte in Versen,* a. a. O., 376.

34 Siehe Paul Schick, *Der Satiriker und der Tod, Versuch einer typologischen Deutung, in: Festschrift zum 100jährigen Bestehen der Wiener Stadtbibliothek,* Wien 1956, 200.

35 Schick, 1965, 136.

36 Benjamin, a. a. O., 124 f.

# Namenverzeichnis

362